静斋教育文集

地方多科性大学建设

李庆章 著

九州出版社
JIUZHOUPRESS

图书在版编目（ＣＩＰ）数据

静斋教育文集：地方多科性大学建设 / 李庆章著．
-- 北京：九州出版社，2019.11
ISBN 978-7-5108-8561-7

Ⅰ．①静… Ⅱ．①李… Ⅲ．①地方高校－教育建设－
研究－中国 Ⅳ．① G649.21

中国版本图书馆 CIP 数据核字 (2019) 第 270128 号

**静斋教育文集：地方多科性大学建设**

作　　者　李庆章 著
出版发行　九州出版社
地　　址　北京市西城区阜外大街甲 35 号（100037）
发行电话　（010）68992190/3/5/6
网　　址　www.jiuzhoupress.com
电子信箱　jiuzhou@jiuzhoupress.com
印　　刷　武汉市卓源印务有限公司
开　　本　720 毫米 × 1020 毫米　16 开
印　　张　25
字　　数　260 千字
版　　次　2020 年 5 月第 1 版
印　　次　2020 年 5 月第 1 次印刷
书　　号　ISBN 978-7-5108-8561-7
定　　价　88.00 元

# 一个常论常新的永恒命题

## ——《静斋教育文集：地方多科性大学建设》自序

　　自现代意义的高等教育在人类出现后，从来没有任何一个社会机构像大学（或称高等学校）这样，受到各国政府的高度关注和人民大众的真情向往。大学凭借其特有的韵致与魅力，已经走过国际逾千年和中国过百年的历程。大学已经和正在从"坚守学术之道，追求永恒真理，弘扬理性精神，面向现实社会"四个维度，以"人才培养、科学研究、社会服务、文化传承与创新"为使命而"苟日新，日日新，又日新"。

　　在中国以至世界范围内，地方多科性大学建设是一个常论常新的永恒命题。所谓"地方大学"，即指按照办学层次，其办学经费基本来源于地方财政的高等学校。"多科性大学"是指按照学科范围，学科设置介于综合性和单科性之间的高等学校。"地方多科性大学"则是以上两种大学分类的嵌合体。中国的高等学校，除去中央部属高等学校之外，其他高等学校数量约占95%强。因此，地方多科性大学建设的命题，在中国高等学校范围内具有不可小觑的重要性和广泛存在的普遍性。

　　中华人民共和国成立后，中国的高等学校无论从数量还是质量都得到长足的发展，高等教育呈现前所未有的蓬勃生机。改革开放以来，中国的高等教育冲破苏联体系的束缚，迎来第二次思想大解放，出现大变革、大改组、大发展的全新局面。地方大学为了更好地生存，一是在学科设置上向多科性发展，二是在招生规模上有显著性扩张，出现了许多地方多科性大学，但是其中许多学校仍然保留着明显以某一发源学科为主（优势或重点）的胎记。虽然这些学校还是戴着原有单科性大学的帽子，但其内涵却已经发生深刻的巨大变化。在高等教育体制和机制改革的推动下，中国地方大学焕发出无限的办学活力。在与地域经济和社会紧密结合，承担并卓越完成学术发展、社会服务任务的同时，中国地方大学为中国高等教育大众化的实现和在文化传承与创新方面发挥了举足轻重、不可磨灭的决定性作用。

东北农业大学1948年创建于哈尔滨市，始称东北农学院，是中国共产党在解放区创办的第一所普通高等农业学校。建校以来，东北农业大学先后隶属东北行政委员会农业部、国家高等教育部、农业部、黑龙江省农业委员会、黑龙江省教育厅。1981年被确定为黑龙江省省属重点院校，1994年与黑龙江省农业管理干部学院合并组建东北农业大学。建校之初，东北农业大学以学习苏联办学经验，成功进行教育教学改革、全套翻译出版苏联高等农业学校统编教材等蜚声中国高等农业学校。由于黑龙江省在国家建设商品粮基地中所处的极其重要地位，以及东北农业大学为地域经济建设和社会发展所做的不可替代的贡献，经黑龙江省决定并推荐，东北农业大学成为首批国家"211工程"重点建设大学。

著者作为时任副校长（1995—1999）和校长（1999—2010），基本经历了东北农业大学国家"211工程"重点建设全过程的规划设计和组织实施。《静斋教育文集·地方多科性大学建设》收录了著者其间发表的主要论文，集中了著者努力办好一所地方多科性大学——东北农业大学的全面思考与实践。全书分为散文和论文两卷，散文卷包括大学之义、大学之大、大学之路和大学之鉴，论文卷包括办学理念、学校定位、人才培养（含目标论、教师论、教学论、学习论、专业论和课程论）、学术发展、社会服务、国际交流和文化自觉。其中既有教育界高等教育领域的老生常谈，也有高等学校管理的独立思考；既有地方大学办学的一般规律，还有案例大学办学的个性特征。诚望能为我国地方多科性大学建设与发展提供有益的参考与借鉴，恳请同类高等学校的各位"大学人"和管理者不吝赐教。

著者谨识
己亥谷雨于静斋

# 目录

· 散文卷 ·

第四篇　　大学之鉴

·论文卷·

第一篇　　办学理念

## 第二篇　学校定位

## 第三篇　人才培养

### 目标论

### 教师论

### 教学论

### 学习论

## 第六篇　国际交流

## 第七篇　文化自觉

散文卷

## 大学本性与大学精神

面对 21 世纪的严峻挑战和大学职能的不断扩展，如今世界各国都在谈论"大学危机"（质量、经费、道德、自治、大师危机等），而真正关系大学兴衰存亡的深层次危机是大学理念的危机，包括大学理想的暗淡、大学观念的落伍、大学精神的失落、大学形象的扭曲、大学使命的弱化、大学目标的混乱等。

在我国高等教育世人瞩目的发展过程中，有的大学并不真正知道为何存在，不知道为何种理想奋斗，其结果是不务正业并以虚弱的躯体去博取社会的重视。有的学者并不真正知道怎样才能专注治学而通达于天下，却以舍弃学者本身的存在价值为代价呼吁社会的尊重。问题的症结在于这样的大学在"适应"社会的同时迷失了自己，这样的学者在"教育"别人的同时忘掉了自己。大学和学者只有找回"自知之明"，才能创造出更多的精神财富和物质财富，搏击天下并永远走在社会的前头。

德国哲学家雅斯贝尔斯认为："大学是研究和传授科学的殿堂，是教育新人成长的世界，是个体间富有生命的交往，是学术勃发的领地。"我国科学院院士、北京大学原校长陈佳洱先生也曾阐述："大学自古以来就是人类智慧和知识产生、汇集和向外界辐射和播散的场所。随着'知识'和'人才'成为社会经济发展的主要动力，被广泛地誉为高素质人才的'摇篮'和知识创新的'发动机'的大学，无疑将在新世纪的社会中发挥空前重要的作用，从昔日处于社会的边缘走向社会的内核，成为人们注目的中心之一。"由此可知，大学的本性，就是承担社会责任而执着于高素质人才培养、高层次学术研究和高水平社会服务，充当社会发展的文化先导。实质是追求所处时代的科技、文化和人才价值，推动社会较高层次的理性发展和物质文明。面对于此，只有大学教师才能成为大学本性的有力体现者和有效维护者。大学教师如无能于学术研究，其知识便是僵化的，就不会有鲜明的科学追求精神，也就无法进入科学研究和教育要求的境界，无法培养出富于创造的学生，无法提供学科前沿的学术成果，从而失去体现大学本性的能力基础。只有大学及献身大学事业的人"经历人生追求真理的痛苦磨难去寻求理想的亮光"，才能使大学展现无限生机。

大学之"大"，因有"大师"（德高望重、造诣精深、诲人不倦的大学教授）而谓大，因有"大家"（卓尔不群、富有远见、敢为人先的大学校长）而谓大，因有"大业"（校舍充足、设备先进、图书丰富的大学物业）而谓大，因有"大度"（囊括大典、网罗众家、学术自由的大学涵养）而谓大，因有"大雅"（崇德尚实、情趣高雅、陶冶人生的大学文化）而谓大。国有国之精神，民有民之精神，大学自有大学精神。陶行知说，精神"如山间明月，江上清风一样，是取之不尽，用之不竭的"。大学（university）的本意，便是将追求科学知识和崇尚精神生活的人聚集在一起，相互切磋与研究。如果一所大学没有其应有之精神，犹如国无国魂，民无心气，也就不能称之为真正意义上的大学。大学精神有共性和个性之分，共性是指大学应普遍具有的精神，主要包括科学精神和人文精神，而个性则是指大学结合自身传统、地域文化、时代背景所形成的独特价值追求和行为规范。共性是大学精神存在的依据，个性则是大学在众多高校中保持鲜明风格、彰显独特魅力的条件。正如一位哈佛大学校长所说："哈佛不希望成为普林斯顿，也不希望普林斯顿成为哈佛，哈佛就是哈佛，普林斯顿就是普林斯顿。"

科学精神的本质在于"求真"，也就是实事求是、追求真理，而人文精神的本质则在于"求善"，即健全人格、造福人类。科学精神的实现需要自由精神、批判精神和创新精神的支撑，从而使科学精神有的放矢、落在实处。由于科学是一把"双刃剑"，既可造福人类，也可为人类带来灾难，所以科学精神需要人文精神为之指引方向。否则这个世界就会有光辉而无智慧，有强权而无良知，成为原子巨人、道德侏儒的世界。人类命运空前依赖人文精神的拯救，因此需要大力弘扬大学精神中的人文精神。现代大学的根本任务就在于培养具有健全人格、理性与专业和谐发展的高素质劳动者、建设者、管理者和领导者。一个社会的文化底蕴和精神气质就体现在大学的人文精神之中。作为个性存在的大学精神，是一所大学历史积淀的产物，是大学人这个主体不断创造、追求、传承和发展的结果，是大学之魂魄。置身于有独立精神的大学之中，无形的力量便油然而生。建筑有震撼力，环境有生命力，教师有亲和力，不断激励着每一个学子，甚至影响并改变他们的一生。这种精神给予青年学子的影响和熏陶，对他们的素质、能力和品格的培养，比具体的知识传播更为重要。合乎大学本义的大学精神，不仅在于它有工科的认真实干，农科的贴近国情，还在于它有理科的冷静深邃、文科的聪慧敏锐和法科的严谨求真。东北农业大学以"永开先河、与时俱进的创新意识，逆境不馁、守之弥坚的顽强意志，求真务实、坚韧不拔的科学态度，勤耕不辍、甘于奉献的无私品格"为支柱的"艰苦奋斗，自强不息"的"东农精神"，就曾经和正在为迈进与走出东北农业大学的学子打下一生不能磨灭的烙印，陶冶着数以万计的新型"北大荒人"。

"要看明日之社会，先看今日之校园。"大学本性和大学精神不仅需要大学和大学人的严格自律与操守，而且需要全民族和全社会的悉心爱护与关怀。愿以20世纪上半叶，浙江大学校长竺可桢先生在战时西迁途中对学生所说的一席话作为本文的结语，他说："乱世道德堕落，历史上均是，但大学犹如海上灯塔，吾人不能于此时降落道德标准。切记：异日逢有作弊机会是否能涅而不缁、磨而不磷，此乃现代教育试金石也。"我们的大学和学者似应永远以竺可桢先生这语重心长的话共勉。

李庆章.大学本性与大学精神.东北农业大学报.2005.09.01,总第688期.第6版(杏坛杂谭)

# 大学品性与亲民精神

九月的东北农业大学,无一处不是好的,因为校园里有了你们——大学新生。也许还没有准备好,你们眼中那个总是笼罩在一片神秘面纱之下的大学,已经染着令人炫目的斑斓光晕,缩着难以驱散的诱人情结,在这个暑气未消的夏末慢慢悠悠地,又有些突然地来到你们面前。

德国哲学家雅斯贝尔斯认为:"大学是研究和传授科学的殿堂,是教育新人成长的世界,是个体间富有生命的交往,是学术勃发的领地。"我理解:大学之所以成为大学,是因为它有卓尔不群、富有远见、敢为人先的大学校长,有德高望重、造诣精深、诲人不倦的大学教授,有校舍充足、设备先进、图书丰富的大学物业,有囊括大典、网罗众家、学术自由的大学涵养,有崇德尚实、情趣高雅、陶冶人生的大学文化,亦可称之为有"大师""大家""大业""大度"和"大雅"。而大学正是以这些有亲和力的"大师"、有感召力的"大家"、有震撼力的"大业"、有生命力的"大度"、有吸引力的"大雅",激励着每一个学子,甚至影响并改变着他们的一生。

国之义在魂,民之义在心,大学之义在精神。五十七年来,我们秉承"艰苦奋斗,自强不息"的"东农精神",以"勇开先河、与时俱进的创新意识,逆境不馁、守之弥坚的顽强意志,求真务实、坚韧不拔的科学态度,勤耕不辍、甘于奉献的无私品格",成为国家"211工程"重点建设大学,顺利通过2004年教育部本科教学工作水平评估并获得优秀结论,铸就了一批又一批新型"北大荒"人,为祖国现代化建设做出了突出贡献。现在,我们的大学精神要靠你们这些新鲜血液来激荡、充实,希望将来你们能为它的内涵做出更加精彩的注释。

初入大学校门,意气风发、壮志满怀的你们或许会有一些迷茫。如何充实地度过大学时光,如何做一名合格的"东农人",是大家必须共同面对的问题。所以,在你们入校伊始,作为校长,我要送给你们八个字——"博学笃行,明德亲民"。

"博学笃行",取自《中庸》。"博学"代表求知,意为探索规律,追求真理,对专业知识、专业技能有深入的研究和透彻的了解,做到开拓创新,达到博大精深。"笃行"强调处事，强调行动要扎实，有始有终。"博学笃行"就是要求我们继承和发扬学校的光荣传统和"勤奋、求实、奉献、创新"的优良校风，博学求知，严谨治学，努力把理论知识运用于生产实践，造福于人民，造福于社会。

"明德亲（xīn）民"，取自《大学》。"明德"强调"立人"，即以"明德"为本，使人们固有的善性彰明、彰显，发扬光大，厚德以载物，培养高尚的道德情操。"明德"是大学的品性，学校以德育人，"明德"就是要以德为先、以德为本，培育有德之人。"亲（xīn）民"有两种解释，一为"新（xīn）民"，就是经过教化，使人去其旧染之污，"苟日新、日日新、又日新"地振作起来，不断提高道德修养，转移世风，化民成俗，引导社会文明。二为"亲（qīn）民"，爱护民众，亲近人民，关心农民。东农的师生确需关心"三农（农业、农村和农民）"，把"怀爱民之心、行利民之事"当成东北农业大学和"东农人"的伟大使命。

你们是注入东北农业大学的新生力量，请你们准备好，远离父母，远离多年熟悉的人物、环境、语言、气候和饮食习惯，以自己的名义和身份，去负责任地面对期待已久的"独立生活"吧；请你们准备好，以平等、尊重、耐心、诚实的心态去面对年轻气盛、才华横溢、见多识广、活力四射而又个性不一、家境不同、习惯各异，可能成为你一生朋友的"兄弟姐妹"吧；请你们准备好，在没有他人监督的时候，利用好由自己充分支配但又稍纵即逝的大把时间吧；请你们准备好，用自己更多的付出，去描绘和创造一个让自己满意的未来人生吧！

东北农业大学是一片沃土，孕育和滋养着年轻的生命。青春需早为，岁月不待人。从现在开始，你们必须准备好，在东北农业大学校园——马家花园中度过一段丰富多彩的生活。相信经过东农精神熏陶的你们，一定会"养成大学明德之品性，践行东农亲民之精神"，成为不甘平庸、追求卓越，合乎祖国和人民需要的文明高尚"东农人"。

李庆章.大学品性与亲民精神.东北农业大学报.2005.09.12,总第689期.第1版(杏坛杂谭)

# 现代大学的基本功能：文化传承

2002 年 7 月 16 日上午，俄罗斯哈巴罗夫斯克国立技术大学小礼堂座无虚席。俄罗斯哈巴罗夫斯克国立技术大学与中国东北农业大学，联合办学首届（留）学生毕业典礼在隆重而又热烈的喜庆气氛中举行。两国大学共同为六名学生举办毕业仪式并由两国校长亲自颁发毕业（学位）证书，这在两国大学各自的办学历史上还都是第一次。

北京大学教授季羡林先生在《精神的魅力》一书中有言："一个大学的历史在于什么地方呢？在书面的记载里，在建筑的实物上，当然是的。但是，它同样也存在于人们的记忆中。相对而言，存在于人们的记忆中，时间是有限的。但它毕竟是存在，而且这个存在更具体，更生动，更动人心魄。"回想中俄两校联合办学的肇始、演进和已经取得的成果，不能不说这就是中俄两校共同遵循国际惯例，精心书写的一页令世人瞩目的联合办学历史。它将永远彪炳于两校的办学史册中，珍藏于两国学生的美好记忆里，成为两国科技教育和文化交流的历史见证，是为两校联合办学的共同物质、精神和制度文化财富。

现代大学除了培养适应社会要求的高级专门人才这项根本任务外，还承担着发展科学、直接为社会服务和引导社会前进的历史重任。现代大学的本质是在积淀和创造的深厚文化底蕴基础上传承、研究、融合和创造高深学问的高等学府。高等教育的灵魂是文化的传承和创新，而传承文化是现代大学的基本功能。现代大学不仅要把人类社会长期积累的优秀文化成果传递给下一代，更重要的是要在传递文化的基础上，通过教师和学生的共同努力把外在的文化内化为学生的全面综合素质，培养和造就一大批具有全球意识、较高文化品位和较强国际竞争能力的时代新人。

我们常说办大学就是要努力办（创造）一个育人氛围，即把大学办成一个"泡菜坛子"，使学生在这个"泡菜坛子"里泡上几年并泡出一定味道来，讲的就是办大学的文化作用及意义。几年来，我校认真组织历届毕业生典礼并隆重举行学位授予仪式、招收真正的文体特长生并在省内大学生文体赛事中崭露头角、成立东北农业大学艺术教育中心并派遣大学生艺术团成功出访俄罗斯远东地区部分高校……甚至于煞费苦心为六位俄罗斯留学生跨国举行毕业仪式并颁发毕业（学位）证书，无不说明东北农业大学积极倡导并特别重视"通过文化使个体社会化"，即"以文化人"的高等教育过程，而且将不断使之发扬光大，并得以持续发展。

李庆章. 现代大学的基本功能：文化传承. 东北农业大学报. 2002.09.06，总第631期. 第2版（杏坛杂谭）

# 大学文化与大学文明

文化，从广义来说指人类在社会历史实践过程中所创造的物质财富和精神财富的总和，从狭义来说指社会的意识形态，以及与之相适应的制度和组织机构。[1] 文明，一犹言文化，如物质文明、精神文明；二指人类社会进步状态，与"野蛮"相对，例李渔《闲情偶寄》："辟草昧而致文明"。[2] 文化和文明是一种历史现象，每一社会都有与其相适应的文化与文明，并且在社会发展过程中具有举足轻重的地位和作用。

文化和文明是有区别的。文化的内核是思维结构，中介是信息交流，外壳是生活方式。文化具有相对性、多样性和变化性。文明的内核是尊重理性、尊重科学、尊重艺术、尊重道德、尊重信仰，中介是道德交往，外壳是生活情趣。文明具有绝对性、一致性和公认性。文化和文明又有着紧密的联系。文化是文明的基础，是通向文明的桥梁，没有文化就没有文明。文明为文化的发展创造良好的环境和条件，推动和促进文化发展。文明是文化的优秀部分，是人类共同认可的优秀文化。文化进步则文明昌盛，文明昌盛则文化发达。

我国的大学要能够担当发展优秀文化、引领社会文明的职责和科教兴国、人才强国的重任，就必须充分发展大学文化和倡导大学文明，建立便于操作和行之有效的发展模式。笔者细细揣摩中外若干大学的成长历程和实际成效，认为有五种模式，即办学的文明模式、教育的文化模式、课程的创新模式、管理的规范模式和发展的超前模式，值得借鉴。在办学中要充分体现"尊重知识、尊重人才"这一文明内核，在校际交往和人际交往中高度重视以礼相待、道德交往这一文明中介，在校园建设上十分突出山清水秀、环境宜人、文化氛围浓厚、生活富于情趣这一文明外壳，这就是大学办学的文明模式。我国一流大学的教育，必须在继承古今中国优秀文化的基础上，博采世界各国、各民族优秀文化，创造出有中国特色的社会主义新文化。从文化的视角看大学，多学科、多样化发展较之按"专

---

1　辞海编撰委员会.辞海(缩印本第一版)[M].上海：上海辞书出版社，1985年，1 533页.
2　辞海编撰委员会.辞海(缩印本第一版)[M].上海：上海辞书出版社，1985年，1 534页.

业模式"和"实用模式"发展要好得多，大学在综合化办学和全面育人的过程中，要十分重视学生的素质教育特别是人文素质教育，因为这样将有利于学生"树立正确的价值观"、有利于"塑造民族精神"、有利于"改造自己的思维"、有利于"加强非智力因素"，这便是大学教育的文化模式。学科的生命力在于创新，学术的生命力也在于创新，学校的生命力还在于创新，一所有效大学的重要标志在于其课程的创新程度。不论是学科课程从基础课程、专业课程到实践课程，还是广义课程从学科课程、活动课程到隐性课程，大学教师都要能够创设许多新的课程，构筑较为理想的人才培养体系，这便是大学课程的创新模式。管理出质量，管理出效益，没有制度规范的管理，没有制度管理形成的良好秩序，就不可能有一流的大学。高效有序的大学管理应该映射出"学院本位""师生主体"和"办学民主"，三者缺一不可。"学院本位"体现了管理重心、建设重心和服务重心的转移，"师生主体"强调了资源集中、利益分配和服务面向的确立，"办学民主"则构架了学术民主、经济民主和管理民主的范式，这就是大学管理的规范模式。发展需要前瞻，发展需要创新。"预则立，不预则废"是发展的经典表述，"有创新则立，无创新则废"是发展的现代引申。转变发展观念，创新发展模式，提高发展质量，是时代对我国大学发展提出的更高要求。闪光的超前意识、创新意识和实现超前的有效行为方式，共同构成了大学发展的超前模式。以上五种模式，应该成为我国大学的不倦追求，并且逐渐升华为大学建设的应有境界。

现代大学是文化之所、文明之源，是社会良知的保留地，我们常常说的"象牙塔"就是这个意思。我们提倡大学要走出"象牙塔"，但绝不是要推倒"象牙塔"，而是要更加维护和爱护"象牙塔"，保证大学在物欲横流和尘世喧嚣中能够耐受寂寞和有所作为，始终推动科技进步、支撑经济建设和引领社会发展，使优秀文化和社会文明得以为继。

李庆章.大学文化与大学文明.东北农业大学报.2006.05.16,总第702期.第4版(杏坛杂谭)

# 大学实力与大学形象

　　实力是指实在的力量。[1]发展靠实力，实力靠建设。实力决定形象，实力决定影响。一个国家是这样，一个大学是这样，一个人也是这样。实力定位理论告诉我们，竞争、生存与发展都是以实力为前提、以实力为依据、以实力为标准，实力是发展的核心与终点。大学实力或可称为大学竞争力，一个国家大学竞争力的强弱，已经成为该国人力资源竞争力、产业发展竞争力和国家综合竞争力的重要影响因素。大学竞争力的构成要素包括大学核心竞争力、大学基础竞争力和大学环境竞争力。

　　大学核心竞争力主要体现在大学基本职能即人才培养、科学研究和社会服务上，提高人才培养质量、科学研究能力和社会服务水平的根本在于大学教师，大学教师是大学竞争力最基本的生产要素。因此，大学的核心竞争力包括了大学基本职能竞争力和大学人力资本竞争力两部分。大学基本职能竞争力属于产出竞争力的范畴，大学产出竞争力包括了大学学生竞争力、大学科研竞争力和大学社会服务竞争力三部分。大学基础竞争力主要体现在大学发展的财力及物力资源，具体包括大学办学经费、大学图书设备、教学科研设施、实验实习条件、信息平台建设等方面，它们共同构成了大学发展的资源基础。大学环境竞争力主要体现在大学学术环境和大学人文环境的培育与发展。在信息技术迅猛发展的今天，大学环境竞争力很大程度上体现在大学学术文化的形成和大学校园文化的营造。

　　从上可知，由大学核心竞争力、大学基础竞争力和大学环境竞争力三要素共同构成了大学竞争力的主要内容和基本框架，同时三要素之间又有着十分紧密的联系。大学人力资本竞争力是大学教师竞争力，是大学教育资源中最为宝贵的财富，是大学赖以生存和发展的核心资源，与大学基础竞争力共同构成大学的教育资源竞争力或称大学投入竞争力，大学的人力资本与财力资源、物力资源具有很强的相互促进作用和正相关性。大学的投入情况决定了大学的产出数量和产出质量，大学的产出又极大地影响着大学的投入即教育资源的获取，大学投入竞争力

---

1　现代汉语词典（修订本）[M].北京：商务印书馆，1996 年，1 145 页.

与大学产出竞争力也存在着正相关性。大学环境竞争力更多的是文化层面的建设，大学独特文化的形成常常是大学形象识别（理念识别、视觉识别和行为识别）的基础，是大学核心竞争力和大学基础竞争力的精神升华，对大学核心竞争力和大学基础竞争力的发展具有很强的促进作用。

实力具有实力载体，实力建设要通过实力载体的建设得以实现。大学要发展实力，就必须认真建设实力载体。就产出竞争力中的科学研究竞争力而言，实力载体应该包括：杰出的学术领袖群、优秀的重点学科群、上位的研究项目群、先进的科研基地群、发明性专利成果群、原创性学术专著群等。这些载体之所以以"群"相论，就是说非造就一批或一大批学术领袖、重点学科、研究项目、科研基地、专利成果和学术专著，一所大学就难以立足于大学强手之林，就容易在竞争中失利，在发展中败北。

大学竞争力评价的原则，首要的是大学的声誉，它代表着大学知名度基础上的美誉度。有了良好的声誉，就意味着大学步入了"投入——控制——产出"的良性循环机制，意味着大学可以吸引优质教育资源，通过有效管理和控制，产出一流的成果。其次大学要办出鲜明的特色，大学的这种个性既源于大学的传统，又是发展中分化出来的独特运营方式，成为大学的竞争优势，它是大学竞争力评价的基本内容。三是大学与社会、经济发展的和谐程度，大学竞争力不仅关系大学内部发展问题，还包括大学与外部环境的相互适应和不断调节，是一个多维度发展问题。大学的声誉、大学的特色和大学与外部环境的关系构成大学竞争力或者发展实力的评价核心和关键，是大学形象的精神和物质基础。所以，每一所由"自然"走向"自为"和由"必然"走向"自由"的大学都应该特别注意，必须为形成真正的发展实力而积极努力，并依据实力建立良好的公众形象和社会影响。

李庆章.大学实力与大学形象.东北农业大学报.2006.06.30,总第705期.第2版(杏坛杂谭)

# 大学品位与大学品牌

"品位"通常指物品的质量。[1]而"大学品位"则主要指大学的文化追求，其实质是文化品位。教育的本质是通过文化使个体社会化的过程，大学作为一种文化现象，必然有自己的文化品位。正如一位学者所说：一所好的大学，其文化至少应占一半以上。

大学文化是大学在长期办学实践基础上，经过历史的积淀、自身的努力和外部的影响，逐步形成的一种独特社会文化形态，是大学精神文化、物质文化、制度文化和环境文化的总和，是人类文化中的一种高层次文化，是人类先进文化的重要组成部分。因此，大学文化是大学核心竞争力之所在，是大学赖以生存和发展的基础，大学也就理所当然地成为发展人类先进文化的重要基地。

大学文化是科学精神和人文精神的统一，是理想主义和现实主义的统一，是民族文化和世界文化的统一，是历史积淀和时代发展的统一，是书卷气息和大众习俗的统一。大学文化的核心是大学精神，大学文化的表征是学生的文化素质、教师的文化素养和学校的文化品位。

"品牌"的灵魂是文化，是优质，是精品，是卓越，是特色。在信息高度发达的现代社会，社会的诸多内容和现象均符号化，即"品牌化"。"大学品牌"就是品牌中的社会品牌之一，它是大众对大学认识的总和。大学作为一种独特的社会组织，大学品牌与商业品牌有着显著区别。从品牌推广看，商业品牌有着花样繁多的推广手段（广告、公关、促销等），既要"干得好"，也要"说得好"，而大学品牌的塑造主要是通过踏踏实实地苦练内功，以"做"为主，以"说"为辅；从品牌资产看，商业品牌可以量化评估和进行买卖，而大学品牌的价值则主要为社会效益，并非经济效益；从品牌载体看，商业品牌都有相应的物质产品或资本股份作为载体，而大学品牌无物质产品，主要载体是大学校长、大学师生（校友）大学学术和大学校园。

大学品牌可以从知名度和美誉度两个维度进行评估。知名度就是一所大学被

---

1　现代汉语词典（修订本）[M].北京：商务印书馆，1996 年，976 页.

公众知晓的程度，美誉度是一所大学被公众认可的程度。中外大学发展历史清楚地表明，大学校长是带领一所大学完成使命、实现目标的关键人物，大学师生（校友）是创造大学文化、书写大学历史的根本动力，由教学和科研组成的大学学术是大学的生命所在和生命所系，大学校园则是一草一木都赋予人文关怀和具有教育功能的文化场所。特定的大学文化渲染出特定的群体个性，特定的群体个性又折射出特定的个性大学精神。大学校长、大学师生（校友）、大学学术和大学校园，共同形成、支撑和影响着大学品牌。

大学品牌代表的是作为高等教育消费者——学生及其家长，还有整个社会对大学的综合评价，是大学赖以生存和追求发展的重要支柱。大学品牌的形成，绝非一日之功，不可以一蹴而就，尚需要一系列内外部条件作为保障。大学品牌竞争的制高点是大学形象，它是大学在社会公众中知名度和美誉度的直接反映，关系到大学的生存和发展，是极为宝贵的无形资产。大学形象识别系统（UIS）由理念识别、视觉识别和行为识别三个子系统构成，是塑造良好大学形象和提高大学竞争力的有效手段之一。从大学品牌塑造的角度看，大学与社会关系的任一方面处理不当，都会给大学品牌带来不可避免的负面影响，削弱大学形象。大学精神是大学品牌的核心，集大学的主客观属性于一身，是大学一切行为的最高准则。大学就是以大学精神为核心进行运转，不断把大学精神外化为具体可感的事物，使其被公众所认识和认同，从而形成大学品牌。

李庆章.大学品位与大学品牌.东北农业大学报.2005.11.15,总第693期.第2版（杏坛杂谭）

# 大学之大，因有"大师"而为大

笔者在《大学本性与大学精神》一文中，曾对大学实力要素建设有过如下阐述。大学之"大"，因有"大师"（德高望重、造诣精深、诲人不倦的大学教授）而谓大，因有"大家"（卓尔不群、富有远见、敢为人先的大学校长）而谓大，因有"大业"（校舍充足、设备先进、图书丰富的大学物业）而谓大，因有"大度"（囊括大典、网罗众家、学术自由的大学涵养）而谓大，因有"大雅"（崇德尚实、情趣高雅、陶冶人生的大学文化）而谓大。以上"五大"，互为关联，"五大"俱备，大学始成。

原清华大学校长梅贻琦先生很早就曾论述："所谓大学者，非谓有大楼之谓也，有大师之谓也。"何谓大师？《辞海》中的解释是：指有巨大成就而为人所宗仰的学者或艺术家。大学不乏教师，但多缺乏大师。大师的形成是有一个过程的，大学中的大师应该主要从教师中成长起来。大师的成长，大体经历四个阶段或者说要具备四个境界。

何以为师，先看师智，学高为师。现代教师的职业境界——"经师"，为记诵之学，学富五车，满腹经纶。培养高水平的学生，要求教师学识渊博，学业精深。正如一位教育家所说："教师要给学生一杯水，就必须具备一桶水，而且是'长流水'。"既要有深厚的专业知识，也要有广博的相关领域知识，具备跨学科、跨专业的结合力，满足学生广泛的求知欲，还要能够不断更新知识体系，及时吸收、存储位于前沿的学科知识与研究成果。

何以为师，再看师能，技高为师。现代教师的专业境界——"能师"，为术业之学，闻道在先，业有专攻。要有科学的施教知识，深入学习教育学、心理学、教育方法等方面的知识，把教育理论的最新研究成果引入教学过程，使教育教学的科学性和艺术性高度完整地统一起来。要熟练掌握现代教育技术的操作和应用，能够利用现代教育技术，恰当有效地选择教学方法和方式，直观形象地展示教学内容，使教学知识传授与创新思维培养结合起来，培养学生的创新精神和创新能力。"大学教学有法，但无定法"，应充分突出教师的个体性和首创性。教育是科学，科学需要研究；教学是艺术，艺术需要创新。要有创新的精神，积极开展教育和科学研究，实现教育和科学研究的原始创新。要探索新的科学教育模式，在耕耘中拓宽视野，在执教中提炼师艺、升华师技，做一名新时代的研究型教师。

何以为师，三看师品，德高为师。现代教师的事业境界——"人师"，为不教之学，德才兼备，为人师表。教师的工作是神圣的，也是艰苦的，教书育人需要感情、时间、精力，乃至全部心血的付出，这种付出是以强烈的使命感为基础。教师必须具有为民族崛起而奋斗的坚定信念和为祖国培养现代化人才的责任感和使命感，要忠诚教育事业，爱岗敬业，尽职尽责；坚守高尚情操，廉洁从教，精于教书，勤于育人；发扬奉献精神，不断探索，勇于进取，为教育事业的改革和发展贡献聪明才智。

何以为师，四看师表，身正为师。现代教师的最高境界——"大师"，为镜人之学，超凡脱俗，大气磅礴。大师不仅是知识的创造者和传授者，还是思想的教育者和道德的示范者。我国汉代哲学家杨雄说："师者，人之模范也。"孔子曰："其身正，不令则从，其身不正，虽令不从。"大师不仅学术的成就、做人的威望、品格的力量令学生所敬佩，还要将道德约束外化为职业（行为）习惯、内化为职业良心，以最佳的思想境界、精神状态和行为表现积极地影响和教育学生，成为学生的师范偶像，使他们健康成长。正如奥地利教育哲学家马丁·布贝尔所说："教师只能以他的整个人，以他的全部自发性，才足以对学生的整个人起真实的影响。"大师应把言传和身教完美结合起来，以身作则，行为世范；热爱学生，关心学生，建立平等的师生关系；仪表端庄、举止文雅，以自己的言行和人格魅力来影响学生，使他们"亲其师""信其道"。

中国人常说老师是一根蜡烛，燃烧自己照亮别人，而教育更重要的是点燃学生心中的火种。大师就是把薪火传递进行得有声有色的非凡之人，他们点燃的火把越亮，这个民族的前途就越光明灿烂。在成长中和长成后，"大师没有任何要求，其与众不同之处，就是当一个人成为大师时，周围的人都会借他的光，向大师一般地生活着"。我们的中华民族呼唤大师的成长，我们的高等教育需要更多的大师。

李庆章.大学之大，因有"大师"而为大.东北农业大学报.2007.09.14,总第725期.第2版（杏坛杂谭）

# 大学之大，因有"大家"而为大

　　温家宝同志在 2007 年的《政府工作报告》中提出："要提倡教育家办学，鼓励更多的优秀青年终身做教育工作者。"这是他第二年在《政府工作报告》中提到"教育家"。2006 年，温家宝同志在《政府工作报告》中提出："要培养一支德才兼备的教师队伍，造就一批杰出的教育家。"早在 1985 年，著名经济学家于光远就提出"我们迫切需要成千上万个'教育家'"。但温家宝同志明确指出"提倡教育家办学"，这是教育理念的深化。康宁先生曾提出，应该让这样的思想成为社会共识的主流：一个社会中，没有教育家，没有一大批教育家，没有一大批具有独特教育思想的富于创新的教育家，这个社会不可能有"塑造灵魂"的事业，不可能培养出杰出的人才和身心健全的公民，更不可能产生一个创新民族。[1]

　　何谓教育家？可能是笔者孤陋寡闻，涉猎太少，查阅了我国出版的《辞海》《现代汉语词典》《中国大百科全书》（教育）《教育管理词典》，竟然无一处有"教育家"的解释。追溯历史，梁启超在 1901 年《南海康先生传》首次在我国使用"教育家"一词，而后逐渐成为一种荣誉称号，专指古今中外具有高尚人格并在教育上做出杰出贡献和产生重大影响的人物。孙孔懿在他的专著《论教育家》中，把教育家初分为广义的教育家和狭义的教育家，广义教育家指从事广义教育活动中的杰出人物，如优秀的思想家、革命家、政治家、活动家、演说家、文学家、艺术家、科学家、编辑家、出版家等。他们也可成为人民教育家，是以人民大众为对象，面向人民大众的教育家，其教育作用是多方面的。狭义教育家既是学校教育家，也是职业的教育家。依据个人贡献的领域，又可分为教育理论家（教育学家）、教育实践家（专家型教育家或教育专家，又可分为门类教育专家、学校管理专家、学科教学专家和教育技术专家）。教育家是民间的，是由公众逐步认定的，是对教育工作者人格与业绩的概括性肯定。教育家的人格是教育家资格之本，人格的意义高于言论的意义，也高于事功的意义。教育家的思想是教育思想之源，

---

1　康宁.试论素质教育的政策导向 [J]. 教育研究 .1999,（4）:31-40.

以追问揭示本质、以怀疑催化创新、以幻想召唤现实和以结论指导实践是教育家的共同思想特征。重视事功，传承人类文明、促进教育发展、推动社会进步，是教育家的重要传统。教育家的称号、人格、思想和事功四个方面浑然一体，共同构成教育家的完整意义世界。

陶行知先生对教育家曾经有过精辟的论述："我们常见的教育家有三种：一种是政客的教育家，他只会运动，把持，说官话；一种是书生的教育家，他只会读书，教书，做文章；一种是经验的教育家，他只会盲行，盲动，闷起头来，办……办……办。第一种不必说了，第二第三两种也都不是最高尚的。""今日的教育家，必定要在敢探未明的原理和敢入未开化的边疆两种要素当中得其一种，方才可以算是第一流的人物。敢探未明的原理，即创造精神；敢入未开化的边疆，即开辟精神。创造时，目光要深；开辟时，目光要远。"伟大的人民教育家陶行知先生的这些话语，现在听来仍然是掷地有声，可以成为终生警醒的座右铭。

提出教育家办学，绝非偶然，因为当前不少学校，背离了教育家办学这个方向，导致经济思维、市场思维、行政思维，乃至官僚思维、家长思维等，侵蚀着教育思想，占领不少教育工作者的头脑，侵害着教育事业的肌体。要真正让教育家放手去办学，就要进行各项配套改革，建立好的体制机制特别是对人科学评价的新机制。在教育系统，清除教育家办学的各种障碍，在全社会形成一种风气，尊重教育家各如其面的为人风格、各有千秋的教育风格、各见其长的管理风格和各领风骚的著述风格，鼓励教育家敢于打破行政、社会各种束缚，不唯上、不唯书、不唯钱、不唯分，按照教育规律办学，让教育回归教育本质。

孙孔懿说过："不无遗憾的是，人们在仰望星空的时候常常忘却了自己身边的现实世界；但我们以仰慕的心情仰望着前辈教育家时，并没有太多的人关注活跃在我们身边的教育家。"我们的民族发展需要大批的教育家，呼唤教育家的成长，我们的社会进步还要善于发现教育家，尊重教育家的存在。我们有理由相信，中华民族有几千年的文脉滋养，只要认真对待和加倍留意，在高等教育系统中，就会成长和发现一大批名副其实的教育家（教育学家和教育专家）。

李庆章.大学之大，因有"大家"而为大.东北农业大学报.2007.10.10，总第726期.第2版（杏坛杂谭）

# 大学之大，因有"大业"而为大

大学之大，不仅要有"大师""大家"的首要条件，要有"大度""大雅"的必要条件，而且还要有"大业"的充分条件。时下办学过程中流行的"没有'大师'遑论其余"，既是形而上学的认识，也是对梅贻琦先生"大师论"的曲解。

这里所说的"大业"，指的是"校舍充足、设备先进、图书丰富的大学物业"，属于大学基础竞争力的范畴。大学的"大业"不仅包括上述物业的数量充足和质量上乘，而且包括这些物业的管理到位和使用充分，共同构成了大学发展的物力资源。

原清华大学校长梅贻琦先生"所谓大学者，非谓有大楼之谓也，有大师之谓也"的论述，具有很强的针对性。一定要用理性平衡的思维看待它，不能认为梅先生这句话，就是指办大学只需要大师，而无须其他。梅先生讲这个话有其具体的历史环境，1931年梅先生出任清华大学校长时，清华大学已经完成了以四大馆为代表的学校基础建设，建好了大楼，且经费充足，但却面临着当时国家政治中心南移而导致的人才激烈竞争。当时清华已经有了部分大师，还需要更多大师，在此历史条件下梅先生才讲了这个话。

"大学者，非谓有大楼之谓也，有大师之谓也"恐怕是现今中国人论大学引用频率最高的一句话。梅贻琦先生的这句名言之所以为人们钟情，就是因为它道出了办好大学的一个基本理念。一所真正追求卓越的大学，它应当有能够创新知识的杰出教师。师之所存，道之所在；道之所在，人之所向；英才聚焉，故成其大。大学发展的历史完全可以证明梅先生的这句名言，大学之争实为大师之争。

梅先生的"大师论"言简意赅，内涵深远，用今天的话来说，就是人力资源是大学的第一资源。大学人力资源竞争力与大学基础竞争力，共同构成大学的教育资源竞争力或称大学投入竞争力。大学的投入情况决定了大学教育产出的数量和产出质量，大学的产出又极大地影响着大学的投入即教育资源的获取。然而，大学有大师，并不排斥有大楼为典型标志的"大业"。正如哈佛大学前校长科南特所说"一所大学的荣誉在于其学生"，强调学生对于大学的重要一样，梅先生所强调的也只是大师是办好大学的首要条件，并非唯一条件，不是说办好大学不需要大楼。如果以为大学无须有大楼，恐失却梅先生的本意。

"大业"是办好一所大学的基本条件和必须保证，没有"大业"也就没有大学，这也应当是常识。没有"大业"，大学何以履行职能，又何谈筑巢引凤。不可想象，今天的大学还要像孔老夫子那样杏树之下设坛授徒，今天的科学家还要像居里夫妇那样自家之中开展研究。所以只见人不见物，或只见物不见人，都会失之偏颇。大师与大楼，皆为大学所需，关键在于大楼要为大师所造，为莘莘学子而建。非此，那些为了炫耀门面或树立形象而建、为了标榜自己或突出政绩而设的大楼，则可以休矣。

李庆章.大学之大，因有"大业"而为大.东北农业大学报.2007.03.28,总第735期.第2版（杏坛杂谭）

# 大学之大，因有"大度"而为大

大学之"大"，因有"大度"而谓大，是指一个名副其实的大学，应该具有囊括大典、网罗众家、学术自由的大学涵养。

大学要有大师、要有大家，要有大业，更要有大度。度此处指气量和胸襟，大度指宏伟的抱负，也指宽宏大量的气度。[1]"汇中外学术有容乃大，扬古今正气无欲则刚"。大学自有大学的气度。所谓大学的大度，乃博大之情怀、高远之志向、坚韧之意志、宽广之胸襟和先进之理念的高度统一。孔子在《礼记·中庸》中说过："万物并育而不相害，道并行而不相悖。小德传流，大德敦化，此天地之所以为大也。"

大学之大度，在于心系人类、关爱社会的情怀。当今世界面临许许多多相关人类生产、生活与生命的问题，这些问题所波及和影响的范围已经超越了国界，超越了民族，需要各国人民共同努力去解决。大学的责任不在一时的政治和经济功利，不只限于本国、本民族的进步，更应着眼于整个人类社会的健康发展。

大学之大度，在于立足全球、放眼未来的视野。知识是人类共同创造和积累的宝贵财富，科学没有国界。在创造知识和发展知识的过程中，如果没有全球的眼界，没有全人类的面向，没有未来的瞻望，没有国际的合作与交流，就不可能走在知识创新的前列和领导知识创新的潮流。

大学之大度，在于坚忍不拔、追求真理的精神。大学的价值在于，它是经济的引擎，是文化的引领，是道德的源泉，是良心的圣地。它不受传统成规羁绊，不为流俗时风浸染，坚持学术自由，刻意追求真理，在创造知识、发展知识、传播知识和应用知识中把大学的价值发挥到极致。

大学之大度，在于海纳百川、兼容并蓄的胸襟。大学要包容异见和悖论，要宽容个性与另类，深谙知识的创新只有在百花齐放中才会欣欣向荣，思想的开拓只有在百家争鸣中才会奋力向前，智慧的火花只有在大德大爱中才会尽情迸发，个性的张扬只有在有容乃大中才会充分显现。

---

1　辞海 [M]. 上海：上海辞书出版社，1999，1 784 页，2 423 页.

大学之大度，在于不问尊卑、有教无类的理念。大学的大门应该向全社会有教育需求的全体民众永远敞开，不问出身贵贱，不论家庭贫富，不计经历深浅，不限门派异同，帮他们解决各种各样的实际困难，向他们提供各种各样的学习机会，为他们创造各种各样的学习条件，保证他们平等地开展对真理的追问和对知识的探寻。

有大度，大学则卓然于世。无大度，大学则一如学店。

李庆章.大学之大，因有"大度"而为大.东北农业大学报.2007.04.15，总第736期.第2版（杏坛杂谭）

# 大学之大，因有"大雅"而为大

雅这里指正的、合乎规范的，也指高尚、不庸俗，还指美好、不粗鄙。[1] 大雅这里指大才、高才，也谓文雅大方，《汉书·景十三王传赞》："夫唯大雅，卓尔不群。"[2] 大学之大雅，在于有崇德尚实、情趣高雅、陶冶人生的大学文化。

我国的大学要能够担当发展优秀文化、引领社会文明的职责和科教兴国、人才强国的重任，就必须首先成为优秀文化的高地和时代文明的重镇，充分发展大学文化和倡导大学文明。我在《大学实力与大学形象》一文中曾经说过：大学竞争力的构成要素包括大学的核心竞争力、大学的基础竞争力和大学的环境竞争力……大学环境竞争力主要体现在大学学术环境和大学人文环境的培育与发展。大学环境竞争力更多的是文化层面的建设，大学独特文化的形成常常是大学形象识别（理念、标志和行为识别）的基础，是大学核心竞争力和大学基础竞争力的精神升华，对大学核心竞争力和大学基础竞争力的发展具有很强的促进作用。

世界上的大学自中世纪创立以来在上千年的发展历程中，之所以始终能够卓然而立，是与其形成、保持和传播优秀文化分之不开的。由大学教师和大学学生共同构成的"大学人"，徜徉于这样的文化场所之中，在优秀文化的熏陶下，蜕祛野蛮与蒙昧，唤醒博爱与良知，成长为时代的文明群体，如此一代一代循环往复，大学文明日臻完善，社会文明亦步亦趋。所以，大学的文化建设与文明发展，绝不仅仅是一校一业之事，而且是关乎人类发展的大事。

大学文化由大学的精神文化、制度文化、行为文化、环境文化四个层面构成。以上四个层面，精神文化是核心，制度文化是保障，行为文化是方式，环境文化是载体。它们之间互相依存，互相作用，构成了一个不可分割的有机整体。大学文化建设的基本目标是，加强校风、教风、学风建设，引导广大师生树立正确的世界观、人生观、价值观，以优美的校园环境，多彩的文化生活，高雅的艺术情趣，浓厚的学术氛围，博大的人文精神，优良的学风校风，形成催人奋进的大学

---

1　辞海 [M]. 上海：上海辞书出版社，1999，1 784 页，3 853 页.

2　辞海 [M]. 上海：上海辞书出版社，1999，1 784 页，1 787 页.

精神、科学进步的价值理念和导向正确的舆论氛围。通过大学文化建设，使学校形态、文化神态、师生心态内外和谐，办学实力、学校活力、文明魅力刚柔相济，实现学校全面、协调、可持续发展。

大学文化建设要体现人本文化，以人为本，突出人的发展，把教育与人的自由、尊严、价值、幸福紧密联系起来，体现人文关怀和道德情感。大学文化建设要体现中华文化，中华文化具有注重人格、注重伦理、注重利他、注重和谐的东方品格和人文精神，对于缓冲和消解当今世界个人至上、物欲横流、恶性竞争等令人忧虑的现象，为追求人类幸福安宁提供重要的思想启示。大学文化建设要体现个性文化，大学文化的个性化发展是不同文化相互交融的必要条件，每所大学的大学文化都应有自已独特的风格。高品位的大学文化是高水平大学的重要标志，大学文化是一所大学的灵魂、基石和精神支柱，文化品位和文明程度不高的大学肯定不是一所好大学。

高品位的大学文化是大学发展的强大动力，科学的办学理念、严谨的治学态度和自强不息、奋发向上、追求卓越的精神风貌，可以推动学校各项工作和整体办学水平全面提升。高品位的大学文化是大学建设发展的重要目标，大学的发展规划必须有文化建设内容，要使大学文化建设成为真正落到实处的系统工程。高品位的大学文化是培育高素质大学生的基本保证，在数年的大学生活中，对学生影响最大的当属大学的文化底蕴、精神风貌、师德风范、学术氛围和治学态度，大学文化对大学生的影响不仅具有很强的导向性和示范性，而且具有润物无声、潜移默化的作用，能影响学生的一生。

《大学》有曰："大学之道，在明明德，在亲民，在止于至善。"可见，大学发展的直接目标是实现其服务社会的工具理性目标，而最终目标则是实现其服务社会的价值理性目标。要实现大学服务社会的价值理性目标，引领时代文明，就必须加强大学文化建设，大学文化建设重要在于大学的"文化自觉"。

李庆章. 大学之大，因有"大雅"而为大. 东北农业大学报. 2008.04.30, 总第 737 期. 第 2 版（杏坛杂谭）

# 大师正义

缘于文化传统中的"好大"因子，国人的"大师"情结可谓十分强烈。此外，人文精神的缺失、人际关系的疏离、学术娱乐的出现和"学术明星"的诞生，也为"伪大师"的滋生推波助澜。一时乎，"国学大师""文学大师""语言大师""艺术大师""美术大师""学术大师""管理大师""武术大师""励志大师"等纷纷登台，如雨后春笋般层出不穷。面对良莠杂陈，有必要回归大师本真即大师正义。

何为大师？著名现代史学家钱穆（1895—1990）先生说过："大师者，乃是通方之学，超乎各部专门之上而会通其全部之大义者是也。一个部门学术之有大师，如网之在纲，裘之有领，一提挈而全体举。"由此可知，"大师"称谓应该回归大师本原，即大师主要限于学术界，其他领域似称艺术家、文学家、歌唱家等为好。《辞海》对大师的解释是："指有巨大成就而为人所宗仰的学者或艺术家。"可见大师首先产生于学者，而且成其为或称其为大师要必备两个条件：一是"成就巨大"，非学富五车和著作等身不能企及；二是"人所宗仰"，不德高望重和众望所归不可称谓。大师不是自封的，也不是评定出来的，而是在一定学术领域的同行中被大家所公认的。大师不是一种荣誉或称号，而是一种崇高的声誉或名望。

大师的产生主要在于自身成长。常常听到这样的误解：大师是怎么培养出来的？为什么我们的大学培养不出大师？必须清楚，大师主要是自身成长起来的，而不是培养出来的。大师的形成是一个长期的自然过程，刻意"制造"和批量"生产"都不会产生大师。所以大师不是揠苗助长的产物，更不会多如过江之鲫。华罗庚、梁漱溟、启功、钱穆等都没有上过大学，只有中学学历，但却能成就为各自领域的大师，也说明大师的成长有其自身天资和个人努力的主观重要性。有潜质的大师之材，多来自学术世家和特定地域，从小就人格独立、卓尔不群，再加上抱负远大、持之以恒，就必将独树一帜、一鸣惊人，成为开风气之先并代表和引领时代的旷世奇才。

大师的产生重要在于环境孕育。可以说，自由思想和独立精神是学术大师生长的重要条件。造就和培育大师形成和成长的自由环境非常重要，没有自由思想生长的空气和独立精神成长的土壤，大师是不可能形成的。真正的大师只能出现在思想自由和学术独立的时代，有了这样的自由环境，学者的思想才能真正得到解放，他们的创造力才能充分发挥，也才能形成创造性学术成果，形成自己的不二学术流派。我们呼唤宽容失败、鼓励创新的学术氛围，努力造成敢为人先、标新立异的学术风气，目的就在于潜心孕育杰出人才。

大师的产生必要在于体制保证。由于现在的学术研究基本上属于体制化的研究，学者多是体制内的专门学者，所以建立和完善大师生长与发展的学术体制十分必要。目前学术体制问题较多，但至关重要的是学术成果评价体制。一是评价主体外行化，外行评价严重缺乏评价的科学性和权威性；二是评价标准数量化，以刊物的级别、影响因子决定学术水平，严重窒息学术创新。在现有体制之下要成为学者并不难，而要成为大师则不是件容易的事情。任何评价说穿了都是对人的评价，而对人的评价则是难之又难的事情。落后的学术体制已经成为杰出人才成长与发展的桎梏，改革和创新学术体制特别是学术成果评价体制，已经是势在必行和迫在眉睫。

2009年诺贝尔物理学奖由英籍华裔科学家高锟（Charles Kao) 和其他二位外国科学家共同获得，再一次雄辩地证明，中国从来不乏大师的种子，真正缺乏的是大师成长的环境和体制。也有人慨叹，美国普林斯顿大学的安德鲁·约翰·怀尔斯（Andrew John Wiles, 1953-）教授经过八年孤军奋战，于1995年用130页的篇幅证明了费马大定理，虽然过程中未曾发表过一篇论文，然而却能够被宽容而且很好地存在，以至于最终见人之所未见和发人之所未发，这在体制僵化以及职位寻租和权力寻租盛行的国度里是不可能出现的。大师的产生，实际上是自身、环境和体制三者共同作用的结果，是经过一个长时间的涵养孕育之后，学术水平和学术成果在某一特定人物身上的集中体现。三者具备之后，对于大师的出现，还需要的就是摒弃急躁和浮躁的长期耐心等待。"积水成渊，蛟龙生焉"，说的就是这个道理吧。

李庆章.大师正义.东北农业大学报.2010.04.29,总第772期.第3版（杏坛杂谭）

# 根深叶茂，实至名归

## ——一论建设"学术东农"

发展靠实力，实力靠建设。一个国家是这样，一个大学是这样，一个人也是这样。实力定位理论告诉我们，竞争、生存与发展都是以实力为前提，以实力为依据，以实力为标准。

实力就是发展的核心与终点。大学实力又可称为大学竞争力，大学竞争力的构成要素包括大学核心竞争力、大学基础竞争力和大学环境竞争力。

大学核心竞争力主要包括大学基本职能（即人才培养、科学研究和社会服务）竞争力和大学人力资本竞争力两部分；大学基础竞争力主要体现在大学发展的财力及物力资源，具体包括大学办学经费、大学图书设备、教学科研设施、实验实习条件、信息平台建设等方面，它们共同构成了大学发展的基础；大学环境竞争力主要体现在大学学术环境和大学人文环境的培育与发展。实力具有实力载体，实力建设要通过实力载体的建设得以实现。我们的大学要发展实力，就必须认真建设实力载体。就大学核心竞争力而言，实力载体应该包括：杰出的学术领袖群、优秀的重点学科群、上位的研究项目群、先进的科研基地群、发明性专利成果群、原创性学术专著群等。这些载体之所以以"群"相论，就是说非造就一批或一大批学术领袖、重点学科、研究项目、科研基地、专利成果和学术专著，一所大学就难以立足于大学强手之林，就容易在竞争中失利，在发展中败北。事实证明，只有这样一所大学才能根深叶茂，实至名归。我们的大学这样做了，而且确有实效。

大学的本性，就是承担社会责任而执着于高素质人才培养、高层次学术研究和高水平社会服务，充当社会发展的文化先导。实质是追求所处时代的科技、文化和人才价值，推动社会较高层次的理性发展和物质文明。大科学家卢瑟福认为，大学的责任不是以例行的教学为终点，而应当成为"用原创性的研究获取新知识的中心，活跃的中心"，否则不配称为大学。面对于此，只有大学教师才能成为大学本性的有力体现者和有效维护者。大学教师如无能于学术研究，其知识便是僵化的，就不会有鲜明的科学追求精神，也就无法进入科学研究和教育要求的境界，无法培养出富于创造的学生，无法提供学科前沿的学术成果，从而失去体现大学本性的能力基础。只有大学及献身大学事业的人"经历人生追求真理的痛苦磨难去寻求理想的亮光"，则大学必然展现无限生机。

大学（university）的本意，便是将追求科学知识和崇尚精神生活的人聚集在一起，相互切磋与研究。如果一所大学没有其应有之精神，则犹如国无国魂，民无心气，也就不能称之为真正意义上的大学。美国高等教育专家詹姆斯·杜德斯达认为，大学最基本的功能仍然是学术活动，大学其他的主要活动只有与教学和学术相关联才具有合法性。建设"学术东农"，首要提倡的是科学精神。科学精神的本质在于"求真"，即崇尚学术、献身科学、追求真理。科学精神的实现需要自由精神、批判精神和创新精神的支撑，从而使科学精神有的放矢、落在实处。科学精神不仅有工科的认真实干、农科的贴近国情，还有理科的冷静深邃、文科的聪慧敏锐和法科的严谨求真。我们就是要大力弘扬科学精神，使我们的每一位教师都树立起为社会主义现代化建设大业成名成家的远大志向，同时又能坚持耐得寂寞、不为名利所动的操守，鼓励创新，宽容失败，在脚踏实地的工作中，创造令世人瞩目的业绩，真正实现"出人才、出专利、出标准"的三大战略发展目标，"学术东农"才会卓有成效地建设成功。

李庆章.根深叶茂，实至名归——一论建设"学术东农".东北农业大学报.2008.05.30,总第739期.第3版（杏坛杂谭）

# 以人为本，至真至善

## ——一论塑造"人文东农"

世界各国都在谈论"大学危机"（质量、经费、道德、自治、大师危机等），而真正关系大学兴衰存亡的深层次危机是大学理念的危机，包括大学理想的暗淡、大学观念的落伍、大学精神的失落、大学形象的扭曲、大学使命的弱化、大学目标的混乱等。在我国高等教育世人瞩目的发展过程中，有的大学不真正知道为何存在，不知道为何种理想奋斗，其结果是不务正业而以虚弱的躯体去博取社会的重视。有的学者不真正知道怎样才能专注于治学而通达于天下，以舍弃学者本身的存在价值为前提呼吁社会的尊重。问题的症结在于这样的大学在"适应"社会的同时迷失了自己，这样的学者在"教育"别人的同时忘掉了自己。

德国哲学家雅斯贝尔斯认为："大学是研究和传授科学的殿堂，是教育新人成长的世界，是个体间富有生命的交往，是学术勃发的领地。"综合诸家学说，我把"大学"归纳为：大学之"大"，因有"大师"（德高望重、造诣精深、诲人不倦的大学教授）而谓大，因有"大家"（思想解放、富有远见、敢为人先的大学校长）而谓大，因有"大业"（校舍充足、设施先进、资料丰富的大学物业）而谓大，因有"大度"（囊括大典、网罗众家、学术自由的大学涵养）而谓大，因有"大雅"（尚德求真、文明向上、美化人生的大学文化）而谓大。以上"五大"俱备，大学真正建成。这不仅是"大学理想"的延伸，也是"理想大学"的范本，更是"人文东农"长期建设的追求。

塑造"人文东农"，必须积极倡导人文精神。人文精神的本质在于"求善"，即以人为本、关注人类、造福社会、健全人格。由于科学是一把"双刃剑"，既可造福人类，也可为人类带来灾难，所以科学精神需要人文精神为之指引方向。否则这个世界就会有光辉而无智慧，有强权而无良知，成为原子巨人、道德侏儒的世界。人类命运空前依赖人文精神的拯救，因此需要大力弘扬人文精神。现代大学的根本任务就在于培养理性与专业和谐发展，人格健全，明德亲民，知遇感恩，懂得（人文）关怀，具有国际视野的高素质劳动者、建设者、管理者和领导者。一个社会的文化底蕴和精神气质就体现在大学的人文精神之中。纽曼曾经说过，"如果一所大学不能'激起年轻人一些诗心的回荡'，那么它的缺乏感染力就可想而知了"。作为个性存在的大学精神，是一所大学历史积淀的产物，是"大学人"这个主体不断创造、追求、传承和发展的结果，是大学之魂魄。置身于有独立精神的大学之中，无形的力量便油然而生。建筑有震撼力，环境有生命力，人人有亲和力，不断激励着每一个学子，甚至影响并改变他们的一生。这种精神给予青年学生的影响和熏陶，对他们的素质、能力和人格的培养，比具体的知识传播更为重要。东北农业大学以"永开先河、与时俱进的创新意识，逆境不馁、守之弥坚的顽强意志，求真务实、坚忍不拔的科学态度，勤耕不辍、甘于奉献的无私品格"为支柱的"艰苦奋斗，自强不息"的"东农精神"，就曾经和正在为迈进与走出东北农业大学的学子打下一生不能磨灭的烙印，陶冶着数以万计的新型"北大荒人"。东北农业大学对人文精神的塑造，虽然已经做出不懈的努力，但是距离"教师要有素养、学生要有素质、学校要有品位"的"人文东农"建设目标还相去甚远。不但需要精心谋划，而且需要细心操作。还有许多许多的工作可做，还有很长很长的路程要走。

李庆章.以人为本，至真至善——一论塑造"人文东农".东北农业大学报.2008.06.17,总第 740 期.第 3 版（杏坛杂谭）

# 美美与共，天下大同

## ——一论构建"和谐东农"

和谐（harmony）是一个重要的哲学范畴，它是同一性的一种状态，反映了事物发展的协调、平衡、秩序和合乎规律的特征。无论是中国还是西方，古代还是现代，人们都在孜孜不倦地探索着和谐的理念。和谐之美是一个极古老而至今仍然熠熠生辉的美学命题。马克思曾有一句名言："对和谐之美的追求是人类的本能。"可以说，和谐是人类的永恒追求，和谐社会需要和谐的人来构建。大学，作为人才、知识与文化的聚集地和精神文明的孵化与传播地，作为人类进步的导航仪和社会发展的助推器，是培养和谐的人的重要基地。因此，构建社会主义和谐社会理应从培养具有和谐精神的人和构建和谐的大学校园抓起。

著名社会学家费孝通先生曾经精辟地将社会和谐总结为："各美其美，美人之美，美美与共，天下大同。"构建"和谐东农"，首要在于和谐精神。和谐精神的本质在于"求美"，即以人为本、天人合一、协调发展。构建"和谐东农"，就是要使学校内部和与学校密切相关的外部各种要素处于一种相互依存、相互协调、相互促进的运行有序且相对稳定的运动状态，主要表现为学校组织结构的和谐、学校教育环境的和谐、学校内部关系的和谐（教师人际关系的和谐、学生人际关系的和谐、师生人际关系的和谐、干群人际关系的和谐）、人与自然关系的和谐等，是学校"质量、规模、结构、效益"等要素和谐发展的充分体现，其内涵可以简单地概括为"民主的气氛、公平的理念、关爱的精神、进取的态度、法治的观念"。构建"和谐东农"，是更好发挥学校作用，促进学校全面、协调、可持续发展的客观要求和现实需要，如何促进"和谐东农"的有效构建，已经成为关系我校新时期改革、发展、稳定有关大局的一项重要和紧迫的战略任务。

构建"和谐东农"是一项复杂的系统工程，需要从多方面、多角度去探索和实践。其中，干部素质是关键、依法治校是保证、民主管理是前提、实力发展是基础、文化建设是核心、后勤保障是条件。

### 1. 干部素质与"和谐东农"构建

"和谐东农"的主体是人，关键是领导干部，因为他们是构建"和谐东农"的决策者、推动者和执行者。大学的领导干部绝不能等同于政府机关的行政人员，大学的领导干部不仅仅是一个权力的敬畏者，更应该是一个学术的敬畏者和知识的敬畏者，应始终牢记自己最重要的责任是为师生服务。因此，一个好的大学领导干部，应当具备"宽阔的眼界、博大的胸怀、良好的服务意识、团结合作的精神和想事、干事、成事的气魄"五种基本素质。

### 2. 依法治校与"和谐东农"构建

依法治校，建设法治校园，是构建"和谐东农"的重要保证之一，也是构建"和谐东农"的重要内容之一。只有依法治校才能切实保证师生的合法权益，只有依法治校才能更好地平衡和调节校内外各种利益关系，只有依法治校才能有效维护校园的安全与稳定。从某种意义上来说，没有法律和制度的维系、保障和监督，就不可能有真正意义上的校园和谐。

### 3. 民主管理与"和谐东农"构建

民主管理是大学内部管理中最有效的管理形式，也是构建"和谐东农"的重要前提。只有民主的校园，才是和谐的校园。实行民主管理就是要尊重和确保师生员工的合法权益，建立健全"深入了解民情、充分反映民意、广泛集中民智、切实珍惜民力"的科学决策机制，使广大师生拥有更多的知情权、参与权、选择权和监督权。提高一所大学决策的科学化、民主化水平，关键有两点：一是能否实现大学各级管理层的和谐共处、协同作战；二是能否最大限度地调动广大师生参与决策、管理和监督的积极性并充分保证广大师生参与决策、管理和监督的权利。

### 4. 实力发展与"和谐东农"构建

实力发展是构建"和谐东农"的基础。用发展的眼光看问题，在发展中解决问题是壮大实力、提高竞争力的根本途径。发展是第一要务，"发展才是硬道理"。我们所要的发展是在科学、合理的办学理念和指导思想指引下的全面、协调、可持续发展。"全面"发展是指学校既要重视人才培养和教学工作在学校发展格局中的基础性和全局性地位，又要重视发展知识创新和社会服务；"协调"发展是指学校要妥善处理好改革、发展与稳定的关系，兼顾师生员工工作、学习条件的不断改善与生命、生活质量的逐步提高，实现"质量、规模、结构、效益"的协调发展；"可持续"发展是指学校要认真开源节流，合理配置资源，努力降低办学成本，不断开拓新的筹资渠道，努力提高综合办学效益，确保学校办学安全。

### 5. 文化建设与"和谐东农"构建

和谐是一种文化理念，文化建设是"和谐东农"建设的核心。办大学就是办文化、造氛围，我们常说要把大学办成一个"泡菜坛子"，就是指要营造高品位的文化氛围，让师生特别是学生在其中感悟、思考、理解，净化心灵，陶冶情操，完善自己。"蓬生麻间，不扶自直；白纱入缁，不染自黑"（王充：《论衡·程材篇》）说的就是这个道理。文化在大学校园中的最高表现是大学精神，如校训；集中表现是校园风气，如校风、教风、学风等。大学精神是大学的办学理念和价值追求，是大学发展的底蕴所在；校园风气是大学校园内流行的习惯，是大学发展状态的外显，二者共同构成了大学文化的核心内容。文化，文化，根本在化。加强大学文化建设，就是要充分发挥大学文化潜移默化的熏陶作用。

### 6. 后勤保障与"和谐东农"构建

做好后勤保障，为广大师生营造优美、安定、舒适的生活、工作和学习环境，是构建"和谐东农"的必要条件。营造"优美"的校园环境，就是要科学规划和建设集绿化、美化、净化、园林化（田园化）为一体，人与自然和谐相处的良好校园环境，即创建"绿色校园"。营造"安定"的校园环境，就是要不断加强安全建设，深化安全教育，有效保障校内生活、工作和学习秩序及校园周边环境的长治久安，即创建"平安校园"。营造"舒适"的校园环境，就是使广大师生充分享受学校为大家的生活、工作和学习全面创造的便利，让在校者有"如同在家"之便，来校者有"宾至如归"之感，离校者有"回味不绝"之恋，即创建"满意校园"。通过创建"绿色校园""平安校园"和"满意校园"，使东农校园成为全体师生员工成就学业、成就事业、成就家业的温馨家园。

李庆章.美美与共，天下大同———论构建"和谐东农".东北农业大学报.2008.05.15, 总第 738 期.第 2 版（杏坛杂谭）

# 唯真唯实，永葆童心

## ——二论建设"学术东农"

在 2009 年 3 月 20 日中国科学院召开的党风廉政建设工作会议上，院长路甬祥指出："学术道德是科学研究的基本伦理规范，是科学工作者提高学术水平和研究能力的重要保证，也是科研院所增强自主创新能力、促进学术繁荣发展不容忽视的重要基础。"科研工作是一个专业性非常强、道德要求非常高的职业。科研人员应具备五种精神：创新精神、求实精神、协作精神、牺牲精神和自律精神。

科学精神是科学研究的灵魂，在塑造科学精神方面，成人不妨俯下身来，向儿童求教。王开岭在《向儿童学习》[1]一文中，高度赞美"儿童在对人间善恶、好歹、丑美的区别上，在保持清晰的看法、做出果决的判断和立场抉择方面，比成人要健正、纯粹得多。儿童生活比成人要朴实、要干净、要简单明朗、要有尊严。他不懂得妥协、欺骗、撒谎、虚与委蛇等'厚黑'技巧，他对危弱者的同情和救援之慷慨、施舍之大方是最令人感动的。"

创新精神与童心不泯。科研人员要有创新精神，要求积极探索、努力开拓、坚持创新思维。童心好奇，源于本性。德国作家凯斯特纳在《开学致辞》的演说中曾对家长和孩子们说：只有长大成人并保持童心的人，才是真正的人！科学家最重要的是要始终保有童心，带着高度的社会责任感和对新事物、新原理、新技术、新工艺的不懈追问、追寻和追求，一往无前地去探索未知，穷尽真理。

求实精神与童稚无欺。科研人员要有求实精神，要实事求是、坚持不懈地追求真理和坚定不移地坚持真理。童稚可爱，源于本质。科学家最可贵的是要始终保留童稚，如果一个科学家为学生的童稚而气愤，或为自己的童稚而脸红，那就像一个单纯的天使掏出衣兜的珍珠去换取巫婆手中的玻璃球，无疑是一种悲哀的开始。我们要怀着对科学家的高度理解、高度尊重和高度关爱，精心呵护科学家最可贵的童稚。

协作精神与童趣无限。科研人员要有协作精神，要谦虚宽容、团结协作、共

---

1　张文质。中国最佳教育随笔（第二集）[M].上海：华东师范大学出版社，2006，19-23 页.

同开创事业。童趣天然，源于本能。哪里有童趣，哪里就有协作。童趣在协作中开发，协作在童趣中发展。科学家最难得的是要始终保鲜童趣，自觉地发展童趣，享受从童趣中获得的无限乐趣。科学研究的团队创新更需要协作精神，需要从善于协作的童趣中汲取丰富的营养，养成协作的习惯，体味协作的喜悦，收获协作的成果。

牺牲精神与童言无忌。科研人员要有牺牲精神，要甘于寂寞、勇于奉献、敢于克服困难、不达目的誓不罢休。童言率真，源于本相。科学家最动人的是要始终保持童言，因为科学家的童言距离真理更近。我们常常用"初生之犊"来形容一个人的勇往直前，用口无遮拦来描绘一个人的心直口快，实不知童言所表达的真实、简约、轻松和快活，比起成人的虚伪、曲折、倦怠和苦闷不知要珍贵多少倍。

自律精神与童真无瑕。科研人员要有自律精神，要遵守职业道德，遵纪守法，诚实守信，决不剽窃、篡改、弄虚作假等。童真无邪，源于本色。童真或者天真，有如水晶、美玉，或者婴儿的瞳仁、鸽子的神情，是对人的最高褒奖，绝非是低俗贬抑。科学家最感人的是要始终保全童真，曾几何时如果科学家也开始嘲笑童真，或者再也找不回童年那种纯真而又极度本色和正常的感觉，那么就说明我们从心里发生了可怕的"生命丢失"。

李庆章.唯真唯实，永葆童心——二论建设"学术东农".东北农业大学报.2009.04.30，总第756期.第3版（杏坛杂谭）

# 风清气正，气象高旷

## ——二论塑造"人文东农"

人们常常用"风清气正"来表示对一种良好风气和人际环境的推崇，而用"气象高旷"来形容一个环境载体的文明高雅和豁达包容。何谓风气？风气就是指社会上或某个集体中流行的爱好或习惯。[1] 风气又是怎么形成的呢？宋玉《风赋》一文中说："夫风生于地，起于青萍之末。"风气有良莠之别和强弱之分，无论哪一种风气，都不是从来就有的。无论清风正气，还是浊风邪气，"起于青萍之末"时都是微弱的。因其微弱，是清风，是正气，就应该予以扶持，予以彰扬，使之蔚然成风。是浊风，是邪气，就必须予以制止，予以消除，不得使之发展。此即所谓"扶正祛邪""抑浊扬清"。

在"人文东农"塑造过程中，我们有很多事情要想，有很多事情要做。这里我想要谈的首先是大学中的学派与宗派问题。学派是同一学科中由于学说、观点不同而形成的学术派别。如遗传学上的孟德尔学派、米丘林学派，祖国古代医学的伤寒学派、温病学派等。正是由于学术派别的多样性，才推动了科学的多样性发展，表现了科学的百家争鸣，成就了科学园地百花齐放和万紫千红的勃勃生机。不同学派学者之间不是对立的关系，是"和而不同"的价值理性共同体。同一学派学者之间也不是宗派主义集合下的乌合之众，而是不断探求新知的创新团队。所以我们应该积极地支持学派创新，通过鼓励学说创新，不断推动科学繁荣。我们常常批评的"师出一门""师出一人"的封闭式团队，就是要改变学科发展中的"近亲繁殖"，实现不同学术风格和学术思想的"杂交优势"，促进科学的推陈出新。所以，我们对不同的学术派别，不仅要能容忍其存在，而且要积极支持其发展。在大学中，学派是清风正气。

宗派是主观主义者在组织上结成的小集团，通俗讲就是小帮派、小山头、小圈子。特点是思想狭隘，只顾小集团的利益，好闹独立性和做无原则的派系斗争等。宗派按理说是一个中性词，但今天多被作为贬义来用。大学由于是学者研究

---

1　现代汉语词典（修订本）[M]. 北京：商务印书馆，1996 年，377 页.

高深学问的场所，一般多是学派问题。但是，由于社会上商品原则的侵袭，个别大学的官僚化、衙门化、世俗化比较严重，宗派问题也不可忽视。同一宗派之间是一种苟合的关系，是"同而不和"的世俗功利共同体。不同宗派之间互相勾心斗角，是势不两立的矛盾双方。这种建立在少数人利益基础上的小集团一旦发展，常常造成工作上的极大危害。搞宗派的人最见不得阳光，或谋划于暗室，或结社于私第。为了一己利益，或打击报复，或攻击异己。只要小集团的利益能够实现，不惜孤注一掷和铤而走险。宗派在大学中是一种严重的腐蚀剂，无论师生员工和各级组织都要旗帜鲜明地坚决反对。在大学中，宗派是浊风邪气。

要区别风气的清浊正邪，必先有一点敏感的嗅觉，尤其是在它刚刚起于"青萍之末"时，就要对它的发展趋势及其后果有足够的认识。其实大学的师生员工中并不缺乏正气，而缺乏的是对于这种正气的扶持。校园中也并不缺乏抵御浊风邪气的力量，而缺乏的是对这种力量的组织。而这一切，正是需要大学的领导干部首先认真去做的。浊风邪气之所以会成为一种风气、一种公害，其中必有某种利益使人趋之若鹜。清风正气之所以能得以伸展，其中必有某种利益需要人舍得放弃。要旗帜鲜明地扶正祛邪、抑浊扬清，还得真有点"忘身殉国，秉道疾邪"的政治品格。

清代政治家魏裔介指出："治天下，以正风俗得贤才为本。"将风气建设和选贤任能并列起来，上升到治国之本的高度，足见风气的极端重要性。正风行则事业兴，歪风盛则大厦倾。只要东农人人人"讲学习，讲政治，讲正气"，激扬学派，打击宗派，塑造"人文东农"就会指日可待。

李庆章.风清气正，气象高旷——二论塑造"人文东农".东北农业大学报.2009.05.15,总第757期.第2版（杏坛杂谭）

# 和谐东农，用心做起

## ——二论构建"和谐东农"

时下最赫然入目的大型公益广告，当属"和谐社会，从心做起"。画面上身着各种服装的人群，每个人阳光灿烂的笑脸，一看就令人久久驻足，看后又叫人深深感叹。各种服装代表了党政军民学、工农兵学商，代表了民众的广泛性，也隐含着人格的多样性。阳光笑脸标志着丰衣足食的安心，标志着安居乐业的舒心，也标志着社会和谐的开心。联想"和谐东农"的构建，在这里易一字而用，即"和谐东农，用心做起"。

和谐东农要用心做起，就必须从心去做。季羡林先生 95 岁生日时对温家宝同志说过："有个问题我考虑很久，我们讲和谐，不仅要人与人和谐，人与自然和谐，还要人内心和谐。"要从心做，做到内心和谐，将心比心。对自己，要平常心，要"心如止水，上善若水"。对他人，要包容心，要"海纳百川，有容乃大"。只要东农人个个讲和谐，人人讲和谐，和谐东农就有了良好的群众基础，和谐东农也就一定会健康构建。

和谐东农要用心做起，就必须精心去做。海尔集团张瑞敏总裁认为："把每一件简单的事做好就是不简单，把每一件平凡的事做好就是不平凡。"要精心做，做到心思缜密，心坚石穿。如果说和谐东农是一番大事业，就必然"其始也微，将毕也巨"，要"天下大事，必作于细"，更要"不可善小而不为"。要做到细致入微，更要能由微知著。只要东农人事事讲和谐，处处讲和谐，和谐东农就有了良好的工作基础，和谐东农也就一定会顺利构建。

和谐东农要用心做起，就必须真心去做。北京公交战线劳动模范李素丽常说的一句话是："认真只能把事情做对，用心才能把事情做好。"要真心做，做到心口如一，言行一致。和谐是中国文化的精髓，其内涵丰富，博大精深。党的十六届六中全会提出了全面建设社会主义和谐社会的宏伟目标，对构建社会主义和谐社会做出了全面部署。我们要像爱护我们的眼睛一样爱护和谐，要保证不利于和谐的话不说，不利于和谐的事不做。如果东农人时时讲和谐，刻刻讲和谐，

40

和谐东农就有了良好的思想基础，和谐东农也就一定会成功构建。

　　和谐东农要用心做起，就必须全心去做。《荀子·劝学篇》云："锲而舍之，朽木不折；锲而不舍，金石可镂。"要全心做，做到心心念念，心无二致。不要把和谐作为一般的口号，更不要把和谐作为绳人的口禁，而是要将和谐渐次养成个人习惯、蔚成群体风气、成为人人景仰和践行的美德，变成从我做起、从心做起的自觉行动。如果东农人世世讲和谐，代代讲和谐，和谐东农就有了良好的遗传基础，和谐东农也就一定会完美构建。

　　李庆章. 和谐东农，用心做起——二论构建"和谐东农". 东北农业大学报 .2009.03.31, 总第 754 期 . 第 2 版（杏坛杂谭）

# 象牙塔的守望与超越

## ——三论建设"学术东农"

象牙塔（ivory tower）在圣经《旧约·雅歌》只是用来描述新娘美丽的颈项，后来被逐渐运用到社会生活的各方面，主要是指"与世隔绝的梦幻境地、逃避现实生活的世外桃源、隐居之地"。用"象牙塔"一词喻指大学，本质上赋予了大学崇高的精神地位。"象牙塔"精神主要是指"把研究'高深学问'视为一种职业，恪守'为科学而科学''为学术而学术''为艺术而艺术''为真理而真理'的价值标准，崇尚'学术自由''学术自治''学术中立'的'学者人格'，自觉地维护大学作为'社会良心'之神圣殿堂的不屈精神。"

曾几何时，"走出'象牙塔'"已经成为时代对大学的一条基本要求或某些大学挂在嘴上的口号。实不知，中国的大学，几乎从来就没有真正意义上走进过"象牙塔"。在我国传统文化中，人们并不把对学问的追求作为最终目的，而是作为达到目的的手段，强调工具理性，即所谓"经世致用"；中国近代长期内忧外患，知识分子无法安心于学术研究，更难奢谈无条件地"为学术而学术"；现在很多知识分子往往急功近利，把学问研究常常看作"学而优则仕"或钓取功名的敲门砖；在当今的大学中，价值理性严重蜕变为工具理性，忘记"知识的探索和新的发现"永远是大学对社会最具特色的贡献。凡此种种，不一而足。由此可见，我国的大学急需的是走进并守望"象牙塔"，在走入并守望的基础之上超越"象牙塔"。

随着社会的不断变革和发展，大学从社会的边缘逐步进入社会的核心，这要求大学承担更多的社会责任。所以当今的大学，既要守望"象牙塔"，又要超越"象牙塔"。首先，超越"象牙塔"由社会责任所决定，当代的中国大学不但要实现对社会的科技推动、人才支撑，还要发挥对社会的文化引领，必须顺应历史的发展和要求，主动承担责任和履行义务，满足经济社会及其进步的需要；其次，超越"象牙塔"也存在内部动力，教师项目研究的需要渐次成为与外界广泛联系的自觉行为，学生对社会问题的更多关注也成为他们走上社会的必然诉求；再次，政府、大学、企业这推动当代经济社会发展的三要素，共同形成的稳定"三螺旋"

结构，迫切要求大学必须抛弃自我矜持和孤芳自赏，主动融入经济社会发展大潮，担当更多的社会责任并建功立业。

吴松先生在《大学正义》（2006）一书中说的好，"只有当大学既在血液中流淌着'象牙塔'典雅的基因又在其功能上迸发出服务社会的激情时，胸怀'象牙塔'精神走上变革现实之路，大学才有可能步入健康发展的坦途。"因此，只有既能够不断创造新知识，又能够适应社会需要的"象牙塔"才是当代大学最崇高的追求。但需要强调的是，超越"象牙塔"并不是要推翻和颠覆"象牙塔"，而是要使"象牙塔"更加稳固，在更为广阔的时空发挥更大作用和产生更大影响，更好地实现"象牙塔"的真正价值。

我们要特别重视美国斯坦福大学荣誉校长杰拉德·卡斯帕尔（1988）的警示："不要让那些要把大学变成面面俱到的样样能做的人来改变大学的方向。"我们必须清醒，喧哗、狂躁与轻浮不属于大学，急功近利、追求时尚也不属于大学。大学必须有自己的立场、自己的目光与襟怀。中国的大学面对"象牙塔"，应该努力在守望和超越两者之间寻求一种平衡。应在"象牙塔"与社会之间构建一块缓冲地带，这块地带充分广阔并具有足够的张力，它一方面能保证大学回归本原专心于"知识的探索和新的发现"，以免"象牙塔"的宁静遭受过分的冲击，另一方面使"象牙塔"向社会伸出灵敏的触角以确保对社会的主动适应。倘若真能这样，21世纪的中国大学发展或许会走得更好更快。

李庆章.象牙塔的守望与超越——三论建设"学术东农".东北农业大学报.2009.09.30,总第763期.第2版（杏坛杂谭）

# 教师要有素养

## ——三论塑造"人文东农"

"教师要有素养、学生要有素质、学校要有品位"是"人文东农"的建设目标，其中"教师要有素养"指的是教师要有职业素养，是"师德"与"师道"的高度统一。最近一个时期，季羡林、任继愈两位大师去世后，人们对他们的追思和接踵而来连连发生的高校学术不端事件形成了鲜明的对照，引发了人们对教师职业素养的深度思考，迫切需要在告别大师中梳理我们的精神世界。

高素养教师队伍是大学的核心竞争力。没有高素养的教师队伍，就没有高水平的教学，就没有高水平的学术，也就不可能培养出高水平的人才。高素养教师是大学生健康成长的指导者、科学知识的传播者、科学研究的领军者、教育与改革创新的实践者和良好社会风气的引领者，在大学建设和发展中具有举足轻重的地位与作用，每一位大学教师都应该努力增强自己的职业素养。大学教师职业素养的不断强化，实际上也就是沿着教师的职业境界——"经师"、教师的专业境界——"能师"、教师的事业境界——"人师"，向教师的最高境界——"大师"的渐进发展过程。

韩愈在《师说》中指出："师者，所以传道受业解惑也。"此处，"受"通"授"，即传授。意思是教师的角色作用是传授道理、教授学业、解答疑难。所以，传道、授业、解惑也是构成大学教师职业素养的三要素，三者缺一不可。

传道，就是从认识论角度增强学生的素质。从哲学的高度、育人的向度对学生传认知之道、做事之道、为人之道和处世之道，用正确的思想、坚定的信念、规范的行为去影响、鼓舞和塑造学生，追求真知、传播真理，自觉把理想、信念、责任、良知、自律、修养等融入教学过程，帮助学生树立远大理想，培养高尚情操，树立正确的世界观、人生观和价值观，成长为文化自觉、富有责任感的高素质社会公民。

授业，就是从知识论角度增长学生的知识。从认知的维度、思维的宽度向学生授文化知识、科学知识、生产知识和生活知识，用清晰的概念、正确的方法、准确的表述去充实、激发和培育学生，教为不教，学为创造，努力把学以致用、因材施教、有教无类、教学相长等理念渗入教学之中，尊重学生的个性，提高学生的心智，培养学生广泛的学术兴趣、良好的学习习惯和深厚的学习能力，使学生具有世界眼光，成就为终身学习、积极向上的高素质社会公民。

解惑，就是从方法论角度增进学生的能力。从思想的深度、实践的力度向学生解专业困惑、职业困惑、思想困惑和人生困惑，用丰富的想象、深邃的思想、骄人的能力去帮助、指导和带动学生，鼓励创新，深入实践，注意将理论与实际结合、动脑与动手结合、批判与继承结合贯穿于学习的全过程，不断增强创新精神，努力提高实践能力，使学生成熟为建设创新型国家所需要的具有创新、创业和创优品质的高素质社会公民。

综上所述，一个合格的大学教师，应该是一个合格的全面育人者。所谓全面育人，就是对"传道受业解惑"角色作用的忠实实践。由此可知，"传道受业解惑"是大学教师职业素养的精辟阐述和高度概括，不仅是大学教师的入门资格和职业责任，而且是大学教师的时代要求和精神追求。

李庆章.教师要有素养——三论塑造"人文东农".东北农业大学报.2009.09.15,总第762期.第2版（杏坛杂谭）

# 大师如是说和谐

## ——三论构建"和谐东农"

中国文化的精髓就是"和谐"。季羡林先生说过:"人类自从成为人类以来,最重要的是要处理好三个关系:一,人与自然的关系;二,人与人的关系,也就是社会关系;三,个人内心思想、感情的平衡与不平衡的关系。我们讲和谐,不仅要人与人和谐,人与自然和谐,还要人内心和谐。鉴于此,我把人文关怀的层次分析成人与自然、人与人及人自身的思想情感处理等三种关系,如果这三种关系处理得当,人就幸福愉快,否则就痛苦。"

建设和谐社会,人内心和谐是实现其他和谐的前提。社会是由人组成的,人是社会的细胞,没有人内心的和谐,就没有人与人的和谐,也没有人与自然的和谐,这是构建和谐社会的三个层面,相互依存,紧密联系,缺一不可。人内心和谐,则是这三个层面的起点,同时也是这三个层面的基础,因而显得十分重要。如果人内心不能和谐,人与人的和谐和人与自然的和谐就很难实现。

内心和谐是一种素质,内心和谐的人认知正确,心理健康,深谙事理,知荣明辱,从不欺人,更不自欺;内心和谐是一种能力,内心和谐的人心灵守正,情绪平稳,自知知人,角色准确,心无旁骛,追求卓越;内心和谐是一种境界,内心和谐的人勇于争先,不计名利,品格高尚,谦虚谨慎,刚正不阿,光明磊落;内心和谐是一种力量,内心和谐的人知难而进,无所畏惧,不为名惑,不为利诱,挑战自我,超越自我。追求内心和谐,是每一个人的人生课题和使命,绝对没有谁可以成为坐观潮起的局外人。

要做到内心和谐绝非易事,需要自觉修养和不断锤炼。在现实生活中,确有一些人对社会现象,专看阴暗不看光明,专看浊流不看清流,对任何事物都愤愤不满,牢骚满腹,"端起碗来吃肉,放下筷子骂娘";也有一些人成天追名逐利,钻小圈子,搞小动作,尔虞吾诈,勾心斗角,把自己的快乐建立在别人的痛苦之上;还有一些人惯唱高调,不做实事,口是心非,表里不一,严以责人,宽以待己;更有一此人,内心充满种种矛盾,既不能正确对待,也不能有效排解,日积月累，生理失衡，食不甘味，郁郁寡欢。因此，内心和谐需要修身养性、抑制贪欲、忘却自我，从而逐步实现达观淡定，心平气和，不因物喜，不以已悲，处变不惊，不喜不惧的高旷境界。

托尔斯泰说："人不是因为美丽而可爱，而是因为可爱才美丽。"人内心和谐，是人的心灵之美，是人的内外兼修之美，是人的表里统一之美，是弥足珍贵生命之花的尽情绽放。只有每个东农人内心和谐的充分形成、发育和成长以及自然流露、传播和交汇，东北农业大学才会变得更加和谐、无限美好。

李庆章.大师如是说和谐——三论构建"和谐东农".东北农业大学报.2009.10.30,总第764期.第2版（杏坛杂谭）

# 杰出人才的成长

## ——四论建设"学术东农"

人才的成长，有其固有的规律，既有人才成长的必然性规律——因果性规律，也有人才成长的概然性规律——统计性规律。杰出人才的成长，同样不能违背人才成长规律。也就是说，杰出人才成长规律就存在于杰出人才成长过程中，包括了普通人才成长一般规律和杰出人才成长特殊规律。只有深入认识和准确把握人才成长规律，才有利于及时发现和发展人才，确保人才特别是杰出人才的脱颖而出和层出无穷。

普通人才成长的一般规律包括：（1）才能增长规律：以生理活动和心理活动为基础的创造实践活动，对人才成长具有首要的决定性，实践出真知，勤奋长才干，通过有效的创造实践成才，体现了成才与实践之间的因果关系。（2）综合效应规律：成才主体创造实践的结果，都是内在因素和外部条件相互作用的综合效应，是人才创造实践活动的主体与客体的统一和受动性与能动性的统一，因此人才成长应强调"合力作用"和体现"合力效应"。（3）过程转化规律：人才成长总是要经历"潜人才"向"显人才"、"一般人才"向"领军人才"的发展过程，人才成长过程的多次性、曲折性转化特点，规定着人才成长的较长递进过程，存在着多种变数和不确定性，切忌揠苗助长。（4）最佳年龄规律：人才的年龄同取得成果之间存在着概然性联系，成才主体在学习和创造的最佳年龄取得成果的可能性最大、质量最高、数量最多、速度最快，依此规律可以实现发展人才和发展事业的双重最佳策略。（5）扬长避短规律：人无完人，人才不能求全责备，造就人才尤其学术人才一定要用其所长、展其所长，久而久之，其长越长，甚至成为独占鳌头或绝无仅有。（6）共生效应规律：人才的成长，常常具有某一地域、某一机构、某一群体相对集中的倾向，也就是说人才的成长具有很强的人才地理性和人才生态性。

杰出人才成长的特殊规律包括：（1）杰出人才内在素质规律：①卓越的学习能力——杰出人才杰出成果的创造，实际上是一个知识继承和知识创新的发展转化过程，不论是知识继承还是知识创新，都需要高度的好奇心、想象力和洞察力，需要很强的学习能力；②高尚的道德情操——道德素质是杰出人才的主要素质之一，杰出人才不仅要有追求真理、献身科学的精神，而且要有吃得辛苦、耐受寂寞的品格，更要有心性淡定、甘于贫寒的情操；③广博的知识结构——杰出人才的知识结构，不仅包括理论知识，而且包括感性知识和实践经验，借以保证能从多维度、多层次思考问题和解决问题；④健康的身心素质——科学研究是一种艰苦的甚至是繁重的智力活动和体力劳动，需要科学家既要有健康的身体素质，又要有良好的心理素质；⑤高度的心智情感——良好心智指导下的环境适应、人际交往和人际关系，常常会使人的才智得以充分发挥，即良好的人脉是杰出人才取得成功的重要因素。（2）杰出人才外部环境规律：①崇尚创新的社会环境——建设创新型国家，造就大量杰出人才是关键所在，而杰出人才的成长需要创新文化的形成，要有鼓励创新、宽容失败的良好学术氛围，还要有科学合理的人才评价标准和评价体系；②追求和谐的群体环境——从人才的共生效应规律可知，杰出人才的成长更加需要良好研究条件基础上的良好人才地理和人才生态，更加需要学术环境的宁静和人际关系的和谐。

以上列举了普通人才成长的一般规律和杰出人才成长的特殊规律，只要我们深入认识、准确把握和充分运用这些规律，并检视我们已有的人才观念、人才规划和人才政策，使我们的人才工作更加符合人才规律，更加适应"人才强校"的需要，东北农业大学就一定会出现一个人才辈出、万马奔腾的崭新学术局面。

李庆章 . 杰出人才的成长——一四论建设"学术东农" . 东北农业大学报 .2009.11.30,总第 766 期 . 第 3 版（杏坛杂谭）

# 学生要有素质

## ——四论塑造"人文东农"

"教师要有素养、学生要有素质、学校要有品位"是"人文东农"的建设目标，其中"学生要有素质"指的是学生要有综合素质，是"成才"与"成人"的高度契合。大学生综合素质应包括思想道德素质、文化科学素质和身体心理素质三个方面。

思想道德素质的核心是观念信仰和价值取向，对人的全面发展具有导向激励作用，保证一个人的正确发展方向。随着科学技术的发展和市场经济的发育，更需要当代大学生具有良好的思想道德素质。思想道德素质包括：（1）良好的公民意识：每个大学生都要对自己的行为负责，关心他人，遵纪守法，自觉维护国家和民族的利益与尊严，遵守社会公德。（2）坚定的政治信仰：大学生要有正确的政治观点，坚定的政治信仰，要有明辨是非的能力和坚持四项基本原则的自觉性，要有热爱社会主义祖国的情感和民族自尊心。（3）远大的理想志向：懂得共产主义社会是人类发展的必然趋势，是人类最美好最合理的社会，从而运用共产主义的世界观观察和对待人生问题，把为具有中国特色的社会主义事业奋斗终生作为崇高的人生理想和目标，并把为远大理想奋斗落实到现实的努力之中。（4）现代的思想观念：大学生要不断树立正确的世界观、人生观和价值观，要具有较强的民族精神、科学态度、竞争意识、法律意识等现代思想观念。（5）高尚的道德情操：大学生要以为人民服务为宗旨，以集体主义为原则，以爱祖国、爱人民、爱劳动、爱科学、爱社会主义为基本要求，树立良好的社会公德、职业道德和家庭美德。

文化科学素质是个体适应现代社会的工具，也是一个国家综合国力的重要指标。大学生是国家未来的建设者和接班人，必须具有较高的文化科学素质。文化科学素质包括：（1）坚实的马克思主义理论：大学生要努力学习马克思主义、毛泽东思想、邓小平理论和"三个代表"重要思想，深入学习实践科学发展观，掌握并运用马克思主义的基本观点和基本立场，正确认识社会发展规律和国家的前途命运。（2）丰富的文化科学知识：①自然科学知识：以现代科学技术为先导和精髓的自然科学是认识和改造自然的重要工具，大学生肩负着"科教兴国"和"人才强国"的历史重任，即使是文科学生也应该掌握基本的自然科学知识；②社会科学知识：社会科学是推动社会全面进步和人的全面发展必不可少的理论指导，文科学生要全面掌握，理科学生也要重点了解；③人文科学知识：人文科学是语言、文学、艺术等的总称，大学生学习人文科学知识，有利于对个体人主体意识发生发展规律的认识，提高文化修养水准；④管理科学知识：管理科学无所不涉，大学生要掌握必备的管理科学知识，以便使各项工作得心应手，卓有成效。（3）宽厚的专业基础训练：21世纪的科学技术不仅表现为高速发展，而且呈现高度分化和高度综合，一专多能的复合型创新人才将是未来世界最受欢迎者，深透的专业学术素养与宽厚的专业基础训练的有机结合和互补互融，必将造就一代创新型高级专门人才。（4）深透的专业学术素养：①专业知识：大学生除应具备本专业所应具备的专业知识外，还要根据各自的需要进行多元选择，以求本专业知识扎实精深，其他学科知识博采多闻；②专业能力：大学生必须具备一般专业能力（如资料查阅、阅读写作、社会调查、观察记录、实验操作等）、特殊专业能力（运用专业知识解决专业问题）和专业创新能力（运用创造思维和创造技法进行专业发现和专业创新）；③专业方法：大学生要掌握专业领域内有效的学习方法、卓越的工作方法、科学的研究方法和创造的思维方法，以此适应专业学术的瞬息万变。

身体心理素质是大学生健康成长和适应社会发展的重要精神资源和物质基础，是理想信念与专业学术的实际载体。大学生要力争为祖国健康工作40年，就必须具有良好的身体心理素质。身体心理素质包括：（1）健康的身体：①生理发育正常，体质健壮无病；②精力充沛，耳聪目明；③反应敏捷，有良好的感觉、领悟、思维、理解、应变能力。（2）优良的心理：①具有坚强无摧的意志和坚忍不拔的毅力；②有开阔的胸襟，开朗豁达，能做到待人接物无私心、同事相处讲诚心、对待事业有热心、完成任务有信心、改正过失有决心、克服困难有恒心、面对非议不伤心和遇到挫折不灰心；③具备积极进取的心态，高昂激越的情绪和饱满振作的精神；④有艰苦创业的实干作风；⑤有优秀的个性心理，具有良好的动机、高雅的气质、广泛的兴趣、稳定的性格、鲜明的个性和健全的人品。

每一位大学生都处在心智和才智的快速发育时期，都要主动提高自己的综合素质,积极实现自身的全面发展,努力成长为文化自觉、富有责任感的高素质公民。

李庆章.学生要有素质——四论塑造"人文东农".东北农业大学报.2009.11.17,总第765期.第2版(杏坛杂谭)

# 大学的有所不为

## ——四论构建"和谐东农"

诗人、小说家、散文家冰心（谢婉莹）的祖父谢子修集古人名言而成自勉联，并作为教育后代的家训。上联是"知足知不足"，下联是"有为有弗为"。其中"有为"是指有作为，语本《礼记·儒行》："爱其死以有待也，养其身以有为也。"即珍惜生命，是为了等待发挥作用的机会；保养身体，是希望有所作为。"有弗为"指对不符合正义道德的事坚决不做，语出《孟子·离娄下》："人有不为也，而后可以有为。"大意是人要有所不为，才能有所为。下联提出了有为与弗为的界限，即对好事、善事、利国利民的事要积极做；对错事、恶事、损人利己的事，要坚持不为。

作为经济社会人才支撑、科技推动和文化引领的大学，出于法定职能、责任担纲和战略发展，往往都会把"有所为，有所不为"作为发展的基本原则，把有所作为和大有作为强调并发挥到极致。然而，却常常忽略与"有所为"同样重要，有时对于大学可能更为重要的"有所不为"。影响并决定大学发展的因素日趋复杂，大学在发展中科学有效地有所不为，对大学的全面、协调、可持续发展至关重要。

有所不为是大学的一种智慧和战略。我国的大学在办学过程中，发展什么不发展什么，主要发展什么次要发展什么，此时发展什么彼时发展什么，如此等等，都要合理规划和科学谋划，做到实事求是，量力而行。有所不为是大学发展的战略抉择，是大学领导集体和大学人智慧的体现，是大学可持续发展的重要保证。"人无远虑必有近忧"，理所当然也包括有所不为的深思熟虑，真正做到善于有所不为。

有所不为是大学的一种责任和态度。我国的大学在法定职能的基础上，主要的社会责任还应该是充当站在人类思想进步前沿的社会思想先导者，以及作为社会理性价值评判的社会良心保留地。面对各种问题和冲突，大学人在广泛的社会参与过程中，要勇于担当坚守主流价值观念的责任，坚持"真知灼见、肯说真话、敢驳假话、不说谎话"的态度，重塑大学和大学人的社会形象，努力做到主动有所不为。

有所不为是大学的一种操守和自律。在市场经济环境中，为了获取自我维持和发展所必需的资源，我国的大学不得不更多地从满足"消费者"兴趣、需要、期望等方面谋划人才培养工作。此外，大学还普遍采用企业化经营方式，竞争机制、效益观念等市场经济的主要特征在大学管理中充分显现。市场观念和市场机制对大学的渗透，严重削弱了人才培养质量、滋长了知识创新中的实用主义和功利思想。有所不为是大学的一种操守和自律，保持大学本性，要抵制商品原则对高等教育的侵蚀，警惕市场对大学的误导，切实做到自觉有所不为。

有所不为是大学的一种眼光和选择。在大学的发展决策中，不仅应该有鼓舞人心的可行性论证，而且必须有科学严谨的不可行性论证，在可行性和不可行性之间做出正确选择。大学的领导人绝不可凭借头脑一热和脑门一拍就决定重大问题，除要有严密的决策制度、严格的决策程序，还要有严肃的决策态度，努力提高决策的民主性和科学性。有所不为必须有所畏，绝不可颐指气使和意气用事，或者目光短浅，为了现在而牺牲未来，用心做到准确有所不为。

有所不为是大学的一种境界和胸怀。在我国大学"做大作强""跨越发展"等宏图大志的鼓舞和激励下，一些大学领导人的头脑开始发热膨胀起来。于是乎借大学发展之机，置大学的可持续发展而不顾，假"加快发展"之名，大搞个人政绩和大树个人形象。不仅明知不应为而故意为之，而且深知不当为而设法为之，为大学的健康发展埋下了深深的祸根。因此，我国的大学和大学人特别是大学领导人，要有崇高的境界和宽广的胸怀，抛弃个人私欲和私利，全力做到真心有所不为。

季羡林先生在《用历史的眼光看待一切问题》（1987）一文中警告我们："我们今天的所思、所感、所做、所为应该能经得起历史的考验。千万不要重蹈覆辙，在若干年之后，回头再看今天觉得滑稽可笑。"剑桥大学一位名誉副校长也曾经说过："一所名副其实的大学应该以它选择不去做某些事情和它要做某些事情同样知名。"世界大学发展的成功经验和高等教育发展的固有规律充分表明，要有所为就必须有所不为。有所不为是有所为的必要前提和重要基础，大学发展更具全面性和战略性的不是有所为，而是有所不为。在大学发展过程中，我们既要积极倡导有所作为和大有作为，又要有效保证有所不为和坚决不为，更要严格防止为所欲为和胡作非为。大学必须有自己的立场、自己的目光与襟怀，如果我国的大学和大学人都能把有所不为作为共识和自觉把握有所不为，就无可辩驳地说明我国的大学和大学人正在健康发展和逐步走向成熟。

李庆章. 大学的有所不为——四论构建"和谐东农". 东北农业大学报.2009.12.15,总第767期. 第3版（杏坛杂谭）

# 学术管理与行政管理

## ——五论建设"学术东农"

大学内部存在着学术系统和行政系统两个系统，体现着学术权利和行政权力两种权力，实施着学术管理和行政管理两类管理。大学的生命在于学术上的不断进取，任何时候由学术系统通过学术权力实现的学术管理，都应该是大学管理工作的核心。偏离这个核心，就会导致大学性质的扭曲，失去大学的本来面目。

学术管理是指大学对内部学术事务和学术活动的管理，是大学管理区别于其他社会管理的重要特征。学术管理行使的学术权力是一种自生权力，这种权力来自学者的学术能力和学术水平。学术管理反映了大学管理的本质，是大学管理的核心内容。大学的主要学术事务是专业建设和学科建设，基本的学术活动是教学活动和科研活动。大学功能的发挥通过学术事务和学术活动得以实现，学术管理的主体是学术人员，学术管理的对象是学术事务和学术活动。学术管理的运作具有突出的民主性、自律性、科学性特征，学术管理的组织结构呈现权力中心在下的矩阵型结构，学术管理的目标是追求学术的公正、公平与卓越。学术管理的基本功能是规划学术方向、选择学术战略，激励学术创新，学术管理的最终目的在于创造学术氛围、提高学术水平、实现学术发展。

行政管理是指大学对内部行政事务和行政活动的管理，与一般社会管理具有共同性特征。行政管理行使的行政权力是一种授予权利，这种权力来自上级或上级的法规制度。行政管理反映了大学管理的水平，是大学管理的重要方面。大学的主要行政事务是各种资源的科学配置和整个学校的正常运转，基本的行政活动是人、财、物、事等的运作及其相互关系的协调。大学功能的发挥通过行政事务和行政活动得以保证，行政管理的主体是行政人员，行政管理的对象是行政事务和行政活动。行政管理的运作具有显著的规范化、程序化、制度化特征，行政管理的组织结构呈现权力中心在上的科层化结构，行政管理的目标是追求系统的效率、效益和有序。行政管理的基本功能是贯彻执行上级指令、管理指导从属机构、全面服务教职员工，行政管理的最终目的在于保证国家教育方针的贯彻执行、保证大学法定职能的全面发挥、保证学校总体目标的预期实现、保证师生员工权益的依法维系。

学术管理与行政管理既相互区别、相互制约，又相互补充、相互依存，共同构成大学的管理体系。由于大学学术人员处在学术管理和行政管理的双重结构之中，校、院、系领导兼有学术管理和行政管理的二重角色，致使管理重心极易向行政系统偏倚和转移，从而形成学术管理与行政管理矛盾运动的剧烈冲突。我国大学学术管理和行政管理及其关系的现状不容忽视，学术管理与行政管理混淆不清、学术管理与行政管理本末倒置、行政管理泛化和学术管理弱化等现象还相当严重。正确处理学术管理和行政管理的相互关系是大学发展的内在必然要求，为了保证大学的学术追求和学术进取，学术管理与行政管理和谐高效运行机制的建立势在必行。一是学术权利和行政权力适度分离，形成学术管理和行政管理相互补充、良性互动的崭新局面；二是突出强调服务保障职能，建立主动适应学术组织嬗变的灵活性柔性化行政管理系统；三是加强纯学术人员对学术管理的参与，强化学术机构在学术管理上的实质性权力；四是提高行政管理人员的学术服务意识，确保教学和科研学术活动有效开展和顺利进行；五是构建科学合理的管理评价标准和评价体系，发挥两个系统的有效管理作用和充分管理职能。通过机构设置、权力分割、工作程序、管理过程、制度规范等不断优化，使学术管理和行政管理相互协调，使学术发展目标与学校整体目标保持一致。

下面引用北京大学陈平原教授在《大学何为》中的几段话，更加通俗地进一步说明大学中学术管理和行政管理的关系："对大学来说，学术是第一位的。""对一所大学来说，必须有好的学术制度、学术精神以及学术成果，这样它才有可能长久，才有'可持续发展'的根基与机遇。""单说大学里的工作，到底是以教学、科研为中心，还是以管理为中心。假如是前者，就必须着力于调动教师的积极性，尊重其工作兴趣，任其自由发展，尽可能为其攀登学术高峰创造最好的条件，而不是迷恋于如何提高管理的效率。""好大学里的好教授，你不必管他，也不用催他，他们比你还着急；让其自由发展，不计较一时一地之得失，方能有大成。""大学的管理工作，应包含对'人'的尊重，以及对'创造性劳动的'理解。""如此具有弹性的、不乏人情味的管理，方才可能'营造一个有利于产生学术大师的良好研究环境'。"这些道理，我们似乎都明明白白，但做起来却往往若明若暗或糊涂不清，甚至退化到在人才济济的大学里藐视人才、压制人才和埋没人才。这样说可能很多大学的管理者不会服气，但事实却真的就是这样。

李庆章.学术管理与行政管理——五论建设"学术东农".东北农业大学报.2010.03.31,总第 770 期.第 3 版（杏坛杂谭）

# 学校要有品位

## ——五论塑造"人文东农"

"教师要有素养、学生要有素质、学校要有品位"是"人文东农"的建设目标，其中"学校要有品位"指的是学校要有文化品位，是"真、善、美"的高度体现。品位者，质量档次之谓也。文化品位，是指一种和人直接有关的事物在文化质量取向上可用档次来衡量的情态反映。学校文化，是指学校主体在整个学校生活中所形成的具有独特凝聚力的学校面貌、制度规范、精神气氛等，其核心是学校在长期办学中所形成的共同价值观念。学校文化品位，则是学校物质文化、行为文化、制度文化和精神文化的档次，是从审美角度对学校综合育人环境的审视。

杨淑子院士说过："一个国家，一个民族，没有现代科学，没有先进技术，就是落后，一打就垮，痛苦受人宰割；一个国家，一个民族，没有人文文化，没有民族精神，就会异化，不打自垮，甘愿受人奴役。"一个国家、一个民族如此，一个学校也是如此。追求和实现学校文化的高品位，就是要不断提高学校的物质文化品位、行为文化品位、制度文化品位和精神文化品位，持续优化育人环境，确保人才培养质量。

提高学校物质文化品位，重在物质文化的意境。学校物质文化是一种物质形态的表观学校文化，是能迅速为人们提供感官刺激、给人有意义的感情熏陶和思想启迪，由学校师生共同创造的物质文化。高品位的学校物质文化总是通过学校标志、学校环境、文化设施等物质表现形式得以充分体现。学校标志不仅要突出教育的特点，而且要彰显学校的特色；学校环境要体现"远市而不喧，林深而宽敞"的幽古意境，既能陶冶身心，又能涵养性情；学校文化设施如图书馆要馆藏丰富并成为广大师生须臾不可或缺的第三空间，校园网络要使用方便、快捷畅通，文化景观要赋予生命、注入灵性。

提高学校行为文化品位，重在行为文化的气度。学校行为文化是指学校师生员工在教育实践过程中产生的活动文化，是学校作风、精神面貌、人际关系的动态体现，也是学校精神、价值观念的折射。首先，学校教职员要成为学生的表率，在教职员之间、师生之间的相互交往上，体现尊重关怀、平易近人、友善互爱的精神文化。其次，学校教职员在工作行为上要处处体现精益求精、大胆创新的工作态度与敬业精神。职员与教师之间的和谐行为方式，是学生之间和谐行为方式的杰出榜样和无声导师。教职员和谐的行为文化素养，有利于将学生培育成为具有和谐行为文化的个体。

提高学校制度文化品位，重在制度文化的神韵。学校制度文化由学校组织结构和学校管理制度共同构成，是学校文化的重要组成部分，是维系学校正常教育教学秩序、促进学生健康全面发展的保障。要按照"以人为本、学院本位、民主管理"的总体要求科学合理地安排学校的组织机构，坚决消除"行政化"和"官本位"给学校发展带来的严重消极影响。要正确处理学校行政机构和学术机构、行政权力和学术权利、行政管理和学术管理之间的关系，遵循教育发展规律、人才成长规律和知识创新规律，实现政策导向和价值取向有机结合，促进人才脱颖而出和确实保证人才辈出。

提高学校精神文化品位，重在精神文化的雅致。学校精神文化是学校文化的核心，是学校文化的深层表现形式，是学校整体精神面貌的集中体现，是指学校在长期办学实践中形成并为全体师生员工认同的精神成果与文化观念，凝聚着全体师生员工的价值取向、道德规范和精神追求，主要内容包括价值观念、学校精神和学校形象。价值观念是师生员工对教育实践共同推崇的基本信念和对学校意义一致赞同的终极判断，决定学校的基本特性并对师生员工的行为发挥导向作用；学校精神是学校精心培育并充分表现学校个性的学校主导意识，常常借校歌、校训、校徽等加以凸显；学校形象是社会对学校整体素质和文明程度的总体印象，其要素包括内部构成的校风、校貌和外部评价的知名度和美誉度。

学校的兴衰成败和正邪荣枯，不仅取决于学校文化品位的档次，还取决于学校文化品格的高下。当人们厌倦粗鄙低俗，羡慕文明高雅的时候，由于疏于正确引导或者由于严重误导，学校风气会迅速向另一极端反弹。所以在强调提高学校文化品位的同时，一定不可忽略对学校文化品格的提升。

李庆章．学校要有品位——五论塑造"人文东农"．东北农业大学报．2010.03.16，总第769期．第2版（杏坛杂谭）

# 大学人与大学故事

## ——五论构建"和谐东农"

何谓"大学人"？似乎大学中从事教育和教育管理的教育者，以及接受教育的受教育者都可以笼而统之称为大学人。其实并不尽然，大学人还应该至少具备远离功利主义、盲从主义、个人主义等特征，这样的大学"知识分子"才有资格称为大学人。

知识分子，常常称为"社会的良心"，在我国古代称之为"士"，是社会基本价值（理性、自由、公平等）的维护者。"士不可以不弘毅，任重而道远。仁以为己任，不亦重乎？死而后已，不亦远乎？"（《论语·泰伯章》）几乎成为"士"的原始教义，对"士"产生深远的影响。"士"赋有文化传承的使命，在中国历史上发挥着"知识分子"的作用。无论在任何社会，真正的知识分子都是文明存在和社会发展的中坚力量。作为大学知识分子的"大学人"，应当是一个国家与民族的希望和未来。

文化传承与创新是大学与生俱来的根本任务，大学人应该具有"仁为己任，死而后已"的主体精神。一要远离功利主义，要更多地关注事物的价值理性，关注事物发展的方向性、全局性和规律性，关注个体人的全面发展和整体人的共同发展，关注"人成为人"基础上的"人成为有用人"的教育；二要远离盲从主义，不是简单地顺应时尚与潮流，不是盲目地顺从体制与规范，具有独立的体验、感悟与判断，具有执着的理想、信念与毅力，具有创造性思维和开拓性能力；三是远离个人主义，有责任心、进取心、同情心、关爱心，富恻隐情、羞恶情、是非情、辞让情，胸襟博大、心怀宽广，在不懈追求中不断提升。

大学中，值得永远追忆的不只是抽象的精神，更包括生动的故事。大学人在大学生活中，不断编织着委婉动人和流传久远的大学故事，透过大学故事我们可以领略大师气象，通过大学故事我们能够透视大学担当。下面的两个故事，可以对大学和大学人略窥一斑。一个故事发生在一个秋天，北大新学期伊始，一个外地来的新生背着大包小裹走进了校园，实在太累了，就把行李放在路边。这时正好一位老人走来，他就拜托老人替自己照看一下行李，而自己则轻装去办理入学手续。老人爽快地答应了。一个小时过去了，学生带汗归来，老人还在尽职尽责地守着他的行李。数日后的开学典礼上，这位新生惊讶地发现，主席台上就座的北大副校长季羡林先生正是那天替自己看行李的老人。大师的平凡小事一时成为佳话，而且一直传颂至今。另一个故事发生在 1986 年，是哈佛大学建校 350 周年纪念，因为该校 300 周年校庆时曾邀请富兰克林·德拉诺·罗斯福（Franklin Delano Roosevelt）总统出席庆典，所以哈佛大学打算援旧例邀请当时的罗纳德·威尔逊·里根（Ronald·Wilson Reagan）总统参加校庆并演讲。里根接到邀请欣然接受，但私下提出一个要求，希望哈佛大学授予他荣誉博士学位。但哈佛大学历来有以学术水平为唯一标准聘任教授和授予荣誉学位称号的制度，所以学校的董事会、校长、教授会鉴于本校学术声誉的尊严，断然拒绝了里根总统的请求，里根也因此没有参加哈佛大学的 350 周年校庆。哈佛大学不畏权贵的故事，令我们对大学的"有所不为"有了更加深刻的理解。

北京大学陈平原教授在《大学排名、大学精神与大学故事》（2005）一文中说过：在大学里，谁最关心，而且最能影响大学传统的构建以及大学精神的传递？是管理者，还是大学生？我认为是后者。真正的校史教育，不是靠校长、院长、系主任来讲的；真正承担如此重任的，是学生宿舍熄灯后的神聊。所谓的大学精神、大学传统，很大程度上是靠这种"神聊"而得以延续的。请记得，我们进入大学，既读书，也阅人，阅读那些我们心存敬畏与景仰的师长。我们的科研经费会不断增加，我们的大楼会拔地而起，我们的学校规模越来越大，我们发表的论文也越来越多，我唯一担心的是，我们这些大学教授，是否会越来越值得学生欣赏、追慕和模仿。对于大学而言，积累资产，积累大楼，积累图书，同时也积累故事。对于一所历史悠久的大学来说，积累故事其实很重要。因为，这是一代代学生记忆里最难忘怀的。一所好大学，不但要有大师和大楼，更要有被师生口耳相传的故事。这些故事传承着志趣高洁的学者气象、严谨高深的治学态度、爱国爱校的赤子情怀。有动人故事可以流传，有音容笑貌可以追忆，既可怀念先贤，又有生活情趣，从故事入手认识和了解大学，不失为大学传统构建和大学精神传递的好方式。

李庆章.大学人与大学故事——五论构建"和谐东农".东北农业大学报.2010.04.15,总第 771 期.第 3 版（杏坛杂谭）

# 大学要有自己的办学特色

任何一所大学都应有自己的办学特色，这不仅是每个大学的办学理想，而且是《中国教育改革和发展纲要》的明确要求。一个大学有了特色，才能在高等教育国际化和高等教育现代化的进程中，形成区别于他校的鲜明亮点，才能具有蓬勃的生机活力，占据开阔的生存空间和确立不败的应有地位，为人类经济、教育、科技和社会发展做出不可磨灭的历史性贡献。有特色就有实力，有特色就有发展，这种实力来自各种特色形成的合力。目标特色可产生导向力，学科特色可产生生长力，模式特色可产生发展力，环境特色可产生吸引力，校长特色可产生感召力，教师特色可产生影响力，学生特色可产生竞争力。学校特色可提高办学效率，形成办学活力，产生强大生命力。在高等教育国际化和高等教育现代化的进程中，每一所大学都要努力办出自己的特色，其中办学理念是办出特色的灵魂，学校定位是办出特色的前提，学科建设是办出特色的核心。

一所大学要办出自己的特色，不但要有高强度的资金和情感（热情、激情等）投入，更要有符合高等教育规律的独特办学理念。办学理念的选择是办学特色战略的首要问题。办学理念是办什么样有别于其他大学和怎样办出有本校特色大学的理性认识和哲学基础，是大学校长治校理念和风格的结晶，其表现是在办学理念指导下长期形成的以校风、教风、学风为主的独立大学精神和特有公众形象。如美国加州理工学院的"小而优"、威斯康星大学的"把整个州交给大学"、我国北京大学的"思想自由、兼容并包"、厦门大学的"不求最大,只求最好",都是极具创新特色的办学理念。毋庸置疑,"具有东北亚和我国寒地区域现代农业特色"的办学理念在我校也已深入人心。办学理念与办学特色的关系,实质是办学理论与办学实践的关系,只有创新性办学理念才能指导创新性办学实践。由此可知,特色办学理念是学校办学特色的灵魂。

一所大学要办出特色,还必须有准确而科学的学校定位。学校定位既是办学目标的正确选择,也是办出学校特色的前提。学校定位应是学校目标定位、类型定位、层次定位、学科定位、服务定位等全方位的战略思考,应是在各层面坐标交汇点上努力实现的最准确、最科学的特色定位。我校的立体定位是:"立足龙江,面向全国,以农科为优势,农、工、经、管、理、文、法等学科(专业)交叉融合、协调发展,形成以生物科学和食品科学为特色的学科(专业)体系;以本科教育为主,大力发展研究生教育,积极发展继续教育(成人教育和网络教育)、国际教育、职业教育和民办教育,实现多层次、多样性办学的新格局;遵循高等教育教学规律,融传授知识、培养能力和提高素质为一体,实施'厚基础、宽专业、重个性、强能力'的人才培养模式,培养具有创新精神、实践能力和创业能力并适应国际需要的研究应用型人才;经过15年左右的努力,把我校建设成为国际知名、国内同类院校一流、具有我国北方现代农业特色的多科性、研究教学型和开放式大学。"这一学校定位曾经和正在指导我校的"一流农业大学"建设,并且取得了可喜的建设成果。

一所大学的办学特色具有多样性,而办出学校特色的核心选择是认真办出学科(专业)特色。要把形成办学特色集中放在学科(专业)特色的着力点上,充分发挥学科(专业)特色在办出学校特色中的主导作用,从而使学校特色具有较强的可持续性和长久的生命力。建设学科(专业)特色,除采取突出重点的不均衡发展战略外,还必须特别注重特色鲜明、优势突出的学科(专业)群建设。否则,一花独秀的学科(专业)特色很难持久,新的学科(专业)特色也难以生长。

在特色学科(专业)建设中,师资队伍建设是学科(专业)特色形成的关键,有名师、名学者、名科学家的学科(专业)才会真正具有特色。我校长期以来形成的生物学、作物学、园艺学、畜牧学、兽医学、农业工程、食品科学与工程等学科（专业）特色对我校呈现的增色效应，就是一个很好的例证。

我们相信，如果每个大学都能清醒地注意操守，戒除作风浮躁、理论浮夸和成果肤浅，在各自的层次上办好学，办出自己鲜明的学校特色乃至成为个性鲜活的特色学校，具有中国特色的社会主义高等教育和高等学校办学体系就一定会坚强地建立起来。

李庆章.大学要有自己的办学特色.东北农业大学报.2003.04.15,总第641期.第2版（杏坛杂谭）

# 谈"多科性、研究教学型和开放式"大学

每所高校的建设与发展，都离不开科学合理的学校定位。定位准确与否，关系学校办学的成与败、得与失、进与退。学校定位对学校办学行为起着规范、约束和自我评估的作用，有利于提高办学过程中的自我监控和调适能力，及时纠正办学实践中的偏差和失误。特别是教育部大力推进的本科教学工作水平评估，已经把学校定位作为一个重要的二级指标。能否为学校的发展准确定位，已成为衡量一所学校高层次决策者水平高低的主要判别依据。

我校在迎接教育部本科教学工作水平评估中，对学校定位进行了认真的思考，并广泛征求了师生员工的意见。经过认真推敲，将其确定为"多科性、研究教学型和开放式"。对这三个修饰词，我谈一点自己的理解，供大家参考。

首先，谈一谈"多科性"。按学科结构分类是高校的分类原则之一。18 世纪以前，高等教育结构基本上只有大学一种组织形式。但从 19 世纪开始，欧洲高等教育机构从单一的大学组织形式大量分化出单科学院和应用型高等专科学校。20 世纪 50 年代，我国的院系调整也是按学科分类的组织形式进行的，所以至今人们仍沿袭这种结构体系，将高等学校分为综合性大学、多科性大学、单科性专业技术学院、应用型专科学校等。"多科性"既区别于"单科性"，也区别于"综合性"。东北农业大学的历史就是从"多科性"起步的，原是以农科为主、涵盖工学的东北农学院。经过几十年的建设，特别是 1996 年进入国家"211 工程"建设大学行列后，东北农业大学已经完成了从农学、工学向理学、经济学、管理学的拓展，并逐步向文学、法学、教育学领域延伸，成为一所名副其实的"多科性"大学。另一方面，东北农业大学不是"综合性"大学，起码在最近 10—20 年，东北农业大学不会把主要办学领域拓展得更宽更大，东北农业大学的学科定位只能是"建立以农科为优势，以生命科学和食品科学为特色，农、工、理、经、管等多学科协调发展的学科（专业）体系"。这样的表述是从学校的办学实践中总结提炼出来的，也是我们在今后一个时期的学科建设指导思想。

第二个修饰词"研究教学型"。当今世界每一个国家的高等学校类型结构都

是金字塔型，不同层次、不同类型的学校同等重要。参照国外的分类方法，现在一般把我国的高等学校分为研究型、研究教学型、教学研究型、教学型四大类。根据《中国大学评价》课题组提供的"中国133所研究型、研究教学型大学名单"，我校位于93所研究教学型大学行列。中国现有普通高等学校1 022所，清醒认识学校的现状和自己所处的位置非常重要。大学的分类和综合排名从来就没有统一的标准，但是了解东北农业大学在全国大学中的地位非常重要。以下几个数据也许是有参考价值的：

——东北农业大学是全国重点建设的95所"211工程"大学之一，是黑龙江省属高校中唯一的全国"211工程"重点建设大学，是全国31所率先开展现代远程教育（网络学院）试点中唯一一所地方院校；

——东北农业大学是全国83所创办理科基础科学与教学人才培养基地的高校之一；

——东北农业大学在最近教育部组织的一级博士点学科重新评定中，4个核心学科都位于前10名，其中兽医学列第3位，农业工程列第5位，动物营养与饲料科学列第5位，作物学列第9位，综合排名全国34位。

正是基于对学校现状的认识，对培养具有创新精神、创业精神和实践能力的研究应用型人才的社会责任感，我们才认定东北农业大学应该提"研究教学型"这样的目标，以这个来推动和提高学校的办学层次。在明确这个目标的同时，要正确认识"研究教学型"大学的几个特征。

一是"研究教学型"大学是介于研究型和教学研究型之间的高校，主要任务是培养有研究潜力的研究应用型人才；在人才培养层次上一般是研究生教育与本科教育并重，学历教育一般都涵盖博士、硕士和学士完整的层次。

二是"研究教学型"大学一般科研与教学工作并重，强调科学研究的地位，具有相当规模的博士生、硕士生和博士后研究人员；要承担一定数量的国家重大科研课题，如"973""863"等，要有足够的科研经费和一定数量的科研成果。

三是"研究教学型"是一种教学模式，主张在研究中学习和在学习中研究，强调科研促进教学，即在教学工作中突出创新精神的培养，通过实验研究提高本科生的实践能力，培养创新思维，将研究成果及时应用到本科教学工作中；重视本科教育，重视教学工作，充分发挥科研育人功能，是"研究教学型"大学的应有之义。

第三个修饰词是"开放式"。"开放"是一种观念，是一种模式。"开放式"是指思想观念和办学模式的开放。与世界上高水平大学相比，我们的落后不仅仅是教材内容、教学方法，也不仅仅是科研水平、科研经费，我们在教育思想、管理模式等方面也有一个学习先进的任务，只有办学模式上的开放，才会使我们尽快地缩短与世界高水平大学的差距，保证东北农业大学更好、更快地发展。我们之所以提"开放式"，是因为我校在全国农业高校中率先向苏联开放，学习苏联高等教育经验，并于1955年承办"全国高等农林院校教学经验交流会"，向大会介绍学习苏联进行教学改革的经验，而且举办教学成果展览会。之后，东北农业大学一直保持与俄罗斯高校的密切联系与合作，为我校扩大办学影响和提高社会知名度起到了重要作用。

我们所说的"开放式"，还是一种育人模式的开放。封闭的、僵化的以应试为主导的育人模式束缚学生的创造力。要进一步探索学分制、双学位、个性化等教学管理新模式，要更多地安排与国内外大学（科研院所）之间的学生交换，探索与企业联合培养人才的新途径，让学生在一种开放的学习环境中培养自己的实践能力，增长自己的聪明才智，发挥自己的创造性。

"开放式"也包括师资队伍建设的开放。由于历史的、文化的原因，我们在师资队伍建设方面自觉或不自觉地受到封闭意识的影响，而这种封闭意识是提高师资水平的障碍。我们讲"开放式"，是要把招聘教师的视野扩大到国内外，要促进与高水平大学的教师交换，包括互派访问学者、讲座教授，派出年轻教师攻读高一级学位；要积极、认真地招聘教授、客座教授和兼职任教；要促进教师队伍合理流动，在动态中保持一支优秀的师资队伍；还要全面地推行研究生助教（助研、助实、助管）制度，使学校教师的组成更趋合理和使学校工作具有更高效率。

李庆章.谈"多科性、研究教学型和开放式"大学.东北农业大学报.2004.12.25,总第671期.第3版（杏坛杂谭）

# 努力开创我校建设发展的新局面

面对涌动的高等教育国际化大潮，不进则退，慢进亦退。我校自身纵向比较，近几年确实有了长足进步，但与同科类优秀院校横向比较，还存在着显著的差距。我校曾经历了大志宏图、蓬勃发展（1948—1968）的第一个 20 年和颠沛流离、择址重建（1968—1988）的第二个 20 年，现在正处于与时俱进、争创一流（1988—2008）的第三个 20 年的关键时期。我们必须不失时机地牢牢抓住 21 世纪初建设发展的黄金机遇期，想方设法发展自己。目标已经确定，规划已经制定，今后最重要的就是全力以赴抓落实，做到"聚精会神搞建设，一心一意谋发展"。

## 1. 发展实力

发展靠实力，实力靠建设。一个国家是这样，一所大学是这样，一个人也是这样。实力定位理论告诉我们，竞争、生存与发展都是以实力为前提，以实力为依据，以实力为标准。实力具有实力载体，实力建设要通过实力载体的建设得以实现。东北农业大学要发展实力，就必须认真建设实力载体。这些载体应该包括：杰出的学术领袖群、优秀的重点学科群、先进的科研基地群、发明性专利成果群、原创性学术专著群等。这些载体之所以以"群"相论，就是说非造就一批或一大批学术领袖、重点学科、科研基地、专利成果和学术专著，东北农业大学就难以立足于大学强手之林，就容易在竞争中失利，在发展中败北。应该看到，我校已经和正在为着发展实力的形成而积极努力。

## 2. 塑造特色

真正的特色无疑就是"人无我有"，特色的形成有赖于设计，也在于精心塑造。特色大学的建立，必须有特色专业，也必须有特色学科，还必须有特色教材（或专著）等。我们知道，乳品早已成为我校的特色，而且在国内闻名遐迩。我曾大胆设想，成立东北农业大学乳品学院，刻意培养乳品专门人才，组织编写和出版乳品多部头系列专著，我们不仅可以创造中国唯一，还完全可以创造世界第一。此外，地方大学，特别是地方农业大学，特色的建立还在于为地方或为区域

69

经济建设和社会发展提供一流的服务上。黑龙江省是农业大省,具有得天独厚的地缘生态优势,是中国大农业的所在地,东北农业大学完全有条件和能力在这块黑土地上,演绎出为解决黑龙江省全面建设小康社会的重点和难点问题(如"三农"问题等)贡献聪明才智的动人华章。

### 3. 壮大优势

全面建设小康社会重点在农村,难点也在农村。坚持把解决"三农"问题放在经济工作的首位,重点在结构调整上下功夫,围绕增加农民收入,做好农业和农村经济工作,这是中央农村经济工作会议和黑龙江省委工作会议(2002年12月29日)提出的基本要求。在我省2003年和今后着力抓好的壮大优势产业、做强龙头企业和促进农民转业三项工作中,东北农业大学大有可为。特别是坚持"打绿色牌、走特色路"的方向,发挥我省的生态优势,大力发展优质高效的种植业和畜牧业,发展绿色食品生产;结合粮食流通体制的深化改革,下决心压缩粮食种植面积,大力实施"大豆振兴计划",扩大经济作物和饲草饲料作物面积,继续抓好"退耕还林还草还湿计划"的落实;继续扩大绿色食品监控面积,强化质量检测体系建设;推行标准化生产,加强生态省建设;积极实施主辅换位,扎实推进"奶牛振兴计划"和"肉牛发展计划",大力发展奶牛、肉牛、生猪、家禽和特种养殖业,推动畜牧业向专业化、规模化和集约化方向发展;积极参与东北地区老工业基地改造等多个方面,东北农业大学都可以发挥作用。我校应趁势而上,在服务中巩固和壮大我们已有的大豆、乳业等优势,努力确立我校在黑龙江省农村经济建设和社会发展以及全面建设小康社会的重要战略地位。

### 4. 进入主流

进入大学建设和发展的主流,就是要进入知识创新和人才创新的主流。一是,要想方设法争取国家级重大项目,成为国家科技攻关的编队成员,孵化并创造国家级重大科技成果或专利成果;二是,要不失时机占领国家级教材和专著主编或副主编位置,或自行组织编写并在国家级出版社(科学出版社、高等教育出版社、中国农业出版社等)出版大部头或多部头有影响的专著,在国际和国内同行中树立新形象;三是,要不遗余力进入各级、各类学会(研究会)和学术期刊编委会,努力争取并担任重要职务;四是,要积极主办各类国际和全国大型学术会议,在会议中担任大会或分会执行主席;五是,要千方百计加强研究生导师队伍建设,提高研究生特别是博士研究生的培养质量，努力培养更多的优秀博士论文获得者和青年科技奖获得者。入主流难，在主流更难，唯有造就一大批杰出领军人物，才有望进入学术主流和保持主流地位。

### 5. 争创一流

我校的"211工程"重点建设，其实质就是"一流农业大学"建设，这个问题早在1999年就已经成为我校全体师生员工的共识。争创一流，就是要全面培养高层次、创造性一流人才；争创一流，就是要全力建设高水平特色性一流学科；争创一流，就是要全心造就高素质、学术性一流师资；争创一流，就是要全程实行高效率、简约性一流管理。即"一流农业大学"建设，就是要努力实行一流管理、造就一流师资、建设一流学科和培养一流人才。

李庆章. 努力开创我校建设发展的新局面. 东北农业大学报 .2004.03.15, 总第655期. 第2版（杏坛杂谭）

# 创造便利与享受便利

因为儿子在北京大学读书,所以就多了以学生家长的身份观察北京大学的视角。为避免主观臆断,在儿子大学毕业前,还是要他亲自评价一下自己读过的大学。儿子若有所思之后,非常肯定地给出了四个字"还算方便"。抛开北京大学的办学理念、学术水平、教学质量等科学测度不谈,单就"还算方便",已经足够说明学生对学校积年建设的充分认可、对校长治校有方的最大奖励和对员工勤奋敬业的高度赞许。

大学,首先是大学生的大学。在短短几年的读书生活中,学生除了学习科学文化知识和努力锻炼成人成才,还要学会读懂大学。在物欲横流的大千世界,我崇尚多予少取的奉献精神,更崇尚勤奋敬业的入世态度。要使我们的学生以校为家和以校为荣,就必须想方设法方便我们的学生,使学生几年的大学学习、工作和生活不仅有在家之利,而且有在家之便和在家之感。便利是管理的简约之美,便利是服务的周到之至。如果我们的学生对哪个部门或哪个员工做出了"方便"的评价,作为校长的我将会十分感激那里的领导和员工为之所付出的辛勤努力。

如果我们的学生在校期间几乎没有不利不便的感觉,那将是校长管理学校的最高理想。只要我们长此以往,坚持不懈,我们的学校就会在创造便利中日新一日,我们的学校就会在感受便利中年盛一年。我校"国际知名、国内同类院校一流,具有我国北方现代农业特色的多科性、研究教学型和开放式大学"的建设目标就一定会预期实现。

李庆章.创造便利与享受便利.东北农业大学报.2004.06.30,总第661期.第8版(杏坛杂谭)

# 永远的家园

2003 年 8 月 10 日，骄阳如火，暑气正浓。东北农大农学院农学专业 1953 届 17 位毕业生返校重聚，其中年龄最大者 82 岁，平均年龄 77 岁。看着这些年逾古稀和近于耄耋之年的老人，看着他们一如久别家园的儿女回到家中重见亲人。那份溢于言表的喜悦，那份深沉浓重的情感，使得所有有幸参会的晚辈后生，感染了，感动了，感到了鼻子一阵阵发酸，感到了身上沉甸甸的责任——"爱我校园，建我校园"，一副不可推卸的重担。

这不仅使人想起胡适先生的《忘不了的北大情》："三年不见，就自信把她忘了，今天又看见她，这久冷的心又发狂了。我终夜不成眠，萦想着她的愁、病、衰老，刚闭上了一双倦眼，又只见她庄严曼妙。我欢喜醒来，眼里噙着两滴欢喜的泪，我忍不住笑出声来，你总是这样叫人牵记。"多少东农学子也曾带着胡适同样的心情重返东农校园，在个人和母校双双都经过成长和磨砺之后，与母校同喜，与母校共荣。常有身在异邦和身在异乡的校友，以不同形式和借不同途径传来信息，传来他（她）们对母校殷殷的希冀，传来对母校深深的爱恋。作为在任校长，我一次又一次被他（她）们对母校的深情所感动，一次又一次被他（她）们对母校的厚意所震撼。我曾多次苦苦追寻这希冀的源头，苦苦追寻这爱恋的发端。这一天我终于有悟，因为东农是我们共同的精神家园。

然而，什么是家园？庞泃在《北大地图》的引子中这样说过："她就是无论我们怎样想逃却终是逃不出的地方。我们可以与她远隔千里，但却仍然梦萦魂牵，我们在她的怀中埋怨着浑身的不舒张，但离开她后却又如出港而去的小船，永远只是漂泊和流浪，永远向往着归航。我们不管和她有怎样的恩恩怨怨，最终却不需要任何解释，便可以和她再次紧紧拥抱在一起。"我觉得她说得再准确不过了。东农就是我们每一位东农学子心中共同的家园，永远的家园，寄托着我们每一位东农学子挥之不去的永远牵念。

李庆章 . 永远的家园 . 东北农业大学报 .2003.09.16, 总第 648 期 . 第 8 版（杏坛杂谭）

# 红柳、胡杨与塔里木大学

2005 年 10 月 15 日至 19 日，我带着欣喜与好奇走入塔里木，又怀着敬佩与爱恋离开新疆，特别是对塔里木大学的印象，在我的脑海中更是记忆犹新，挥之不去。

塔里木大学位于南疆母亲河塔里木河畔的阿拉尔市，创建于 1958 年，原名塔里木农垦大学，原国家副主席王震将军生前一直兼任该校名誉校长。2004 年 5 月经教育部批准，更名为塔里木大学，现由中央和新疆生产建设兵团共建。东北农业大学为教育部指定的唯一对口支援大学。塔里木大学在四十七年的建设发展过程中，发扬南泥湾优良传统和抗大作风，弘扬兵团精神，形成了"艰苦创业、民族团结、求真务实、励志图强"的校风，现已发展成为一所以农为主，文、法、理、工、经、管协调发展的多科性普通高等学校。

在新疆，有两种植物让人肃然起敬。一种是叫红柳的灌木，顽强地生活在被称为"死亡之海"的茫茫戈壁滩上。红柳一丛丛、一群群，根须牢牢地扎在地层深处。细长的腰肢随风摆动，蓬勃了毫无生机的戈壁。另一种是"生后一千年不死，死后一千年不倒，倒后一千年不朽"的胡杨，多风干旱，锻铸了胡杨一身的硬骨，其木质坚硬而细腻，厮守沙漠，无怨无悔。正如塔克拉玛干大沙漠和茫茫戈壁滩上的红柳，更似塔里木河畔千年耸立的胡杨，塔里木大学在四十七年的风雨历程中始终坚定而执着地守望着无悔的精神信念。无论岁月的尘埃如何起落飞扬，无论时间的流水如何一去不返，这种精神比历史本身更加久远、更加永恒，也更加沧桑。

塔里木大学作为大学精神的坚定守望者而独立不倚，成为世界瞩目的"沙漠学府"，也成为中国显赫的"今日抗大"。追溯历史，与其说当时探求真理的人们是在选择这样一所大学，毋宁说是出于重视自我品质的要求而选择了一个值得信赖的灵魂栖息之所。学校建校四十七年来，为国家培养输送毕业生万余人，创造了一大批先进适用的科研成果，成为南疆经济建设和社会发展须臾不可缺少的知识和技术源泉，堪称南疆"明珠学府"。塔里木大学有着约半个世纪的自我身份和精神坐标，塔大人坚守在祖国美丽的西部，追问着生命与存在的终极意义。俯首今日，历史传统和时代精神为塔里木大学注入了旺盛的生命活力，全校上下同舟共济，开拓进取，不断发展创新，一如既往地为南疆发展、为丝绸之路文明谱写着新的篇章。展望未来，在新的世纪里，塔里木大学正朝着"做塔里木文章、创区域性优势、建综合性大学"的目标前进。

新疆生产建设兵团司令员张庆黎说过，塔里木大学"作为教育战线上的一支'奇兵'，为兵团整个屯垦事业，为我们祖国的教育事业和现代化建设事业做出了重大的贡献！可以毫不夸张地讲，塔里木大学的建设和发展是人间的奇迹，是共和国的伟大创举，是共产党人的杰作"。这，便是真正令祖国骄傲又令新疆自豪的塔里木大学。再听一个叫吴滨的司机师傅掷地有声的铿锵话语："我们谁也不是金子，只不过是一块煤。是煤就要燃烧、发光、发热，否则就只能是黑着，而作为煤总黑着是不行的。"这，就是真正充满壮志豪情又脚踏实地的塔大人。

李庆章.红柳、胡杨与塔里木大学.东北农业大学报.2005.10.31, 总第 692 期. 第 4 版（杏坛杂谭）

论文卷

# 大学教育全面现代化与大学教育可持续发展

大学教育作为社会发展的重要组成部分，无论在发达国家还是发展中国家都占有举足轻重的关键地位。大学教育的全面现代化是大学教育发展的终极目标和最高阶段，而大学教育可持续发展则是大学教育现代化的有效实现途径和理想运行模式。

## 一、大学教育全面现代化是大学教育发展的终极目标

"大学"是一个老生常谈却又常谈常新的话题。"大学教育全面现代化"是一个内涵丰富且动态运动的系统工程，实现大学教育全面现代化是大学教育发展的最高阶段。大学教育全面现代化是大学主动适应知识经济时代发展，赶超发达国家先进高等教育水平，而由传统大学教育向现代大学教育整体转换的变迁过程；是大学应对我国社会体制转型和经济、文化、科技、教育、社会发展，而在教育观念、价值取向、管理体制、运作机制、教育设施和技术等方面进行全面改革和优化的革新过程；是大学应用现代高新科学技术充实更新大学教育内容，改进大学教学手段和方法，不断提高教育质量，培养和造就高素质创新性人才的发展过

程；是大学进行知识创新，推动科技成果向现实生产力转化，由经济社会边缘走向经济社会中心的运动过程。

## （一）大学教育全面现代化的基本内容

综观大学教育全面现代化的微观层次、中观层次和宏观层次，即"指标说""层面说"和"维度说"，大学教育全面现代化的基本内容应包括大学教育的理性化、大学教育的综合化、大学教育的社会化、大学教育的国际化、大学教育的民主化和大学教育的法制化。

### 1. 大学教育的理性化

大学教育的理性化可以从正反两方面去理解。从正面而言，是指要确立什么样的现代大学教育理念；从反面而言，是指要摒弃什么样的传统大学教育理念。大学教育理性化的核心内容是为什么培养人、培养什么样的人、怎样培养人和培养出来的人怎样的问题。大学教育理念反映在大学教育理论和大学教育实践以及人们对大学教育的态度和情感之中。尽管大学教育理性化的内容比较宽泛，但主要应包括如下几个方面：大学教育价值观、大学教育质量观、大学教育发展观、大学教育效益观、大学教育创新观、大学教育特色观等。

### 2. 大学教育的综合化

大学教育的综合化是大学积极适应高新科技的日新月异、职业部门的合理流动、知识经济的严峻挑战、社会对人才综合素质的基本要求和个体接受大学教育的强烈愿望而采取的有效对策。大学教育的综合化应包括四个主导方面（即大学教育发展综合化、大学办学主体多元化、大学专业设置多样化、大学课程体系整合化），以及大学教育综合化实施过程中需要正确认识和处理的六个辩证关系（必要性和可行性、主体性和主导性、数量性和质量性、综合性和特色性、开放性和封闭性、复合性和专门性）。

### 3. 大学教育的社会化

大学教育的社会化是将大学教育的功能、职责和使命扩展渗透于科技进步、经济建设和社会发展之中，确立为全社会服务的理念，推动社会多方面发展、进步和提高。一是大学必须主动适应社会，扩展和加大向社会开放的广度和力度；二是大学必须充分发挥直接为社会服务的基本职能；三是大学应该与社区之间建立双向参与和相互沟通的机制；四是大学应该建立和优化"产、学、研相结合"的新型模式；五是大学必须进一步重视科技成果的转化与推广；六是大学必须高度重视伴随学习社会化和社会学习化而来的"终身教育"体系的构建和完善。

### 4. 大学教育的国际化

大学教育的国际化是指一个国家的大学教育或某所具体的大学在国际意识和开放观念指导下，通过开展国际性的多边交流、合作、援助等活动，不断促进国际社会理解，提高国际学术地位，参与国际教育事务，促进世界高等教育改革与发展的动态过程和趋势。简而言之，大学教育的国际化就是指大学教育立足国内、面向世界的相互交流、合作与援助的发展过程和趋势。实施大学国际化的途径和方式主要有增加国际教育课程，扩大人才互相交流，加强科研多边合作，举办国际学术会议，培养国际通用人才，各国相互承认学历，推进国际合作办学等。同时要正确认识和认真处理诸如外向拓展与内部开发、国际化与民族化、重点大学与普通大学、自然科学与社会科学、大学开放与人才外流等关系。

### 5. 大学教育的民主化

大学教育的民主化既指大学管理者民主管理意识的增强，也指民主管理机制的建立。从权力现象的角度分析，民主主要表现为一种自下而上的权力。它既体现大学内部师生员工对管理者的制约和监督，也体现社会、家庭和教育行政管理部门对大学管理者的评价和调控。一是大学管理者要充分尊重师生员工的主人翁地位和参与决策、管理的民主权利；二是要完善管理组织和制度，充分发挥党委会、教代会的保证和监督作用；三是不断创造多种多样有利于广大师生员工当家做主的民主形式和机会；四是广泛听取和接受社会的监督和评议。

### 6. 大学教育的法制化

大学教育的法制化是大学教育现代化的显著特征之一，是大学教育的世界性发展趋势，也是大学教育管理进步的标志。大学教育的法制化，一是要有法可依，即国家应制定完备的教育法律、法规和条例，使教育管理者有章可循；二是要有法必依，即教育管理者、学校管理者要具有强烈的法律意识并坚持依法治教、依法治校；三是要执法必严，只有从严治校，才能确保大学教育现代化的健康、持续、稳定发展；四是要违法必究，要建立健全执法监督和检察仲裁机构，定期检查和严格纠正各种教育违法现象。依据有关教育法律、法规和规程建立的大学管理制度，能最大限度地减少情感因素对管理理性行为的消极作用，摒弃个人或集团的主观意志及社会不正常行为对大学教育活动的干扰与破坏，从而保证大学教育发展的有序性和有效性。

### （二）大学教育全面现代化的主要动力

大学教育的全面现代化，是我国社会主义现代化建设中的一项宏伟事业，其动力来源主要有已见端倪的知识经济时代的悄然迫近和作为我国基本国策的两大战略，即科教兴国战略和可持续发展战略的确定与实施。

1. 知识经济时代与大学教育

（1）大学办学的改革与创新

①办学思路的改革与创新。办学思路涉及培养目标和办学战略的选择。面对知识经济的挑战，一些大学多表现为无所适从和机械适应。正确的思路应该是：其一，为市场经济和知识经济发展服务，最重要的是使大学更加充分地发挥人才培养和知识创新职能；其二，要正确处理好教育规律和经济规律的关系，清醒认识大学教育应当服务于经济，而不是服从于经济，大学自有大学的品性，不能动辄成为社会其他领域的工具。

②办学模式的改革与创新。办学模式是学校在某种办学思想指导下的学校运行方式。办学模式的改革与创新：一是特色化办学。大学一定要有自己的特色，特色一定意义上也是实力；二是开放性办学。大学不但要向世界、市场、社会开放，而且要向其他大学开放和实行大学内部各专业的开放；三是自主性办学，《中华人民共和国高等教育法》已把大学办学的自主权用法律的形式确立下来，关键是大学如何用好、用足这些法定自主权。

③办学机制的改革与创新。办学机制是大学内部结构、运行机制和管理方法的综合，在办学机制上要防止按"办政府"和"办社会"的模式办大学。要注意形成以下机制：一是组织领导方面的科学决策机制；二是用人制度方面的公平竞争机制；三是分配制度方面的有效激励机制；四是内部管理方面的合理约束机制（职、责、权、利四位一体）。

（2）大学教学的改革与创新

①大学的素质教育。大学素质教育是大学教育的最佳模式，是大学教育目标

的最高境界。大学素质教育的目标体系包括思想道德素质、文化科学素质和身体心理素质三个方面，三者互相联系，互相作用。大学素质教育体系的构建要认真遵循导向、务实、内化和协同原则，并应着力在培养模式、教学体系、校园文化、实践基地和教师队伍上加强建设，从而使大学素质教育有目标、有基础、有途径、有条件、有保证和有效果地得以展开。

②大学的通识教育。大学的通识教育是指大学本科课程中全校共同性的，内容有一定广度的部分。它通常包含对若干学科领域有关课程的学习，试图为一所学校中的全体学生提供一种应当共有的本科训练。在知识经济时代，"通才取胜"这一命题愈加为人们所重视。大学应当培养"既有广阔的视野，又有新问题和新设想，既有高深的造诣，又不受学科历史界限束缚的人"。

### 2. 科教兴国战略与大学教育

（1）转变大学教育观念

大学教育观念是对大学教育的本质、价值、功能及其发展规律的反映。树立适应社会和高新科技发展的大学教育观念，是确立大学教育观念的基本标准。一是要确立大学教育全面价值观，即大学教育的政治价值观、经济价值观、文化价值观、个性价值观、发展价值观等，学会全面认识大学教育的价值；二是建立大学教育的多元功能观。大学教学形式和办学模式的多元化，加速大学教育的社会化进程，促进大学教育多元功能观的形成。

（2）校正大学培养目标

大学培养目标是大学教育中的根本问题，它是教育目的在大学教育中得以应用的中介及其在操作层面的具体化，是大学教育的出发点和归宿。重视科学教育与人文教育、基础教育与专业教育的整合，培养素质全面、具有创新精神和实践能力的创业人才，正日趋成为现代大学培养目标的普遍指向。

（3）更新大学教育内容

大学教育内容是为实现大学教育目标要求学生系统学习的知识、技能和行为经验的总和。大学培养目标的实现，大学生知识、能力、素质的获得和提高主要由大学教学内容所决定。一是要增加技术教育内容，特别是当代高新科技发展内容，有效解决技术人才的匮乏和科技在"物化"方面的严重不足；二是调整大学课程结构，适当增加人文、技术课程的比例，重视学生的实践与体验，增加选修课的种类与课时，保证大学生综合素质的全面发展。

（4）改进大学教学手段

大学教学手段是大学教学的工具和媒体，是大学教学过程不可或缺的重要组成部分。改进大学教学手段：一要积极促进大学教学手段的现代化；二要充分发挥现有现代化教学手段的作用。

（5）优化大学教育管理

科学的大学教育管理是提高大学教育效益和效率的保证。优化大学教育管理：一要注意确立大学教育的系统观；二要不断深化大学管理机构的改革；三要努力加强大学的民主化、个性化管理，使管理既充满人文关怀，又富有实际成效。

### 3. 可持续发展战略与大学教育

大学教育在促进经济与社会的可持续发展中具有不可替代的地位和作用。首先，大学要使知识真正服务于当代，造福于后世，就必须把可持续发展教育纳入大学生素质教育的范畴，培养数以万计具有可持续发展信念、责任和使命，参与和推进可持续发展的合格劳动者、建设者、管理者和领导者；其次，大学应自觉担负起向社会普及可持续发展观念、知识的义务和职责，引导人们自觉转变传统的思维方式、生产方式和生活方式；再次，大学还应利用雄厚的学术力量和学科优势，积极开展可持续发展的理论研究，解决社会可持续发展过程中产生的各种问题。

## 二、大学教育可持续发展是大学教育发展的实现途径

可持续发展主要指以资源的可持续利用和生态平衡为基础，以经济的可持续发展为前提，以谋求社会的全面进步和经济、社会、人口、资源及环境的协调发展为目标的一种发展模式。可持续发展的主体是人类社会，包含着经济、生态、科技、教育等方面社会各子系统的全方位可持续发展。经济是可持续发展的基础，生态是可持续发展的保障，科技是可持续发展的关键，教育是可持续发展的动力。教育的社会制约性和相对独立性，教育所具有的促进人及社会发展的功能表明教育也存在可持续发展问题。有人认为，可持续发展是一个特定的概念，只涉及经济发展、生态环境和人口问题。将其泛化到教育领域，是一种误导。实际上，国际教育界及一些有识之士，在把视点投注于可持续发展之时，就已将可持续发展

的教育和教育的可持续发展作为跨世纪的历史使命。大学教育可持续发展就是遵循大学教育发展的客观规律，推动大学教育高效和谐、循环再生、协调有序、平稳运行的发展方式。

### （一）大学教育可持续发展的目标体系

依据可持续发展的基本原理，大学教育的可持续发展一般应包括如下目标并具有教育生态的平衡性、教育视野的超越性、教育发展的持续性、教育功能的整体性、教育系统的竞争性及教育运动的协调性等特征。

#### 1. 确立大学教育可持续发展的理念

可持续发展的重心仍在发展，它要求的是一种持续性、整体性、协调性和公平性的和谐发展。大学教育要实现自身的可持续发展，必须首先确立与可持续发展相适应的新理念。一是要转变各自为政、急功近利的教育发展观为团结协作、着眼长远效益的整体教育发展观；二是要转变以扩大规模为中心的教育发展观为讲求质量效益与规模效益相一致的教育发展观；三是要转变以发展智力为中心的教育观为智力与非智力因素协调发展的教育观；四是要转变只重视科学教育、培养"专才"的教育观为科学教育与人文教育相结合、培养"通才"的教育观；五是要转变以教会学生做事为中心的教育观为教会学生做人做事相结合的教育观。

#### 2. 发挥大学教育可持续发展的功能

运用可持续发展的观点探讨大学的改革与发展，还要对大学教育功能的发挥和扩展有新的认识。一般说来，大学教育具有政治、经济和文化三大功能。其中政治功能是大学教育的核心功能，体现在可持续发展方面，主要是传播和培养人们的公平、上进、民主意识和公正、团结、奉献精神，提高民族素质，维护社会秩序，倡导时代新风；经济功能是大学的辐射功能，体现在可持续发展方面，主要是发展科学技术、开发人力资源、提供智力支持和促进经济增长，并通过理论研究、观念引导和知识产业开办，对经济和社会的发展与变革起协调和推动作用；文化（物质文化、制度文化和观念文化）功能是大学教育的基本功能，充分发挥大学教育的文化传播、文化选择、文化批判和文化创造功能是大学教育服务于社会可持续发展的基本方式，这是因为可持续发展观实质上是一种全新的文化价值观，是一种充满人文精神的理念，呼唤人的自由全面发展，提升人性，融通人类，实现人自身、人与人、人与自然和谐发展的文化价值观。

### 3. 构建大学教育可持续发展的机制

大学教育运行机制，是指大学教育与外部环境之间、大学教育内部各构成要素之间相互联系、相互作用、相互制约，从而推动大学教育系统良性运转的基本形式和联动效应。构建可持续发展的大学教育运行机制：一是大学运行机制必须与影响和保证社会可持续发展的政治体制、经济体制、教育体制等相适应，发挥自身优势，主动参与社会，积极为社会主义现代化建设和社会可持续发展服务；二是建立可持续发展的大学教育内部运行机制，增强大学依法自主办学的活力，包括建立适应市场经济和知识经济发展实际需要的导向机制，建立推进大学教育改革和发展的动力机制或利益驱动机制，建立能对社会教育需求及时做出灵敏反馈的调节机制，建立具有纠偏除弊作用的自我约束机制和建立"公开、公正、公平"的合理竞争机制；三是处理好大学教育运行过程中各种内、外部关系，包括大学与政府的关系、社会市场机制与大学运行机制的关系、建立机制和加强管理的关系、运行机制和内部动力的关系等。

### 4. 探索大学教育可持续发展的规律

就办学经费而言，教育投入不足一直是长期困扰和严重制约高等教育事业发展的"瓶颈"，办学者必须从学校的可持续发展出发，衡量得失利弊，审慎做出抉择，避免由于"饥不择食"而导致教学质量滑坡、科研水平下降和校风校誉破坏；就师资建设而言，要切实提高教师的职业地位和综合素质，建设一支结构合理、素质优良、相对稳定的教师队伍，这是我国大学教育坚持走可持续发展道路的根本大计；就人才培养而言，人才培养与大学教育的终点——毕业生就业问题密切相关，大学教育要关注和重视科学教育和人文教育的结合，在更高层次上培养可持续发展的高素质人才；就专业设置及其调整而言，新设专业既要立足当前，更要着眼长远，既要考虑社会需要，又要考虑自身的条件、能力和基础，不可急功近利，盲目发展；就高等教育发展速度问题而言，因为高等教育周期较长，见效较慢，但又不能落在经济与社会发展的后面，所以应当适度超前发展。

## （二）大学教育可持续发展的保障体系

大学教育的可持续发展必须有可靠的保障机制，大学教育可持续发展的保障体系主要应包括法律保障、社会保障和环境保障。

### 1. 法律保障

可喜的是，我国已经基本建立起以《中华人民共和国教育法》《中华人民共和国高等教育法》《中华人民共和国教师法》为主要构成的教育法律体系，为教育特别是大学教育的可持续发展提供了重要的法律保障。但也必须清醒地看到，我国的教育法律体系还很不健全，还缺乏必要的执行条例和办法。此外，无法可依、有法不依、执法不严、违法不纠甚至知法犯法的现象还相当严重。因此，教育法执行情况的法律监督必须认真加强，才可望实现教育特别是大学教育可持续发展。

### 2. 社会保障

社会保障应该包括充足的资金保障、充分的人文关怀和充实的道德操守。前者是指在我国公办高等教育还占绝对数量的情况下，充足的公共财政保障是大学教育可持续发展的重要条件，各级政府要想方设法增加大学教育特别是地方大学教育的投入；中者是说大学教育的主要任务是文化的传承，全社会要对大学给以更多的人文关注，对大学教师和学生以更高的人文关怀，不要将大学一般看待或者将其简单地"工具化"、机械地"行政化"和粗暴地"世俗化"；后者是指全社会特别是行政官员及其亲属要高度加强道德操守，自觉抵制源于特权主义的"权学交易""钱学交易"等令世人不齿的行为扭曲和权力腐败，避免由此给大学教育可持续发展带来的严重破坏。

### 3. 环境保障

和谐的生态环境是大学教育可持续发展的重要保障。大学教育的可持续发展，实质是由人——教育——环境构成的多维复合教育生态系统在时间上的延续和在空间上的平衡。优化大学生态环境主要有：一是优化自然生态环境，包括校园布局、景点建设、绿化美化、卫生整洁等；二是优化人文生态环境，包括校园文明、校风建设、学术氛围、人际关系、文体活动等；三是优化社区生态环境，包括地理位置、居民来源、生活水平、教育程度、传统习俗、文化氛围、治安状况等。

大学教育全面现代化是大学教育发展的终极目标，是大学教育发展的最高阶段。大学教育全面现代化既要强调其全面性，又要注意其过程控制。这是因为大学教育现代化不仅是一项重大的系统工程，而且是一个渐进的发展过程。大学教育可持续发展是大学教育发展的实现途径和理想模式，大学教育全面现代化必须走可持续发展道路，才能确保大学教育发展的高效和谐、循环再生、协调有序和平稳运行。

李庆章．大学教育全面现代化与大学教育可持续发展．东北农业大学学报（社会科学版）．2005，3（1）：1-5.

# 高等教育创新与高等教育现代化

江泽民同志在北京师范大学建校 100 周年庆祝大会上的重要讲话中，首次将教育创新提到了与理论创新、制度创新、科技创新同样重要的高度，指出只有大力推进教育创新，不断发展有中国特色的社会主义教育事业，才能不断为我国经济和社会发展培养高素质的劳动者、建设者、管理者和领导者。在中国共产党第十六次全国代表大会《全面建设小康社会，开创中国特色社会主义事业新局面》的报告中，江泽民同志再一次强调："坚持教育创新，深化教育改革，优化教育结构，合理配置教育资源，提高教育质量和管理水平，全面推进素质教育，造就数以亿计的高素质劳动者、数以千万计的专门人才和一大批拔尖创新人才。"高等教育阶段是专门人才和创新人才培养的关键阶段，高等教育创新是教育创新的重要组成部分，也是高等教育发展的最高境界即高等教育现代化的有效实现途径。因此，大力推进高等教育创新是我国高等教育发展的应有之意和必经之路。属于文化创新范畴的高等教育创新应主要包括教育思想创新、教育目标创新、教育制度创新、教育管理创新、教育内容创新和教育艺术创新。

## 一、高等教育思想创新

高等教育思想创新其实质是对传统高等教育思想的扬弃与超越，从而建立起个性化、人性化、多样化、终身化和国际化的现代高等教育思想体系。

### （一）个性化教育思想

高等教育作为促进学生个性和谐发展的过程，要在使学生内化社会经验和外化个体经验以及教育个性化两个方面有所作为。高等教育只有形成自己的个性，才能有效实现高等教育的培养目标。不同学校也只有形成自己的个性，才能保证学生个性的和谐发展。因此，促进学生个性的和谐发展是教育个性化的目的，教育个性化是实现学生个性和谐发展的手段。个性化教育的要旨是精神的民族性、差异的属地性、文化的学校性和工作的教师性。

### （二）人性化教育思想

高等教育的人性化，就是要充分体现人的终极关怀，从而极大地唤醒和激发学生的学习兴趣和热情，实现教育的师生互动和增加学生的成功体验。在教育过程中，一是要真正把学生当成"人"，要充分尊重学生的权利和人格，尊重学生的意志和选择；二是要注意把学生当成"未成年人"，对学生的观念和行为进行耐心细致的引导和指导；三是要认真把学生当成"不完美的人"，对学生的感情冲动和偶一为过给以充分的理解与宽容。

### （三）多样化教育思想

多样化教育思想主要包括办学主体的多样化、投资渠道的多样化、教育类型的多样化、教育层次的多样化、培养目标的多样化、专业设置的多样化、办学形式的多样化等，我国的高等教育必须以其多样化发展来不断适应和满足国民经济建设与人民群众日益增长的多样化高等教育需求。

### （四）终身化教育思想

人的发展是终其一生的事情，高等教育应促进人的终身发展。发展是学习的结果，终身教育的真谛在于促进人的终身学习。终身教育和终身学习的要义应包括面向社会全体成员、教育要以人为本、建设开放性学习体系等。要积极扩大教育空间，大力发展继续教育。要努力延伸教育时间，大力发展老年教育。

### （五）国际化教育思想

高等教育越来越成为国际性公益事业，发挥了促进各国社会国际化进程、增进各国之间的相互理解和促进世界和平的重要作用。高等教育应培养受教育者适应社会国际化的能力，应增强受教育者的国际意识和促进国际理解。要注重培养学生外语和计算机的实际应用能力，加强开发和利用国际优质教育资源，促进教师和学生的国际合作与学术交流。

## 二、高等教育目标创新

高等教育目标是高等教育对人才种类、层次、规格和要求的质量标准，它是国家总体教育目标在高等教育领域的具体化，具有鲜明的时代特征。高等教育目标是高等教育的出发点和归宿，对高等教育其他方面起着导向作用、动力作用和约束作用。在反映社会发展需要的同时，注意学生身心潜能的开发和个性的发展，是高等教育目标创新的一项重要任务。

由于高等教育过窄的专业教育、过重的功利导向、过弱的人文陶冶、过强的共性制约和过度的校园禁锢，严重影响着创新人才（独立思考、独立探索、独立发现和创造性提出、创造性解决问题的能力）的培养，影响着整个民族创新能力的发展。因此，高等教育要努力实现通才教育与专才教育的统一、授业解惑与启思导创的统一、人文教育与科学教育的统一、全面发展与个性培养的统一、学校教育与社会教育的统一，培养通专结合，具备创新能力，既有人文精神又有科学素养，富有个性，能够适应复杂多变的未来社会的"通用型""创新型""国际型"人才。

## 三、高等教育制度创新

中国高等教育既缺乏经费又缺乏人才，但更缺乏的是现代教育观念和制度。市场经济需要建立现代企业制度，同样需要建立现代大学制度。高等教育制度创新，就是要着力建立起现代大学制度。建立现代大学制度，是新世纪我国高等教育改革的方向，也是高等教育发展的必然要求。

现代大学制度的核心是在政府的宏观调控下，大学面向社会依法自主办学，实行民主管理。要求正确理解和明确大学举办者、管理者和办学者之间的关系和义务，全面把握和落实大学作为法人实体和办学主体所应具有的权力和责任。要求大学的管理必须主动适应社会与学生的需要，而不是社会和学生适应大学管理的需要。要求学校的教职员工由单位人变为社会人，实行契约管理和按岗分配，赋予大学全新的活力和生机。要求从以教师为中心转变为以学生为中心，以人为本，以生为本，不仅使学生成长为一个合格的就业者，更重要的是培养成一个成功的创业者。要求建立起大学之间平等、合理和有序的竞争秩序，戒除心性浮躁、盲目攀高、办学趋同、趋炎附势等世俗化倾向，充分发挥自己的传统、地域、历史、办学等优势，做到优势竞争和特色生存。建立现代大学制度，基础在大学，关键在政府，根本在法制。

## 四、高等教育管理创新

高等教育管理创新是高等教育创新的重要组成部分，是面向 21 世纪高等教育创新的战略抉择，是成功培养创新人才的保障。高等教育管理创新，是指创造一种完全新型和实际有效的资源整合范式，是一个变革低效管理模式、消除落后管理弊端的过程，有利于充分调动管理者和被管理者双方的积极性。

高等教育管理创新，一是要实现高等教育管理的现代化。高等教育管理现代化包括物质装备、制度文化和思想行为三个层面，具有由重视功能管理转向重视效能管理、由重视部门管理转向重视整体管理、由重视监督检查转向重视责任业绩、由重视行政方式转向重视科学手段的特征。高等教育管理创新，二是要实现高等教育管理的科学化。高等教育管理科学化是指教育系统或特定学校的各项管理工作都要符合管理科学和教育科学的特点和规律，使管理工作制度化、程序化、规范化、民主化和效益化，力求达到客观、可行和高效。高等教育管理创新，三是要实现高等教育管理的法制化。要全面推进依法治教的战略对策，建立科学合理的教育法规体系，不断加大地方高等教育立法的工作力度，深入开展高等教育普法工作，切实加强高等教育行政执法与监督，确保高等教育的健康顺利发展。高等教育管理创新，四是要实现高等教育管理的民主化。要完善教职工代表大会制度和政务公开制度，加强学生的自我管理，加快高等教育管理的民主化建设进程，保证学校的师生员工参与学校管理，尤其是参与各项重大问题的决策，真正实现高等教育决策的民主化和科学化，实现民主管理的制度化、系列化和经常化。

## 五、高等教育内容创新

高等教育创新旨在实现知识创新和人才创新，培养创新人才，高等教育目标创新必须通过高等教育内容创新才能得以实现。高等教育内容创新要体现综合化的特点，反映知识和科学的最新成果，反映市场经济对人才基本知识、能力和品质的要求，适应学生个性化和创造性发展的要求，要增加实践性和活动性内容。在思想道德素质培养方面，要把世界观、人生观和价值观作为基础，将爱国主义、集体主义和社会主义教育作为核心，视社会公德、家庭美德和职业道德为立身之本。在科学文化素质培养方面，要突出创新精神和实践能力这一重点，在塑造创新意识、创新情意、创新思维、创新个性、创新品质、创新美感、创新技法和加强动手操作能力、社会交往能力、设计计算能力、独立思考能力、解决问题能力、开发创新能力方面下大的功夫。在身体心理素质培养方面，要多开展青春教育、应急教育、成功教育、挫折教育、简朴教育和劳动教育，要树立强烈的"终身体育"观念，为祖国健康工作 40 年，完善健全的人格和实现人的全面发展。

## 六、高等教育艺术创新

高等教育是科学，科学需要发展。高等教育是艺术，艺术需要创新。高等教育艺术是指极具科学和教育素养的高等教育工作者，在高度运用现代教育技术基础上形成的富有创造性的教育方式和方法，是他们教育审美、教育情愫、教育技能和教育智慧的高度体现和集中反映。高等教育艺术创新，就是对传统教育技术和方法的扬弃，对传统教育艺术和形式的超越。要求高等教育工作者怀着对受教育者的高度负责和满腔热忱，善于把握和熟练运用现代教育技术，集最优秀的听觉艺术、视觉艺术和其他教育技术于一身，用最先进的教育技术及其产品最有效地传播最新的知识成果。

当今世界，各国政府对高等教育的精力投入和财力投入越来越大，高等教育的发展异常迅猛，高等教育思想、教育制度、教育内容、教育手段等无不发生着深刻而巨大的变化。形势逼人，形势喜人，催人奋进，不进则退。我国的高等教育事业要抓住机遇，加快发展，永葆生机与活力，关键就在于不断推进高等教育创新。只有这样，才能真正并早日实现我国的高等教育现代化，不断保持和提高我国在国际上的核心竞争力。

李庆章.高等教育创新与高等教育现代化.黑龙江高教研究.2003，（4）：1-3.

# 试谈传统教育与创造教育

为了回答世界问题对人类提出的挑战，需要源源不断地培养和造就大批杰出的人才。这样，我国的教育事业就无可推卸地面临着直接关系到未来国力的重要任务。这一任务与我国现行的教育体制、教育思想和方法有着激烈的矛盾冲突，是我们沿袭已久的传统教育所难能胜任的。因此，我国的教育必须进行一场深刻的改革，而首当其冲、至关重要的是教育思想（或教育观）的根本转变。

1957 年，苏联第一颗人造卫星上天，作为科学技术上的"珍珠港事件"震动美国。他们先从中小学数理化教育抓起，继而邀集众多科学家和专家进行专题讨论，提出了利用发现法培养学生创造思维和逻辑思维的教学法。其后，苏联的心理学家和教育改革的实践家们也相继提出了"教学和发展""和谐教育"等问题。这些改革思想，不仅促进了本国和其他国家教育的发展，而且使人们明白无误地看到创造教育——杰出人才——科技发展——国家实力这四者的正向发展关系。遗憾的是我国多年来没有认真研究和吸取外国有益的教育经验，实践中仍然重复着传统教育的路子。学校作为培养人才的场所，却又限制了不少人才的顺利发展。

## 一、传统教育

### （一）传统教育的内涵

传统教育是以传授和积累现有知识为教育目标和任务的"教授学习型"教育。由它培养出来的学生，其智力水准必然限于现有知识圈的范围之内，每个人智力的高低，只是积累知识多寡的区别，即这一知识圈直径的大小不同而已。据情报研究表明，教科书上的知识一般要比现有的先进科学技术滞后五年。因此，学生即使全部学到并掌握这些知识，充其量也只不过是建立起一座陈旧的知识库。

### （二）传统教育的特征

传统教育常常忽视在人才的产生和发展中，内在因素起决定作用，环境和教育仅是外因。忽视教育对象的"自我矛盾运动",不能充分发挥和活跃教育对象的内在因素。

在智育上,以"教师为中心""教材为中心""课堂为中心",忽视灵活多样的教学方法的合理使用;教给学生的往往是现成的结论,而忽视了探求这些结论的方法及探求这些结论所必备的信念和毅力。通常的情形是教师怎么教,学生怎么学;教师教得多,学生学得多;教师教得少,学生学得少;教师教得新,学生也学得新。借用东北农学院张立教先生在《论抱着走》一文中形象描述传统教育弊端的一句话来说就是:"教了才会,不教不会。"学生要学会顺乎环境,对付频繁而机械的各种考试(查),长期处在被动接受知识的地位。总之,学生是被动的,一切取决于教师。在这种形式的学习中,学生都成了"配套学生",就是教师拿学生来配课本。进一步说,就是不管一个班的学生智力高低是否有差别,统统用同一课本来"配套"。这种单一的要求,划一的形式,不是所有的人都能够适应的。教和学的矛盾,尖锐地突出于教育过程的始终,成为提高教育质量的重要障碍。学校教育的知识结构有其科学规律,也有其弊端。它的过分"机械"和"堆砌"束缚了学生在最佳创造年龄的主动探索精神。

在德育上,强调团结互助、集体主义等协调性道德规范,却往往忽视了发挥个人勇敢、个人兴趣、自信独创等进取性道德;忽视个人选择事业,事业也在选择个人的辩证关系。这些问题,对人才的产生、成长和发展起了不可忽视的负性作用。

传统教育常常强调知识的系统性,以此要求学生要有广博的知识。可是人才研究却告诉人们,知识积累与成就之间并非一定存在着直接的因果关系。知识的发展是无止境的,特别在知识总量飞速增长的时代,渊博庞杂的知识准备误人匪浅。因此,必须早日进入创造。所谓早日进入创造,亦不是不要知识的准备,而是说在学习知识时应掌握基本概念、基本原则和基本规律,以及本学科全部知识的基本框架和纲领,从而形成适合未来工作的基本知识结构。对于工作无用的东西应该明智地抛弃(教学内容作为教学三要素之一,理应引起教育和教学部门的高度重视)。只有这样才可能使人在充满活力的时候,突进到创造性活动的园地。否则,就会在创造的最佳年龄,智力最活跃的时期,被浩如烟海的知识所淹没,成为智力僵化却富有知识的"两脚书架"。

## 二、创造教育

### （一）创造教育的内涵

创造教育与传统教育相对，是以开发创造力为教育目标和任务的"启发研究型"教育。它与传统教育的根本不同之处，是注意培养学生研究知识与创造知识的才能，旨在开发创造力。因此，创造教育强调应该教会学生探究知识的本源、求索知识的归宿，教授创造学问的方法。即不但应该使学生学会"识金术"，而且应该也必须使学生学会"点金术"。西德弗莱堡大学创造心理学家戈特弗里德·海纳特（Gottfried Heinelt，1923—）博士在他的权威性著作《创造力》中引证了丰富的材料，提出了新的人才观。他认为，一个人光有勤奋和聪颖是不够的，还必须有创造力。现代政治、经济、科学和教育，向人们提出了形形色色的问题，这些问题只靠兢兢业业或者聪明过人的才智是不能解决的。经验证明，创造力却是解决这些问题的一个关键因素。因此，任何忽略、轻视创造力的态度或者阻止发展创造力的行为都可能导致整个社会面临危机。在培养和发展创造力的工作中，学校应该把培养具有创造力的学生作为主要目标。

### （二）创造教育的特征

创造教育通过运用创造学的技法，开发学生的想象力、创造力与解决问题的能力，使他们的思维活动能超出现有知识圈的范围，冲破现有知识圈的张力束缚，发展现有的知识或创造新的知识，具有独创力，从而去从事创造发明。创造教育虽诞生时间不长，但发展迅速，表现了非凡的生命力。为"开发创造力而教"将逐渐为我国教育界所接受，成为学校的主要目标之一。创造性学习心理学研究表明，每个学生都有程度不同的创造潜力，创造教育能激发和提高学生的创造潜力，培养他们具备进行创造活动的个性品质，以具体的创造技法激励他们的创造欲望和动机。创造力的教育过程应该贯穿一个人从儿童至青年的整个接受教育的过程乃至终身教育中。因此，家庭和学校、家长和老师、同学和社会上的人们都将对接受创造教育的学生发挥作用，产生影响。

创造力的教育和培养是必行和可能的，创造力的发现和培养是创造教育的中心问题。教师（或创造型教师）应以各种途径去发现学生的创造力并加以培养，以诱发才能为自己的教授目的。那么，什么是创造力呢？根据最流行的说法，创造力的定义就是创造新的想法和新的事物的能力。日本创造心理学家恩田彰教授对创造力的描述是"产生出符合某种目标或新的情境的解决问题的观念，或是创造出新的社会（或个人）价值的能力，以及以此为基础的人格特征"。从这一定义出发，具有创造力的人，在心理学范畴内，他必然表现出创造心理的特征。恩田彰先生根据学习过程中不同的心理表现，将学生分为"高智能型"和"高创造型"两种。"高智能型"学生的学习目标为获得教师和教科书中的知识，而"高创造型"学生的学习目标则对教师和教科书中的知识批判地吸收，从中发现问题、发展知识。传统教育由于采取了"教授学习型"的教学方法，以及长期以来重视高智能轻视创造力的传统习惯，在学校教育中，教师总是喜欢"高智能型"的学生，而对"高创造型"的学生常常评价不佳。诚然，从创造教育的观念出发，十分希望教师同时培养兼具高智能和高创造力的"高创智综合型"学生。

创造教育要求教师善于通过创造心理学研究的成果去发现具有创造力的学生（创造型学生），并及时地加以培养。因此，教师不但要懂得心理学和教育学，而且应该对人的成才规律有所了解。在教育过程中，尽可能避免去做那些压抑人才成长的蠢事，避免以反对学生的"好高骛远"，有意无意地压制学生进入创造。我们不是常常看到这样的情形吗，有些人以优秀的成绩离校，可进入社会后却默默无闻。而有些在校成绩平平或不十分突出，可后来却做出了惊人的成绩。创造的胚珠其始也许是丑陋的，表现得弱小贫血，却可以逐渐成长壮大，这就是事物发展的辩证法。

创造教育还对培养学生的创造力提出了自己的立场，认为当前的教育方式要转向学力转移教育（使学生具备从事交叉学科研究知识的教育）；增强记忆力，发展思考力的教育；加强基础学力的教育；重视技能操作的教育；树立自主性、主动性的教育；加强全面发展的教育。目前教育改革的方向，要注重于开发学生的想象力、创造力；要传授创造的思考、创造的技能和创造的方法；要增强学生的问题发现能力、课题形成能力、课题解决能力；要培养学生独立使用图书馆的能力；要加强培养研究技能；要传授发现学习和发明学习的方法；要加强优秀生和劣态生的因人施教；要推行科学教育和艺术教育的综合化。

综上所述，我们不难认识到，创造教育是人类发展对现代教育提出的必然要求。创造教育对于焕发教育的生命力，培养"创造型"的杰出人才具有十分重要

97

的意义。而只有"创造型"的人才才可较好地适应于解决现代科学文化发展和新的技术革命不断向我们提出的新问题，有利于增强我国国力，迅速发展国民经济。《中共中央关于教育体制改革的决定》的颁发和实施为我国的教育改革提供了政治和经济上的保证，但教育思想、教育观念的转变则需要新老几代教育工作者的共同努力。"励精图治在勤民，宿弊都将一洗新"，只要我们坚定不移地坚持教育必须为社会主义建设服务的方向，坚持创造教育，坚持教育面向现代化，面向世界，面向未来，胆大心细而不是畏首畏尾，认真踏实而不是敷衍塞责地进行现行教育的开拓性改革，我国的教育就一定会以崭新的面貌立于世界教育之林，为我国的四化大业大规模地准备新的能够坚持社会主义方向的各级各类合格人才。

李庆章.试谈传统教育与创造教育.高等农业教育.1986，（1）：18-20.

# 高等农业院校如何办出特色

《中国教育改革和发展纲要》指出："要区别不同地区、科类和学校，确定发展目标和重点，制定高等学校分类标准和相应的政策措施，使各种类型学校合理分工，在各自的层次上办出特色。"面对国内外高等教育改革开放的大环境和高等学校激烈竞争的大形势，高等农业院校如何办出特色，并以特色立校、特色兴校、特色强校，已成为学校求生存、谋发展的关键所在。

## 一、科学定位：办出特色的前提

定位的关键在于合理选择自己的发展空间，确定发展目标。就学校的类型而言，短时期内摘掉所有农业大学"农"字帽子是不现实的，农业大学依靠自身向多科性、综合性大学发展的道路是较为漫长的。在今后一个历史时期，农业高校的重要发展空间仍在农业和农村，发展目标为"向多科性大学迈进"。就学校的层次而言，"高水平研究型"大学是极少数的，大多数学校应定位于"研究教学型"，少部分高校及农职高专应定位于"教学服务型"。类型和层次决定了学校培养目标、学科及服务面向的定位。东北农业大学在认真分析学校外部环境和自身实力的基础上，科学认识在整个高教体系中的位置，将自身定位于"以农科为优势，国际知名，国内同类院校一流，具有我国北方现代农业特色的多科性、研究教学型和开放式大学"。这是我校在一个较长时期内发展和追求的目标。

## 二、办学理念：办出特色的灵魂

一所有特色的大学，必定有适应时代发展、具有鲜明时代特征、体现自身特色的办学理念。办学理念是学校办出特色的理论基础，其与办学特色是理论与实践的关系。创新性办学理念能够指导创新性办学实践，使学校办出特色。

高等农业院校的办学理念，一要体现时代发展的要求，二要体现行业发展的要求，三要体现区域经济发展的要求。这三项要求对学校具有导向性和激励性，是办学者的内在精神力量和动力。大学的办学宗旨是为社会培养所需要的人才，传播和创造科学与文化。新中国的高等教育，在世纪之交经历了由精英教育阶段向大众化教育阶段转变的历史过程，适应这种转变，是学校办学理念时代性和社会性的集中体现。面对发展这个主题，面对办学规模的迅速扩大，坚持"规模、质量、结构、效益协调统一，并把质量摆在突出位置""教育质量是学校的生命线""教学工作是学校的主旋律"已成为众多大学广泛认同的办学理念。东北农业大学作为省属重点大学和国家"211工程"重点建设大学，明确提出了"立足龙江，面向'三农'，发挥优势，积极服务"的办学指导思想，制定《东北农业大学"十五"计划》《东北农业大学"十五"学科建设规划》《东北农业大学"十五"师资队伍建设规划》《东北农业大学"十五"校园规划》《东北农业大学"十五""211工程"建设规划》。在人才培养方面坚持"以本科教育为立校之本，以研究生教育为强校之路"。在师资队伍建设方面"突出教师在教学中的主导地位、在教职工中的主体地位和在分配中的优先地位"。在科学研究和为地方经济建设服务方面坚持"顶天立地，两面作战"，即坚持"以贡献求支持，以支持促发展"。这些理念和理念引导下形成的发展规划，对学校的发展起到了宏观规范作用，增强了学校在办出自己特色的道路上抗干扰的能力。

## 三、学科特色：办出特色的核心

国内外著名大学的办学特色集中体现在学科建设上，但堪称世界一流的大学也不是任何学科都是世界一流，往往是某些学科领域处于世界的前沿。这表明大学的学科建设不可能成为全能冠军，但可以是单项冠军或多项冠军。作为高等农业院校，尽管学科设置大致相同，但由于农业有很强的地域分异性，各校都能依据地域特色和区域经济发展的需求形成各自的特色学科，在优势学科领域为社会发展做出卓越贡献，产生广泛的社会影响，从而提升学校的知名度。一个学校办成一流难，一个学科建成一流相对容易，每所大学都有几个特色学科，高等农业教育领域才能百花齐放。

东北农业大学早在20世纪50年代，就从国外吸引食品加工专家骆承庠，逐步发展建设食品科学学科，在国内首先建立了乳品科学与技术博士点，为国家培养了大批乳品加工方面的高级人才，国内大多数乳品企业的技术总监、副总监和技术骨干是东北农业大学的毕业生，学校因此在国内享有乳品人才和技术摇篮的美誉。东北农业大学于1987年在全国高校率先创建生物工程学科，经过十多年的努力，培养出了一批站在世界科技前沿的专家学者。2000年30岁的博士生周琪中法合作克隆出第一只胚胎干细胞小鼠"哈尔滨"，同年末采取非"多莉"方法成功克隆出体细胞克隆牛"周让娜"，2003年获得世界首例克隆大鼠。克隆猴的主要完成者孟励、从事试管婴儿研究的我国第一个生物工程女博士夏平等以其骄人的成就使东北农业大学生命科学学科乃至东北农业大学蜚声海内外。这些特色学科培养出的一流人才支撑着东北农业大学成为一所特色鲜明的大学。

## 四、服务社会：办出特色的关键

大学办出特色最终取决于为社会发展做出的贡献，取决于社会的认可程度。高等农业院校的人才培养、科学研究能否与区域经济的发展紧密联系，是学校能否办出特色的关键及鲜明时代性和社会性的重要体现。不同地区的农业生产、农村经济与社会发展，对人才、技术成果的需求显著不同，只要把学校的发展与当地的"三农"问题紧密联系在一起，长期不懈地开展工作，"人无我有""人有我优""人优我新"的学校特色就会逐渐形成，"千校一面"的现象也将不复存在。

东北农业大学为了将学校办出特色，在科学研究上紧紧抓住"北方寒地农业"和"北方现代农业"两大区域特色开展工作。蒋亦元院士针对黑龙江省耕地面积大，土地相对集中，稻麦收运中损失较大的问题，用20多年的时间研制成功了国际领先的稻（麦）割前摘脱收获机，获国家发明二等奖；王成芝教授针对粮食收获水分高、不利于储藏等问题，研制了谷物烘干机，价格低，农民欢迎，得到李岚清同志的肯定。这些工作，使东北农业大学农机学科成为国内领先并具鲜明特色的学科。学校在寒地作物育种方面，以东北地区主要粮食作物和蔬菜的早熟、耐寒、抗病、优质、高产为选育改良方向，形成了明显的优势和特色。自"六五"以来，先后育成推广100余个作物和蔬菜品种，5次荣获省长特别奖和重大科技效益奖，为区域农业生产、农村经济与社会发展及农民增收，做出了突出贡献。

## 五、优秀人才：办出特色的标志

所有著名的大学，其办学特色主要由教师和毕业生对科学事业和社会发展所做出的卓越成就和贡献支撑。培养优秀人才需要优秀的教师，有位专家将大学形象地比喻为"泡菜坛子"，只要你走进它，就会嗅到它特有的气息，这就是学校的特色，这种特色在毕业生中体现明显，而大师则是"泡菜坛子"中最重要的一味。东北农业大学著名大豆专家王金陵先生在一次新生开学典礼上讲："你们是小泥鳅，我是老泥鳅，只要我在你们中间一转，你们的身上就有腥味了。"生动表达了大师在人才培养、学校特色形成中的关键作用。

名师出高徒，一所大学能够为社会源源不断地培养优秀专门人才，而且用人单位会很轻易地分辨出这所大学的毕业生与其他大学毕业生的不同特点，这是大学特色的重要标志。半个多世纪以来，社会对东农毕业生"思想素质好，基础理论扎实、动手能力强"的评价，本身就是对东北农业大学办学特色的认同。

大师又是学科的领军人物，一位大师就是一面旗帜，就能带起一个学科。大学之所以知名，主要是有知名的学科、知名的学科带头人。东北农业大学因为有许振英，才在全国建立了第一个动物营养学科，开启了中国动物营养研究的先河，培养了第一批动物营养方面的专门人才；因为有王金陵，东北农业大学在大豆领域研究水平才达到国内领先水平；因为引进了骆承庠，东北农业大学乳品专业的学子才有了"撑起中国乳业半壁江山"的美誉。高等农业院校要努力营造有利于创新型人才成长发展的氛围，充分发挥教师教书育人的积极性和科学研究的创造性、理顺体制，搞活机制，尽快成长起一批大师级人才。这样，学校的招牌就亮了，学校的特色就凸显出来了。

李庆章.高等农业院校如何办出特色.科技日报.2003.10.22，星期三，第七版.

# 依法办学，争创一流

今年1月1日开始实施《中华人民共和国高等教育法》（以下简称《高教法》），这是我国高等教育发展史上一件具有里程碑意义的大事。学习贯彻《高教法》，依法治教，依法办学，是我国高等教育现代化建设的根本保证。创建一流大学，培养具有创新精神和实践能力的高级专门人才，发展科学技术文化，促进社会主义现代化建设，是高等学校面向21世纪的首要任务。

## 一、依法治教，是我国高等教育建设发展的根本保证

### （一）《高教法》是我国高等教育发展规律的科学总结

中华人民共和国成立以来，特别是改革开放以来，我国高等教育事业取得了显著的成就，已初步建立起一个学科门类齐全、形式多样、不同层次相互衔接、具有相当规模、较为稳定的高等教育体系，为我国社会主义现代化建设培养了大批专门人才，提供了大量科学技术成果和智力支持。《高教法》就是在对我国几十年高等教育改革与发展形成的科学教育思想和教育观念，所取得的成功经验进行科学总结的基础上，注重借鉴外国高等教育发展的有益经验，并通过法律的形式固定下来，以指导和解决高等教育改革与发展中出现的种种问题。

### （二）《高教法》是我国高等教育管理过程的行业规范

《高教法》出台前，现行的高等教育法规多为国务院教育行政部门颁发的规章或文件，缺乏法律权威性和全面系统性。《高教法》是在《教育法》的基础上，初步建立起来的一部内容完备、层次有序的高教法规。《高教法》的颁布，规范了高等教育的管理体制、办学体制、经费投入体制、招生和就业制度及高校内部管理体制；规范了高等学校内部领导体制和运行机制；规范了高等教育质量标准；规范了高等教育经费来源、经费筹措方式、资源合理配置等问题。使高等教育管理过程有了行为规范，行为主体均有法可依，科学有序。

### （三）《高教法》是我国高等教育健康发展的法律保障

改革开放以来，我国教育法制建设得到加强，一系列教育法律、法规和规章相继出台。《高教法》的颁布，标志着以《教育法》为核心，各项教育法律、法规为框架的教育法律体系已基本形成，为实施"依法治教"奠定了基础。《高教法》对我国高等教育改革与发展中许多重大现实问题，都做出了明确的规定。运用《高教法》可以加强对高等教育的宏观管理与调控，加强对高等学校办学行为的指导与监督，依法保护高等教育领域各种行业主体的合法权益，对于推动高等教育的健康发展提供了强有力的法律保障。

### （四）《高教法》是我国高等教育战略地位的权威奠定

"科教兴国"是党中央、国务院面对世界科学技术迅猛发展和综合国力竞争日趋激烈的时代背景，根据经济、社会发展规律和我国国情做出的重大战略部署，也是 21 世纪实现中华民族伟大复兴的战略选择。制定《高教法》的宗旨之一是为了实施"科教兴国"的战略。在整部法律中，这一宗旨被贯彻始终，成为整部法律的原则和灵魂。这就为高等教育在实施"科教兴国"战略中发挥生力军作用提供了权威性制度保证。

贯彻落实《高教法》，首先要认真学习《高教法》，做到学法、知法、懂法，建立强烈的法律意识和依法办学观念；其次要在吃透精神和领会实质的基础上，根据《高教法》的条款逐一检查、规范学校的各种教育行为和活动，依法治校，依法办学；第三要在此基础上，密切结合学校的实际，修订、完善学校的各项规章制度，通过制度创新推动人才培养、科学研究和社会服务工作的全面健康发展。

## 二、依法办学，是东北农业大学争创一流的必由之路

面对 21 世纪的挑战和适应未来知识经济时代的要求，教育部推出了《面向 21 世纪教育振兴行动计划》（以下简称《行动计划》），计划中把继续并加快"211 工程"建设作为 21 世纪教育振兴的"六大工程"之一。江泽民同志在北大百年校庆大会上指出："国家要有若干所具有世界先进一流水平的大学，这样的大学主要是培养和造就高素质人才的摇篮，应该是认识未知世界、探索客观真理，为人类解决面临的重大课题提供科学依据的前沿，应该是民族优秀文化与世界先进

文明成果交流借鉴的桥梁。"这不仅是对我国建设若干所世界一流水平大学提出的要求，其精神实质也同样适用于全国各类各层次的高等学校。东北农业大学在其"211工程"建设中确定了"国际知名、国内同类院校一流、具有北方现代农业特色的综合性农业大学"的建设目标。贯彻实施《高教法》，依法办学，是东北农业大学争创国内同类院校一流的必由之路。

### （一）争创一流就是要全面培养高层次创造性一流人才

《高教法》规定："高等教育的任务是培养具有创新精神和实践能力的高级专门人才。"江泽民同志指出："创新是一个民族进步的灵魂，是一个国家兴旺发达的不竭动力。创新的关键在人才，人才的成长靠教育。"培养创新人才的重任无疑落在教育，尤其是高等教育的肩上。争创一流大学，就要全面培养一大批参与国际经济、科技和综合国力竞争的高素质创造性人才。培养高素质创造性人才，必须开展创新教育。有关研究表明，造就学生创新能力具有决定性意义的是大学本科及研究生教育，尤其是研究生教育阶段。这个阶段的教育决定了学生的知识结构，与这种知识结构相应的科学思维方式以及创新精神和创新能力。因此，我们要以培养创新精神和创新能力为基点审视教学改革。首先，加强对学生人文教育和"两课"教育，使他们对国内外的人类文化精粹有比较深入的了解，对我国国情和世界形势发展规律有所掌握，并在此基础上形成正确的世界观、人生观和价值观，具有较高的人文和思想道德品质素养；其次，在加强基础训练的同时，拓宽学生的知识面，改革课程设置，改善学生的知识结构，使其有较强的适应性；第三，要重视加强实践环节，通过实践提高学生，尤其是研究生创新意识和能力，要以科学研究作为重要的教育环节，增强和提高创造性解决实际问题的能力；第四，因材施教，注重学生个性发展，为优秀人才脱颖而出创造条件。如果我们能为国家农业各系统、各部门输送（储备）领导人才，能为解决国内外重大农业战略问题输送（储备）研究人才，能为解决农村经济和社会发展重大关键问题输送（储备）应用人才，这就达到了培养一流人才的目标。

### （二）争创一流就是要全力建设高水平的特色性一流学科

大学的人才培养是在各个学科基础上进行和完成的，大学对于经济和社会发展的作用也是通过学科显示出来的。高水平的大学应具有高水平的学科，也只有具备一批高水平的学科才能成为高水平的大学。因此，争创国内同类一流大学，就必须建设一批高水平的学科。东北农业大学在长期办学过程中形成了一批具有北方现代农业特色的优势学科。现有 2 个国家重点学科，12 个省级重点学科；有 10 个博士点，25 个硕士点，4 个博士后流动站。在实施"211 工程"建设中，本着"强化传统、发展新兴、突出重点、带动一般"的原则，选择基础好、队伍强、有特色、研究方向意义重大，处于本学科的前沿，有可能产生重大理论突破并对农业和农村经济发展、农业科技进步有重要作用的 4 个学科和 9 个标志性成果进行重点建设。重点投入资金，加强学术梯队建设，创造良好的科研条件和良好的学术环境。要求这些学科出一流的研究成果，培养一流的人才并带动相关学科的发展，使其发展成为国内甚至国际一流的学科。学科建设是提高科研水平的基础，一流学科应该是认识未知世界，探索客观真理，为人类解决面临的重大课题提供科学依据，要能孕育产生新的思想理论和新的学派。首先，一流学科应建设成发展科学基础理论和解决重大科技问题的基础，要围绕经济发展和社会进步的重大课题，为国家各级领导、决策部门提供战略层面和技术层面的建议、咨询，发挥学科思想库的作用；其次，一流学科应建设成发展研究生教育培养高层次创造性人才的基地。我们说"本科教育是立校之本，研究生教育是强校之路"，强调的就是在学科建设中把培养高层次创造性人才作为提高学校整体学术水平和学术地位的大事来抓，把学科建设成为真正的人才库，能培养出国内外一流的学者。这样的学科就一定是一流的学科。

### （三）争创一流就是要全心造就高素质学术性一流师资

"所谓大学者，非谓有大楼之谓也，有大师之谓也。"创建一流，以人为本，造就一支一流的师资队伍是建设国内同类一流大学的关键。我校的历史经验也表明，有一支高素质的师资队伍，就可以在百废待举的最困难时期迅速发展。目前，我校已经有了一支年龄、职称、学历结构比较合理、学术水平较高、老中青结合的专业教师队伍，但是按建设一流农业大学的要求，还有许多不适应的地方。主要问题是教师队伍中高学历教师比例偏低，具有博士学位和硕士学位的教师数量较少；某些学科梯队不合理，中青年骨干教师少，学术带头人不稳定；年轻教师中拔尖人才少，缺少学术权威，缺少大师级人物。这就要求我们一定要在师资队伍建设上下功夫。目前主要是进一步深化人事制度改革，实行真正意义上的聘任制。设岗、聘任、考核、分配相配套，以岗择人，遴选学术骨干更要坚持上述原则。我校基础兽医学是"长江学者奖励计划"第一批设置特聘教授岗位的学科，正虚位以待合适的人才聘入。除此之外，还有几个重点建设学科要在国内外广泛引进人才，培养学科带头人和学术骨干；我们还要有计划地选派一批中、青年教师到国外进修深造；同时，开展经常性国内外高水平学术活动，邀请国内外著名学者讲学或开设某些课程；创造良好学术环境，严格学术规范，改善教师工作、生活条件等。全心造就与国内同类院校一流大学相适应的一流师资队伍。

**（四）争创一流就是要全程优化高效率高效益的一流管理**

众所周知，管理水平的高低决定了效益的高低，创建国内同类院校一流一定要有一流的管理。在"211 工程"建设中，国家把管理水平作为衡量学校建设的一项重要指标。《高教法》除明确规定了高等学校作为办学者具有独立于举办者与管理者法律地位之外，还规定了面向社会的自主办学权，诸如招生、专业设置、教学、科研开发和社会服务、国际交流与合作、机构设置与人事、财产管理等七个方面的自主权，这是提高我国高等教育质量和效益的关键。有自主办学的权力，就更增加了责任和义务，促进高等学校树立自我约束、自主发展、加强管理、提高质量、增强效益、注重特色的意识。当前重点是进一步推进校内管理体制的改革，改革的主要内容是：校内机关精简，减员增效；围绕学科建设进行院系调整，以适应新的教育模式要求，实行校、院、系三级管理，放权减员；实行"三定"（定编、定岗、定责），逐步实现全员聘任，建立能上能下、能进能出的人事制度；实行多劳多得，优劳优酬，打破分配上的"平均主义"，建立有激励作用的分配制度；后勤服务逐步实行社会化或准社会化，后勤、产业逐步与事业剥离并实施现代企业制度；逐步实行教育资源有偿使用，使国有资产实现增值增效、良性运营等。达到充分发挥人的积极性，充分利用各种教育资源，提高整体办学水平和办学效益的目的。

一流大学的标志还有许多方面，诸如一流的环境、一流的经费、一流的交流、一流的文化等，其中比较重要的还应有一流的观念和一流的精神。总之，创建国内同类一流大学是一项系统工程，是一个长期过程。我们要认真贯彻《高教法》，积极实施《行动计划》，以"211 工程"建设为主线，以一流的精神努力做好各项工作，创建国内一流农业大学的奋斗目标就一定能够实现。

李庆章，刘德深 . 依法办学，争创一流 . 高等农业教育 .1999（6）：1—3，7.

# 构筑高等教育的"二元结构"，
# 为农村全面小康社会建设培养适用人才

党的十六大提出了"全面建设小康社会"的宏伟战略目标。认真解决"三农"问题，实现农村的全面小康已成为全社会关注的焦点。农村人力资源丰富而人才资源匮乏，是制约农村小康社会建设的根本矛盾。世界三次成功的经济超越最根本的经验在于，它们通过超前和加速开发人力资源，提高劳动者素质，为经济发展积累了大量人力资本，推动了经济的快速发展。由此可知，开发农村人力资源是解决"三农"问题的关键。只有发展农村的高等教育，把农村丰富的人力资源转化为雄厚的人才资源，努力构筑高等教育的"二元结构"，适应中国城乡"二元结构"，才能从根本上解决中国的"三农"问题。也只有随着经济社会的发展，城乡"二元结构"的消失，高等教育的人才培养才能形成真正意义上的"一元化"。

## 一、我国高等教育人才培养模式的形成及其原因

### （一）我国高等教育"一元化"人才培养模式的形成

中国的高等教育从一开始就是少数人享受的教育，明显带有"贵族教育"、"富人教育"的特征。1949 年后至 20 世纪末，中国高等教育更是"精英教育"，只是进入 21 世纪后才向"大众教育"阶段迈进了一大步，使高等教育的毛入学率超过了 15%。这种体制下闯过"独木桥"的"精英们"自然成了社会的天之骄子，他们希望毕业后进入机关、金融、科研院所等白领阶层，在地域上更是坚定地选择了大城市，远离乡村。社会需要更多的高层次人才，家长们更是希望孩子们不断深造，于是高校把人才培养目标锁定在了"一元化"结构即拔尖创新人才上。而且，我国现有的高等学校（包括农业高等院校）都在培养城市需要的人才，很少考虑培养农村所需的人才。现有高等教育培养的高级专门人才很难通往农村，致使农村成为被推动人类文明的高等教育所遗忘的角落。

### （二）城乡"二元结构"是"一元化"培养模式的直接原因

第一个获得诺贝尔经济学奖的黑人经济学家刘易斯提出的"二元经济结构模型"完全适用于中国。我国城乡社会、经济、文化等的"二元结构"对教育人才培养目标产生了极大导向作用，小学教育、中学教育都把考上大学作为坚定不移的成就性目标，高等教育则成为人们跨过城乡"二元结构"通向城市、离开农村的理想平台。考上大学就是跳出农门的说法在中国是千古不变的真理，高等院校也就成了人们由农业部门迈向非农部门、由农村区域走入城市区域的必经之所。为了进一步坚定人们远离"农"字的理想，大学也都向非农部门（工业、管理、金融）源源不断地输送高层次人才，而对渴求人才的农村则抛诸脑后。因此，城乡"二元结构"是形成"一元化"人才培养模式的直接原因。

### （三）农村小康社会建设呼唤高等教育的"二元结构"

1.农村经济与社会发展渴求各类高级专门人才。"一元化"人才培养模式把现有的农村教育筛选出来的高级专门人才送进了城市，而淘汰下来的众多人力资源，留在了农村，数量供给充裕的农村劳动力大军往往伴随着低素质。以黑龙江省为例，全省农村380万农户和1 840万农业人口中，15岁以上人口受教育程度构成为本科0.08%，大专0.72%，初中43.57%，小学40.62%，未上过学和扫盲班8.30%。目前全省共有9 517个行政村，每个行政村受过相当于高等教育的技术人员基本为零，数字触目惊心。这是我国农村小康社会建设需要解决的一个根本性问题。21世纪不容回避的紧迫问题是将农村丰富的人力资源，深度开发成人才资源，奠定农村经济和社会发展的人才基础。要实现这一目标，必须改革"一元化"的人才培养模式，积极构筑高等教育的"二元结构"，建立面向农村的高等教育体系。

2.人力投资是推动农村经济发展的关键要素。人力投资是中国经济最薄弱的环节，诺贝尔经济学奖得主詹姆斯·赫克曼在考察中国企业时说："一些企业购买了价格昂贵的设备，却不会操作。中国有许多技术工人，但需要技术工人的机器更多。"据联合国统计，中国教育投资仅占GDP的2.5%，印度和土耳其的这一数字分别为3.2%和2.9%，而中国对物质资本的投资则高达30%。赫克曼说，资本和技能是互补的，物质资本投资带来的新技术要求由更高水平的劳动力来驾驭。一个木桶能装多少水，是由最短的那块木板所决定的。一个经济体的表现，则受制于其最薄弱的环节。人力投资就是中国经济最短的木板。要解决中国经济发展的最短木板——农村经济，必须首先重视农村人力投资的问题。

3.高等教育人才培养"二元结构"的构建是农村经济和社会发展的内在要求。人类文明经历了农业经济形态、工业经济形态，正在迈向以知识和信息为基础的知识经济形态。不同经济形态的生产力对资源的需求和依赖程度是不同的。在农业经济形态中，社会经济发展的资源消耗主要表现为劳动者体力的消耗和以土地为代表的自然资源浅层次的消耗。在工业经济形态中，社会经济发展消耗主要表现为人类利用大规模机器体系大量消耗自然资源，生产力水平大为提高。在知识经济形态中，人类从以自然资源消耗为主转向以劳动者的智力消耗为主。正如诺贝尔经济学奖得主、美国著名经济学家舒尔茨所说："在影响经济发展诸因素中，人的因素是最关键的，经济发展主要取决于人的质量的提高，而不是自然资源的丰瘠或资本的多寡。"人才资源已成为最重要的战略资源，其数量和质量是经济增长和社会发展的关键因素。然而，我国广大农村仍然处于农业经济形态，要使农村摆脱贫困，必须促使其经济形态发生转变。我们应清楚地认识到，高等教育人才培养"二元结构"的构建是农村经济和社会发展的内在要求，实现农村经济形态转变的唯一途径是建立和发展面向农村的高等教育。

## 二、高等教育"二元结构"人才培养模式的历史探索

### （一）国内外高校实施农村人才培养创新模式，为农业生产培养适用人才

1.辽宁省等率先实施"选派一村一名大学生计划"。为解决农村人才的引进和培养问题，特别是农村基层干部、农村科技人才和农村致富带头人的选拔和培养，在2001年《政府工作报告》中，辽宁省提出了全省实施"选派一村一名大学生"的要求，并在沈阳市率先开展，收到比较明显的效果。

2.在2002年，山东农业大学与微山县达成协议，招收"实践生"为农村培养专门人才。即学校划出一定比例的"实践生"招生指标，由县负责推荐、选拔有一定实践经验的在乡高中生，由学校进行单独考试录取，学校按微山县急需的专业人才设置专业和编制教材，大学生（两年制专科）毕业后由微山县负责使用，保证了地方急需人才的培养。

3.韩国改革人才培养模式，培养青年农业人才。韩国为充实加强家庭农场和

农业企业的高等人才培养，于 1997 年专门建立韩国国立农业专门学校（大学本科），由政府拨款，年预算为 50 亿韩币（相当于 5 000 万元人民币），该校以培养青年农业人才为根本目标，在教学过程中特别注重培养具有职业意识和实践技能的经营人才。该校的毕业生 95% 以上从事相关的农业生产和经营活动，为韩国农业生产第一线输送了一批高层次专门人才，极大地推动了韩国农业的可持续发展。

### （二）深化高等教育改革，为农业生产第一线培育专门适用人才

在"二元结构"人才培养模式的构建方面，东北农业大学进行了积极的探索和尝试。确立了"顶天立地"的人才培养模式，既培养创新人才，也培养面向农业生产第一线的应用型、技能型适用人才。1989 年初，为进一步探索面向农村培养一线人才的路子，黑龙江省教委在我校进行了综合改革试点。我校本着"立足龙江、发挥优势、主动适应、积极服务"的办学指导思想，重点研究解决高等教育为农村培养人才的问题。

1. 改革招生考试制度，奠定人才下沉基础。学校先后采取了以下措施：一是定向招生，对农村及边远地区实行定向招生、定向培养、定向分配，直接为基层培养人才。定向本、专科生曾分别达到招生数的 40% 和 80%，其中有 4% 定向在乡以下。从 1989 年以来，累计招收定向生 4 000 多人。二是限招城市考生，曾规定大中城市考生录取不得超过招生数量的 10%，扩大了县以下的生源数量，以使更多的毕业生回到县以下单位工作。三是招收有实践经验的考生，即招收具有高中文化程度和两年以上实践经验的回乡青年和基层单位在职人员。实行单独考试、单独录取，毕业后回原选送系统工作。从 1989 年至 1996 年共招收 650 名有实践经验的学生。四是对口招生，我校农业教育与推广系对口招收农职高中毕业生，单考单录。1989 年以来共招收 1 000 名农职高中考生。

2. 改革人才培养模式，不断提高教育质量。根据农村经济建设和社会发展的需要，调整专业结构，改革培养模式。实行"按类招生、后定专业、弹性学制、统自结合"的培养模式，按照"加强基础、注重应用、培养能力"的原则，减少必修课，增加选修课，拓宽知识面，实行辅修制和双学位制，使学生"一专多能"，提高学生的适应性。同时，学校还通过组织毕业班学生深入生产第一线实地考察，树立带头到边远艰苦地区工作的典型，加强了学生"学农爱农，献身农业"思想

教育，人才培养工作取得了明显成效。1990 年以来，我校到县以下基层单位工作的毕业生占毕业生总数的 80% 以上，特别是一大批优秀本科毕业生自愿放弃留城机会，到我省条件艰苦的边远垦区工作，被誉为"第三代北大荒人"。李岚清同志视察我校时曾对此给予高度称赞，并在第三次全国普通高等农林教育工作经验交流会上着重介绍了东北农业大学的经验。

### 三、积极构筑高等教育的"二元结构"人才培养模式，兴建农业现代化的人才"高速公路"

#### （一）发展面向农村的高等教育，为农村小康社会建设培养适用人才

1.实施"村村大学生计划"，创新高等教育的人才培养模式。农村人力资源是实现农村现代化和可持续发展的第一资源，创新高等教育人才培养模式，为农村培养专门人才，是落实党的十六大精神，全面实现小康社会的第一目标和基础工程。我国有 80 万个行政村，如每年为每个村培养或引进 1 名留得住、用得上的优秀大学生，按农业和有关大学每年培养 8 万人计，共需 10 年时间，这将是一个十分艰巨的人才战略任务，是对"三农"实施的最有效的智力工程，也是"贫困最小努力学说"和"人力资本理论"等经济学理论在中国农村的实践与发展。国家和各级政府要像花巨资兴建高速公路那样来实施全国农村高等人才工程战略，这将是通往农业现代化的一条"高速公路"。

目前，黑龙江省实施的"村村大学生计划"，应值得推广和借鉴。2003 年末，由东北农业大学倡议发起、黑龙江省教育厅组织 10 所农业院校统一实施的黑龙江省"村村大学生计划"被列为省委省政府的十项利民行动之一，并于 2004 年初付诸实施。首批直接从行政村中共招收农民大学生 2 560 人，原则上每村 1 名，其中我校招生 420 人，每年每人的 6 000 元学费由省政府、省教育厅和培养高校共同负担。通过"村村大学生计划"的实施，为农村培养一批懂技术、会经营、善管理、通市场，扎根农村，服务"三农"的高素质人才。各农业院校对这批特殊的农民大学生采取特殊的培养模式，制定特殊的教学计划，实施特别的管理方式，努力帮助他们掌握农业生产急需的实用技术，提高他们与农业现代化建设相适应的政治业务素质、管理水平和决策能力，最终建立一支适应市场经济发展、农业产业化需要和能带领农民致富的农业科技带头人队伍。这种服务于"三农"

的高等教育人才培养模式的创新，具有重要的示范意义。

2. 实施"乡村干部培训计划"和"各业农民培训计划"，夯实农村小康社会建设的人才基础。总体上看，我国农业和农村人才队伍总量不足，质量不高，现有人员不够稳定，整体素质偏低。目前，各级各类农业院校培养的直接从事农业管理、农业专业技术的人员仅有 70 万人，且高中级人员比例偏低，这种状况与小康社会建设要求相差甚远。以黑龙江省为例，黑龙江省现有 944 个乡（镇），9 517 个村，27 000 多名村干部，1 840 多万农业人口，这是决定农村发展兴衰成败的巨大人才资源。各高等院校应采取"请进来"和"走出去"的不同方式，大力实施"乡村干部培训计划"，为农村培养有知识、有技能、有思路和有实效，能带领农民勤劳致富的各级管理人员。在此基础上，通过实施"各业农民培训计划"，采取集中培训与现场指导的方式，加大对农村个体人员的培训力度，从根本上推进农民整体素质的提高。

### （二）努力构建农村学习型社会（区），实现农村小康社会建设的最终目标

现代农村经济和社会发展的推动力量和劳动生产率提高的因素，已经不仅仅是土地、劳动力数量和资本数量的增加，更重要的是人的知识、能力和素质的提高。我国目前农村人口的总体素质很低，农民平均受教育年限不足 7 年，大专及大专以上文化程度的人只有 0.16%，每万人中农业科技人员仅有 5.29 人。构建学习型农村，就是要动员和利用各种科技教育资源，开展多层次、多渠道、多形式的新型农民科技培训，不断提高广大农民的劳动技能和生产知识存量，改变传统的思维方式、生活方式和生产方式，把农村沉重的人口负担转化为强大的人力资源优势。农村人力资源是实现农村现代化和可持续发展的第一资源，全面开发农村人力资源，是建设农村小康社会的第一目标。服务农村小康建设是所有高校新时期服务区域发展的中心任务，促进农村学习型社会（区）构建是全面建设农村小康社会即实现农村现代化的奠基工程。高校要为区域发展服务，为农村努力快发展培养设计师和工程师，为农村全面建小康培养优秀乡土人才。

### （三）逐步建立以大学为依托的农业推广体系，为农民小康社会建设提供制度保障

我国长期形成的"教育、科研、推广"脱节的体制，严重制约着大学教学、

科研的开展和科技成果的转化。为了使"教育、科研、推广三结合"从体制上得到保证，促进科技成果的快速、有效转化，在目前时机尚未完全成熟还难以大刀阔斧进行改革的状态下，各省市可成立"（农业）科技成果推广延伸领导小组"或"农业教育、科研、推广三结合协调领导小组"，专题研究并努力推进科教体制改革，以适当拨款支持农业大学向全社会传播科技信息与科技成果，保证高校教学、科研单位相互协调、步调一致、同心协力地为农村经济发展和社会进步服务。可以试行"副职推广站长计划"逐步向以大学为依托的农业推广体系过渡。为使农业推广充满时代气息和更具现代特征，建议农业行政管理部门同意接受高校派出的各级兼职副职推广站长，这样既可为农业推广工作注入新的血液和活力，又可把青年教师锻炼得唱做功夫兼备和更具真才实学。逐渐构建以大学为中心的农业推广体系，将是实现农村全面小康建设的有效机制保障，也将为世界科学技术特别是农业科学技术转化提供新鲜经验。

李庆章.构筑高等教育的"二元结构"，为农村全面小康社会建设培养适用人才.高等农业教育.2004，（6）：7-9，19.

# 大学在创新型国家建设中的地位和作用

2006 年 1 月 9 日至 11 日在北京举行的全国科学技术大会上，党中央做出了建设创新型国家的重大战略决策，明确提出到 2020 年我国进入创新型国家行列的奋斗目标。作为国家创新体系的重要组成部分，高等学校肩负着义不容辞的责任和使命。

## 一、创新型国家是国家建设的重要战略抉择

创新是一个民族进步的灵魂，是一个国家兴旺发达的不竭动力，自主创新能力是支撑和保证一个国家崛起的核心竞争力。提高自主创新能力，建设创新型国家，是时代赋予我国的一项长期、艰巨的伟大事业，同时也是一项复杂、庞大的社会系统工程。

### （一）创新型国家的内涵和特征

半个多世纪以来，世界上众多国家都在各自不同的起点上，努力寻求实现工业化和现代化的道路。一些国家主要依靠自身丰富的自然资源增加国民财富，如

中东产油国家；一些国家主要依附于发达国家的资本、市场和技术，如一些拉美国家；还有一些国家把科技创新作为基本战略，大幅度提高科技创新能力，形成日益强大的竞争优势，国际学术界把这一类国家称之为创新型国家。创新型国家是以创新为主要发展动力的国家。创新型国家并不一定是科技大国，但它必然是科技强国。衡量创新型国家的指标，不是简单以有多少科技人员、有多少科技成果等为依据，重要的是看创新在国家的发展中是否起到主导作用。目前世界上公认的创新型国家有 20 多个，包括美国、英国、法国、德国、日本、丹麦、芬兰、瑞典、以色列、韩国、新加坡等。这些国家具备以下四个基本特征：一是科技进步贡献率高，一般在 70% 以上（如美国为 80%）；二是研发经费投入高，占 GDP 的比重一般都在 2% 以上（如日本为 3%）；三是自主创新能力强，对外技术依存度均在 30% 以下（如美国、日本为 10%）；四是创新产出高，世界 20 多个创新型国家拥有发明专利（美国、欧洲和日本授权的专利）总数占世界发明专利的 99%。

### （二）创新型国家的实例和差距

在已有的创新型国家中，美国是当之无愧的创新大国，拥有当今世界最全面的国家创新体系。日本根据本国国情特点，成功地选择了先模仿后独创、先低科技后高科技的正确科技发展战略和政策导向。以色列经过半个多世纪的发展，实现了创新立国，其在科技创新方面的表现令很多大国望其项背。韩国是上个世纪末异军突起的创新型国家的典型代表。长期以来，韩国属发展中国家，直到 20 世纪 60 年代初还只是个一穷二白的农业国，人均 GDP 不到 100 美元，甚至连自行车都不能生产。1962 年，韩国开始实施第一个经济增长五年计划，此后稳步实现经济高速增长，创造了"汉江奇迹"，进入经济起飞阶段。90 年代末，韩国已被称之为"亚洲最具技术经济实力的经济体制之一"。1996 年，韩国顺利加入经济合作与发展组织（OECD），成为新兴工业化经济体的主要代表之一。1997 年 12 月，韩国政府制定了"科学技术革新五年计划"。1998 年，韩国政府发布了"2025 年科学技术长期发展计划"，提出了一系列战略发展目标。2004 年，韩国经济总量居世界第 11 位，人均 GDP 超过 14 000 美元。韩国之所以能够在经济发展上取得显著的成绩，一个重要原因就是重视科学技术、强调自主创新。2004 年，韩国在研发领域的投入为 22 万亿韩元（约合 190 亿美元），占 GDP 的

2.82%，其研发投入占 GDP 的比重仅低于日本，远高于美、德、法、英等发达国家。由于政府对科技的大力扶持，韩国已迅速成长为一个科技实力比较雄厚的国家。据瑞士国际经营开发院发表的《2005 年世界竞争力年鉴》报道，2004 年韩国技术竞争力和科学竞争力分别居世界第 2 位和第 15 位。

对比创新型国家的特征，我国与创新型国家还存在着较大差距。尽管改革开放以来，我国经济连续 26 年保持年均 9% 以上的稳定快速增长，但从总体上看，经济增长严重依赖资金高投入的状况没有根本改变，严重依赖资源高消耗的状况没有根本改变，严重依赖引进技术的状况没有根本改变，部分核心技术、关键技术受制于人的状况没有根本改变。据测算，目前我国研发投入占 GDP 的比例为 1.35%，对外技术依存度高达 50%，设备投资 60% 以上依靠进口，科技进步贡献率只有 39% 左右。由于不掌握核心技术，我国不得不将每部国产手机售价的 20%、计算机售价的 30%、数控机床售价的 20%—40% 拿出来向国外专利持有者支付专利费。为改变这一现状，国家确定了今后 15 年科技创新的基本指标是：“到 2020 年，经济增长的科技进步贡献率要从 39% 提高到 60% 以上，全社会的研发投入占 GDP 比重要从 1.35% 提高到 2.5%。”这要求我国必须进一步加大研发投入，大幅度提高自主创新能力，努力掌握拥有自主知识产权的核心技术和关键技术，推动经济增长由资源驱动、资本驱动向创新驱动的战略性转变，使我国的经济社会发展转到主要依靠科技进步上来，努力走出一条具有中国特色的自主创新之路。

经过新中国成立以来特别是改革开放以来的不懈努力，我国社会主义市场经济体制初步建立，经济社会持续快速发展，科技人力资源总量和研发人员总数位居世界前列，建立了比较完善的学科体系，部分重要领域的研究开发能力已跻身世界先进行列。我国已经具备了建设创新型国家的重要基础和良好条件。

### （三）创新型国家建设的根本任务

胡锦涛同志在全国科学技术大会上指出，建设创新型国家，核心就是把增强自主创新能力作为发展科学技术的战略基点，走出中国特色自主创新道路，推动科学技术的跨越式发展；就是把增强自主创新能力作为调整产业结构、转变增长方式的中心环节，建设资源节约型、环境友好型社会，推动国民经济又快又好发展；就是把增强自主创新能力作为国家战略，贯穿到现代化建设各个方面，激发全民族创新精神，培养高水平创新人才，形成有利于自主创新的体制机制，大力推进理论创新、制度创新、科技创新，不断巩固和发展中国特色社会主义伟大事业。

为实现进入创新型国家行列的奋斗目标，应突出抓好以下几个方面的工作。一是坚持"自主创新、重点跨越、支撑发展、引领未来"的指导方针，努力走中国特色自主创新道路。二是坚持把提高自主创新能力摆在突出位置，大幅度提高国家竞争力。自主创新能力是国家竞争力的核心，是实现建设创新型国家目标的根本途径。真正的核心技术、关键技术是买不来的，必须依靠自主创新，在若干重要领域掌握一批核心技术，拥有一批自主知识产权，造就一批具有国际竞争力的企业，大幅度提高国家竞争力。三是深化体制改革，加快推进国家创新体系建设。继续推进科技体制改革，建设以企业为主体、市场为导向、产学研相结合的技术创新体系，使企业真正成为研究开发投入的主体、技术创新活动的主体和创新成果应用的主体，全面提升企业的自主创新能力。四是创造良好环境，培养造就富有创新精神的人才队伍。五是发展创新文化，努力培育全社会的创新精神。

## 二、大学在创新型国家建设中的地位和优势

大学因创新而诞生，国家因创新而发展，创新型国家的基础是教育。从经济理论上说，现代经济的竞争本质上是人力资本的竞争，而教育是人口从成本转化成资源，再从资源转化为资本的唯一途径；从社会成本上说，法治社会、和谐社会，离开教育都是无本之木；从终极理念上说，人是目的，人的发展、人的全面解放，没有教育，都将成为可望不可即的海市蜃楼。高等教育历来是传播、扩散和创造知识的重要基地，承担着科教兴国、人才强国的双重使命，是知识创新的主要动力和源泉。纵观高等教育的发展演变，经历了从创建之初的单纯以传授高深学问为己任，发展到教学与科研相统一，再拓展到利用人才、智力、设备、信息等优质资源直接为社会经济发展服务。从一些发达国家建设创新型国家的经验，以及我国几十年改革发展的实践来看，建设创新型国家，大学应有所为，必有所为，且大有作为。

### （一）大学在创新型国家建设中的地位

1. 大学是创新型国家建设的人才基地

知识经济时代，国与国之间的竞争说到底是科技实力的竞争，而科技实力的

竞争最终将体现为人才的竞争。大学的根本任务是源源不断地为国家科技进步、经济建设和社会发展培养大批高素质和高层次人才。20世纪末和21世纪初，我国高等教育取得了长足发展。2005年我国高等教育在学总人数超过2300万人，毛入学率达到21%以上，其中在学研究生超过90万，高等教育的持续快速发展，较好地适应了经济社会发展对专门人才的需求。"十五"期间，高等学校向社会输送了1000余万毕业生，为经济建设和社会发展提供了有力的人才支持。

### 2. 大学是推动科技创新的强大动力

近年来，我国高等教育实施了"211工程"和"985工程"，集中力量推进世界一流大学和高水平大学建设，在大学中凝聚了一大批高层次人才，产生了一批具有国际先进水平的学科。大学特别是研究型大学的科技创新能力得到了显著增强，已成为国家基础研究的主力军、高新技术研究的重要方面军和科技成果转化的强大生力军。2001—2004年，全国高校累计获得科技经费991.8亿元，承担各类课题61.9万项，发表论文146.3万篇，其中国际三大检索论文176147篇。2004年度高校获国家自然科学奖、技术发明奖、科技进步奖的份额分别占全国的68%、58%、59%，其中获得国家技术发明一等奖2项，填补了该奖项6年的空白，为经济建设和社会发展提供了有力的科技支撑。

### （二）大学在创新型国家建设中的优势

自主创新是建设创新型国家的核心内容和根本要求。大学在自主创新所涵盖的原始创新、集成创新和引进消化吸收再创新这三个方面，都具有得天独厚的优势，与同为国家科学系统核心部分的研究机构相比，在国家创新体系中处于更加重要的地位。在跻身创新型国家建设中，大学具有"三大优势"。

一是人才培养与科学研究有机结合。大学将人才培养与科学研究有机结合，能够实现人力资源和科研资源开发的最优组合和高效利用。大学的教学是知识信息传播的过程，也是通过教学相长刺激科研灵感与发展科研能力的动力。大学的科研是对知识信息的创造与加工，是一个理论探索的过程。教学与科研相结合，能够培养一大批学士、硕士和博士，他们既是培养对象，又是科研骨干，是基础性、应用性研究必不可少的生力军。

二是基础研究与应用研究紧密联系。大学能够利用其多学科的人力资源和科研优势，为企业提供技术咨询服务，并直接进行高科技产业开发。这种集知识生产、传播与应用于一体的整合效应充分体现了知识经济对大学功能与作用的新的更高要求。大学与产业部门、基础研究与应用研究的结合加快了知识的加工、扩散和应用，缩短了科技成果的产业化、商业化进程，加速了潜在生产力向现实生产力的转化。

三是学科交叉与学科融合十分突出。大学特别是研究型大学、综合（多科）性大学，学科门类齐全，有利于开展跨学科的综合性重大基础和应用研究，有利于多学科交叉和交流，有利于新思想、新理论的产生，促进边缘学科与新兴学科的不断涌现，加速知识生产和创新。

## 三、创新型国家建设对"一流大学"建设的要求

建设创新型国家为大学特别是"一流大学"和高水平大学建设与发展提供了难得的历史机遇。如何顺应世界高等教育和科技发展的潮流，发挥人才培养与科学研究有机结合、基础研究与应用研究紧密联系、学科交叉与学科融合十分突出的优势，不断强化知识传播和知识创新的功能，努力成为知识创新的不竭源泉，是时代赋予我国大学的重大责任和神圣使命。这就要求我国大学要以创新精神引领"一流大学"和高水平大学建设的各个方面和各个环节，不断增强自主创新能力。

一是在办学理念上，更加强调创新是学校的灵魂和核心竞争力。要按照建设创新型国家的要求，增强创新意识、增强责任感和紧迫感，把工作的主要精力集中到自主创新上来，把创新意识贯穿到人才培养、科学研究和社会服务的各项工作中，坚持以人为本，转变发展观念、创新发展模式和提高发展质量。

二是在人才培养上，更加注重培养具有创新意识、创新精神、创新能力和创业能力的创新型人才。要适时修订人才培养方案，调整专业设置，加强学科建设，强化素质教育，着力培养一大批品德高尚、学术优良、具有世界眼光的优秀人才。

三是在科学研究上，更加突出自主创新，更加强调创新团队和创新平台建设。要充分发挥大学在基础研究领域的主力军作用，通过创新团队和创新平台建设，积极引导教师将自由探索和国家需求结合起来，大力开展原始创新，力争在事关现代化全局的战略高技术、事关实现全面协调可持续发展的重大公益性科技领域和重要基础研究领域，取得重大突破和长足进展。

四是在社会服务上，更加重视参与国家、区域创新体系建设和企业的技术创新活动。要充分发挥大学的智力密集和智力源头作用，积极探索产学研结合的新机制，在建设以企业为主体、产学研结合的技术创新体系中发挥基础和支撑作用，为我国产业结构调整、产业核心竞争力提高做出贡献。

五是在国际交流上，更加注重开展高层次、高水平的国际科技合作。要积极扩大对外开放，加强国际科技交流与合作，与世界著名大学、科研机构和实力雄厚的企业合作开展科学研究、人才培养，建设联合研发机构乃至战略联盟，充分利用全球科技资源提高自主创新能力，有效服务于创新型国家建设。

六是在学校管理上，更加重视体制创新和机制创新。要逐步建立健全有利于创新人才汇聚、人才成果评价和科技资源整合，有利于推进学术研究平台建设和"开放、共享、竞争"的体制、环境和运行机制建设，有利于优化高校资源配置、人员流动和竞争创新的机制，为提高大学的自主创新能力创造良好的制度环境。

七是在文化建设上，要大力弘扬以爱国主义为核心的民族精神和以改革创新为核心的时代精神。鼓励创新、宽容失败，倡导学术平等和自由探索。要把人的科学素质的提高、科学精神的树立、科学道德的培养作为重要内容，大力弘扬解放思想、大胆质疑、勇于创新、积极合作的精神，积极倡导宽容失败的气度、潜心研究的修养、严谨求实的学风，坚决反对学术"浮躁"和急功近利的不良风气与倾向。要努力营造尊重劳动、尊重知识、尊重人才、尊重创造的良好氛围，切实把对优秀人才的关心爱护、支持帮助、表彰奖励落到实处。

当前，随着《国家中长期科学和技术发展规划纲要（2006—2020年）》和《国家"十一五"发展规划》的提出，提高自主创新能力，建设创新型国家，已经成为深得民心和必将惠及全体人民的国家重大发展战略。大学必须充分认识自己的责任和地位，少一点急功近利的浮躁，多一些踏实进取的精神，有所为有所不为，在建设创新型国家这一伟大历史进程中，真正起到推动、支撑和引领作用。

李庆章.大学在创新型国家建设中的地位和作用.高等农业教育.2006,（12）:9–11.

# 东北农业大学发展定位与战略规划

办学理念是基于办学主体对大学的本质、功能、定位、发展规律的哲学思考和理性认识的基础上，确立起来的具有理想性和可实践性的元话语，是对"办什么样的大学"和"如何办好大学"的凝练。办学理念是大学发展的灵魂，指引着大学的发展战略，规定着大学的发展定位。办学理念包含学校的发展定位，发展定位是办学理念的组成部分，同时办学理念与发展定位指引着学校战略规划的制定，战略规划具体体现办学理念和发展定位。三者之间互有联系，不可分割。

## 一、东北农业大学办学理念

东北农业大学历经 60 年发展，在长期的办学实践中，逐渐形成自己独具特色的办学理念，为学校的发展定位及战略规划的制定指明了方向。

第一，明确了自己的办学定位。东北农业大学在认真分析学校外部环境和自身实力的基础上，科学认识在整个高教体系中的位置，将自身定位于"以农科为优势，国际知名，国内同类院校一流，具有我国北方现代农业特色的多科性、研究教学型和开放式大学"。

第二，高度提炼了学校的办学经验。在长期的办学实践中，根据经济和社会发展的需要，不断深化教育教学改革，形成了具有时代特征的办学基本经验。那就是：始终坚持教学工作中心地位不动摇，始终坚持特色是核心竞争力不动摇，始终坚持服务经济建设发展不动摇。

第三，明确了学校的办学宗旨。从学校创建伊始确定的"为东北地区农业生产服务"的办学方针，发展形成了今天"立足龙江、面向'三农'，发挥优势，积极服务"的办学宗旨。

第四，形成了较系统的办学理念。学校坚持以本科教育为立校之本，以研究生教育为强校之路，积极发展继续教育，适度发展留学生教育。学校坚持本科教育适度规模，坚持增长服从发展、规模服从质量，求强而不贪大；学校坚持集中力量建一个主校区和适度贷款的原则；在学科建设中，学校坚持整体建设、突出重点、打造高峰的原则，以乳品和大豆为代表的一流研究平台建设初见成效；在队伍建设中，学校坚持以稳定用好现有人才为主，突出团队、淡化梯队，弄斧到班门，把教师送到国外高水平大学的一流实验室，与世界一流的科研人员合作，名师脱颖、新人辈出的局面已经显现；面向未来，学校又明确提出了建设"学术东农""人文东农""和谐东农"的发展目标。

## 二、东北农业大学"一流农业大学"的发展定位

### （一）东北农业大学发展定位的形成

东北农业大学自建校之初在软硬件建设方面即显示了建设"一流农业大学"的战略思想，经过各个时期的不断建设和发展，于1999年12月东北农业大学第一次党代会《工作报告》中首次确立建设"一流农业大学"的奋斗目标。"十五"以来，学校在科学分析外部环境和自身实力的基础上，进一步明晰了学校的各项办学定位，将学校类别定位在"农业院校"；将学校类型定位在"研究教学型"；将学校办学层次定位在"多层次"，即"以本科教育为主，积极发展研究生教育，适度发展国际合作教育，按需发展继续教育"；将学校学科类型定位在"多科性"即以农科为优势，以生命科学和食品科学为特色，农、工、理、经、管等多学科协调发展；将学校服务面向定位在"立足龙江，服务三农"。

### （二）东北农业大学发展定位的内涵解读

人才培养、科学研究、社会服务是高等学校的三大职能，东北农业大学的发展定位是在充分研究自己的前提下量体裁衣，既突出了学校的特色，又体现了高校的三大职能。具体来说就是要通过长期的努力建设，把东北农业大学建设成为"国际知名、国内同类院校一流，具有我国北方现代农业特色的多科性、研究教学型和开放式大学"。

这一总体目标又可细化为以下四方面：（1）要把东北农业大学建设成为我国特别是黑龙江省高级农业专门人才（应用人才）的培养基地；（2）要把东北农业大学建设成为我国特别是黑龙江省经济建设、科技进步和社会发展尤其是"三农"重大关键问题的研究基地；（3）要把东北农业大学建设成为我国特别是黑

龙江省农业科技成果和农业科技信息的传播基地；（4）要把东北农业大学建设成为我国与东北亚地区和国际寒地国家科技教育和文化的交流基地。

### （三）东北农业大学发展定位的核心要求

首先，坚持以发展为第一要义，促进发展上水平。重点实现"五个转变"，即"整体办学从不断提高水平向努力创造实力转变；人才培养从外延扩张、注重数量向内涵发展、提高质量转变；科学研究从'上层次、入主流'向'出人才、出成果'转变；社会服务从响应号召、积极参与向主动适应、建功立业转变；学校管理从低效高耗、粗放经营向精细管理、提高效益转变"。

其次，要坚持以人为本这一核心，保证发展有活力。坚持以人为本这一核心，就是要正视人的地位、发挥人的作用、满足人的利益、体现人的权力、重视人的价值、维护人的尊严、珍惜人的生命、促进人的发展；落实到学校建设中，核心就是"教育以育人为本，以学生为主体；办学以人才为本，以教师为主体"。

第三，要坚持以全面、协调、可持续发展为基本要求，实现发展的优质性。坚持"全面、协调、可持续"这一基本要求，围绕"培养一流的人才""创造一流的成果""提供一流的服务"，一心一意谋发展；围绕"建设一流的学科""汇聚一流的队伍""构筑一流的基地"，聚精会神搞建设；充分地、全方位地发挥高等学校人才培养、科学研究、社会服务、国际交流的基本职能，促进学校各项事业又好又快、更好更快的发展。

第四，坚持统筹兼顾为根本方法，体现发展的科学性。坚持统筹兼顾这一根本方法，切实做好"规模、质量、结构、效益""改革、发展、稳定""重点发展与整体推进""当前发展与长远发展""事业发展与生活发展"的统筹；重点处理好"本科生教育与研究生教育""重点优势与非重点优势""当前目标与长远目标""全局利益与局部利益""硬件建设与软件建设""国内一流与国际知名"的关系。

## 三、基于"一流农业大学"发展定位的战略规划制定要素

建设"一流农业大学"既是东北农业大学的发展定位也是东北农业大学长期推进的战略任务，这是东北农业大学办学者一直秉持的思想，在制定战略规划过程中以此为核心，坚持其要义。我们认为"一流农业大学"建设，必须认真遵循

高等教育发展规律；必须坚持"内涵发展、特色强校、产学研结合"的发展思路，切实践行科学发展观，正确处理"规模、质量、结构、效益"的关系；必须全力培养高素质的"一流学生"、汇聚高素养的"一流队伍"、建设高水平的"一流学科"、构筑高水准的"一流平台"、追求高效能的"一流管理"、营造高品位的"一流氛围"。因此，在规划制定过程中，我们一直坚持下列制定准则。

### （一）培养高素质的"一流学生"，坚持质量立校

学校坚持以本科教育为立校之本，以研究生教育为强校之路，以质量为生命线，以特色求发展，多层次、多规格育人。既培养能够大力推进农业科技进步和农村生产力发展的"创新型"人才，又培养能够显著带动农业产业和农村经济发展的"创业型"人才，还培养能够直接投身于农业生产和农村建设"第一线"的"落地型"人才。

树立先进的教育理念，不断优化学科（专业）设置和课程设置，深入推进培养模式和教学方法改革，逐步确立科学合理的学生考核方式和评价机制，加快建设各类教学实验中心、实验实习基地和创新示范基地，扎实推进"优秀学生加速发展助推体系""特长生科技创新扶持体系""家庭经济困难学生帮扶体系""心理困难学生咨询与调适体系"和"职业生涯规划和就业创业服务体系"建设，切实提高本科生的学习能力、实践能力和就业能力，以全国优秀博士论文和省优秀硕士论文为抓手，切实提高研究生的创新意识、创新精神和创新能力。

### （二）汇聚高素养的"一流队伍"，坚持人才强校

逐步建立起一套科学合理的干部选拔、任用、考核和奖惩制度，切实增强干部队伍的公仆意识、忧患意识、学习意识、团队意识、发展意识、竞争意识、经营意识和廉洁自律意识，进一步转变工作作风，不断提高服务水平，重点打造一支"讲学习、讲政治、讲正气""能担重任、勤政务实、廉洁奉公、团结协作、奋发有为"的干部队伍。

坚持"人才强校"战略，立足于学科建设和学术研究的长远发展，采取学术带头人（首席专家）加创新团队的建设模式，认真做好现有高层次人才稳定、提高、成长基础上的引进工作，努力创造有利于拔尖人才、创新团队健康成长、施展才华的有效机制、宽广舞台和良好环境，重点打造一支"学历层次高、专业结构好、学缘结构优、科研能力强、年龄结构合理"的高层次人才队伍。

加强师资队伍特别是公共课、基础课及新办专业的师资队伍建设，进一步优化调整专任教师的学历层次、学缘结构、年龄结构、性别比例，进一步推进师德师风建设，重点打造一支"爱岗敬业、为人师表、严谨笃学、勇于创新"的师资队伍。

### （三）建设高水平的"一流学科"，坚持特色兴校

坚持"突出重点、带动一般、促进交叉、发展新兴"的建设方针和学科群建设的指导思想，瞄准国家及区域经济建设与社会发展的重大需求，突出已经形成的学科发展主流相一致的特色和优势学科方向，以"211工程"建设为推动，进一步凝练学科方向、彰显学科特色、提升学科内涵、树立学科形象，使国家重点学科总体水平处于国内同类学科前列，重点学科的某个或某几个学科方向处于国际同类学科先进水平。

实现学科建设由过程管理向目标管理的转变，在科学谋划学科建设与发展规划的基础上，切实加强学科建设与管理的制度建设。通过制度明确各级各类重点学科的建设任务，明确不同层次重点学科带头人（方向首席专家）的岗位责任、考核指标及准入退出机制，明确各级各类重点学科建设经费的使用范围、管理权限及审计办法，从一级重点学科着眼，从二级重点学科入手，全方位捆绑资金，扎扎实实搞好重点学科建设。

### （四）构筑高水准的"一流平台"，坚持学术壮校

首先，重点打造"一流的科技创新平台"。始终突出"北方寒地农业"和"北方现代农业"两大特色，紧密围绕国家及区域经济建设与社会发展的重大需求，按照"开放、联合、流动、竞争"的原则，切实加强各级各类科技创新平台特别是"乳品""大豆"两大特色科技创新平台的建设与管理，努力建设一批"结构合理、设备先进、开放共享、运行高效"的高水准科技创新平台。以科技创新平台建设为依托，充分发挥重点学科和科技创新平台的带动作用和辐射作用，进一步提高学校的学术研究能力、原始创新能力和科技竞争能力，争取在国家高层次科研项目、国家级和省级重大科技奖励及专利授权、科技专著、"三大检索"论文等方面实现更大的突破。

其次，重点打造"一流的成果转化平台"。逐步建立健全科学有效的产学研合作与成果转化机制，逐步健全完善广大教师和科技人员深入基层服务国家特别是区域经济建设与社会发展的引导、保障和考核机制。主动服务国家及区域经济

建设与社会发展的重大需求，通过牵头组建研发平台、研发中心、技术创新战略联盟、科技产业园等有效途径，进一步完善校企合作平台；通过不断创新农业科技推广模式，进一步完善校地共建平台；通过扎实推进现代农业远程教育服务体系、劳动力转移培训体系、职业技能鉴定体系等为主要内容的现代远程教育公共服务体系，进一步完善农民教育（培训）平台，努力提高学校的成果转化能力、技术推广能力和社会贡献能力。

第三，重点打造"一流的学术交流平台"。进一步密切国际与国内的学术交流，主动承担国际与国内高水平的学术会议，积极接收国内外访问学者来校交流访问，支持学科带头人、学科方向首席专家和学术骨干带薪去世界学科领域最先进的实验室做高访学者、参加国际学术会议并做主题报告，鼓励在学研究生进行中外联合培养、短时间在国外进行阶段实验和游学，促进创新科学家和战略科学家的成长，为培养具有国际视野的学术领袖积极创造环境与条件。

### （五）追求高效能的"一流管理"，坚持依法治校

学校坚持依法治校、实行民主管理。坚持依法治校，把握《高等教育法》赋予高等学校的自主权，进一步建立健全科学规范的学校管理规章制度，努力提高师生员工特别是领导干部的法律意识和法制观念，切实将"正当程序"和"良好秩序"理念渗透到学校管理的全过程。实行民主管理，严格执行党委领导下的校长负责制、学院党政联席会议制度等重大决策机制，切实加强校院两级教代会建设和校务公开工作，积极听取民主党派、离退休老同志和群团组织的意见和建议，努力提高广大教师对学校决策和管理的知情权、参与权和监督权。

深化各项内部管理制度改革。重点是以下八个方面：一是稳步推进以"放权增效"为重点的校院两级办学管理体制改革，调动二级学院办学的积极性和主动性；二是稳步推进以"全员聘任制和职员制"为重点的人事聘用制度改革，形成"能上能下、能进能出"的人事聘用制度；三是稳步推进"多劳多得、优劳优酬"的人事分配制度改革，建立有激励作用的人事分配制度；四是稳步推进与"绩效密切挂钩"的人事考核制度，建立科学、合理、有效的人事考核制度；五是稳步推进以"二级单位财务委派制"为重点的财务管理制度，提高财务管理的规范化和科学化水平；六是稳步推进以"共用资源有偿使用"为重点的资产管理制度改革，确保国有资产的保值增值；七是稳步推进以"建立现代企业制度"为重点的

校办产业管理制度，保证校办产业的规范、平稳、健康发展；八是稳步推进以"提高保障制度"为目标的后勤社会化改革，提升后勤服务的质量和水平。通过稳步推进上述八个方面的内部管理制度改革，努力实现学校管理从低效高耗、粗放经营向精细管理、提高效益转变。

### （六）营造高品位的"一流氛围"，创建和谐校园

扎实推进"学术东农"建设，大力弘扬"求真"的"学术精神"，即"童心不泯"的创新精神、"童稚无欺"的求实精神、"童趣无限"的协作精神、"童言无忌"的牺牲精神、"童真无瑕"的自律精神，努力营造"摒弃浮躁、潜心治学、鼓励创新、宽容失败"的学术氛围；扎实推进"人文东农"塑造，大力弘扬"求善"的"人文精神"，努力营造"以人为本、风清气正"的人文氛围，精心打造"人文情怀浓郁、文化底蕴深厚、育人效果明显"的"泡菜坛子"，以境化人、以情育人、以制立人；扎实推进"和谐东农"构建，大力弘扬"求美"的"和谐理念"，努力营造"聚人气、干事业、谋发展""出人才、出大师、出成果"的和谐环境。

当前高等教育的发展，百舸争流，千帆竞渡。逆水行舟，不进是退，慢进也是退。站在历史新起点上的"艰苦奋斗、自强不息"的东农人，只有以更加广阔的视野、更加开放的姿态、更加饱满的热情、更加务实的精神、更加执着的努力，才能更好地促进学校各项事业全面、协调、可持续发展，才能早日实现"一流农业大学"建设的战略目标。

李庆章,于广建,王丽秋.东北农业大学发展定位与战略规划.高等农业教育.2009，（7）：5-8.

# 合理定位，积极服务，和谐发展

## ——东北农业大学发展道路探索与实践

20 世纪末以来，随着我国高等教育宏观管理体制改革的不断深入，高等教育"条块关系"得到了基本调整。截至 2006 年年底，全国共有地方高校 2 179 所，占全国普通高校总数的 95.3%，地方高校已经成为我国高等教育的主体部分。如何确保地方高校和谐发展，关系到我国高等教育的质量和效益，是当前我国高等教育界亟待解决的难题。东北农业大学作为黑龙江省省属高校中唯一一所国家"211 工程"重点建设大学，经过多年的探索与实践，已经初步找到了一条适合学校自身且可为其他地方高校提供有益借鉴的发展道路。

## 一、合理定位，科学规划，准确把握学校发展方向

合理定位是办好学校的基础和前提。定位的关键在于实事求是、合理选择自身的发展空间，确定发展目标，切忌脱离实际、好高骛远。而目前我国一些地方高校在办学定位上还存在着偏差和误区，不切实际、盲目追求"大型化、综合性、高水平"，出现了"改名风""升格风""申博申硕风"等不健康的苗头趋势，致使学校处于"发展痉挛"之中，应当引起我们的高度关注。从高等教育发展规律来看，衡量"综合性大学"的标准不仅仅在于学科门类是否齐全，更重要的还是要看存在的这些学科门类是否做到真正的融合，在此环境下是否可以熏陶出综合性的人才。从我国高等教育总体布局和教育资源整体配置来看，"高水平研究型"大学应当是少数的，绝大部分地方高校应定位在"研究教学型""教学型"或"应用型"。追求"一流"值得肯定，任何一所地方大学，都可以通过自身的努力而实现不同层次、不同领域的"一流"，如地方一流、学科一流、科研一流、教学一流等，关键是不能把"一流"的标准唯一化、模式化。20 世纪末，东北农业大学在认真分析学校外部环境和自身实力、科学认识自身在整个高等教育体系中现实位置的基础上，合理确定学校的定位为：立足龙江，面向"三农"，以

农科为优势，以生命科学和食品科学为特色，农、工、理、经、管等多学科协调发展；以人才培养为中心，以本科教育为主，积极发展研究生教育，多层次办学，培养具有创新精神、创业精神和实践能力的研究应用型人才；逐步将学校建设成为国际知名、国内同类院校一流，具有我国北方现代农业特色的多科性、研究教学型和开放式大学。这是学校在"十一五"及今后较长时期内发展的方向。

在合理解决好学校定位问题后，科学规划就显得尤为关键。科学的规划有助于使我们的学校由"模糊办学"过渡到"明白办学"，由"无序发展"过渡到"有序发展"，由"模式化办学"过渡到"个性化办学"。科学规划必须牢牢把握一点，即"有所为，有所不为"。只有坚持"有所为，有所不为"，才能使规划更具有效性，才能更有利于学校的长期持续健康发展。"有所为，有所不为"是东北农业大学制定学校发展规划时始终坚守的基本原则。特别是在"九五"末期和"十五"期间，面对高校扩招的新形势，学校一是坚持"增长"服从"发展"的思想，将在校本科生规模控制在 16 000 人以内、在校研究生规模控制在 4 000 人以内，减少了教育资源和基本建设的压力；二是坚持集中力量建设好一个主校区的思路，在发展用地不足的情况下，在校园周边征地 52 公顷，降低了管理成本，避免了不必要的重复建设；三是坚持量力而行、适度贷款的原则，降低了财务风险，把资产负债率控制在较低水平，使学校成为黑龙江省金融机构竞相抢占的优质客户，既确保了学校把有限的资金用在刀刃上，又有效提升了学校抗拒风险的实力、持续发展的能力和蓬勃发展的潜力。

## 二、突出特色，发挥优势，坚持为区域社会经济发展服务

特色是高校办学的生命线，特别是地方高校更要以特色立校、以特色兴校、以特色强校，有特色才能有发展，有特色才能有竞争力，有特色才能在当今竞争日益激烈的高等教育界占据开阔的生存空间和确立不败的应有地位。办学特色是指高校在长期办学过程中形成的适应社会经济发展需要，符合教育发展规律，有利于自身生存和发展的独特办学特征。地方高校办出特色的关键取决于服务即取决于为区域经济和社会发展做出的贡献及社会的认可程度。因为不同区域的经济和社会发展，对人才、成果与技术的需求具有显著的不同，只有把学校的发展与当地的经济和社会发展问题紧密联系在一起，长期不懈地开展工作，"人无我

有""人有我优""人优我新"的办学特色才能逐步形成，"千校一面"的现象也才会有效避免。自建校以来，东北农业大学始终坚持"立足龙江，面向'三农'，发挥优势，积极服务"的办学宗旨，以贡献求支持，以支持促发展，为区域社会经济发展做出了重要贡献。

### （一）积极培养适用人才，为区域经济和社会发展奠定人才基础

地方高校的人才培养要充分体现区域经济和社会发展对人才素质的综合要求。这就要求地方高校根据市场需要及时调整专业设置并切实加强实践教学，努力提高学生的学习能力、实践能力和就业能力。从这一点出发，东北农业大学自2002年以来，一方面及时调整专业设置，相继开设了食品质量与安全、电气工程及其自动化、粮食工程、乳品工程等20多个新专业，其中乳品工程是国内首个本科专业，适时增加了食品、畜牧、兽医三大类本科专业的招生数量，在校内相关专业增设了食品加工、动物生产和畜牧兽医辅修课程，倡议并实施了"村村大学生"计划；另一方面，学校逐步建立了以"大学生科技创新基金资助项目""实验中心开放项目"为载体，以"大学生科技创新基地"为依托的大学生科技创新体系，大力加强各类实验中心、实习基地建设，积极推进大型仪器设备开放共享，有效地提高了学生的实践创新能力，为黑龙江省老工业基地振兴和社会主义新农村建设培养了一大批"下得去、留得住、用得上"的适用人才。

### （二）努力提升科研水平，为区域经济和社会发展提供科技成果

地方高校的科学研究要紧密围绕区域科技发展的重点、热点和难点问题而开展，要努力成为区域科技创新的主力军。东北农业大学自建校以来，始终围绕国家和黑龙江省农业科技发展的重点、热点及难点问题开展科技攻关，在品种选育、技术研发、成果转化与推广等方面取得了突出的成绩。特别是进入21世纪以来，学校紧密围绕"东北老工业基地振兴""社会主义新农村建设""创新型龙江建设"等黑龙江省重大战略需要，突出我国"北方现代农业"和"北方寒地农业"两大特色，一方面通过有效整合国家乳业工程技术研究中心与乳品科学教育部重点实验室（该实验室是黑龙江省省属高校中首个教育部重点实验室）、国家大豆工程技术研究中心与大豆生物学教育部重点实验室及相关优势资源，初步打造了独具特色、具有较强实力的"乳业"和"大豆"两大特色创新平台；另一方面通过遴选 A、B、C 类责任教授和青年骨干教师、设立人才专项基金、启动校级创新团

队建设计划等措施，有效提升了学校科研队伍的整体实力和水平。"十五"至今，学校共承担国家级科技项目 173 项，其中"863"计划项目数量在全国省属农业院校和黑龙江省省属高校中居于首位，国家级科研项目经费所占比例也由"九五"的 21% 上升到"十五"的 58%，并取得了以"番茄系列优质新品种选育及高效育种技术研究"、冬小麦品种"东农冬麦 1 号"、高油大豆品种"东农 46"及"东农 47"、成体体细胞"克隆"东北民猪、绿色荧光蛋白"转基因"猪等一大批重大科技成果。学校正逐步成为国家科技创新体系重要的方面军、区域农业创新体系建设的主力军，为黑龙江省经济和社会发展提供了强有力的科技支撑。

### （三）拓展创新服务模式，为区域经济和社会发展贡献专家智慧

如何找到有效的途径充分发挥学校的优势，从而为区域经济和社会发展提供便捷、优质的服务，是当前地方高校普遍面临的难题。东北农业大学的主要做法：一是搭建校地共建平台，通过与哈尔滨市所属的阿城区、尚志市、巴彦县等 7 个县（区、市）结成共建对子，为深化校地合作，促进区域经济和社会整体发展，搭建了良好的平台。二是建立农业科技推广模式，该模式以"农业科技专家大院"为依托，通过建立专家服务平台，实现了农民与专家的"零距离"接触；以"农业科技示范园区"为载体，通过园区集中展示农业新技术、新成果，提高了农业生产标准化水平；以"科技入户示范项目"为途径，发挥项目带动示范作用，促进了农民增产增收；以现代信息技术为手段，通过"农业专家在线"，拓宽科技推广方式，提高了农村基层科技水平。三是健全农民教育培训体系，按照"请进来、走出去"的方针，一方面通过实施"县乡村干部培训计划"和"各业农民专门培训计划"，把农村基层领导干部和农业技术人员请到学校来，提高了农村基层领导干部的管理能力和农业技术人员的科技水平；另一方面通过定期深入基层农村参加科技大集、举办各类技术培训班、选派"科技村官"和"科技信息员"等"科技下乡"活动，为基层农村经济和社会发展注入了活力与希望。四是深化校企合作，通过成果直接转让、校企共建研发中心、政府引导校企共建专业合作委员会等形式，实现了"产、学、研"的紧密结合，促进了科技成果的有效转化，为区域产业发展提供了坚实保障。

## 三、抓好三项建设，营造良好环境，实现学校和谐发展

实现学校的和谐发展，需要良好的环境，包括尊重人才的舆论环境、和谐融洽的人际环境、民主活泼的学术环境、条件良好的工作环境、舒适优雅的生活环境等。营造这些良好的环境，前提是要抓好三项建设，即民主法治建设、干部队伍建设和校园文化建设。

### （一）民主法治建设是实现学校和谐发展的前提

民主法治建设包括两方面内容，一方面是民主管理，另一方面是依法治校，两方面相辅相成、不可分割。为提高学校的民主管理水平，东北农业大学切实加强校院两级教代会建设和校务公开工作，大力推进校院两级办学，积极听取民主党派、离退休老同志和群团组织的意见和建议，有效地调动了广大师生员工和基层单位投身学校发展建设的积极性和主动性，确保了学校重大决策的科学性和有效性。为提高学校的依法治校水平，东北农业大学不断强化师生员工特别是领导干部的法制意识和法制观念，健全完善了学校各项规章制度，特别是制定了《东北农业大学章程》，切实保障了师生的合法权利、维护了校园的安全与稳定。

### （二）干部队伍建设是实现学校和谐发展的关键

领导干部是学校建设发展的决策者、推动者和执行者。因此，干部素质的高低关系到学校和谐发展的成败。高校的领导干部绝不能等同于政府机关的行政人员，高校的领导干部不仅仅是一个权力的敬畏者，更应该是一个学术的敬畏者、知识的敬畏者和文化的敬畏者，高校的领导干部应始终牢记自己最重要的责任是为师生服务。有基于此，东北农业大学在黑龙江省高校中率先进行了职员制改革试点工作，建立起了一套科学合理的干部选拔、任用、考核和奖惩制度，一批年富力强、有思想、有学识的年轻干部得到提拔和重用，有效提高了学校的管理水平和管理效率，确保了学校各项中心工作的顺利进行。

### （三）校园文化建设是实现学校和谐发展的保障

办大学就是办文化、造氛围，我们常说要把大学办成一个"泡菜坛子"，就是指要营造高品位的文化氛围，让师生特别是学生在其中感悟、思考、理解，净化心灵，陶冶情操，完善自己。东北农业大学始终高度重视校园文化建设，通过

建设优良学风、举办"东农学术论坛"、设立大学生科技创新基地、构筑科技创新团队和科技创新专项等有效措施，营造了良好的学术风气；通过挖掘"马家花园"（学校现所在地）历史内涵、凝练东农精神、统一校名标准字、谱写校歌、建设校史馆及举办大学生科技文化艺术节、周末校园文化快车等丰富多彩的校园文化活动，浓厚了校园的文化气息；通过倡导"相互尊重、相互理解、相互宽容"的人际关系，初步构建了和谐的校园氛围。特别是在"十一五"开局之初，学校提出了建设"学术东农、人文东农、和谐东农"的目标，这一目标既是对过去几年学校在品位建设与文明建设中所取得成效的高度凝练，也是学校在未来建设中需牢牢把握的基本方向。

东北农业大学在近六十年的发展历程中，走出了一条特色鲜明的发展道路，形成了可供其他地方高校借鉴的发展模式。当然，地方高校的发展必须因地制宜，不能千篇一律。只要我们在今后的发展中，合理定位，科学规划，突出特色，积极服务，遵循规律，和谐发展，就一定能够在当今的高等教育界占据应有的位置，发挥更大的作用。

李庆章.合理定位，积极服务，和谐发展——东北农业大学发展道路探索与实践.首届全国地方大学发展论坛论文集.中国高等教育学会地方大学教育研究分会.2008.04，上海，35-38.

# 立足新起点，把握新机遇，谋划新发展

"十一五"是东北农业大学各项事业承前启后、稳步发展的黄金时期，学校以科学发展观为统领，以培养高素质人才为根本任务，以服务龙江现代农业为特色，以"211工程"为"龙头"，牢牢把握"有所为有所不为"的原则，始终坚持走内涵发展的道路，在发展理念创新、学科建设、队伍建设、人才培养、科学研究、社会服务、国际交流、内部管理等方面取得了显著成效，为"十二五"学校的改革和发展奠定了良好基础，积累了宝贵经验。

## 一、"十一五"学校改革和发展的基本历程

### （一）"十一五"学校改革和发展的理念探索

实现"五个转变"，即努力实现：（1）整体办学从不断提高水平向努力创造实力转变；（2）人才培养从外延扩张、注重数量向内涵发展、提高质量转变；（3）科学研究从"上层次、入主流"向"出名师、出成果"转变；（4）社会服务从响应号召、积极参与向主动适应、建功立业转变；（5）学校管理从低效高耗、粗放经营向精细管理、提高效益转变。"三个东农"建设，即：（1）弘扬"求真"的"学术精神"，建设"学术东农"；（2）弘扬"求善"的"人文精神"，塑造"人文东农"；（3）弘扬"求美"的"和谐理念"，构建"和谐东农"。实现"五个转变"和建设"三个东农"的提出，既充分体现了国家对高等教育发展的客观要求，又切实反映了学校建设和发展的内在需求，因此对"十一五"学校各项事业的建设发展起到了重要的指导和积极的促进作用，同时也必将对学校今后的建设发展起到影响深远、潜移默化的重要作用。

### （二）"十一五"学校改革和发展的主要实践

一是全力抓好龙头工程，学科实力不断增强；二是坚持实施人才强校，人才队伍不断壮大；三是切实深化教学改革，教育质量不断优化；四是积极开展科技

创新，科研水平不断攀升；五是大力开展社会服务，服务能力不断提高；六是密切开展国际交流，对外影响不断扩大；七是稳步推进内部改革，办学活力不断提升。

### （三）"十一五"学校改革和发展的经验不足

"五条基本经验"：一是必须始终坚持党的领导和社会主义办学方向，全面贯彻党和国家的教育方针；二是必须认真遵循高等教育发展规律，合理定位，科学谋划，质量立校，特色强校；三是必须牢牢把握"解放思想、深化改革"的发展思路，创新发展理念，转变发展模式，破解发展难题；四是必须紧紧依靠广大师生员工办学，依法治校，民主管理，以人为本，和衷共济；五是必须继承弘扬"艰苦奋斗、自强不息"的优良传统，逆境不馁，坚忍不拔，勤耕不辍。

"三大差距不足"：一是面对高等教育发展的新形势和区域经济社会发展的新需要，我们的战略思考还不够，使命感、危机感和紧迫感还不足，创新意识和务实精神尚需进一步增强；二是处于国内领先水平的学科还比较少，在国内外有重大影响、对区域经济社会发展有重大贡献的标志性科研成果还不多，重点学科建设水平和科研自主创新能力尚需进一步提升；三是高水平领军人才缺乏，特别是具有战略思维、国际视野、创新能力、团队精神的人才匮乏，人才培养、稳定和引进的力度尚需进一步加大。

## 二、"十二五"学校改革和发展面临的形势机遇

### （一）把握国家发展的脉络

"十一五"是我国全面建设小康社会承前启后的关键时期。为推进经济社会全面、协调、可持续发展，党中央相继做出了一系列重大战略决策。在这一系列战略决策中，与高等教育发展最密切相关、对高等教育发展最影响深远的战略决策有两个：一个是建设创新型国家，坚持走中国特色自主创新道路；另一个是优先发展教育，建设人力资源强国。这两大战略决策，对"十一五"我国高等教育的发展起到了重大的指导和推进作用，也必将是"十二五"乃至今后较长一个时期国家谋划高等教育新发展的战略基点和根本指针。因此，在规划"十二五"及中长期学校发展时，必须紧紧抓住两大战略决策的历史机遇，必须切实领会理解两大战略决策的深刻内涵，必须牢牢把握遵循两大战略决策的根本要求。只有这

样，东北农业大学才不会背离发展的主航道。

### （二）抓住区域发展的重点

服务区域经济社会发展，既是地方院校的优势所在、特色所在，也是地方院校的职责所在、活力所在。"十一五"期间，东北农业大学紧紧围绕黑龙江省老工业基地振兴、高教强省建设、八大经济区和十大工程建设等重大战略和任务，为龙江经济社会发展做出了重要贡献。"十二五"乃至今后东北农业大学必须继续发扬这一学校传统和优势特色，必须更加主动响应区域发展的战略需求，有所作为，建功立业。

"十二五"黑龙江省经济社会发展的重中之重，仍然是"三农"问题，尤以农业问题最为重要，而农业问题又以粮食安全为关键、现代农业为根本。2008年，国家为拉动内需安排4万亿投资时，黑龙江省同时报了多个项目，但国家最后只批了一个"千亿斤粮食产能工程"，可见国家对黑龙江省农业问题的高度重视。作为身处农业大省的农业院校，我们也必须将如何为确保国家粮食安全、推进现代农业发展更加主动地提供源源不断的人才、智力和科技支撑，作为"十二五"学校发展的重中之重加以思考和规划。

### （三）适应教育发展的变革

改革开放以来，我国的高等教育特别是高等教育规模得到了快速发展，毛入学率已从原来的不到10%增加到24.2%，可以说进入了国际上公认的大众化阶段。大众化阶段的高等教育已不能再将规模的增长作为发展的重点，亟须在发展战略上做出重大调整，因此《国家中长期教育改革和发展规划纲要（2010—2020）》（以下简称《教育纲要》）应运而生，21世纪第一次全国教育工作会议也适时召开。纲要和会议明确了今后十年我国高等教育的发展战略，即以全面提高质量为重点，更加注重提高人才培养质量、提升科学研究水平、增强社会服务能力和优化结构办出特色。这一发展战略的确定，标志着我国高等教育在发展理念上的战略性转变。因此，东北农业大学在规划学校今后十年特别是"十二五"发展时，必须要主动适应这一变革，认真学习和研究纲要，进一步认清形势，进一步提高认识，并切实以纲要为指南，科学制定好今后十年特别是"十二五"学校的发展规划。

# 三、"十二五"学校改革和发展的战略思考

## （一）发展是根本

"发展"是科学发展观的第一要义，同样也是高等教育特别是高等院校的第一要务。在传统教育管理体制被逐步打破以后，原本衣食无忧的高等院校，面对当前高等教育日益激烈的国际国内竞争，发展问题已直接关系到自身的生死存亡。当前高考生源的相对减少、国外优质教育资源的冲击、部分高等院校资不抵债问题的日益凸显等已向国内高等院校特别是地方高等院校敲响了警钟。对于东北农业大学而言，尽管短时期内还不会面临生存的问题，但如果学校今后没有发展甚至没有较大发展的话，就极有可能在激烈的高等教育竞争中被逐步边缘化。也就是说，尽管东北农业大学现在是国家"211工程"重点建设大学，但如果我们坐吃山空，迟滞不前的话，就极有可能在新一轮高等教育大发展中被国家和社会忽视甚至遗忘，从而丧失学校在国家高等教育中的立足点和话语权。因此，不论是学校的领导班子，还是全校的中层干部，甚至是普通的教职员工，均要牢固树立忧患意识、机遇意识和发展意识，切实把发展作为事关学校生死存亡的头等大事来抓。特别是全校的中层干部，作为推动学校发展的中流砥柱，更要时时刻刻想发展，一心一意谋发展，全心全意为发展。

## （二）质量是核心

一方面，要牢固树立"办学的根本任务是培养人才，人才培养的中心环节是教学工作，教学始终是学校中心工作"和"教学质量是第一生命线"的理念，要正确处理好教学与科学研究、社会服务及其他各项工作的关系，要努力营造有利于教学工作顺利开展的舆论环境、教学环境、文化环境和生活环境。另一方面，要从培养造就高素质专门人才和拔尖创新人才的战略基点出发，主动做好四项重点工作：一要加强教学条件建设，包括软、硬件条件建设，最重要的前提是要确保教学经费的投入；二要深化教育教学改革，关键要实行弹性学制，切实推行和不断健全学分制；三要创新人才培养机制，特别是要大力推进研究生培养机制改革，进一步探索我校与相关科研院所、行业骨干企业联合培养人才的新机制和新途径，逐步建立"产学研"联合培养研究生的"双导师制"；四要健全教学质量

保障体系，严格教学管理，加强学风、考风建设，并进一步健全完善科学合理的学生综合评价体系。

### （三）特色是关键

在前一段黑龙江省教育厅组织的各高校"十二五"发展定位规划论证中，东北农业大学结合专家的建议，对原有办学特色表述做了进一步的充实和修订，即：弘扬"艰苦奋斗、自强不息"的精神，恪守"博学笃行、明德亲民"的校训，传承"勤奋、求实、奉献、创新"的校风，以农科为优势，以生命科学和食品科学为特色，培养立足龙江、面向"三农"的创新型、创业型和落地型人才，服务龙江现代大农业。作为农业大省的重点农业院校而言，东北农业大学的特色发展必须坚持以"立足龙江、面向'三农'"为立足点，必须坚持以"服务龙江现代大农业"为主要特征，否则就会脱离实际，也就无所谓特色。坚持特色发展，在人才培养上，就是要着力培养"能够大力推动农业科技进步和农村生产力发展"的"创新型"人才、"能够显著带动农业产业和农村经济发展"的"创业型"人才和"能够直接投身农业生产和农村建设第一线"的"落地型"人才。在学科建设上，就是要坚持"突出重点、带动一般、促进交叉、发展新兴"的原则，瞄准国家及省经济社会发展的重大需求，突出强化已经形成的与学科发展主流相一致的特色和优势学科。在科学研究上，就是要紧紧抓住"北方寒地农业"和"北方现代农业"两大特色，紧紧围绕"确保国家粮食安全"和"推进现代农业发展"两大任务，坚持走自主创新的道路。21世纪的第一个十年我们这样做了，应该说成效是显著的。第二个十年只要我们继续坚持，成效一定会更加显著。在社会服务上，就是要坚持走"产学研结合"发展之路，通过搭建"优势互补、合作共赢、务实高效、开放灵活"的"产学研"长期合作平台，切实将学校在人才培养、学科专业和科学研究的优势特色转化为现实生产力。

### （四）人才是保障

一要牢固树立一个理念，即"人才资源是第一资源"的理念，坚持"办学以人才为本，以教师为主体"的方针，推进实施"人才强校"战略；二要统筹兼顾"三支队伍"，即师资队伍、学科队伍、管理队伍。这三支队伍师中资队伍是主体、学科队伍是骨干、管理队伍是保障，均是学校发展不可或缺的人才，忽视哪一支队伍的建设都会带来严重的负面后果；三要突出抓好四个环节，即培养人、稳定人、吸引人、用好人四个环节，要以能力建设为核心加强人才培养，特别要突出抓好中青年人才特别是中青年英才的培养和造就，积极采取特殊政策吸引和汇聚一批具有国内一流水平和国际先进水平的学术人才，同时健全完善科学合理的人才评价、激励和使用机制，努力开创优秀人才脱颖而出和人尽其才、才尽其用的良好局面；四要努力营造一个环境，即"尊重劳动、尊重知识、尊重人才、尊重创造"的良好环境，认真分析解决人才队伍建设中存在的突出问题，切实做好人才服务工作，满腔热情、千方百计地为他们排忧解难，努力改善他们的学习、工作和生活条件。

### （五）改革是动力

一要全面推进以"放权增效"为重点的校院两级办学管理体制改革，进一步调动二级学院办学的积极性和主动性；二要大力推进以"二级单位财务委派制"为重点的财务管理制度改革，进一步提高财务管理的规范化和科学化水平；三要重点推进以"公用资源有偿使用"为重点的资产管理制度改革，努力确保国有资产的保值增值；四要稳步推进以"全员聘任"为重点的人事聘用制度改革，不断健全完善"能上能下、能进能出"的人事聘用制度；五要积极推进"多劳多得、优劳优酬"的人事分配制度改革，建立健全激励作用成效显著的人事分配制度；六要切实推进与"绩效密切挂钩"的人事考核制度改革，建立健全科学、合理、有效的人事考核制度；七要扎实推进以"建立现代企业制度"为重点的校办产业管理制度改革，保证校办产业的规范、平稳、健康发展；八要适时推进以"提高保障程度"为目标的后勤社会化改革，提升后勤服务的质量和水平。要通过推进上述八方面的内部管理制度改革，努力促进学校管理水平和管理效能的提升。

李庆章. 立足新起点，把握新机遇，谋划新发展. 中国农学会教育专业委员会四届二次学术年会会议论文集. 中国农学会教育专业委员会 .2012.04，南宁，35-38.

| 目标论 |

## 素质教育：成才教育与成人教育的完美统一

　　当今世界，科学技术突飞猛进，国际竞争日趋激烈，教育在综合国力的形成中处于基础地位，国力的强弱越来越取决于劳动者的素质，取决于各类人才的质量和数量。前不久在北京召开的第三次全国教育工作会议（简称全教会），主题是动员全党同志和全国人民以提高民族素质和创新能力为重点，深化教育体制和结构改革，全面推进素质教育，振兴教育事业，实施科教兴国战略，为实现党的十五大确定的社会主义现代化建设宏伟目标而奋斗。江泽民、朱镕基同志的讲话以及李岚清同志的报告，核心内容是推进素质教育问题。正确认识并深刻理解素质教育的实质便成为贯彻落实全教会精神的关键。

# 一、与素质教育相关的理念认识

## （一）良好素质：人生为人与成事的重要基础条件

回答什么是素质教育，应首先以认识素质入手。"素质"一词的解释有两种。一种解释是素质为人先天具有的解剖生理特点，包括神经系统、感觉运动器官、大脑的特点，而且这种特点是通过遗传获得的，所以也叫作遗传素质，或叫禀赋，这种遗传素质对人的能力的形成和发展会产生重大影响。另一种解释，素质是公民或某种专门人才的基本品质，是人后天环境或教育的影响下形成的。有人认为素质就是本质。马克思认为，"人的本质是一切社会关系的总和"。从这个意义上讲，素质是指人在后天通过环境影响和教育训练所获得的稳定的、长期发挥作用的基本品质结构，包括人的思想、知识、身体、心理品质等，古语"少成若天性，习惯成自然"说的也是这个意思。更直白地说，当你把大学所学的知识都忘记后，剩下的东西就是素质。不管怎样理解，但有一个前提必须明确：素质是一个中性词。我们平时经常说某某同志素质很好，某某人素质极差，或评价一个人具有良好的素质，而不能说他"具有素质"，都说明素质有好坏之分，不能一提素质就是好的。同我们应继承中华民族"优秀传统文化"一样，我们要努力培养人的"良好素质"，促进经济发展与社会文明。

## （二）应试教育：政治与经济等级的社会化模式

素质教育是相对应试教育提出的，要大力加强和推进素质教育，必须以全面深刻认识应试教育为前提。什么是应试教育？简单回答是以应试为主要导向、主要行为的一种教育。其现象表现为，死记硬背、满堂灌、大运动量、题海战术、加班加点等，这在基础教育领域表现明显，在大学里也普遍存在。应试教育的本质，是科举制在现代社会的延续。古代科举制是受"政治等级"诱发，并服务于"政治等级"需要而形成的一种"社会序化"模式。它作为一种文化秩序，是社会政治秩序的组成部分和强化手段。

应试教育，是商品社会中"经济等级"诱发并服务于"经济等级"需要而形成的一种"社会序化"模式，是商品社会中经济秩序的组成部分和强化手段。这种教育模式下培养的"人才"突出特点是私利属性高于公益属性；学生争学历、争学位，教师争成绩、争职称，实质是直接或间接地争自己对商品分配的优越资格。应试教育严重冲击德育，僵化智育，扼杀教育的生动性。

### （三）素质教育：中国特色的现代化教育思想体系

《李岚清副总理在第三次全国教育工作会议上的报告》（以下简称《报告》）指出："全面推进素质教育，是我国教育事业的一场深刻变革，是教育思想和人才培养模式的重大进步。素质教育从本质来说，就是以提高国民素质为目标的教育。实行素质教育本来就应该说是教育的本义和宗旨，并不是一个新提出的概念。"为什么这样讲，是因为从教育思想体系角度讲，一种教育思想体系应是教育目的、教育手段、教育效应三者的统一，素质教育作为一种教育思想体系，早就为毛泽东同志所提出。从教育目的讲，毛泽东同志提倡培养"普通劳动者"。这与今天的"提高国民素质"是一致的。从教育手段讲，毛泽东同志强调德育并强调智育中的能力因素和实践因素。这与《报告》中"要倡导为学生的全面发展创造良好宽松的条件，克服那种只重视智育，轻视德育、体育和美育，在智育中又只重视知识传授、忽视能力培养的倾向""必须在教育中对学生进行创新精神和实践能力的培养，而这正是素质教育的重点"等观点极为吻合。从教育效应讲，毛泽东同志强调社会功利主义，反对个人功利主义。江泽民同志在讲话中特别指出："在培养大批各类专业人才的同时，努力为优秀人才的脱颖而出创造条件。尤其是要下功夫造就一批真正能站在世界科学技术前沿的学术带头人和尖子人才，以带动和促进民族科技水平与创新能力的提高。"

《中共中央国务院关于深化教育改革全面推进素质教育的决定》（以下简称《决定》）指出："实施素质教育，就是全面贯彻党的教育方针，以提高国民素质为根本宗旨，以培养学生的创新精神和实践能力为重点，造就有理想、有道德、有文化、有纪律的德智体美等全面发展的社会主义事业建设者和接班人。"《决定》明确地规定了素质教育的目的。

"实施素质教育，必须把德育、智育、体育、美育等有机统一在教育活动的各个环节中。学校教育不仅要抓好智育，更重视德育，还要加强体育、美育、劳动技术教育和社会实践，使诸方面教育相互渗透、协调发展，促进学生的全面发展和健康成长。"《决定》明确阐述了素质教育的手段。

"全面推进素质教育，要面向现代化、面向世界、面向未来，使受教育者坚持学习科学文化与加强思想修养的统一，坚持学习书本知识与投身社会实践的统一，坚持实现自身价值与服务祖国人民的统一，坚持树立远大理想与进行艰苦奋斗的统一。"《决定》明确阐述了实施素质教育要达到的效应和效果。

在我们教育观念、教育体制、教育结构、人才培养模式、教育内容和教学方法相对滞后的情形下，通过推进素质教育，构建新的教育体系，就会为实施科教兴国战略奠定坚实的人才和知识基础。素质教育作为一种科学的教育思想体系全面而系统，素质教育的目标和内涵明确而丰富。

## 二、对大学素质教育的理性思考

可以说第三次全教会提出的素质教育是与"应试教育"相对立，以全面提高公民思想品德、科学文化和身体、心理、劳动技能素质，培养能力，发展个性为目的的基础教育。当然，这种"对立"不是教育的方向和目标有所改变，更不是否定教育这一评价方式，而是对教育提出了更高的要求。作为大学开展素质教育，相对于基础教育领域的素质教育，有其共同之处，也有较显著的区别。江泽民同志指出："要说素质，思想政治素质是最重要的素质，不断增强学生和群众的爱国主义、集体主义、社会主义思想，是素质教育的灵魂。"《四书》的第一本《大学》开头的第一句话是："大学之道，在明明德，在亲民，在止于至善。"强调大学教做人的道理，在于使人们净化个人的心灵，陶冶个人的情操，培养个人的善良美德，在于团结群众，教育群众，弃旧扬新，从而使人们达到真善美的最高境界。所以，教学生学会学习、学会做事、学会共处的同时，还要教学生如何做人，是各类各层次教育的首要任务，也是大学教育的首要任务。素质教育是教育的目标，是教育的最终归宿。

### （一）大学素质教育：创造（新）教育与传统教育的契合

大学教育的最高境界及核心是创造（新），在有效进行知识传播和知识继承（有人将其称之为传统教育的主要内涵）的过程中，要十分突出知识生产和知识创造（新），大力促进知识生产、知识传播、知识应用和知识再生产的知识循环，正确处理继承与发展、传统与创造（新）的关系，实现传统教育与创造（新）教育的高度契合。大学的创造（新）教育，具体表现为塑造科学精神，培养创造（新）能力。高等教育应该使每一名学生都成为富有科学意识和科学精神的人。是否具备科学技术是第一生产力的思想、生态意识和可持续发展的思想，是否具有尊重事实的尚实精神、追求真理的崇真精神、认识世界的创造（新）精神、协作攻关的团队精神、知难而进的探索精神等对于一名大学生今后的事业发展具有至关重要的作用。江泽民同志在1995年的全国科技大会上指出："创新是一个民族进步的灵魂，是国家文明发达的不竭动力。"科学的本质就是创造（新），没有创造（新）就没有科学。大学教育在把作为创造（新）能力的非智力因素的科学精神赋予学生的同时，更要将创造（新）方法，如逻辑、非逻辑思维方法和创造（新）技法教给学生。在教学内容、课程体系和人才培养模式改革中，遵循"加强基础、突出素质、注重能力、引导创造（新）"的原则，把培养创造（新）意识、创造（新）思维和创造（新）训练分层次进行，努力提高学生的创造（新）能力。

### （二）大学素质教育：智者教育与仁者教育的结合

教育的总任务是"成人"又"成器"，更正确地讲是"成人"又"成才"。成才教育（或称智者教育）的核心内容是教育学生学会学习，学会做事，它包括开发人的智慧潜能，解放人的个性，培养人的创造性思维，营造生动活泼的学习局面。《决定》中指出，"高等教育要重视培养大学生的创新能力、实践能力和创业精神""高等学校要加强社会实践，组织学生参加科学研究、技术开发和推广活动以及社会服务活动"。智育和劳育是成才教育（智者教育）的两个重要途径。高等教育为21世纪培养人才，仅有智育是不够的，德育工作"要求培养学生的思想品德和行为规范，使学生树立科学的世界观和人生观，要有针对性地开展爱国主义、集体主义和社会主义教育，中华民族优秀文化传统和革命传统教育，理想、伦理道德以及文明习惯养成教育"。高等学校要进一步加强邓小平理论"进教材、进课堂、进学生头脑工作""应要求学生选修一定学时的包括艺术在内的人文学科课程，开展丰富多彩的课外文化艺术活动，增强学生的美感体验，培养学生欣赏美和创造美的能力"。德育和美育是成人教育（或称仁者教育）的两个主要内容，核心是教育学生学会做人，学会共处。成才教育（智者教育）与成人教育（仁者教育）的结合，从根本上说是一个全面的教育目的观问题，是公益观与功利观的结合问题。我们的祖先对这个问题已做过较好的回答。孔子将其教育内容分为德行、政事、言语和文学四科，而德行居首，高于政事，强调了成人教育（仁者教育）的统帅地位；而"学而优则仕"、受教育的目的是"修身、齐家、治国、平天下"等思想肯定了教育的功利性。王船山提出："德为体，智为用""以德为体，以才为用"，在高度强调成人教育（仁者教育）统帅地位的同时，强调了成才教育（智者教育）与成人教育（仁者教育）的结合，对开展素质教育具有重要的启发意义。

### （三）大学素质教育：科学精神与人文精神的融合

学科、行业在高度分化的基础上相互渗透与交叉、综合与整合是21世纪科学技术发展的普遍趋势。从事自然科学、工程技术的人才必须对人文社会科学有相当的认识，科学工作者要时刻关注自己的工作后果，究竟对社会、民族、国家、人类是带来幸福还是灾难。人类社会发展到了今天这样变化迅速的高科技时代，正如乘上了一种高速的交通工具，它在速度与舒适的程度上不知比步行、骑自行车要高多少倍，可万一出点毛病，其危险的程度也比过去要高多少倍，这就是科学技术的"二难背反定理"。怎样才能既享现代文明之利而又不受这种文明可能带来的危害，这里需要的是一位好驾驶员，他既懂技术，又懂人的价值，从而能以高度的如何做人的精神来发挥他的高技术。而要培养出这样的好驾驶员，自然科学不能独立解决问题，同时还需要培养人们的高理念和人文素质。传授给学生知识和能力，只解决了学生"会不会做"的问题，大学教育在解决学生"会不会做"的同时，"应不应该做""可不可以做"则显得更加重要。1999年的高考，针对即将结束中学生活、迈入大学或社会的学生，提出了"假如记忆可以移植"的问题，让学生们思考"科学技术进步可以帮助我们解决哪些问题"，让学生思考"科学技术进步会给我们带来哪些新问题"，还让学生思考"解决这些新问题的办法"。告诉学生在科学研究的道路上，当你会做一种事情的同时，还要考虑"应不应该做""可不可以做"等社会伦理问题。所以，大学素质教育是科学精神与人文精神的融合。

### （四）大学素质教育：教育规律与经济规律的整合

从近代高等教育发展的全过程看，高等教育发展初期通才教育占据主导地位，它强调培养人的优良品德和优良素质，而对社会经济、科技、文化的发展会负什么样的责任很少过问，大学是"科学的殿堂""象牙之塔"。办大学是办公益事业，从人才观上可称为"博雅观"。百年树人深刻表述了造就人才是一个漫长而艰辛的过程，教育原本应该也必须是"人生教育"，不论何时何地，教育都不能脱离人生，否则离得越远，就错得越大，教育也便由此形成了自身独特的发展规律。随着时代的变迁，特别是 20 世纪 60 年代以后大学教育的普及，通才教育的模式承受了来自社会、政府等各方面的压力，大学教育越来越强调实用性，不得不违背自身规律而顺从于经济规律，逐步走向"唯智育"的工具式教育。教育成了功利事业，人才观也从"博雅观"转变为"功利观"。由此出现了许多新的矛盾，其主要冲突表现为以下三个方面：一是教育目标上，教育所追求的目标是培养完善的人，其过程长期而艰辛，经济追求的目标是利益，其实践往往在短时期内实现，它需要的是能迅速为其带来利益的工具型人才；二是教育方针上，教育坚持德、智、体、美、劳全面发展，而经济特别是在以追求利益为目的、以竞争为手段的市场条件下，由于智育的显性作用，社会在选用人才时，主要看学生的学习成绩和实践动手能力，使呈隐性的品德素质严重忽视，以至于有人把今天的社会描述为道德衰危、人情淡漠，人成了经济动物、智能强盗；三是教育效应上，教育强调公益性，经济强调功利性。教育规律与经济规律的冲突，一方面使教育发展举步维艰，一方面使人才和成果难以满足经济与社会发展的需要。素质教育提出，教育工作要转变教育观念，改革人才培养模式，积极实行启发式和讨论式教学，激发学生独立思考和创新意识，让学生感受、理解知识产生和发展的过程，培养学生的科学精神和创新思维习惯，重视培养学生收集处理信息的能力、获取新知识的能力、分析和解决问题的能力、语言文字表达能力以及团结协作和社会活动的能力，强调提高人文素养。这既尊重了教育自身规律，又利于培养经济发展所需要的人才，使教育规律与经济规律实现高度的有机联系与整合。

## 三、结语

总而言之，大学素质教育是教育目的与教育理想的高度统一，是教育的最终归宿。要实现真正意义上的大学素质教育，就必须努力把握创造（新）教育与传统教育的契合，把握智者教育与仁者教育的结合，把握科学精神与人文精神的融合和教育规律与经济规律的整合。只有这样，才能真正达到成才教育与成人教育的完美统一，达到教育的最高理想和境界。

李庆章.素质教育：成才教育与成人教育的完美统一.黑龙江高教研究.1999,（6）：6-9.

# 大学素质教育的目标体系及其构建

高等教育是教育的最高层次和最高阶段,在高等教育阶段有效实施素质教育,关键在于科学地确定和合理地构建大学素质教育的目标体系,唯此方可保证高层次创造性人才培养的顺利进行。这是因为在整个教育活动中,目标规定着教育行为和评估行为的方向,也规定着受教育者自我教育、自我激励和自我评价的方向。

## 一、大学素质教育目标体系的构成

传统的素质结构是"二维模式",即由"红"与"专"两大要素构成。近年来,教育理论界又曾提出素质结构的"三维模式"(德、智、体结构模式)、"四维模式"(德、智、体、美结构模式)、"五维模式"(德、智、体、美、劳结构模式)等。注意分析以上素质结构模式,都共同存在忽略了心理素质这一要素的重要缺憾。中共中央、国务院《关于深化教育改革全面推进素质教育的决定》(1999 年 6 月 13 日,以下简称《决定》)在高度总结前人研究结果的基础上,对素质结构进行了极为明确的阐述,强调指出:"针对新形势下青少年成长的特点,加强学生的心理健康教育,培养学生坚忍不拔的意志、艰苦奋斗的精神,增强青少年适应社会生活的能力。"由此可知,大学素质教育的目标体系也应毫无例外地包括思想道德素质、文化科学素质和身体心理素质三个要素。

### (一)大学素质教育目标体系的基本框架

大学素质教育目标体系的框架应由三个方面构成:一是思想道德素质,应包括良好的公民意识、正确的政治信仰、远大的理想志向、现代的思想观念和高尚的道德情操。二是文化科学素质,应包括坚实的马列主义理论、丰富的文化科学知识、宽厚的专业基础训练和深透的专业学术素养。三是身体心理素质,应包括健康的身体和优良的心理两个方面。

### （二）大学素质教育目标体系的具体内容

#### 1. 思想道德素质

思想道德素质的核心是观念信仰和价值取向，对人发挥导向激励作用，保证一个人的正确发展方向。随着科学技术的发展和市场经济的发育，更需要当代大学生具有良好的思想道德素质。

（1）良好的公民意识

每个大学生都要对自己的行为负责，关心他人，遵纪守法，自觉维护国家和民族的利益与尊严，遵守社会公德。

（2）正确的政治信仰

大学生要有正确的政治观点，坚定的政治信仰，要有明辨是非的能力和坚持四项基本原则的自觉性，要有热爱社会主义祖国的情感和民族自尊心。

（3）远大的理想志向

懂得共产主义社会是人类发展的必然趋势，是人类最美好、最合理的社会，从而运用共产主义的世界观观察和对待人生问题，把为具有中国特色的社会主义奋斗终生作为崇高的人生理想和目标，并把为远大理想奋斗落实到现实的努力之中。

（4）现代的思想观念

大学生要不断树立正确的世界观、人生观和价值观，要具有较强的民族精神、科学态度、竞争观念、法律意识等现代思想观念。

（5）高尚的道德情操

大学生要以为人民服务为宗旨，以集体主义为原则，以爱祖国、爱人民、爱劳动、爱科学、爱社会主义为基本要求，树立良好的社会公德、职业道德和家庭美德。

#### 2. 文化科学素质

文化科学素质是个体适应现代社会的工具，也是一个国家综合国力的重要指标。大学生是国家未来的建设者和接班人，必须具有较高的文化科学素质。

（1）坚实的马列主义理论

大学生要努力学习马列主义、毛泽东思想、邓小平理论和"三个代表"重要思想，掌握并运用马列主义的基本观点和基本立场，正确认识社会发展规律和国家的前途命运。

（2）丰富的文化科学知识

①自然科学知识：以现代科学技术为先导和精髓的自然科学是认识和改造自然的重要工具，大学生肩负"科教兴国"的历史重任，即使是文科学生也应该掌握基本的自然科学知识；②社会科学知识：社会科学是推动社会全面进步和人的全面发展必不可少的理论指导，文科学生要全面掌握，理科学生也要重点了解；③人文科学知识：人文科学是语言、文学、艺术等的总称，大学生学习人文科学知识，有利于对个体人主体意识发生发展规律的认识，提高文化修养水准；④管理科学知识：管理科学无所不涉，无所不及，大学生要掌握必备的管理科学知识，以便使各项工作得心应手，卓有成效。

（3）宽厚的专业基础训练

21世纪的科学技术不仅表现为高速发展，而且呈现高度分化和高度综合，一专多能的复合型创造人才将是未来世界最受欢迎者。深透的专业学术素养与宽厚的专业基础训练的有机结合和互补互融，必将造就一代创造型高级专门人才。

（4）深透的专业学术素养

①专业知识：大学生除应具备本科专业所应具备的专业知识外，还要根据各自的需要进行多元选择，以求本科专业知识扎实精深，其他学科知识博采多闻；②专业能力：大学生必须具备一般专业能力（如资料查阅、阅读写作、社会调查、观察记录、实验操作等）、特殊专业能力（运用专业知识解决专业问题）和专业创新能力（运用创造思维和创造技法进行专业发现和专业创新）；③专业方法：大学生要掌握专业领域内有效的学习方法、卓越的工作方法、科学的研究方法和创造的思维方法，以此适应专业学术的瞬息万变。

3. 身体心理素质

身体心理素质是大学生健康成长和适应社会发展的重要精神资源和物质基础，是理想信念与专业学术的实际载体。大学生要力争为祖国健康工作40年，就必须具有良好的身体心理素质。

（1）健康的身体

①生理发育正常，体质健康无病；②精力充沛，耳聪目明；③反应敏捷，有

良好的感觉、领悟、思维、理解、应变能力。

（2）优良的心理

①具有坚强不摧的意志和坚忍不拔的毅力；②有开阔的胸襟，开朗豁达，能做到待人接物无私心，同事相处讲诚心，对待事业有热心，完成任务有信心，改正过失有决心，克服困难有恒心，面对非议不伤心，遇到挫折不灰心；③具备积极进取的心态、高昂激越的情绪和饱满振作的精神；④有艰苦创业的实干作风；⑤有优秀的个性心理，具有良好的动机、高雅的气质、广泛的兴趣、稳定的性格、鲜明的个性和健全的人品。

# 二、大学素质教育目标体系的构建

大学素质教育的目标体系确立之后，其实现程度及结果优劣关键还在于目标体系的构建，两者之间的关系实际上是"知"与"行"之间的衔接关系。在大学素质教育目标体系的各要素中，每一要素都有其独特的功能。其中文化科学素质是基础，身体心理素质是条件，思想道德素质是保证。它们彼此独立，自成系统，不可互相替代。同时又互相联系，互相制约，共为一个体系。大学素质教育目标体系的三个要素如果能达到结构最优和功能最佳，其教育对象也就会处于全面发展的最惠状态。

## （一）大学素质教育目标体系构建的原则

### 1. 导向原则

高等院校的根本任务是为社会主义现代化建设培养高级专门人才。为未来社会发展培养合格适用的人才，不仅要有足够的数量，而且要有足够的质量。高等教育迎接 21 世纪知识经济的挑战，既要求学生掌握知识产生的程序，又要求学生具备应用知识的能力。要以素质教育目标为导向，以加强素质教育为重点，全面推进教学改革，在提高学生素质、加强创新能力和注重个性发展方面取得突破性进展，培养和造就一大批适应 21 世纪我国社会主义现代化建设需要的建设者和接班人。

### 2. 务实原则

大学素质教育无疑需要大造声势，以形成舆论和达成共识。但是又必须认真坚持务实原则，确保大学素质教育扎扎实实地进行。要将大学素质教育的目标体系进一步细化，制定出可操作性实施办法，通过脚踏实地的工作，努力将大学素质教育的目标付诸实施。

### 3. 内化原则

素质是人的知识和能力的内化与升华，人的知识和能力只有通过内化，才能升华为稳定的、基本的、内在的身心品质即素质。这一内化过程，同时也是一发展过程，是在环境影响下充分发挥个体身心潜能努力发展身心因素的过程。在知识和能力内化过程中，环境影响是素质形成的外因，而自身努力则是素质形成的内因。大学素质教育是以尊重受教育者主体及其主动精神，注重开发人的智慧潜能和形成人的健全个性心理为特征的教育，它强调内在身心潜能的发展以及外在文化知识和社会规范向个体心理品质的内化，将教育与发展相结合，使受教育者得到全面和谐地发展。实施大学素质教育，要着眼于内化原则，注意激发学生的主体能动性，努力把提高素质变为学生的自觉行动，促进学生的生理与心理、智力与非智力、认知与意向等因素全面和谐发展，加速人类优秀文化向学生个体心理品质的内化，致力全面提高学生的综合素质。

### 4. 协同原则

大学素质教育是一项系统工程，涉及学校工作的方方面面。要通过统一规划，使学校一切工作都围绕培养和提高学生的综合素质这条主线实现系统化、规范化和制度化。此外，大学素质教育还需要社会和社区的广泛和深度参与，使大学素质教育具有优良的社会环境。

## （二）大学素质教育目标体系构建的策略

### 1. 确立宗旨

大学素质教育的宗旨就是全面提高大学生的综合素质。实施大学生素质教育的目的，是强调在传播知识和发展能力的基础上，使大学生的身心得到全面、和谐的可持续发展，成为既有高尚的人文精神又有良好的科学素养的人。因此，高等院校的一切工作和所有教育活动，无论是显性和隐性的"课"，还是有形和无形的"教"，或是自觉和不自觉的"学"，都要以全面提高大学生的综合素质为根本宗旨。

2. 解决前提

实施大学素质教育要以转变教育思想和更新教育观念为前提。当前高等教育思想和观念的转变应着重解决以下问题。

（1）在人才培养和社会需求的关系上，树立人才培养要主动适应社会发展需要，坚定不移走"产、学、研三结合"培养道路的思想。

（2）在基础与专业教育的关系上，树立加强基础教育，拓宽专业口径，增强人才培养适应性的思想。

（3）在知识传授与能力提高和素质培养的关系上，树立注重素质教育，融传播知识、培养能力和提高素质为一体，协调发展，综合提高的思想。

（4）在理论与实践的关系上，树立理论联系实际，强化实践教学的思想。

（5）在教与学的关系上，树立学生是教学活动的主体，更加重视学生独立学习能力和创新精神培养的思想。

（6）在统一要求和个性发展的关系上，树立在一定的教育目标指导下，人才培养模式多样化以及加强因材施教，促进学生个性发展的思想。

（7）在本科教育与终身教育的关系上，树立本科教育要重视学生独立获取知识能力的培养，为学生的终身学习和继续发展奠定基础的思想。

3. 夯实基础

大学素质教育目标体系构成要素的基础要素是科学文化素质。科学文化素质是思想道德素质和身体心理素质的基础，也是大学生适应未来复杂和多元社会的潜力所在。科学文化素质对大学生的世界观、人生观和价值观形成的作用不可低估，对身体心理素质的形成也有很大影响。所以，在实施大学素质教育过程中，要强化科学文化素质教育，通过加强大学生文学、历史、哲学、艺术等人文社会科学和自然科学方面的教育，提高全体大学生的文化品位、审美情趣、人文素养和科学素质。

4. 突出重点

在人的多种素质中，思想道德素质是根本素质，它决定人的一生发展方向，在整个素质体系中具统率作用，因此思想道德素质构建是大学素质教育目标体系构建的重点。我们培养的学生不仅要有相当的理论知识、专业水平和学术能力，更重要的是使他们成长为精神文明的建设者和带头人。努力使物的高科技与人的高素质协调发展，使高科技永远为人类造福。避免由于思想道德素质的重大缺陷，导致人际关系冷漠、个性发展畸形，以至精神空虚、人格堕落，甚至异化为"经济动物""科学奴隶"和"智能强盗"。

5. 两翼齐丰

科学教育和人文教育，是大学素质教育的两翼，两翼齐丰，才能相得益彰。科学教育包括科学技术基本知识和基本技能的传授，也包括科学的世界观和方法论的教育，使学生学会学习和学会做事，智育和劳育是科学教育的两个重要途径。人文教育包括语言、文学、艺术、心理、伦理、道德等知识的教育，德育和美育是人文教育的两个主要内容，核心是教育学生学会做人和学会与人共处。科学教育只解决了"会不会做"和"能不能做"的问题，而人文教育还要解决"应不应做"和"可不可做"的问题。此外，体育是大学时代不可忽视的问题，大学体育绝不在于教授一定的运动技巧，而更重要的是教育学生树立起终身体育的观念，保证为祖国健康工作 40 年。因此，如何实现高科技与高文化和高情感的统一，是一个具有时代意义的课题。科学教育和人文教育的结合，正是实现这种统一培养具有科学精神和人文理想新人的必由之路。通过结合形成一种具有人文理想的科学教育和具有科学精神的人文教育，努力进行科学与人文"两种文化"之间的深刻对话，使大学生的理想志趣与情感体魄得到和谐发展。

6. 多路并进

实施大学素质教育的途径和方式是多样化的，而且各个学校的情况又各不相同。因此要根据具体情况，从实际出发，充分发挥各自的首创精神，做到殊途同归，保证大学素质教育目标的全面实现。学校内部的各个方面和各个部分，要同心协力，相互配合，充分发挥"教书育人，管理育人和服务育人"的重要作用，保证大学素质教育的健康实施。

**（三）大学素质教育目标体系构建的途径**

1. 构筑新型培养模式，适应新世纪人才需要

人才培养模式是学校为学生设计的知识、能力和素质结构，以及实现这种结构的方式。人才培养模式从根本上规定了人才特征，并集中体现了教育思想和教

育观念。

构筑适应 21 世纪政治、经济和文化发展需要的人才培养模式，是高等教育深化教育改革，实施素质教育的关键。高等院校要积极贯彻我国的教育方针，按照培养"基础扎实，知识面宽，能力强，素质高"的高级专门人才的总体要求，逐步构筑起注重素质教育，融传授知识、培养能力和提高素质为一体，富有时代特征的多样化人才培养模式。要按照教育部新修订的专业目录，相应地调整专业设置。从修订教学计划入手，遵循淡化专业、拓宽基础、加强能力培养和素质教育的原则，着力对学生的知识、能力和素质结构进行调整。拓宽基础，既包括自然科学基础也包括人文社会科学基础，既包括基础理论和基本知识传授，也包括基本能力和基本素质培养。要加强学生能力特别是自学、思维、实践和创新能力的培养，加强学生素质特别是文化素质的教育，将能力培养和素质教育贯穿于人才培养的全过程。要积极为学生提供跨学科选修、双学位、主辅修等多种教育形式，让文科学生修读一定的理科课程，让理工科学生修读一定的文科课程，所有的学生都修读一定的艺术类、管理类课程，以培养大批复合型人才。

### 2. 创立新型教学体系，提高新世纪人才质量

教学体系是实现人才培养模式的重要环节，其中教学内容、课程体系和教学方法是教学体系改革的重点和难点。要从人才培养整体目标出发，根据人才培养目标和人才培养模式的要求，更新教学内容、优化课程体系和改革教学方法。

更新教学内容，就是要不断充实反映科学技术和社会发展的最新成果，把体现当代科学特征的多学科知识交叉渗透体现在教学内容中。优化课程体系就是要打破学科课程间的壁垒，坚持有利于加强学生的自学能力、独立分析解决问题的能力，坚持有利于加强学生的创新思维和实际创新能力，坚持有利于学生的个性和才能全面发展的原则，加强课程间在逻辑和结构上的联系与综合，处理好传统内容与现代内容、传授知识与提高素质、基础与应用、继承与创新、统一性与多样性等多种关系，按照知识、能力和素质全面培养和协调发展的要求优化课程体系建设。改革教学方法，一是要注重教给学生科学的思维方法，为学生探索新生事物、培养创新能力奠定基础；二是要注重学生在教学活动中的主体地位，充分调动学生学习的积极性、主动性和创造性；三是要注重精减课堂教学时间，为学生提供更多的自学机会与条件；四是要注重学生的特点与需要，尊重个性，因材

施教；五是要注重启发式、讨论式、研究式等生动活泼的教学方法，减少填鸭式、灌输式的教学方法；六是要注重综合性实践教学环节，密切教学与科学研究、生产实践之间的联系；七是要加强现代教学技术与手段的应用，加速实现教学技术和手段的现代化。

### 3. 营造新型校园文化，优化新世纪人才环境

校园文化是一种有声或无声的教育，对学生素质的形成起着潜移默化的作用。一般讲，通过校园文化所形成的素质，往往更为深刻牢固地影响学生以至终身。

营造健康向上的校园文化，一是要积极举办各种有利于提高学生综合素质尤其是文化素质的系列讲座，丰富学生的课堂文化生活，提高学生的文化修养；二是要大力开展各种社团活动，举办科技节、文化节、艺术节等多种有益于学生身心发展的学术、文娱、体育活动，让学生在丰富多彩的校园生活中得到熏陶；三是要加强校园景观、人文景观设施建设，让学生在优美的校园环境中启迪思想、陶冶情操、升华精神和提高科学文化素质；四是要加强学风建设，在严肃考风考纪的基础上，进一步建设优良学风，营造优秀校园文化。

### 4. 建设新型实践基地，加强新世纪人才培养

实践基地是对学生实施有效素质教育的场所，实践基地建设是基本教学条件建设之一。大学生的实践活动，应包括科学实践和社会实践两个重要组成部分。

科学实践主要是科学实验和科学研究，其实践场所主要为实验室和研究室。除了正常的计划安排外，还可以通过开放实验室和研究室，加强科学实践基地建设，促进学生参与教师的科研活动，增加学生科学实践的兴趣和机会，培养和提高学生的科学精神、科学思维、科学作风、科学态度、科学道德和科学能力。社会实践主要是社会调查和社会服务，其实践基地主要为城市乡村和机关厂矿。社会实践为学生了解认识社会和认识评价自我创造了条件，对大学生的素质提高和发展成材具有重要意义。因此，要积极主动地走出去和请进来，密切与地区经济建设和用人单位的联系与合作，根据优势互补、互利互惠的原则，建设一批相对稳定、形式多样和成效显著的"实践教学基地"。通过多种多样的实践活动，促进人文知识内化为人文精神，实现知与行的统一，提高学生的综合素质。

5. 组织新型教师队伍，保证新世纪人才成长

教师队伍是大学三支队伍（学术队伍、管理队伍和服务队伍）组成之一，是学校办学的根本保证，直接关系科学教育与素质教育的成败优劣。

首先，要求教师有较高的思想政治水平和良好的道德素质。不但要向学生传授业务知识，而且要用正确的世界观、人生观和价值观影响学生，授之于优良的思想作风、科学的思维方法，言传身教，为人师表。其次，要求教师有扎实过硬的文化科学知识。不仅要有良好的专业基础，而且要有适应未来社会发展需要的技能，具有较强的观察能力、分析能力、阅读能力、文献能力、思辩能力、研究能力、创造能力等，注重研究未来社会发展对人才培养的要求，探索素质教育不断补充更新的内涵和实施素质教育独辟蹊径的做法。再次，要求教师有良好的心理素质和身体素质。教师应该活泼开朗，坚毅勇敢，体格健壮，精神焕发，勇于面对挫折和困难，兴趣广泛，适应性强。教师队伍的建设要通过主观和客观两个方面的努力才能奏效，而且是一个持之以恒长期建设的重要任务。

## 三、结语

大学素质教育是学校素质教育的最高层次，其不但具有素质教育的主体性、全面性、发展性和整体性的一般性质，而且具有对象的特定性决定了大学素质教育见效慢、观念的滞后性决定了大学素质教育阻力大、环境的现实性决定了大学素质教育障碍多和学习的阶段性决定了大学素质教育操作难的特有性质。大学素质教育的目标体系规定了大学素质教育的行为与方向，其构成要素包括思想道德素质、文化科学素质和身体心理素质三个方面，三者互相联系，互相作用。大学素质教育体系的构建要认真遵循导向、务实、内化和协同原则，并应着力在培养模式、教学体系、校园文化、实践基地和教师队伍上加强建设，从而使大学素质教育有目标、有基础、有途径、有条件、有保证和有效果地得以开展。

李庆章. 大学素质教育的目标体系及其构建. 高等农业教育. 2006，（2）：3-6, 51.

# 培养创业人才，推动产业发展，破解就业难题

## ——动物科学人才培养模式创新实验区实践与探索

提高高等教育水平和服务经济社会发展能力，是实现科教兴国的重要条件。提高高等教育水平和服务经济社会发展能力关键是提高人才培养质量，而加强创业型人才培养是提高人才培养质量的重要途径。东北农业大学动物科学相关专业长期坚持创业型人才培养，不断创新人才培养模式，千余名毕业生创办数百家企业，为社会提供了数万新的就业岗位。三年前，企业家中的优秀者受聘回校担任大学生创业导师，建立了"三导师"联手育人的新机制，推动了教学改革，促进了人才培养，实现了"校企双赢、共同发展"的目标，取得了良好的经济和社会效益。

## 一、培养动物科学创业型人才的起步与发展

促进人才培养与经济社会发展紧密结合，培养"能够显著带动农业产业和农村经济发展"的"创业型"人才，始终是东北农业大学人才培养的主要目标之一。早在 20 世纪 80 年代，学校就按照"加强基础、注重应用、培养能力"的原则，开展"创业型"人才培养模式改革与探索。其中，尤以动物科学人才培养模式改革成效最为显著。1986 年，学校动物科学技术学院大三学生姜波为致富，在家养了 600 只鸡，但由于缺乏实践经验，没有取得预想效果，于是他回校组织动物科学技术学院学生创建了"大学生科技咨询服务部"，在专业教师和辅导员的支持下，积极开展面向农村和行业的技术咨询服务实践活动。1997 年，该服务部的实践与探索成果获得了国家级教学成果二等奖。

据不完全统计，自"大学生科技咨询服务部"创建至今，我校动物科学技术学院 1 000 多名毕业生在国内创办了 400 多家饲料及畜牧企业，总资产达 200 多亿元，年产值也达 200 多亿元，同时为社会创造就业岗位 5 万多个，已初步形成了东北农业大学动科学子"一手创办企业，推动产业发展；一手创造岗位，破解

就业难题"的良好局面，有效促进了我国特别是黑龙江省畜牧产业的发展。在高校毕业生就业日趋严峻的形势下，该实验区的做法揭示了这样一个道理："岗位是有限的，也是无限的。"因为创业型人才不但可以解决自己的就业问题，还可以通过成功的创业实践，为社会提供更多的就业岗位。

## 二、动物科学创业型人才培养模式的完善与实施

为提高动物科学相关专业人才培养的质量，为我省乃至全国的畜牧业发展培养更多的创业型人才，学校本着"守正出奇、不断创新"的理念，2006 年从培养出的众多企业家中聘请了首批 14 名优秀企业家担任大学生创业导师，每名创业导师辅导 1—2 个班级，从学生入学一直带到学生毕业，正式确立了"三导师"联手育人的新型人才培养模式。2007 年，该人才培养模式又被确定为"教育部人才培养模式创新实验区"（以下简称实验区）。

### （一）更新教育观念，调整课程体系

模式将人才培养目标的重点定位在饲料和畜牧企业所需上。已往人才培养的主要着眼点是就业，培养的人才多为就业型人才。饲料和畜牧企业由于可以小规模投资、滚动发展，所以不仅需要就业型人才，更需要创业型人才。提高学生的创业能力，需要保证课程体系设置的科学性和教学内容的实用性。因此，该模式在课程体系、教学内容、教学方法的改革及"第二课堂"的教学活动中，注重强调相关学科知识的融合，能够将科研项目和生产实践中的新成果、新知识、新技术、新方法以及本专业科技发展的新动向融入教学内容中，并增设了与创业有关的相关课程（如经营、管理、财务、法律等），把创业教育融入专业教育和素质教育之中，用现代科学知识和人文知识熏陶学生，使创业精神潜移默化，使创业知识丰富多彩，使创业能力得到提高。

### （二）改善实验条件，弹性安排实习

为了确保学生的实践动手能力，该模式在加强实验实习基地建设的同时，还充分利用课程实验、课程实习、导师学生互动、企业导师辅导等多种方式，强化学生实践环节，培养提高学生生产操作与企业经营管理能力。以往毕业实习都设在第 8 学期，但此时学生因找工作和考研而不能安心实习，使实习流于形式，实

159

际效果不佳。为了改变这种局面，该模式在不改变教学大纲和学制计划的前提下，将毕业生产实习由过去的固定制（第8学期）改为弹性制，即安排在5—8学期灵活进行，有效避免了学生因在第8学期找工作或考研而影响毕业生产实习的问题，取得了良好的效果。

### （三）开展技术咨询，提高实践能力

大学生科技咨询服务部的大学生，充分发挥服务部的实践平台作用，积极利用节假日、课余时间深入乡村，通过建立畜牧场、培训技术人员、规范各项技术操作规程等有效方式帮助养殖户和生产企业解决生产实际问题。同时，还积极利用信函、网络、电话等形式为广大养殖户和饲料加工行业人员提供技术咨询、推广实用技术，得到了广大农户和企业的广泛赞誉和高度认可。通过技术咨询、社会服务等实践活动，将课堂理论学习与畜牧生产实际有针对性地结合起来，既深化了学生对理论知识的理解，又培养了学生解决生产问题的实际能力，还提高了学生艰苦创业的信心。很多"大学生科技咨询服务部"的学生，在工作后取得了突出的成就，成长为成功的创业者和企业家。

### （四）坚持导师制度，培育创业人才

模式对本科生培养实行"三导师"联手育人制度，即由思想导师（由学院党政领导和辅导员担任）、专业导师（由学院专职教师担任）和创业导师（由学院聘请企业家担任）共同培育创业人才。通过创业导师与校内教师的交流与合作，加快了教学内容的更新，推动了人才培养方案的修订及教学内容、课程体系的改革；通过创业导师为学生开设创业教育系列讲座、指导学生制定商业计划等，增强了学生的创业意识、创业精神和创业能力；通过创业导师无偿为所带班级学生提供到自己企业实习实践的条件，既建立起了一批稳定的实践实习基地，又调动了学生实践实习的积极性和主动性，有效提高了学生的实践动手能力；通过创业导师与学生政治辅导员的交流与合作，使学生在企业家人格魅力及创业、奉献精神的感召下，更好地懂得了如何学会做人、学会合作、学会感恩、学会奉献，有效增强了思想政治教育工作的灵活性和实效性。

### 三、动物科学创业型人才培养模式的保障体系

#### （一）师资队伍保障

我校动物科学相关专业共有专任教师 36 人，其中教授 11 人、副教授 14 人。同时，拥有由 22 名实验教师和 10 名专职实验技术人员组成的实验教学队伍。2006 年至今，聘请了 21 位企业家担任学生创业导师，既带班级，又为学生开设创业教育系列讲座，并成功地指导学生进行了 39 项企业商业计划设计。为进一步促进两支导师队伍的交流合作、提高教学效果，学校还计划将专业课中部分实践性章节，安排学校教师和创业导师共同讲授。

#### （二）教学条件保障

我校高度重视动物科学创业型人才培养，在人力、物力和财力方面都给予了大力支持。近 5 年来，学校共投入 5 000 多万元建设经费，建设了 3 个动物生产实验实习基地（占地面积 78 公顷，建筑面积 3 万多平方米）、21 个企业导师基地和 43 个校外合作基地，并购置了先进的仪器设备。同时，学校还构建了包括"动物营养与饲料科学""养牛学""养羊学"等 20 余门课程的网络教学平台，有效保证了动物科学创业型人才培养模式的顺利实施。

#### （三）资金政策保障

一是积极支持动物科学创业型人才实验区建设，严格按中央专项资金 1：1 比例配套建设经费，并确保经费及时到位、合理使用；二是制定引进人才的措施，同等情况下优先选派实验区教师出国培训、交流；三是修订《东北农业大学教材管理规定》，对实验区教师的教材编写给予更多政策支持与资金资助；四是增加实验区实验、实习经费投入，加强实验区学生的实践能力培养；五是加强对实验区毕业生的跟踪调查，依据市场需求，及时修订人才培养方案，调整课程设置，提高实验区毕业生的就业竞争力；六是在教学研究课题立项方面优先考虑实验区；七是在招生方面，实验区相关专业均在一表招生，确保实验区生源质量。

## 四、动物科学创业型人才培养模式的培养效果

当前和今后一个时期，加强大学生实践动手能力是高校必须重视并着力解决的问题。但我们必须兼顾学生"成才"与"成人"的统一，避免推动多年的素质教育回到工具式教育的老路。东北农业大学通过思想导师、专业导师、创业导师"三导师"对学生的联合培养，企业家当年读书学习的恒心、毕业后干事创业的雄心、有成就后回报母校和社会的爱心，对培养学生成人成才、干事创业、敬业奉献起到了独特的教育和引导作用。一是培养了学生较强的敬业精神和吃苦耐劳的优秀品质，增强了学生思想素质教育的实效性。85%以上的毕业生能够在基层艰苦锻炼后，快速成长、成熟和进步，并成为单位的中坚和骨干力量；二是培养了学生的学习兴趣，坚定了学生的专业思想，提高了学生的学习能力；三是架起了教育与经济社会之间的桥梁，推动了人才培养方案的修订及教学内容、课程体系的改革；四是建立了一批稳定的"创业导师"实践实习基地，为提高学生的实践能力创造了条件；五是强化了学生职业规划意识，提高了学生的就业能力和创业能力；六是在创业导师的资助下，确保了部分家庭经济困难学生顺利完成学业。

同时，通过该人才培养模式，作为创业导师的企业家，可以发现和培养自己企业所需要的人才，学生可与创业导师及其企业建立深厚的感情。进入创业导师企业工作的毕业生，很快就会成为领导信任、能力强、素质高的企业骨干；没有进入创业导师企业工作的毕业生，在社会上开展创业后，又可与创业导师的企业建立密切的伙伴关系。学校与企业联手，"产学研"密切结合，企业可以得到学校最新的科研成果和技术支持，增强企业的发展后劲；学校可以将企业作为教学、科研和实习的基地，既经济，又实效，达到了"校企双赢、共同发展"的目的，有力推动了学校创业人才培养与企业的持续健康发展。

动物科学"创业型"人才培养，是我校"创业型"人才培养的典型代表，是我校探索"产学研"结合发展之路的有益尝试，《黑龙江日报》在头版头条报道了实验区的经验做法，对我校的"创业型"人才培养产生了积极而深远的影响。

徐建成，李庆章，宋跃芬.培养创业人才，推动产业发展，破解就业难题.中国大学教学.2009，（1）：47-48，84.

# 新农村建设适用人才培养的探索与实践

　　农村人力资源是实现农村现代化和可持续发展的第一资源，全面开发农村人力资源，是农村建设小康社会的基础工程。因此，为农村培养高素质的人才成为建设社会主义新农村的迫切要求和首要任务。据 2001 年调查，黑龙江省 9 000 余个行政村中，受过相当于高等教育的技术人员基本为零，这已成为解决"三农"问题的重大障碍。基于这种情况，黑龙江省委、省政府根据东北农业大学的建议，决定实施"村村大学生计划"，即有计划地从农村高中毕业生中选拔一批学员，进入东北农业大学牵头的省内 10 所高等农业院校学习，为黑龙江省农村培养"出得来、回得去、留得住、用得上"的"落地型"大学生。

　　2003 年 12 月 2 日，黑龙江省委组织部、教育厅等六部门联合下发了黑教联 [2004]3 号文件《关于实施"村村大学生计划（培养）"的意见》，"决定从 2004 年起，每年招收 2 500 名左右农村高中阶段毕业生进行定向培养，争取在 5 年内实现村村有大学生的目标"。文件给予了"村村大学生"一系列的优惠政策，也明确了其应尽的义务："学生学费由政府和培养学校共同负担""学生入学时与县（区）人民政府签订回村协议，保证毕业后回农村生产服务五年以上""对毕业生在农村进行新品种培育、新技术试验、承包养殖和种植等项目给予政策方面的支持"和"资金、物资扶持"。使"村村大学生计划"的实施有了政策上的保障。黑龙江省把"村村大学生计划"视为高等职业教育的一种类型规范地予以实施，黑教联 [2004]3 号文件对"村村大学生计划"的招生报名、考试录取、培养方式、毕业文凭等方面均做了细致的规定。黑龙江省"村村大学生计划"的实施，是为新农村建设培养适用人才、创新高等农业教育人才培养模式的一次有益探索与实践。

# 一、"村村大学生计划"人才培养目标与基本要求

## （一）培养目标

培养具有从事所学专业必备的基础理论知识和专门知识、较强的技术应用和实践能力，了解农业产业化经营、农村发展的基本知识，既能把握农村区域经济总体发展，又掌握专业实用技术、技能，服务于农村产业结构调整、扩大农业产业化规模、适应农村经济发展的技术应用型人才。

## （二）基本要求

懂得农村政策法规，热爱农村农业，掌握农业产业化经营、农村发展的基本知识；具备基本信息交流能力，能撰写常用中文文件；了解计算机的基本知识，能比较熟练地应用计算机办公软件，进行文字、信息、数据处理，学会应用计算机网络收集知识、技术、信息；在具有必备农业生产基础理论知识和专门知识的基础上，重点掌握从事农业生产领域实际工作的基本能力和基本技能，具备较快适应农业生产、管理、服务第一线岗位需要的实际工作能力。

## （三）处理好全面能力素质培养与专业技术培养的关系

"村村大学生计划"培养的学生，将是新农村建设的"致富带头人"和后备管理干部。因此，对他们的培养不仅限于某一专业领域及专业技术，而是培养他们具备较全面的能力和素质；在精于某一专业技术的同时，对农村急需的其他专业技术也应有所了解。制定人才培养方案时注意处理好传授知识、培养能力、提高素质三者之间的关系，增加相关学科的选修课比例。注重全面提高学生的综合素质，实现教学工作的整体优化，切实保证培养目标的实现。

# 二、"村村大学生计划"人才培养模式

以东北农业大学牵头的 10 所院校把"村村大学生计划"人才培养作为高等农业教育改革的契机，认真地进行研究和探索，形成了融传授知识、培养能力和提高素质为一体的具有"村村大学生"特色的人才培养模式，并建立起与之相适应的理论教学体系、实训教学体系和素质教育体系，为实现"村村大学生"培养目标奠定了良好的基础。

## （一）新型的人才培养模式的确立

探索出了学校、基地联合人才培养的"1+1""1+0.5+0.5"等多种新的人才培养模式，即学校教学与基地教学"交替进行"或"镶嵌进行"。在学校内，主要学习文化知识、专业基础理论及进行必要的实验以及技术技能训练。在教学基地，主要完成综合性实践教学环节，为"工作学期"，在"工作学期"各项实训环节均让学生在实际环境中动手操作，增加了学生的学习兴趣，使学生在生产管理技术方面的技能得到显著提高。同时，通过现场讲解、实际操作、调查取样、实验分析等综合性实训，使学生的实践动手能力得到了系统的锻炼，真正实现了"村村大学生计划"培养目标的要求。

## （二）理论教学体系的特点

建立技术型课程体系，通过课程的精简、整合、重组、增设，促进课程体系整体优化。

公共基础课程：以必须和够用为度，不追求理论知识的系统性与完整性，对于课程进行必要的整合，适当减少课程的门数和学时数，相对增加计算机等课程的学时数。

专业理论课程：以基础知识的掌握和便于产学结合、现场教学的实施为出发点，打破学科界限，对专业理论课程进行重组，合理配置教学内容。

关键专业技术类课程：以成熟实用技术的"集成、组装"为主线，突出课程的应用性、技术性，体现"村村大学生"培养目标要求。

专题讲座：从校外聘请高素质的农业行政管理人员、行业专家、企业领导及有丰富经验的农业生产技术人员开设专题讲座，使学生对农村区域经济总体发展状况、农业产业化经营、农业产业结构调整等能有较全面的认识和了解。

选修课程：通过增大选修课比例，拓宽学生视野，让学生能根据家乡情况选择专业化方向，注重学生的个性化发展，使学生在掌握某一专业知识的同时，对农村需要的其他专业知识和技术也有所了解。

人文社科课程：适当增设人文社科类课程，提高学生的人文素质。

为了达到以上教学改革效果，加强了"村村大学生"专用教材建设，组织教师编写出一套既有一定的系统性，又简明扼要，可读性强，方便实用，具有技术手册作用的适用教材。第一批10种"村村大学生"专用教材，已于2005年3月由黑龙江人民出版社出版发行，投入使用。

### （三）实训教学体系的特点

加强实践教学、突出学生实际动手操作能力是"村村大学生"人才培养能否办出特色的关键。"村村大学生"实训教学体系体现以下特点。

独立化：实践教学在与理论教学密切结合的基础上相对独立，所谓的相对独立是指改变传统的围绕各门课程设立实验与实习等实践环节的方式，将实践教学设置成独立的体系，核心是实现专业人才培养目标，而不是围绕哪一门课程。

系列化：在实训教学体系的设计上，使专业人才应掌握的技能，即基本技能、操作技能、生产技能，都能在实训体系中反映出来，使技能训练系列化、系统化。

规范化：对每一个实训环节，都要做到有名称、内容、方式，以保证实训体系的运行，便于考核、监督。

灵活性：农业类专业的实习、实训易受季节的限制，大都要在特定的时间（季节）内来完成，如果按照正常的教学秩序进行，将无法适时地完成实习、实训任务。因此，在教学上利用学校、基地联合培养的有利条件，打破正常教学秩序，根据不同专业特点，灵活地制定相应的实训环节。另外，"村村大学生"多是家里的主要劳动力，教学环节中根据黑龙江省农业生产季节特点，安排春（播）假和秋（收）假，以利于学员完成家庭农业生产活动。同时春、秋假期间，要求学生结合生产实际进行相应的调查、实习等教学内容，使劳动与学习、实习密切结合。

### （四）素质教育体系的特点

"村村大学生"是一个特殊的学生群体，年龄跨度大（最大的35周岁，最小的只有18周岁），思想观念千差万别。学生来校前大都以家庭为中心，缺乏大局观念，甚至有些人在不良社会风气的熏染下，世界观、人生观也发生了偏移。因此，培养大局观念，树立集体意识，加强"村村大学生"的综合素质教育势在必行。

我们把"村村大学生"素质教育贯穿于入学到毕业的全过程。理论课程和实践课程都要落实素质教育目标并成为主渠道，采用第一课堂与第二课堂相结合、校内和校外相结合的方法，有计划、有步骤地进行切实有效的素质教育：发挥学生自我管理的能力，组建"村村大学生"学生党支部，发挥党员的先锋模范作用，根据"村村大学生"培养的特殊性，适当缩短党员培养的时间，在保证质量的前提下发展新党员；组建"村村大学生"自己的学生会；参加丰富多彩的大学校园活动；编辑出版"村村大学生"自己的报纸、刊物，鼓励学生将在学习生活中产生的想法和感悟形成文字；参与"六个一"行动（即提一条建设社会主义新农村建议、写一篇家乡发展变化的调查报告、与村干部开一次座谈会、开展一次志愿服务、传播一条致富信息、采访一位校友），让"村村大学生"带领专家回村讲课，参与全省的"备春耕、三下乡"科技活动；组织学生与企业建立联系，成立"饲料协会""绿色食品协会"等。通过这些第二课堂活动进一步推动了第一课堂教学，提高了学生的综合素质。

## 三、"村村大学生计划"人才培养的初步效果

黑龙江省的"村村大学生计划"2004年1月开始招生，2004年3月入学，首届学生已于2006年1月毕业，毕业生根据"回村协议"已回到县（区）人事部门报到，回村服务。由"村村大学生"建立起了农业大学与农村联系的纽带，毕业生将最新的农业生产实用技术、科技成果和农村发展的新理念带回了乡村，深受乡亲们的欢迎，得到了认可。为了解这些学生回乡情况，2006年4月，以电话访问和实地调查的方式，对首届毕业生进行了一次专题调研。在被调研的1 890名（占毕业生总人数90.3%，2006届毕业生共计2 094人）毕业生中，任村党支部书记和村委会主任的有45人，任副书记和村副主任的有99人，任村委委员、村会计、村技术员、村妇女主任、办事员等195人，回乡任职毕业生共339人，占17.9%。此外，回乡创业毕业生共220人，占11.6%。创业形式多样，如经营兽药店（包括从事兽医工作）、种子及农业生产资料经销、畜禽养殖、农产品经销等。被调研的毕业生中另有413名学生表示在学校所学到的知识、技术对生产和生活产生了影响，在村民中起到带头示范作用。2006届学生毕业只有短短几个月，已有51.4%的毕业生在村里任职、自主创业或应用所学知识在村民中起到带头示范作用，"村村大学生计划"人才培养的效果初步显现。

"村村大学生计划"的实施为黑龙江省"三农"问题的解决提供了人力资源基础，对社会主义新农村建设，在农村"落地型"适用人才培养方面提供了成功的经验与模式，受到全国各大媒体的关注并进行了大量的跟踪报道。2006年2月23日中央电视台新闻联播栏目对黑龙江省"村村大学生"进行了报道。黑龙

江省的"村村大学生计划"之所以能够收到实效，其关键在于以下三点：①在政策实施上保证了学生"出得来、回得去、留得住、用得上"，解决了学生的后顾之忧；②在教育形式上纳入高等职业教育范畴，按照高等教育的规律，规范地予以管理，使学校及教师增加了责任感，学生增加了荣誉感和使命感；③在培养模式上进行了教育创新，确立了适合于"村村大学生"的教育教学模式，真正培养出了新农村建设急需的适用人才，毕业生能够学以致用。

李庆章，于广建，梁云福，林洪金．新农村建设适用人才培养的探索与实践．高等农业教育．2007，（7）：3-5.

# 教师论

## 正师德、树师风，做一名合格的人民教师

尊师重教是我国的优良传统，在人们的心目中教师是"人类灵魂的工程师"。早在唐代，著名散文家韩愈就曾指出"师者，所以传道受业解惑也"，传授知识、解疑释惑、教给学生做人的基本道理是教师的天职。教师素质的高低、师德师风的好坏直接关系到人才培养的质量、关系到学校长远的发展。建设一流大学，必须建设一支具有高尚师德师风的一流师资队伍。因此，面对新形势给师德建设带来的新情况、新问题，必须要保持清醒头脑，明晰师德建设，推进以德治校，提高育人水平，为实现学校快速发展创造良好的软环境。

### 一、师德的时代内涵

#### （一）法律规定

《中华人民共和国教师法》第三条规定："教师是履行教育教学职责的专业人员，承担教书育人，培养社会主义事业建设者和接班人、提高民族素质的使命。教师应当忠诚于人民的教育事业。"第八条规定："教师应当履行下列义务：遵守宪法、法律和职业道德，为人师表；贯彻国家的教育方针，遵守规章制度，执行学校的教学计划，履行教师聘约，完成教育教学工作任务；对学生进行宪法所确定的基本原则的教育和爱国主义、民族团结的教育、法律教育以及思想品德、文化、科学技术教育，组织、带领学生开展有益的社会活动；关心、爱护全体学生，尊重学生人格，促进学生在品德、智力、体质等方面全面发展；制止有害于学生的行为或者其他侵犯学生合法权益的行为，批评和抵制有害于学生健康成长的现象；不断提高思想政治觉悟和教育教学业务水平。"

师德，作为社会、教育本身及教师这种职业对其从业者的规定性要求，有历

史的继承性，也有鲜明的时代特征。广义地说，师德是教师从事教育教学工作时必须遵循的各种道德规范的综合。它包括教师的职业道德、职业精神、思想观念、道德品质等属于意识形态领域的诸多内容。随着社会、经济的发展及素质教育的要求，师德又融入了培养创造性、开拓性、实践性人才等更丰富的内涵。因此，今天的高等学校教师，不但应有科学的世界观、人生观和价值观，为祖国高等教育事业无私奉献的敬业精神、良好的职业道德和健康的心理素质，还要努力拥有新时代所推崇的新思想、新观念及具有时代特点的先进道德意识。

**（二）职业要求**

何以为师，先看师智，学高为师。现代教师的职业境界——"经师"，为记诵之学，学富五车，满腹经纶。培养高水平的学生，要求教师学识渊博，学业精深，正如一位教育家所说："教师要给学生一杯水，就必须具备一桶水，而且是'长流水'"。既要有深厚的专业知识，也要有广博的相关领域知识，具备跨学科、跨专业的结合力，满足学生广泛的求知欲，还要能够不断更新知识体系，及时吸收、存储学科前沿的学科知识与研究成果。

何以为师，再看师能，技高为师。现代教师的专业境界——"能师"，为术业之学，闻道在先，业有专攻。要有科学的施教知识，深入学习教育学、心理学、教育方法等方面的知识，把教育理论的最新研究成果引入教学过程，使教育教学的科学性和艺术性高度完整地统一起来。要熟练掌握现代教育技术的操作和应用，能够利用现代教育技术，恰当有效地选择教学方法和方式，直观形象地展示教学内容，使教学知识传授与创新思维培养结合起来，培养学生的创新精神和创新能力。"大学教学有法，但无定法"，应充分突出教师的个体性和首创性。教育是科学，科学需要研究，教学是艺术，艺术需要创新。要有创新的精神，积极开展教育和科学研究，实现教育和科学研究的原始创新。要探索新的科学和教育模式，在耕耘中拓宽视野，在执教中提炼师艺、升华师技，做一名新时代的研究型教师。

何以为师，三看师品，德高为师。现代教师的事业境界——"人师"。为不教之学，德才兼备，为人师表。"道德只可律己，不可绳人，律己则寡欲，绳人则寡和。"教师的工作是神圣的，也是艰苦的，教书育人需要感情、时间、精力，乃至全部心血的付出，这种付出是以强烈的使命感为基础的，教师必须具有为民族崛起而奋斗的坚定信念和为祖国培养现代化人才的责任感和使命感，要忠诚教育事业，爱岗敬业，尽职尽责；坚守高尚情操，廉洁从教，精于教书，勤于育人；发扬奉献精神，不断探索，勇于进取，为教育事业的改革和发展贡献聪明才智。

何以为师，四看师表，身正为师。现代教师的最高境界——"大师"，超凡脱俗，大气磅礴。教师不仅是知识的传授者，还是思想教育者和道德示范者。我国汉代哲学家杨雄曾说："师者，人之模范也"。奥地利教育哲学家马丁·布内尔也曾说："老师只能以他的整个人，以他的全部自发性，才足以对学生的整个人起真实的影响。"教师应把言传和身教完美结合起来，以身作则，行为世范；热爱学生，关心学生，建立平等的师生关系；仪表端庄、举止文雅，以自己的言语和人格魅力来影响学生，使他们"亲其师""信其道"。

长期以来，人们对师德的认识和践行方面存在一些偏颇。一些人认为，思想道德教育是专职教师的责任，其他教师只要专注于高深的学问即可，忽视在向学生传授知识的同时进行思想教育。个别教师虽然理论讲得很好，但在行动上不能严格要求自己，言行不一，这样的教育也不具有说服力。这些都是我们在加强师德建设中应该重视并予以调整和纠正的。广大教师只有严格要求自己，不断加强思想道德素质培养，同时把育人工作渗透到知识传授过程，渗透到自己的行为中去，教书育人，科研育人，管理育人，服务育人，才能收到好的教育效果。为加强师德建设，许多高校广泛开展学生考评教师活动，从评价的结果看，学生心目中的优秀教师，包括师德在内的综合素质尤为关键。

## 二、当前师德方面存在的突出问题

教师是太阳底下最神圣的职业。作为一项崇高的事业，它不仅要求教师具有高超的教学科研水平，而且需要教师具备高尚的品格精神。因为教师所面对的是世界观、人生观和价值观都尚未完全定型的大学生，他们需要知识的积累，需要掌握寻求知识的能力，更需要如何走好人生道路和适应社会的有价值的指导。东北农业大学的许振英、王金陵、余友泰、秦鹏春、蒋亦元等老先生，始终以一种高度的社会责任感，将思想道德教育渗透在专业教学中，既教书又育人，帮助学生思想和业务同步发展。他们在教书育人的过程中以自己的言传身教，使得学生深切感受到教师的品格力量，更唤起学生对科学追求的精神动力。但应指出的是，随着国内外形势的变化，改革的深入发展，市场经济负面影响下功利主义的冲击，在教师身上也存在着这样那样的问题。

### （一）部分教师的教学态度不够端正

有些教师不认真备课，不遵守教学纪律，随意变更教学时间，课堂上信口开河，甚至随意接听手机。对此，听课的学生反映，听这些教师讲课，不如自己去看书，因为这些教师没有很好备课，听这样的课没有多大收获，是浪费时间。

### （二）文人相轻的不良现象时有发生

当前教师个人的素质总体是不错的，但一些教师的整体协作精神却有待于进一步提高。当代重大科研项目的成功，需要跨学科的共同合作，需要参与者相互尊重、取长补短、互相学习，即需要一种团队精神，而这种精神正是一些教师所缺乏的。

### （三）部分教师本职工作仍投入不足

主副颠倒，本末倒置，精力分散。现代教育必须同社会发展相结合，"产学研"相结合是教育改革的一个主要方面，从这个意义上说，我们鼓励教师走向社会、服务社会。但有一些教师以单纯的挣钱为目的，从事一些低水平、同自己业务提高关系不大的工作，进而使得本职工作投入不足甚至置之不顾，导致教学水平下降。

### （四）有些教师缺乏严谨的治学精神

要真正把教学和科研搞上去，做一名研究型教师，需要投入艰苦的劳动，需要严谨的治学精神，还需要一种淡泊名利的心态，要耐得住寂寞。由于受到当前市场经济负面因素的影响，部分教师治学不严谨，急功近利，心态浮躁，不求甚解，教学不认真，科研成果鉴定经不起推敲，甚至在个别教师中还出现了剽窃等弄虚作假的行为。

### （五）个别教师思想政治倾向有问题

个别教师在课堂中发表了一些违背四项基本原则的错误言论，在一定程度和范围内造成了学生的思想混乱。

以上这些问题尽管只出现在部分教师身上，但其影响却是不容忽视的。如果任其滋生蔓延而不加以有效解决的话，势必会影响到人才培养工作，影响到学校和教育事业的发展。

## 三、为师须重师德，育人必先正己

孔子曰："其身正，不令则从，其身不正，虽令不从。"著名医学家、教育家吴阶平院士说过："一个教师和医师都自觉不自觉地在教书育人，教师的一言一行，有时会影响青年学生的一生。"教师不仅要有这种做人的威望、品格和力量令学生所敬佩，还要将道德约束外化为职业（行为）习惯、内化为职业良心，以最佳的思想境界、精神状态和行为表现积极地影响和教育学生，成为学生的模范，促使他们健康成长。

### （一）努力做一名学生愿意接近的教师

作为学生，都愿意与有道德的人接近和交往，当然也愿意接近有道德的教师；作为教师，也都愿意与有道德的人接近和交往，当然也愿意接近有道德的学生。所以，要做一个让教师和同学都愿意接近的学生，或者要做一个让同事和学生都愿意接近的教师，你本身就应当是一个有道德的人。学生在学校里学习，既受同学的影响也受教师的影响。学生愿意接近的教师比学生不愿意接近的教师对学生的影响要大。由此推断，作为教师，要把学生培养成大家都愿意接近的人，必须要注意培养学生的道德，而要使学生成为有道德的人，就要让学生愿意和你接近，以便对学生施加更大的影响。因此，自己首先要成为有道德的人。

### （二）靠高尚品格赢得学生的真诚拥戴

学生接近教师有很多原因。除了道德，教师的学识、权力、外表等都会成为促使学生接近的因素。但学识只能满足学生一时的求知愿望，权力只能维系短暂的顺从与亲近，外表只能吸引肤浅的注意，真正打动学生内心的，是品格的道德的力量。这力量才是长久的，它将影响学生的一生，是学生未来的立身之本。因此，就对学生一生的影响来讲，学识、权力、外表等加在一起，也远不如道德重要。对教师来说，最好的回报就是得到学生的真诚拥戴。但对一位教师师德师风的真实准确的评价，往往是在其失去一切外表的吸引力、学术和行政的种种权力以及对学生所能构成影响的所有因素之后，才能真正得到。史学界有"盖棺论定"之说，"政声人去后，民意闲谈时"是有一定道理的。教师只有当他（或她）已不在人世，或者已失去对学生构成影响的所有外在"光环"，其在学生心目中的真实情感才会真正显露出来，对其师德师风的评价才最可信。"春蚕到死丝方尽，蜡炬成灰泪始干。"在三百六十行中，只有教师职业才可以用"蜡烛"来加以形容，这也正是教师职业的崇高之处。

### （三）关心爱护学生并对学生高度负责

爱因斯坦说过"只有热爱才是最好的老师，它远远超过责任感"。因此好的师德师风的一个具体表现，就是师生之间保持一种人格上的平等，相互学习，相互尊重。封建社会里老百姓称当官的为"父母官"，是期待这些官能为民办事，也是对好官的一种尊称。其实真正的衣食父母是老百姓，封建社会把这个关系颠倒了。当教师也有同样的道理。"一日为师，终身为父"是学生对老师的尊敬之言。既然做"师父"，就要关心爱护学生，对学生负责。教师切勿将此言理解为可以用"家长"的身份来干涉学生、指使学生甚至利用学生。"一日为师，终身为父"是告诫教师：即使只当一天的教师，对学生也要负责任。既然为"师"，就应承担"教不严，师之惰"的责任。既然为"父"，就要遵循"养不教，父之过"的古训。做到了这两条，才是理解了"一日为师，终身为父"的真正含义，也才算具有师德。

### （四）德才兼备是身为教师的基本条件

师德师风不像其他有些事情，可以"一俊遮百丑"。特别是在大学，越是有才能的教师，越是学术地位高的教师，越需要在这方面自勉。因为你有影响力，从正面说人家都敬重你，从反面说人家不敢罪你。你有才能，有成就，大家承认你，只是承认你的才能和成就。不能用才能和成就来代替道德，或者说不能用才能上的"俊"去遮德行上的"丑"。学生看老师既看才，也看德。"德为才之帅，才为德之配。"无才无德，学生厌恶你，这样的老师不应在大学教师队伍中存在；有才无德，学生敬畏你；有德无才，学生同情你；德才兼备，学生才会真心拥戴你。"所谓大学者，非谓有大楼之谓也，有大师之谓也。"做教师，就要做经师、能师、人师，以至大师。

### （五）教师需要相互尊重，切忌彼此相轻

"文人相轻"是国内外学术界的普遍现象。"相轻"就是互相看不起，只有

自己的好。在一定条件下，这种心理也可激励人们去努力奋斗，使自己比别人做得更好。但多数情况下会导致互相贬斥或互相拆台。作为教师，如果对此没有警惕，上课时或与学生接触时，不是澄清学术上的是非，而是对同行进行无根据的攻击或诽谤，就会对学生产生消极的影响，也会招致学生的反感。说到底，这也是师德师风问题。

### （六）作为教师务必戒除浮躁，求真务实

眼下大学教师有一种浮躁的心态，浮躁实际上是一种对科学、对社会、对学生不负责的态度。这种心态表现在科学研究上必然不"真"，表现在教学上必然不"实"，学生得不到真才实学，就可能贻害社会，因而也谈不上"善"。所以说，"浮躁"也是缺乏师德的表现。在教师职业中，这种心态主要有十种具体表现：一是头重脚轻，满足一知半解；二是华而不实，善于夸夸其谈；三是唯书唯上，缺乏独立思考；四是哗众取宠，追求轰动效应；五是好大喜功，不愿踏实积累；六是脱离实际，乐于坐而论道；七是沽名钓誉，个人主义膨胀；八是吹拍拉扯，市侩作风横行；九是敷衍塞责，整日得过且过；十是弄虚作假，热衷歪门邪道。作为大学教师，我们不妨对照一下，看看是否也存在这种心态。有则改之，无则加勉。

### （七）追求教师境界高尚，绝不迁怒学生

各行各业的职业道德各有其自身的特殊要求，但也有很多共性的方面。其中一个共性的要求就是，不论从事何种职业的人在单位里、家庭中或是社会上碰到什么不顺心的事，都不能把这种事所造成的不良情绪转移到所服务的对象上。你的钱包在上班的路上被人偷了，你昨晚同家人吵架了，你的亲人突然死去，或者你的职务没有顺利提升，由此产生了气愤、懊恼、悲伤和烦躁，这是人之常情。但是当医生站在手术台旁，售货员站在柜台后，教师站在讲台上，面对病人、顾客和学生时，角色就是要转移到医生、售货员和教师上来，而不能停留在马路、家庭、殡仪馆和领导者那里。在病人面前你就是医生，在顾客面前你就是售货员，在学生面前你就是教师。做到这一点很不容易，这是师德和职业道德中比较高的要求，是一种境界。达到了这一境界，师德二字之后才配得上加"高尚"二字。

## （八）树立良好师德，做人类灵魂工程师

师德不仅是教师个人问题，也是教师群体问题，即风气问题。个人师德不好，虽然有时会在一定范围内造成"一条鱼腥了一锅汤"的坏影响，但毕竟还只是一个教研室、一个学科等小范围的事，教师群体如果风气不好，特别是与社会上的不良风气沆瀣一气，其危害性就大了。这时的师德师风问题就演变为整个院风、校风问题了。这些年来，社会上的不良风气对教育行业造成了很大的污染。社会上刮一阵风，学校就起一层浪。昔日"象牙塔"的自谓和矜持荡然无存，世俗之风日盛，令人忧心忡忡。个别教师"吃"学生、拿学生、贪占学生，一度造成极坏的社会影响。可见师德师风问题是与行风紧密相关的，而行风又与世风相伴相随。一般说，世风日下必然行风日下，行风不正必然师风不正，所以整顿师风必先整顿行风和必先整顿世风。由于教育行业对后代的影响超过其他行业，因此师风正也可带动行风，行风正又可影响世风。大学为社会良心保留之所，负有创造文化、引导社会文明的重大责任。如果我们的大学都已世俗化、功利化，则大学已是名存实亡。所以，任何时候提倡优良的师德师风都是必要的。

## （九）要能够保持良好的身体心理状态

有关调查表明，在北京中关村，知识分子的平均寿命只有 53.34 岁；上海有高级职称的中年知识分子 75% 处于亚健康状态。广东省教育工会 2002 年 9 月发布的一份涉及该省暨南大学、中山大学、广东外语外贸大学等 19 所高校 8 417 名教师健康状况的调查表明，其中七成教师处于亚健康状态。应当说教师的健康问题日益突出。"身体者，精神之所，道德之寓也。"没有良好的身体心理，一切都无从谈起。

"随风潜入夜，润物细无声。"师德的魅力是无穷的。我们每个人在回忆自己的学习和成长道路时，印象最深刻的往往是那些给我们人生启迪，以自己实际行动照亮学生生命道路的老师。江泽民同志在庆祝北京师范大学建校一百周年大会上的讲话提出："希望我们的教师志存高远、爱国敬业；希望我们的教师为人师表、教书育人；希望我们的教师严谨笃学、与时俱进。"作为师者，应知任重道远，须重师德修养。

李庆章.正师德、树师风，做一名合格的人民教师.黑龙江教工.2005，（2）：4-7.

# 创造型教师与创造型学生

创造教育是我国八十年代教育改革中涌现出来的新观念、新课题，已经受到我国教育界的普遍重视。创造教育是以开发和培养创造力为目标和任务的"启发研究型"教育，造就创造型人才是创造教育的根本目的。为了培养大批创造型人才，首先应该形成一支宏大的创造型教师队伍。只有这样，创造教育才可望有效地付诸实施。

创造教育必须通过教学过程才能得以进行。教学过程是师生双边活动的过程，这一过程反映了教师和学生在教学活动中各自所处的地位和相互关系。在这个过程中，教师是教育者，对所传授的知识领域知之较多、较早，不仅"闻道在先"，而且"业有专攻"。学生是受教育者，相对而言，知之较少、较晚。因此，只要存在着师生关系，教师就必然要起主导作用。无论是正确的还是错误的作用，教师客观上总是起着主导作用。普通中、小学的教学过程是这样，大学的教学过程也是这样。只不过大学生的学习主动性、积极性显得更加重要，大学教师发挥主导作用的方式与中、小学也有所不同。根据大学教学过程的特点，对于大学生的学习，不是一般地要求他们发挥主动性与积极性，而是应当要求他们发挥创造性与独立性，即进行创造性学习。主动性与积极性是创造性与独立性的前提与基础，而创造性与独立性是主动性与积极性在更高水平上的发展。

## 一、创造性学习

所谓创造性学习，并非都是要在学习的基础上有所发现、有所创造。科学的进展是来之不易的，有些问题与其说是发现，不如称之为发展。因为不可能每个人都能披露新的原理，揭示新的规律。只要能把人们已经发现的原理或技术应用于不同的问题，这就是一种创造性的劳动和学习。创造性学习主要表现在三个方面：一是在教师讲解的基础上有新的刻意理解，乃至有独到的创见；二是发现不同于教科书或不同于教师的解题方法和学习方法；三是能独立运用已学过的知识解决实际问题。所谓学习的独立性，即反对盲从，反对人云亦云，提倡独立思考，避免因循守旧。学而不轻信，问而不迷信，逐步培养起自己获得知识，有自己的见解，能独立学习、独立思考和独立工作的能力。在教学过程中发挥教师的主导作用，是为了启发学生的主动性和积极性，提高学习的效果，学生的主动性和积极性也只有在教师的主导作用下才能正确地发挥和稳定地保持。学生学习的主动性和积极性的发挥，又能对教师的教学起到鼓舞和促进作用，使教师积极地改进教学，提高教学质量。

## 二、创造型教师

高等教育倘若把开发和培养学生的创造力作为教育目标，那么实现它的前提就是要造就一大批创造型教师。史密斯认为，创造型教师应该是吸收教育科学的新成果，把它们积极地运用到教学上，而且发现新的实际可行办法的人。米伊尔认为，创造型教师就是为个人或集体提供学习的机会，善于运用别人的思想，并且有独立见解的人。此外，休斯、迈恩斯也曾说过，创造型教师就是依靠自身的感化力，来改变别人能力的人。史密斯曾制定了教师在成长为创造型教师过程中自我评价的标准，后经他人修改为如下诸项：从一成不变地、死板地制定方案，逐步变为制定灵活的方案；从重视闭合的思考过程，转为重视开放的思考过程；从注重整体的一致性，转为重视个性及其开发；从只在少数课程中开发创造力，转为在全部课程中开发创造力；从把创造力视为才能，转变为把创造力看作是在适当条件下得以发挥的天生能力；从把有创造力的学生看成有问题的学生，转变为看作有希望的学生；从把学生的作业和考试分数作为最终成绩来评价，转变为当作创造成长过程中的阶段表现；从把创造力作为点缀，变为将其视为必须具备的根本能力；从教师自行制定学习计划，变为和学生一起制定学习计划；从重视外部动机，转变为更加重视体现内在价值的内心动机；从支配学生、强行压服，转变为重视学生的主动性、自发性，注意培养学生的独立自主能力。在教师开始关心创造教育并付诸实践之后，会比发现学生的变化更早地发现自身的变化。此时，以上诸项可作为创造型教师的衡量标准。

### （一）创造型教师的条件

在培养学生的创造力时，首先开发教师的创造力是非常重要的。教师在开发自身创造力的过程中，会更加理解学生的创造力，并找到开发和培养它的办法。为开发和培养学生的创造力，教师应具备以下条件。

1. 创造力强。教师必须首先具有较强的创造力，并且应充分发挥出来。创造型教师应具备如下创造能力：①对教材（包括教科书和教学参考书）的质疑、改造能力；②筛选知识，择其价值较大者而用之的能力；③将抽象概念具体化、形象化的能力；④在教学中适时引入新的思想、新的科研成果的能力；⑤根据教学内容设计最佳教学方案的能力；⑥制作和使用教具尤其是电化教具的能力；⑦开辟第二课堂的能力；⑧启发全体学生积极思维的能力；⑨预测学生发展方向的能力；⑩因材施教，培植特殊才智学生健康发展的能力。

2. 求知欲浓。学生其始对学校和学习都抱有极大的好奇心和兴趣，但随着时间的流逝，学习热情日见淡薄，求知欲望渐趋减退。其中一个重要原因，就是教师本身求知欲对学生的影响。也就是说，学生的求知欲是由不断探求新知的教师培养出来的。多兰斯指出，如果学生由有创造动机、求知欲浓的教师教授，创造活动就旺盛。反之，创造活动就低下。

3. 凝聚力高。为开发学生的创造力，教师应设法开创具有创造性的集体，在集体内酿成创造性气氛。全体同学互相尊重，竞相创造，互相交流，互相鼓励。这样，不仅有利于开发个人的创造力，也有利于开发集体的创造力。

4. 理解宽容。教师应使集体内充满理解宽容的温暖气氛。有创造力的学生，其行为是创造性的，但有时会脱离集体。为此，他们的行为会受到非议，在集体中显得孤立。温暖的气氛，对于学生创造力的发展是十分必要的。它能使学生不必担心失败和错误，自由地在未知世界里探索。当学生从教师和同学那里充分感受到理解和友爱时，健全的创造力才能成长起来。

5. 共同学习。教师和学生共同学习，比单纯教学生更有意义。在明确学习目标后，恰当选择一定内容让学生自由地按照学习目标进行学习，然后教师适当地进行总结。教材尽可能突出重点，便于学生充分地理解和掌握。要尽可能提供更多的时间让学生思考问题，使学生在学习中掌握各种解决问题的方法。

6. 营造环境。教师应努力营造提高学生学习欲望的学习环境。应能熟练、恰当地使用各种教具。对学生提出的问题应该认真回答，或让学生集体讨论，互相交流，促进个人或集体的创造活动。

7. 积极评价。在开发和培养学生的创造力时，要表彰创造活动，鼓励创造性发现。在进行评价时，不要着眼于错误和失败，而是要重视创造活动的过程，发现创造的萌芽。此外，对学生所提出的有创造价值的问题也要进行评价。这样，学生就会关心教师对创造的评价，进一步开发创造力。

### （二）创造型教师的作为

为促进教师的创造力，根据吉尔福德和托伦斯拟定的创造型教师对学生进行创造力开发和培养的指导思想，哈尔曼认为下列方法有助于学生创造力的发展。

1. 启发学生自己主动地学习。学生应积极主动地自己去发现问题，进行实验和提出假设。以开发和培养创造力为目标的教师应该养成这种习惯，即不要把自己所有的问题都告之学生，而应该启迪学生的思维，使学生自己逐渐认识和提出有水平的问题。换言之，教师必须能够促进学生的自我首创精神。

2. 摒弃权威态度。权威态度是创造力的极大障碍。教师凡欲促进学生的创造力，就须在学生面前倡导师生平等、教学相长，在集体中倡导相互合作、相互学习。平等和谐的教学气氛，有利于集体创造力和个人创造力的充分发挥。

3. 鼓励学生"过度学习"。创造型学生应主动地不断接受新的信息，深入思考和探索。同时，创造型学生还必须乐于吃苦，勇于承担艰苦的工作，这对于激励发现和创造是必要的。

4. 坚持创造思维的专门训练。如鼓励回忆和自由联想；区别不同的问题，找出彼此的关系；鼓励提出（以至非同寻常的）主张；鼓励以不寻常的方式使用材料和概念等。

5. 善于推迟判断。过早地向学生预示结果和方法无疑会阻碍学生为深入研究探索知识而做出的努力。因此，应该对结果迟下定论，即使是有定论的结果也应重新质疑。对学生的错误不应看得过重。教师必须明白，所有富于活力的思想都有一个缓慢发展的过程。

6. 促进学生的智力灵活性。学生应该变换观察问题的角度和对问题产生不同理解，不要固守唯一的陈规。

7. 学生独自评价他人的进步和成绩。每一名教师必须知道，训练评价是培养创造行为的一个重要范畴。

8. 加强学生的敏感性训练。创造型教师应该帮助学生成为一个感觉敏锐的人，

使之获得对他人的感觉、情绪，对视听对象以及对社会、个人等各种问题的敏感性

9. 认真对待和考虑学生提出的问题。创造型教师对学生提出的问题抱有极大的兴趣，而不是讨厌、气愤甚至拒绝。同样，教师提问的范围亦不应仅限于复述教科书和教学参考书所要求的内容，最好能启发多种回答。因此，教师与学生的提问具有同等重要性。

10. 向学生提供与不同事物积极接触的机会。创造型教师应为学生创造接触不同事物的各种机会，帮助学生理解正在发生发展的种种过程。

11. 培养学生的耐挫折力。即使遭到失败和挫折，学生也应鼓励自己战胜它们。这一点所以如此重要，是因为创造型人才即便在迷惘和极端困难的情况下也要从事创造。能战胜这些局面的学生，其创造潜力比其他学生要大。

12. 引导学生把握整体。为防止学生孤立地研究一事物的组成部分，教师应将课程或课题系统地介绍给学生，使学生不致忽视整体内部组分间以及整体内部与外部的联系。

## 三、创造型学生

创造型教师的责任是发现和培养创造型学生。教育界历来对学生智能的鉴别富有经验，但对创造型学生的发现与测定则是一个新的课题。教育心理学家托马斯经过长期研究，提出以下一些判别项目，作为检核创造型学生的尺度：专心致志、全神贯注地读书和学习；善于类比，习惯于寻找原因和发现问题及联系；具有敏锐的观察力和提出问题的能力，从事创造性活动时废寝忘食并经常思考事物的新答案，新结果；完成作业和任务及有所发现时精神兴奋，勇于向权威挑战，从不气馁；持有好奇心，不断产生新设想和从多方面探索解决问题的可能性；有自己独特的研究课题，持有自己独特的实验方法和发现方法，并能预测和正确验证结果。

此外，创造型学生摆脱现成的价值观。对于感兴趣的事物自始至终愿意花费时间去探究，任何问题不为教师的意见所左右。创造型学生对教师的看法在很大程度上取决于教师自身是否具有创造力，以及他们是否懂得正确评价创造力。当教师对创造型学生理解和重视程度不够时，学生对教师将采取"封闭态"。反之，

教师懂得创造行为并能承认和促进它时，学生即对教师采取"开放态"，与教师建立积极的联系。另据大量调查结果判定，教师对创造型学生持什么看法，学生大多也将对教师持什么看法。

因此，创造教育要求教师善于通过心理学的研究成果去发现创造型学生，并及时地加以爱护和培养。教师在教学活动中一定要充分发挥主导作用，既注意开发学生思维的深度和广度，启发学生向灵活性、自发性和创造性发展，又要注意引导学生不要走向新的绝对自由和放任自流的极端上去，为培养富于献身精神、不断追求新知、实事求是、独立思考、勇于创造的新型人才而做出长期不懈的努力。

李庆章，李松梅.创造型教师与创造型学生.高等农业教育研究.1988，（1）：89-92.

# 我国高等学校教学方法的现状及其改革方向初探

高等学校的教学方法，是教师为了完成培养专门人才在教学过程中所采取的教授方式以及学生在教师指导下采取的学习方式。由于高等学校课程门类繁多，教学对象差异极大，教学目的与任务层次有别和教学手段设备较为先进，因而在教学中教的比重渐少，而学的比重渐增。基于高等学校教学的特点，其教学必然是"教学有法，但无定法"，但绝非说高等学校根本不需要教学方法。

《中共中央关于教育体制改革的决定》指出：要在改革教育体制的同时，改革陈腐的教育思想和教学方法。这一点十分切中我国高等学校教学时弊，因为教学内容和教学方法是教学活动中不可分割的两个方面，两者应该是统一的。只重视内容而轻视方法的教学不可能取得预期效果。科学家贝尔纳说："良好的方法能使我们更好地发挥运用天赋的才能，而拙劣的方法则可能阻碍才能的发挥。"教学方法显然具有同样的效能。

我国高等学校现行的教学方法尚存在许多同教育现代化不相适应的方面，严重落后于当代科学文化的发展，在不同程度上限制了人才的成长。为加快我国高等学校教学方法的改革，高等学校的教师必须认清现行教学方法的现状和存在的弊端，从而明确高校教学方法改革的方向。

## 一、我国高等学校教学方法实施的现状

### （一）注重理论教学，忽视实践教学

目前，在我国高等学校中，多数课程的实验仍处于从属于理论课的地位，实验课教学比例明显少于理论课教学，有些教师不愿意上实验课，似乎上实验课的教师其教学水平不如上理论课的教师的教学水平，常敷衍塞责。实验内容多侧重

于验证课堂理论，且有部分实验与中学学习的内容或其他学科重复，结果不仅使学生对实验课失去兴趣，视实验课为负担，而且导致学生的基本技能很差。许多专家认为，我国在美国的留学生基本技能远不如美国学生。我国高等学校的教学过分重视获得间接知识，而忽视了学生获得直接知识和经验的方法及能力。

### （二）注重知识传授，忽视智能培养

我国高等学校的教师在教学中不同程度地再现传统的教学方法。教师采用"注入式""填鸭式"和"满堂灌"，不但使教师备课艰辛，时间花费较多，而且造成学生疲于奔命。在课堂上学生拼命记笔记，消极被动地接纳教师讲授的东西。"上课记笔记，考试背笔记，考后全忘记"，已然成为学生学习活动的固定模式。学生对现行的教学方法表现出强烈的不满，认为课堂上教师灌得太多、太快，学生如同速记员。课下学生的自学时间太少，所学知识不能吃透、学活。只知其然不知其所以然，不能达到融会贯通、举一反三的教学效果。学生缺乏标新立异、独辟蹊径、开拓进取的勇气，严重阻碍了学生的智能发展。

### （三）注重集中教学，忽视个别教学

随着现代化教学手段不断进入课堂，班（年）级授课制这种集中型教学形式的弱点已渐趋明显。在我国现今大学中，小组讨论、研究班、自学活动等生动活泼的个别化教学方法运用得甚少，一些新的现代化教学手段进入课堂不是为学生学习走向微型化服务，而是为了在更大的教室面对更多的学生讲授服务。结果成了个别尖子学生随大班学习常感到不满足，"吃不饱"，进而使这些学生在学习上松懈、懒散。严重阻碍了现代化所需人才的早出、快出。

### （四）注重主导作用，忽视主体作用

我国大学的教学思想一贯比较重视讲授对教学活动的主导作用，而忽视了学生在学习活动中的主动性、积极性、独立性和创造性的主体作用。学生处于被动地位，成为被动接受知识的客体。学生的课堂讨论、自学活动、自己动手实验、参与科学研究活动的机会极少。结果严重压抑了学生的主动性、积极性和创造性，不利于学生主动探索、独立创造的思维能力培养，学生的批判性、应用性等方面都很薄弱。

## 二、我国高等学校教学方法改革的方向

我们所处的时代，是传统与现代激烈冲突的时代，是新旧交替、继往开来的过渡时期。在此历史交界点上，教学方法应有选择地舍弃与教育现代化不相适应的部分，开辟和创造以教育现代化为主体的新型大学教学方法。改革我国高等学校现行的教学方法，应该注意实现如下几个转变。

### （一）实现教学观念由重理论轻实践转变为理论教学和实践教学并重

我国社会主义现代化建设需要的人才，不仅要有坚实的理论知识，而且要具备较强的独立工作、运用知识与发展科学的能力，成为能与世界各先进国家的高手竞争的人才。这样的人才只靠课堂理论教学获得书本知识是不能造就的。因此，必须更新观念，充分认识实践教学在能力培养中的独立作用，使实践教学由单纯从属于理论教学，向学生传播知识的辅助手段，转变为着重提高学生分析问题和解决问题的能力方面来，使实践教学整体优化。

实验教学应从专业培养目标出发，对实验教学体系、教学内容、教学方法、考核方式等实行全面改革，应与理论教学一样成为独立完整的系统。对于一些传统的有重要科学价值的验证性实验，适当注意运用现代化的测试手段和方法，给传统的实验以新的内容和生命。增加既有思考又能结合实际的内容，使学生及时了解当前学科的发展状况。对旧的实验项目要勇于舍弃，代之以新。这样才能提高学生参与实验教学的兴趣和主动性，进而提高学生的基本技能。

学生广泛参加社会实践活动，从实践活动中获得知识和能力，是世界高等教育的发展趋势，也是促进狭窄的课堂教学向大课堂观念转变的重要标志。首先应制订合宜的教学计划，相对减少课堂教学时数，给学生更多的自主权和更多的创造与实践的机会。可开设"学科研究法"课程或"科学原理与方法"课程，结合"大学——企业"科研合同或大学教师所承担的科研任务，让学生参与一部分科研活动。此外，要积极组织大学生的各项科研竞赛活动和科研成果展示活动，为学生提供发表学术观点和成果的机会，进而鼓励学生积极参加课外学术活动。

### （二）实现教学原则由传授知识转变为知识积累与智能培养相结合

能力培养问题，是当前高等教育界普遍关心的问题。中国有句古语："授人

以鱼，只供一饭之需；教人以渔，于终身受用无穷。"因此，"教人以渔"要比"授人以鱼"更为重要。在高等学校，要正确处理传授知识与智能培养的关系，实现教学原则由传授知识转变为知识积累与智能培养相结合。

传统的教学原则中，存在偏重知识传授、轻视智能培养的倾向，严重妨碍教学质量的提高。传授知识是智能培养的前提，而智能培养又可促进知识的传授，两者是辩证统一的，绝不能对立起来。我们强调重视智能培养，绝非否定知识传授的重要作用。相反，应该更重视有助于学生智能发展的知识传授方法。

教学方法，是实现培养高质量专门人才的桥梁。因此，对高等学校学生的智能培养需要改革现行的教学方法，要使知识传授与智能培养结合起来。

1. 基本内容，严格训练。因为知识积累是智能发展的基础，在基本内容讲授中教师应采用启发式教学、结合实验讲授理论、课堂讨论等新的教学方式，启发学生思维，培养学生的思维能力，促进知识转化为能力。

2. 精讲内容，分别指导。教师要精讲，给学生留有思考的余地，让学生自学、看参考资料解决问题。由于学习能力存在差别，教师应因材施教和分别指导，使那些尖子学生脱颖而出，早日成才。

### （三）实现教学方法由注入式教学转变为启发式教学

注入式教学方法，仅仅从主观出发，不顾学生实际，把学生看成是知识的容器和被动的客体，任凭教师进行知识灌输和机械训练，它是一种"填鸭式"教学，其后果轻则使学生接受不了，重则抑制学生个性的充分和谐发展。启发式教学则把学生看作是学习的主体，从学生的实际出发，充分调动学生的积极性、主动性和创造性，培养学生分析问题和解决问题的能力。启发式教学活动形式多样，如启发式问答法、问题教学法、发现学习法、课堂讨论法、暗示教学法、自学指导法、科研指导法等均属此范畴。大学教学应以学生为主，使之成为学习和发现的结合过程，因而在教学方法上应以启发式教学为主。有些国家在高等教育改革中，要求教师采取启发式、讨论式的教学方法，有些课堂已废除单一"教师讲，学生听"的传统教学模式。一些高年级大学生和研究生常采用讨论课的形式上课。可见，高等学校要提高教学质量，必须实现教学方法由注入式教学转变为启发式教学。

发展启发式教学方法应该抓住几个环节：①教师讲课应削枝强干，突出重点，提出问题，启发学生思维；②积极开展课堂讨论活动，鼓励学生各抒己见、争辩讨论、交流思想；③做好学生的自学辅导工作；④引导学生了解、把握学科发展动向，必要时还可以组织学生参加学术争鸣；⑤引导学生利用课余、假期结合学科内容深入社会开展实际调查，独立分析材料，独立得出见解或结论。

### （四）实现教学形式由一元化教学转变为多元化教学

近年来，我国高等学校学生中"高分低能"者并非少数，如何提高学生的能力，使他们成长为"高分高能"的人才，必须改革现有的教学形式，实现教学形式由一元化转变为多元化。单一的课堂教学，在知识的获得与知识的运用之间划出一条鸿沟，这种教学形式已明显不能适应现代发展的需要，应将单一的教学形式改革为多元化教学。根据学生的实际能力，选择适当的教学形式。如低年级学生，教学形式可选择课堂讲授、讨论、练习等。而在高年级，则要多选择实验、实习、科研、自学等教学形式。一定要努力实现教学、科研、生产三结合的多元化教学形式，以课堂教学为主干，多渠道、多层次培育人才。

教育是科学，科学需要研究；教学是艺术，艺术需要创新。良好的教学效果，必然来自创造性地灵活运用多种有生命力的现代教学方法。现代教学方法是对传统教学方法的扬弃，绝不是传统教学方法的消灭。传统教学方法是现代教学方法的基础，现代教学方法是传统教学方法的发展。教学方法的改革只要立足现实，面向未来，各种充满生机的教学风格就一定会形成和发展起来。

郝艳红，李庆章★．我国高等学校教学方法的现状及其改革方向初探．高等农业教育研究．1991，（1）：58-61（有★者为通讯作者，后同）．

# 重新认识教学过程，不断提高教学质量

随着教育改革的深入，人们越来越清楚地认识到，现行的教学过程本质观与现代教学理论和数学实践发展的需要已不相适应，因此完全有必要重新认识大学教学过程的本质，并在现代教学过程本质观的指导下，建立起现代教学目的、任务、原则、方法、评估等构成的教学体系，全面提高教学质量。

## 一、现行教学过程本质观

### （一）现行教学过程本质观的形成

现行教学过程本质观认为：教学过程本质上是一种认识过程，是在教师指导下学生学习前人已经认识了的知识技能的特殊认识过程。确立这种现行教学过程本质观，即承认教学认识的特殊性和教学过程中教师的主导作用及学生的主体作用，这是经教育学者们长期探讨和教学实践确立的。

关于教学过程中教师为主导，学生为主体的观点，曾经历了一个漫长而复杂的形成过程。以赫尔巴特为代表的"教师中心说"十分片面地强调教学过程中教师的权威性，他认为"按照方法培养（学生）心智的艰巨任务，从总体上讲应留给教师""在教育的任何职能中，学生对教师必须保持一种被动状态"。以杜威为代表的"学生中心说"严重贬低了教师的作用，而把学生的地位推向顶峰，他认为学生的发展是一种自然的过程，教师对于学生的发展只能起"自然仆人"的作用。马克思主义教育学全面回答了教学过程中教师与学生的关系，并取得了相当大的成果。20世纪30年代形成的苏联教育理论，在对"教师中心说""学生中心说"两派理论分析批判的基础上，对教师和学生的关系进行了新的研究。研究者认为，教师在教学过程中起主导作用，同时也要发挥学生的自觉性和积极性。苏联这种教学论可以概括为"主导主动说"。较之"教师中心说"和"学生中心说"，这种观点具有积极的意义。中华人民共和国成立以后，我国教育理论界接受了这种观点，并认为它比较全面和科学。但经过多年的教学实践发现它依然存在一些问题，其中最主要的是它未能在理论上确立学生的主体地位，因而在实践中极易蜕变为"教师中心说"。为解决此问题，学者们明确提出了"学为主体"的看法，认为学生在教学过程中居主体地位。到1993年，学者们进一步把"学为主体"和"教为主导"明确联系起来，认为教学过程中教师是教学认识的主导，学生是教学认识的主体，学生是在教师指导下学习前人已经认识了的知识技能，此即"主导主体说"。此学说对今日影响颇大，它体现了历史和逻辑的统一，它是教育长期历史发展的产物。

## （二）现行教学过程本质观的局限

### 1. 只重视认识过程，忽视了实践过程

唯理性是现行教学过程本质观的显著特征。"认识论"认为教学过程是一种特殊的认识过程。"认识发展说"指出教学过程既是认识过程，也是促进学生身心发展的过程。虽然上述两种学说都试图从马克思主义认识论的角度去探讨教学过程的本质，但由于它们的思维取向是唯理性的，不可能切中教学过程的本质。它们把教学过程局限为认识世界的过程，忽视了教学过程中学生改造主观世界的实践活动。

### 2. 只重视智力因素，忽视非智力因素

现行教学论对教学过程的研究没有从哲学的高度把握，而是把它片面地理解为心理学上的认识过程，即感觉、知觉、思维等。此局限性反映到具体的教学实践活动中，表现为只重视智力因素，而忽视了兴趣、情感、意志等非智力因素。

### 3. 只重视教师的教，忽视了学生的学

长期以来，现行教学论的研究致力于从教学目标、内容、原则、方法等外部因素去探讨学生主体作用的发挥，而对教学过程中学生的动机、情感、意志等内部因素和内在条件缺乏研究，忽视了学生的自我意识、自我评估在教学过程中的调节作用，对学生学习的成功经验和失败教训缺少必要的反馈。

## 二、现代教学过程本质观

### （一）现代教学过程理论的发展方向

#### 1. 国外现代教学过程理论的发展方向

国外教学过程理论发展的一个明显趋势，就是把教学过程建立在智力因素和非智力因素统一的基础之上，而且突出非智力因素在教学过程中的作用。赞可夫对教学过程进行了整体思考，主张"为了在教学上取得预想的效果，单是指导学生的脑力活动是不够的，还须在其身上树立起掌握知识的志向，即创造学的诱因"。"实验教学法"着眼于培养学生的精神需要，以这些精神需要作为学习过程的内部激发力量。巴班斯基则把系统论和控制论运用于教学过程的研究，指出要使教学过程最优化，需完整地描述和反映师生相互作用的各种成分，如目的、内容、动机、意志、情感、思维、计划、组织、调控等，而且要揭示这些成分间本质的必然联系。"非指导性教学"理论的创始人罗杰斯认为，促进学生有意义地学习主要依赖于教师和学生的彼此关系和态度。他把教学过程看成是形成真实、接受、理解的心理气氛的过程和形成完好人际关系的过程。学生在这种关系中"自由表达""自由参考"，并意识到自我力量和存在。洛扎诺夫的"暗示教学"理论也反映了此特点，他从理智与情感统一、有意识功能与无意识功能统一的角度考察教学过程，强调无意识功能在教学过程中的作用，倾向于把教学过程看成是最大限度地发掘学生的生理和心理潜能，促进学生和谐发展的过程。由上可知，几位现代教学论者都提出了要重视情感在教学过程中的作用。

#### 2. 国内现代教学过程理论的发展方向

国内教学理论的研究也佐证了教学过程情感化的发展趋势。在教学过程中，学生的认知和行为并不局限于智力活动，非智力因素也积极参与并影响教学活动，在一定条件下甚至决定学生的学业成绩。有关非智力因素的研究表明，智力水平处于一般以上的学生中，至少有 70% 的学生的学业成绩为他们的人格因素状况所决定。学生的学科兴趣与他们的学习成绩有显著的正相关，学生的勤勉程度与他们的学习成绩也呈正相关趋势，而且学生中意志顽强者和薄弱者的学习成绩有显著差异。总体看，学生的智力水平与非智力水平在层次上表现为"动态趋同现象"，即学生的智力因素与非智力因素在其实际的学习活动中往往处于"同等水平"。教学过程并不是一个在教师指导下，师生共同参与的"纯认知"过程。人的心理活动具有整体性，认识过程与情意过程的产生与发展自始至终相互影响、相互作用。在此过程中，学生的情绪、情感反应的性质，对于教学活动效果的优劣具有重要影响。教学过程情感化，可改变教学过程中学生情绪、情感活动的性质，变消极状态为积极状态，最大限度地提高课堂教学效率和学生的学习效果。可见，非智力因素和智力因素在教学过程中同等重要，共同作用于学生的精神世界。

非智力因素之所以如此重要，是因为它反映了代表学生主观世界的种种心态，对其认识活动有定向、维持、激化的动力作用。它既能保证智力活动的发展方向，又能加快智力活动的速度，与智力因素并存于教学过程且相得益彰。现代心理学和教育学已普遍承认只有把智力因素与非智力因素统一起来，才能保证学生知、情、意、行诸方面的协调发展。据此，现代教学过程理论正朝着"乐教"与"乐学"和谐共振的方向发展。有人提出当前最需解决的紧迫问题是走出单纯注重智力发展的教学误区，确立起现代教学过程本质观，重视非智力因家在教学过程中的作用，使教学过程从"学海无涯苦作舟"变为"学海无涯乐作舟"。注意情感教学，尊重学生的人格，建立平等、合作的师生关系。近年来，"愉快教育学""审美教育学""情知教学论""乐学教育""潜在课堂"等理论的崛起，无不昭示智力与非智力因素和谐发展的光明前景和理论价值，无不说明教学过程不仅是认识过程而且是情感交流的过程。

### （二）现代教学过程的本质

现代教学过程本质观认为：教学过程是在教师精心指导下学生掌握知识经验的认识活动和构建完美主体结构的实践活动的统一过程。此教学过程本质观比较正确地表达和说明了教学过程的本质。

#### 1. 现代教学过程本质观克服了教学过程的唯理性

非智力因素引入教学过程本质的重新认识，克服了教学过程唯理性的局限，确保了学生主体地位的实现，促进了学生身心的和谐发展。学生改造主观世界的实践活动，表现为构建完美的主体结构。构建主体结构的实践活动虽然离不开教师的主导作用，但主要是依赖学生的主体作用。学生只有以积极的非智力因素能动地参与教学过程，才能更好地将教学的客观影响内化到自己的主体结构之中。

可见，学生不仅是认识活动的主体，也是实践活动的主体。

2. 现代教学过程本质观把握了教学过程的整体性

现代教学过程本质观是以人的全部心理活动为基础，既注重智力和非智力因素的协调发展，又体现了学生构建主体的实践活动，因而科学地说明了教学过程的客观现实。人的主体结构是一个完整的动态系统，它由认知系统、智力因素系统和情意系统（非智力因素系统）所组成。认识系统的功能主要是知识经验的接收、贮存和转化，对知识经验起反映作用。情意系统的功能是学习行为的启动、调节、维持和定向，对学习行为起动力作用。在教学过程中两个系统的作用是同等重要的，缺一不可。

3. 现代教学过程本质观揭示了教学过程的特殊性

从认识活动看，教学过程显然是学生在教师指导下掌握人类长期积累的科学文化知识的过程，具有间接性、简捷性的特点。从实践活动看，学生改造主观世界的实践活动和一般人类的实践活动有着本质的区别。学生实践活动的目的主要是为了构建自己的主体结构并使之不断完善，而不像一般人类活动以改造客观世界为目的。学生实践活动的对象是以人及其活动为对象的，而且实践活动的过程是学生构建主体结构的实践活动，需借助教师"传道、受业、解感"的中介作用才能完成，学生实践活动的方式是练习作业、动手操作、见习实习。由此可知，教学过程既是一个由外向内定向传导的过程，也是一个由内向外主动作用的过程。

4. 现代教学过程本质观解释了教学过程的协调性

现代教学过程本质观认为，承认"掌握知识经验的认知活动与构建完美主体结构的实践活动的统一"的教学过程，就必须把教师的主导作用和学生的主体作用有机结合起来。学生由于其身心发展和认识水平的局限，不可能有效地掌握人类长期积累的科学文化知识，也难以独立解决构建主体结构的实践活动中所出现的许多冲突和矛盾。无论是知识经验的认识活动，还是主体结构构建的实践活动，都离不开教师的主导作用。然而，教学目标和结果的实现，又取决于学生积极主动地认识和实践。由此可见，现代教学过程本质观全面正确地认识了教师和学生在教学过程中的各自地位、作用和相互协调性，从而克服了历史上各种不同观点的局限性。

### 5. 现代教学过程本质观体现了教学过程的指导性

首先，现代教学过程本质观可以深化我们对教学任务、原则、方法和评估的认识。现行教学过程本质观由于深受凯洛夫教育理论和思想的影响，智力发展的教学任务如同虚设。非智力因素的失落，使得教学过程本质观的指导功能逐渐弱化。因此，有必要变革教学任务，确立包括非智力因素在内的整体发展教学任务；必须变革教学原则，确立整体性原则、主体性原则、审美性原则、民主参与原则、反馈原则，从而确保非智力因素的研究成果在教学实践中付诸实施；必须变革教学方法，确立体现学生主体作用的教学方法，使之朝着教学整体化、教学审美化、教学人格化等方面发展；还必须变革单一的以分数为标准的教学评价模式，把诊断性评价、形成性评价和总结性评价有机结合起来，对学生的知、情、意、行诸方面进行综合评价。其次，现代教学过程本质观有利于对教学过程实行内外调控。认知活动和实践活动统一的教学过程，客观上不仅要求教师重视外在因素，从教学目标、内容、原则和方法诸方面对学生施加影响，而且要求教师完全调动学生的积极性，促使学生通过自我教育、自我评价调节学习活动。在一定条件下，教学质量的优劣，取决于教师对教学过程的调控程度。虽然学生的输入取决于教师的输出，但整个教学成果，不能简单由教师输出数量来决定，而应由学生的有效输入决定。此外，学生长时间学习同一内容，由于疲劳可引起记忆干扰、精力分散等非智力因素变化，更需教师自觉地、灵活地变换教学方法，引导学生进行自我调整。

综上所述，重新认识教学过程本质，不但会使教师和学生自觉把握自己并进入角色，从而有效地进行知识经验的认识活动和构建主体结构的实践活动，而且可使教学目的、任务、原则、方法、评价等围绕提高教学质量整体协调地不断更新和发展，为现代化建设培养高质量的现代化人才提供可靠的理论依据和指导。

郝艳红，李庆章★，李长林.重新认识教学过程，不断提高教学质量.黑龙江高教研究.1994，（4）：39-42.

## │ 学习论 │

# 大学生的学习动机和学习目标

刚刚入学的大学生由于端正学习动机和再树学习目标未得到很好地解决，加之中学阶段长期疲劳，产生了大学阶段"歇口气"的思想，近几年来出现了入学一年级大学生补考人数较多的现象，甚至因不及格课程过多而导致留级或退学。所以，充分认识大学生学习动机和学习目标在大学学习活动中的作用和意义，无论对于指导大学新生适应大学生活，尽快进入大学学习状态，积极主动、有条不紊地进行学习活动，还是对于高等学校"按教育方针办学，按四化需要育人"无疑均具有极大的重要性。

## 一、良好的学习动机，是大学生学习活动的驱动器

学习动机是直接推动学生进行学习活动并达到学习目的的内部动力，是学生实现发展需要和理想需要的具体表现。学习动机伴随着大学生学习活动的全部过程，对学习活动有着启动和维持的作用，决定并影响着学习活动的效率。

### （一）学习动机的类别特征

就学习动机的内容和性质，可将学习动机分为正确的和错误的学习动机或高境界的和低境界的学习动机；就学习动机的来源远近和持续作用的长短，又可将学习动机分为间接的远景性学习动机或直接的近景性学习动机。在社会主义制度下，一切符合党和国家的要求，符合人民利益的学习动机属于正确的、高境界的学习动机。具有正确而高境界学习动机的学生，其对待人生目的、意义和价值的根本看法和态度是积极向上的，他们把在事业上做出成就，把为人类、为祖国和人民做出贡献看作是人生的目的，相当数量的大学生还把为共产主义奋斗终生看作是人生的根本意义所在。与此相反，一切违背党和国家的要求，不顾人民利益

或仅仅为了个人利益而学习的动机则属错误的、低境界的学习动机，具有错误而低境界学习动机的学生，其学习只是为了个人的飞黄腾达或把获得文凭当成一种谋取私利的手段。只是"为报答父母养育之恩而学习"的动机，虽然不属错误的学习动机，但其境界较低，尚有待于进一步提高。间接的远景性学习动机与社会需要相联系，是党和国家的要求在学习上的反映。具有间接的远景性学习动机的学生，他们把学习动机和科学的世界观、人生观和价值观相统一，对改革充满信心，有远大理想，有强烈的成就感、责任感、时代感和竞争感，政治坚定，精神充实，刻苦用功，积极进取，善于思考，奋发向上。这类学习动机形成过程较长，一旦形成便具有较大的稳定性和持久性，不易受外界因素影响，并在较长时间内发挥作用。而直接的近景性学习动机则与学习活动密切相关，是由学生对学习的直接兴趣、对学习活动结果的直接追求所形成的，具有易形成、易观察、易变化等特点。例如学习只是"为了报答父母养育之恩"或者单纯为了获得文凭而就业的学生，其由于受近景性学习动机的影响，学习热情不但不会持久，而且极易受到周围环境的干扰。

### （二）学习动机的影响因素

大学生的学习动机反映了社会和教育的客观要求，是一种重要的精神需要，当他们有了特定学习目标时便产生学习动机。当代大学生处于改革开放的现实生活中，其学习动机的形成必然受到社会条件的制约，同时也必然受到自身生理、心理和智力发展的影响。

#### 1. 社会存在和教育对学习动机形成的影响

社会因素的客观存在无疑会反映到大学生的头脑中，并直接影响学生的学习动机。诚然，改革开放的浪潮极大地鼓舞着青年学生，唤起他们的匹夫之责，激发着他们的学习兴趣。出于为祖国、为人民而学习科学文化、专业知识的学习动机，表现为热爱自己的专业，为将来能胜任本职工作和为祖国的"四化"建设做出贡献而勤奋学习，或为考取研究生、进一步追求真理与探索世界，为人类做出更大贡献而积极努力。但是，社会上存在的不良风气也会对大学生产生消极的影响。此外，学校教育和管理中的消极因素诸如"淡化政治""抱着走"等错误或传统的教育观念和方式，也是大学生学习动机不端、动力不足，难以"生动、活泼、主动"学习的重要原因。

### 2. 学习认识和领悟对学习动机形成的影响

对学习的认识和领悟，包括对学习内容和学习结果的认知两个方面。前者主要指大学生对所学专业的了解及其发展方向、发展前途的认识程度，后者是指大学生对所学专业的社会意义和能动作用的看法。大学生对学习的认识是确定学习目标的基础，它与大学生世界观和人生观的形成密切相关，是激发学习动机的因素之一。对学习认识正确而深刻的大学生，他们表现为对学习活动的积极参与，努力争取优良学习成绩和重视自己在所属集体中的存在意义。

### 3. 个体需要和兴趣对学习动机形成的影响

大学生身心的迅速发展，知识面的不断拓宽，会促使他们产生许多新的需要，与此同时，便会产生对某种事物的兴趣。这种需要和兴趣都带有主体的情感因素，如继续受教育的需要、受人尊重的需要、成为祖国有用人才的需要以及由此产生的对知识内容和对学习过程的兴趣等，都同学习动机的形成密切相关。当大学生通过努力学习能够达到或者经帮助而满足这些需要和兴趣时，就有可能产生正确的、高境界的学习动机。

### 4. 学习效果和体验对学习动机形成的影响

不同的学习效果会给大学生带来迥然不同的学习体验。好成绩或好效果会带来愉快的、令人鼓舞的积极情绪，容易引发更加积极的学习动机。反之，差的成绩或不良的效果则可使情绪消极和低落，而且多次出现则易使人学习信心不足、学习兴趣减弱或消失，最终可导致学习动机的削弱。

### 5. 教学内容和方法对学习动机形成的影响

学习过程是大学生学习动机形成的基础，教学内容和教师的教学方法、治学态度和个性特征都是影响大学生学习动机的直接因素。学习心理学研究证明，过浅或过深的学习内容都不能有效地激发学生的学习兴趣。只有那些适应学生水平、经过学生努力之后能够理解和掌握的学习内容，最能激发学习兴趣和学习动机。在教学过程中，教师渊博的专业知识、严谨的治学态度、生动的教学方法、流畅的语言表达以及融洽的师生关系，无疑是影响大学生良好学习动机形成的重要因素。

除此之外，家庭状况、人际关系、群体期望、行为规范等因素也无时无刻不在影响着学习动机的力度。

## 二、正确的学习目标，是大学生学习活动的指南针

爱因斯坦曾经说过："对于一个严肃认真的年轻人来说，尽可能准确无误地为自己确定所追求的目标，这是十分自然的事。"大学阶段，是青年学生为立志成才进行学习准备的关键时期，这一时期学习目标的再强化对于大学生未来能否真正成才具有特殊的作用和意义。

### （一）学习动机与学习目标互相作用

目标是人们活动所追求的预想结果。一般而言，需要能够引发动机，动机可以导向目标。动机和目标之间的关系是复杂多样的组合，同一动机可以有不同的目标，同一目标又可以出自不同的动机。例如都是出于为国家建设做出最大贡献，但由于自身的兴趣、爱好所异，有的人以当一名治病救人的医生为目标，有的则以做一名电力专家为目标。又如很多大学生以考取研究生为同一目标，但动机却彼此各异。有的是为了获得高智能、高文化文凭，以便将来为振兴中华做出尽可能大的贡献，有的则是为了不辜负父母的殷切希望，或者是为了获得更为可靠的个人生活保障等。

### （二）远景目标与近景目标有机结合

在一个长远的整体目标下，往往有阶段性或局部性目标。如当一个人确定以"高级专门人才"作为奋斗目标之后，不但应有大学学习阶段的奋斗目标，还应有每学期或每门课程的相应目标，甚至在能力训练和素质培养上也应建立明确的具体目标。同远景性动机和近景性动机相对应的是远景性目标和近景性目标。目标的心理功能有导向作用和激励作用，学习活动之前必须确定远景性目标和近景性目标，只有这样学习活动才能变得积极、稳定和有效。有些大学生只关心远景性目标，由此会导致好高骛远、学习浮躁和马虎敷衍。与此相反，有些大学生，对于学校和教师安排的学习内容虽然能认真刻苦地学习，但却没有建立远景性目标，此种学习充其量也只能是一种盲目性学习。如果说成才是远景性目标，那么优良地达到大学阶段的学习要求则是相对的近景性目标。大学阶段的学习目标应该是：在德、智、体、美、劳全面发展的前提下，养成勤奋进取的品格，形成合

理的知识能力结构，掌握严谨、辩证、灵活的思维方法，成为德才兼备的高级专门人才。其中"勤奋进取"属非智力因素。大量事实已经表明，许多有重大科学贡献的人主要并不是靠智力过人，而是靠勤奋进取而获得成功。

### （三）社会需要与个人需求完美统一

确定学习目标的依据主要应该是社会需要、个人志向和自身条件三个方面，其中社会需要是确立学习目标的根本出发点。大学生已不是天真的儿童，不能离开社会需要去谈个人志向，而个人志向又不能脱离自身条件。学习目标与社会需要、个人志向和自身条件相互关联，学习目标主要决定于个人志向，而个人志向又取决于社会需要和自身条件。志向水平高则学习目标高，但志向水平过高，目标实现不了，又会使动机减弱，效果必将适得其反。所以在大学阶段，应使社会需要成为大学生实现"理想需要"的优势需要，从而强化学习动机，充分估计自己的潜力，树立远大志向，又红又专，全面发展，为成为高级专门人才和为社会做出更大贡献做好准备。

## 三、严格的教育管理，是动机和目标形成的催化剂

高等学校应十分注意学生的学习动机和学习目标，按着培养目标帮助学生逐步和尽快建立正确学习动机和树立长远学习目标。

### （一）加强政治思想工作，开展切合实际的理想教育

高校的政治思想工作，是我党历来十分重视和特别强调的重要工作，并设有专门机构和人员从事此项工作。针对大学生的生理和心理特点，应积极开展多层次、多形式的理想教育。这种教育绝不能囿于"理论加故事"的形式，而必须同我国发展社会主义商品经济和进行改革开放的现实工作任务密切结合，尤其要正视改革开放和经济发展过程中出现的问题以及遇到的艰难曲折，讲清社会发展对当代大学生成长的全面严格要求，使学生的心态由优越感和安全感转变为危机感和紧迫感，使之看到自身在各方面与时代发展要求的差距，激励学生奋发学习。要针对目前社会生活中的某些腐败现象对学生思想的不良影响，积极进行正面教育和疏导，使学生真正认识到社会历史是一个辩证发展的过程，要看到我国社会发展的大趋势和主流，把理想和现实紧密结合起来，变消极心理为积极心理，激

励他们主动自觉地为祖国、为人民刻苦学习，学好本领，立志成才。

### （二）加速教育改革步伐，努力培养合格的"四有"人才

高等教育应该从只注重学生知识的学习与积累转变为既注重知识的学习与积累，同时又注重学习方法的掌握和运用。一个大学生，在校生活过程中，无论他如何刻苦勤奋，所学的知识总是有限的。如果能够掌握有效获取知识的学习方法，在将来的实际工作中，他就可以不断获取所需要的新知识和新技能。在教学过程中，特别要注意将"填鸭式"教学转变为"启发式"教学，做到教学结合和教学相长。

随着时代的进步，"教育"的含义已经在空间上得到扩展和时间上得以延伸。教学也不再仅仅局限于课堂讲授，它理应包括组织和动员学生投身于多种实践性社会活动，这对培养学生正确的学习动机和树立远大的学习目标具有非常重要的意义。如可由学校、系部组织学生利用假期到各地区、各单位进行深入的社会调查，提交调查报告或实践总结，院刊和学报也可开展相应的专题征文竞赛活动。我校已蓬勃开展的"科技之冬"就是一个非常得体的学生第二课堂，这可使学生具体地了解本系和本部门的实际情况，了解专业的发展趋势和社会对人才的需要，有利于学生进一步明确社会实践的目的，强化学习竞争意识，从而激发和产生更大的学习动力。

### （三）注重采用科学方法，不断激励学生的学习动机

目标激励，就是以远大的目标激发学生建立正确的学习动机，使他们产生刻苦自觉的学习行动以达到既定学习目标。目标激励可运用目标管理得以实现。某些学校的经验表明，目标管理是大学生远大目标和现实目标结合的最佳方式，是理想教育的有效途径。青年学生寻求目标、确定目标和实现目标的过程，也是自我约束、自我调整、自我教育和自我完善的过程。一个人当近期目标实现后，就会因目标的实现而振奋，并产生向更高目标奋进的强烈愿望。因此，目标管理过程是低层次学习动机向高层次学习动机的转化过程。同时还可采用榜样激励和对比激励，即通过英模的事迹报告，在英模的力量感召下，不断端正学习动机，发奋学习，立志成才，或通过新旧社会对比、十一届三中全会前后对比、社会主义同资本主义对比，使广大青年学生坚信中国共产党和社会主义制度，坚信马列主义和毛泽东思想，坚信改革开放一系列方针政策的正确性，认清国情，明确责任，

增强使命感和责任感，从而激励他们努力学习、刻苦钻研、开拓创新，成长为党和人民所希望的"四有"新人。

迟玉杰，李庆章★.大学生的学习动机和学习目标.高等农业教育研究.1992,（1）:57-60，65.

# 当代大学生的知识能力结构与素质

从我国当前高等学校的教学情况来看，对学生智能培养的工作远远不能令人满意。由于受传统教学理论的影响，不少教师往往把提高教学质量片面地理解为增加知识的分量，而忽视了大学生智力、能力的开发和培养。教师照本宣科、"填鸭式"的教学方法和学生死记硬背、应付考试的学习方式相当普遍。虽然近几年来，随着教育质量的提高和招生制度的逐步改革，知识和能力结构较好的学生数量确有增加，但所占的比例仍然较小。学生毕业后能尽快适应工作需要，发挥各自的知识优势，促进科学技术转化为生产力，是高等教育的关键所在。因此，高等教育在传授知识的同时，必须十分注意加强学生能力的培养。"授之以鱼，不如授之以渔"讲的就是这个道理。

## 一、当代大学生的知识能力结构

按心理学与教育学的观点，知识是人们在感知、适应和改造客观世界的实践中所获得的认识或经验的结晶，是客观事物的运动规律在人的主观意识中的反映。能力是人们能胜任某项任务的主观条件。"结构"是系统工程学中采用的概念，教育领域借助这个概念来探讨教育科学中的一些规律。每一个事物都是由若干要素组成的系统，组成系统的各要素之间存在着不重复和相对不变的联系，即系统的结构。

### （一）当代大学生的知识结构

所谓知识结构是人们所具备的各种知识按照一定的框架组成的整体，各种知识在这种结构中静有其位、动有其律，从而最大限度地发挥作用。知识结构包括各种知识的比例，相互关系以及由此形成的整体功能。

一个大学生的知识结构应当包括三个组成部分。一是宽厚而扎实的基础知识。这里所指的"基础"，不仅包括适应各种专业所必须的基础，而且含有相邻学科和有关文理渗透的基础。在当前要十分注意避免过分强调扩大知识面，而影响奠定宽厚而扎实的基础。二是稳固的专业基础知识。专业基础知识是作为一个未来的高级专门人才应具备的基础知识，它决定一个学生成才的方向，这个基础打不好，就难以在某个专业上有所造诣。三是精深的专业知识。它包括专业学科的概念体系、理论体系、研究工具、基础资料等，它是从事业务工作和科学研究的资本和先决条件。从我国的国情出发，高等学校各个专业都是为社会培养高级专门人才，因此学生在校期间必须学习和掌握精深的专业知识，了解本学科的国内国外最新科学成就。

基础知识、专业基础知识、专业知识是各级各类大学生必须具备的知识结构。三者的具体内容虽然随各专业的培养目标而异，但三者应共同形成一个宝塔式的有机知识整体，专业知识处于这个知识宝塔的最高层次。大学生要建立科学的知识模型，就必须优化自己的知识结构，注意广博性和精深性的结合、理论性和实践性的结合、静态性和动态性的结合、个人爱好和国家需要的结合，真正建立起最佳的个人知识结构。然而，有些大学生只注重专业知识的学习，对基础知识和专业基础知识的学习不感兴趣，他们把学习基础知识看成是一种负担，平时不用功，考试只求及格，所以在专业知识学习中遇到许多困难。结果是基础知识不扎实，专业知识没学好。也有些大学生学习虽然刻苦，但知识面只局限于所学的教材，很少涉猎有关的参考书，更谈不上与其相渗透的学科内容，以致知识面窄，学习不能触类旁通。

### （二）当代大学生的能力结构

大学生是各种社会人才的后备力量，要使自己尽快成才，不仅需要学习和掌握各种知识，还应当使自己具备一些基本能力。大学生在校学习期间主要应该具备以下几种能力。

#### 1. 认识能力

即认识世界、获得感性知识的能力。认识能力包括观察力、注意力、记忆力、感官的反应力、自学能力等。大学生应该注意培养自己具有良好的观察习惯和观察品格，发掘和锻炼自己的记忆力，学会良好的记忆方法，提高自身的学习能力。实际上，多数学生这类能力较差，死记硬背，不善于自己学习和独立思考。在进行标本观察、实验操作等方面疲于应付，粗心大意，有的甚至实验完毕仍不知实验的目的、观察的内容和掌握的重点。所以，大学生的认识能力应重在独立获取知识的能力、独立钻研的能力。

### 2. 思维能力

即加工感性材料，使之上升为理性认识，形成概念，从而把握事物本质和规律的能力。思维能力包括分析、综合、抽象、概括、判断、推理、想象能力等，它是智力结构的核心，是大学生成才最重要的智力因素。思维的品质主要有以下七个方面：①广阔性：善于把握个体，全面地思考问题；②深刻性：善于深入事物的本质，掌握事物的发展规律；③独立性：能独立地提出问题和解决问题，具有独到见解；④敏捷性：能迅速抓住事物的本质和发展时机，做出正确选择；⑤批判性：善于分析事物的利害关系，有批判的眼光，敢于接受实践对自身的检验；⑥灵活性：思路广，计谋多，能随机应变；⑦逻辑性：思路清楚，考虑问题周密、严谨。一些学生基本具备了这种能力，能够把所学的知识进行分析、判断并总结出每一学科各章知识之间的规律性，抓住重点，攻破难点，通过良好的记忆使其成为自己的东西。但也有部分学生缺乏一定的思维能力，刻板学习，结果只知其然不知其所以然，学到的知识也只能是支离破碎，缺乏规律性和系统性。

### 3. 实践能力

即运用已经掌握的知识和技能，解决实际问题和进行科学技术开发的能力。实践能力包括实验、计算、操作、组织以及表达能力，这一能力也是最重要的综合能力，是检验成才与否的重要标志。大学生应当高分高能，特别注重动手能力的培养。而绝大多数学生恰恰在这方面欠缺，他们只注重教科书中理论知识的学习，忽视实践教学（包括实验、作业、课程设计、实习等）、毕业设计或毕业论文这两个环节。课堂教学着重培养学生的理论思维能力，实践教学则重在培养学生的实践研究能力。学生可以通过实践活动培养自己发现问题和解决问题的能力。例如，学生下厂（场）实习，将学生置于工程技术或田间耕作的实际环境中，可以仔细观察、发现问题，把学校里学到的理论知识拿到实践中去检验。毕业设计或毕业论文是全面训练学生科学研究能力的重要环节，学生在这个环节中需要不断地调整自己的知识结构，通过大量查阅最新的文献资料和使用在实验研究中获得的大量信息充实自己，更新自己。

### 4. 创造能力

一提到创造能力，人们常常会想到发明家、科学家。其实创造力人皆有之，只不过有些人的创造力还属于潜在创造力，而没有被挖掘和显现出来。实际上，创造力就是使创造性思维物化的能力，它是人的心理活动在最高水平实现的横向综合性能力，是由诸多横向综合效力组成的具有创新功能的结构系统。创造能力，重在发展思维的批判性。善于"生疑"，而后"思疑""解疑"。善于从不同方面进行求异性的发散思维，思路开阔，富于联想，从多方位、多角度、多手段、多学科去考察和反映事物，不迷信别人，不盲从已知，不墨守成规，敢于突破框框，敢于标新立异。高等学校培养出来的人才，不仅要有广博的知识、独立工作和进行创造性活动的能力，而且要有建设现代化祖国的责任感和事业心。要实现这一目标，应鼓励大学生参加科技发明创造活动，使学生在活动中受到教育，得到锻炼和提高。

## 二、当代大学生所应具备的素质

素质是人的品质特征的深层内蕴。大学生的素质是大学生个体品质诸要素的总和，它包括大学生的遗传特征、心理类型、科学文化水平、知识结构、思想觉悟、道德修养、审美意识等。对于当代大学生来说，应该具有坚定正确的政治方向、强健的身体、充分发展的智力、扎实过硬的技能、高尚的道德、高度创造能力、强大自控能力等全面发展的身心素质。

### （一）大学生素质综合评价的原则

#### 1. 方向性原则

即坚持德、智、体全面发展的方向。以前也讲全面发展，但由于只有智育的考核，学生中普遍存在重智育、轻德育和体育的思想。实行综合评价，就是要改变这一状况，不仅在智育（包括能力）方面，而且在德育（包括美育）、体育（包括身体素质、形体）方面都要进行考核评分，促使学生按照德、智、体、美、劳全面发展。

#### 2. 教育性原则

综合评价不是目的，而是促进大学生德、智、体、美、劳全面发展的手段。

综合评价的过程也是思想教育过程。因此，自始至终要体现立足于对学生的思想教育。

### 3. 目的性原则

是指某评价活动必须在特定评价目的指导下去实施。综合评价活动是为完成教育目标服务的，是提高教育质量和管理水平的基本环节。因此，评价不能偏离教育目标。

### 4. 规范性原则

就是既要对学生要求规范化，也要对考核评价规范化。学校要制定切合实际的对学生在德、智、体、美、劳各方面的要求，如培养目标、教学计划、学生行为准则、规章制度等，制定各项考核的内容、指标、办法、评分标准。这样，学校在学生管理和培养中才能有章可循。

### 5. 全面性原则

综合评价要综合学生的一贯表现，全面地、发展地看待一个学生，不能看一时表现，更不能抓住学生某些问题不放，而要着重看主流、看现实表现。这样可促使学生有则改之，无则加勉，在综合评价中取得好分数。

### 6. 可测性原则

对学生进行德、智、体、美、劳教育的范围比较广，在综合评价时，既要考虑到各方面的因素，又要考虑到这些因素的可测性，力戒抽象、烦琐，选择主要的、能定量计分的内容和项目。

## （二）当代大学生应该具备的素质

### 1. 思想道德素质

（1）理论素质

是指学生在马克思主义基本理论、道德科学理论、法律理论等方面的素质。学校开设一系列政治课的目的是为了提高学生的理论水平和政治观念。因此，各门政治课的成绩应作为理论素质考核的指标。

（2）政治素质

是指学生的政治立场、政治方向、政治态度和反和平演变以及在政策水平方面的素质。培养学生良好的政治素质是学校德育的主要目标。

（3）思想素质

是指学生在理想、事业心、实事求是、纪律性等方面具有的先进性素质。学生思想素质的高低对学生的成才以及今后的工作态度、工作作风有着密切的关系。

（4）道德素质

是指学生在道德观念、道德境界、道德行为等方面的素质。社会主义高校培养的学生应该具有良好的道德品质。

## 2. 文化科学素质

大学生文化科学素质包括完善的知识结构、智力结构和技能结构。大学生文化科学素质主要是指知识学习和能力状况。这就要求学生必须掌握牢固的基础理论知识，使自身的智力、能力、才能在掌握知识的过程中得到发展，否则发展智能就成为无源之水、无本之木。同时，掌握知识和运用知识必须具有一定的智力和能力，智能的形成和发展反过来促进知识的增长。知识的积累与智能的发展是一致的，但有了知识不等于就能发展智能。所以，教师在教学过程中要按照智能发展的规律培养学生的智能，使学生具有一个优化的知识与能力结构。

## 3. 身体心理素质

（1）身体素质

身体是一切智能活动的重要保证，大学生身体素质评价的内容包括体育课成绩、达到《国家体育锻炼标准》成绩（简称达标成绩）、课外锻炼成绩、健康与形体状况、体育附加分（各种比赛等）五个方面。因此，大学生应懂得体育基本理论知识和运动生理卫生知识，具有健全和健康的体魄。

（2）心理素质

大学生应善于同外界沟通，视野开阔，活动范围大，对生活充满自信心，情绪乐观稳定，意志坚强，具有正确的自我意识，能正确地对待和摆脱学习生活中遇到的挫折。

迟玉杰，李庆章★.当代大学生的知识能力结构与素质.高等农业教育研究.1994，（1）：17-20.

# 传统性学习与创造性学习

学习，是活着的有机体普遍存在的现象，是有机体适应环境的手段。动物主要依靠遗传的本能适应环境，而人类则主要依靠学习来适应和改造环境。教学过程中学生的学习活动作为人类学习活动的一种特殊表现形式，除具有人类学习活动与动物学习在学习主体的自觉性、学习内容的社会性及学习过程的创造性方面的本质区别外，还具有明确的目的性及计划性、明显的受控性及学习过程程序划分的特殊性等特点。学生的学习过程本质上是由不知到知，由知之不多到知之较多的认识发展过程，是学生身心获得全面发展的过程，是远比一般认识过程更为复杂的人类特有的活动方式。研究并揭示学习过程的特点及规律，探讨不同的学习方式、不同的学习个性和品质对学习效果的影响，对促进教学活动，为实现"四个现代化"培养大批合格的新型人才无疑具有非常重要的意义。

## 一、传统性学习

传统性学习是以在现有知识范围内培养模仿和解决同类问题的能力为特征，以学习、了解、接受和积累现有知识为学习目的的一种保守维持性学习方式。不容否认，这种学习方式在继承前人的知识方面有其有效性，但也应看到这种传统的学习方式确实弱化了学习者自身的学习积极性、主动性及创造性。在传统性教学活动中，首先是"以教师为中心"，先生讲，学生听，古往今来，天经地义。教师课程讲授通常是向学生注入无须再咀嚼的知识营养；学生是等着吃，给什么吃什么，给多少吃多少。即便是带着一定进取精神进入大学的学生，由于上课记笔记、课后对笔记、考试背笔记的呆板学习，使之疲于应付，亦觉兴味索然。其次是"以教材为中心"，先生怎样教，学生就怎样学，先生教什么，学生就学什么。学校用统一教材与智能各不相同的学生进行"配套"。实验课也往往流于"照方配药"，学生机械地重复和模仿。学习效果的验收（考试、考查等）也是单一依教材内容为准。再次是"以课堂为中心"，学生主要限于课堂学习，理论学习和实际应用脱节。

莫里斯·L.比格在其《学习的基本理论与教学实践》一文中曾批评传统教育中"教的工作，是'教者'告诉学生怎样做并做给他们看。当'学习者'做得好的时候，就夸奖他；当做得不好的时候，就申斥或者惩罚他。一个教者只不过用他自己在儿童或青年时受教的那种方法去进行教学。"而学生，则处于被动的、消极的保守维持性学习活动中，缺乏积极性、主动性和创造性。可想而知，这样的学习活动，其学习效率与学习张力是很不相称的，更难侈谈什么"事半功倍"了。

## 二、创造性学习

### （一）创造性学习的提出

创造性学习是新技术革命的需要，是教育现代化的需要。在卷帙浩繁、信息如流的现代社会中，科学技术的发展日新月异，并不断地向社会各个领域进行渗透。科学技术的发展速度要求现代科学技术人才不但知识水平高、知识面宽，而且富有创造精神。传统的学习和研究方法已经远远不能适应科学技术的飞速发展。据研究证明，在现代社会中，一个人的知识只有10%靠从学校的正规教育获得，而其余90%的知识，要从工作实践和职业学习中获得。第二次世界大战以前，一个大学生获得的知识可以应付一辈子，而现在的大学生，工作五年以后专业知识已陈旧一半。一个人要想不断获得新知识，以适应社会发展的需要，就得进行终身学习。教育是科学技术的基础。现代教育要求，学习而又能创造才是学习的真谛。许多人学习只是满足于简单的求知欲，没有把学习看作是提高主观世界，改造客观世界的创造过程，他们的创造力被闲置了。托尔斯泰曾告诫说："如果学生在学校里学习的结果，是使自己什么也不会创造，那他的一生永远是模仿和抄袭。"这是多么严重而可怕的结局！所以，新的思维方法及研究方法，创造性学习及工作的本领是现代人必不可少的特征。

### （二）创造性学习的范畴

创造性学习是指在思想和行动上与不断出现和不断变化的新情况协调一致的学习方式。我们知道，学习过程一般来说，是以掌握知识、发展知识的能力为基础的身心全面发展的过程，或者说是以认识为基础的知、情、意、行与个性品格统一发展的过程。因此，进行创造性学习，关键在于学习者的创造精神，即学习者应首先不断加强创造思维、创造个性、创造意识、创造动机等创造性心理品质的培养，积极能动地、有意识地进行学习活动。

创造性学习具有两大不容忽略的特征，詹姆斯·博特金等人在《回答未来的挑战》一书中称之为预期性和参与性。实际上，所谓预期性学习，其本质就是有选择地对未来可能出现的事件或需要做出足够的考虑，并为应付这些事件或需要预先做好知识准备。这样，创造性学习的个人即可以群体的方式影响或决定一些预期的事件，它展示了人类影响和控制未来的内在责任感。在学生的学习活动中，创造性学习的预期性首要的是学生要主动地了解学校的培养目标、自己的专业方向和社会需要，了解本专业的教学计划、课程设置及内容，并以强烈的社会责任感和自我意识去考虑在学习活动中自己所应采取的态势，以及自己在"面向四个现代化、面向世界、面向未来"，具有定点纵横、面体延伸关系的学习活动中所处的重要地位，以决定自己在学习活动中所应把握的准确节律，或急或缓，或快或慢，或疏或密，或张或驰，着眼于大，入手于微，适适恰恰，避免太过或不及，做到学前即"预"。所谓参与性学习，强调的是问题的发现、觉察、提出、理解和解决的共同性，而不是简单地接受现成的结论、定义、公式和定理。参与的权力和学习的权力是完整地联系在一起的。就教育系统而言，"以教师为中心"，即老师讲学生听这种方式，通常缺乏参与性。参与性就是扮演角色。在学生的学习活动中，就是要把自己放在学习主体的位置上，克服对教师的依赖性，改变学习的被动态度。如果受教育者对社会、对培养人的需要有足够的了解，明确造就创造型人才的规格，在学习中选择的内容适当，采取的方法有效，那么他的创造性学习能力就强，就能较好地适应社会及未来的需要。否则反之。

### （三）创造性学习的条件

既然创造性学习是以研究知识为基本方式，以深入发掘知识和发展知识为根本目的，那么创造性学习必然具有如下心理及行为上的基本条件。

#### 1. 创造思维

创造思维的形式是什么？创造思维是个人在已有知识和经验的基础上，遵循形式逻辑和辩证逻辑提供的思维规律、思维形式和思维方法，是有所发现、有所发明、有所前进或有所突破的思维活动，它从根本上反映了人的智力发展。客观事物的复杂性，构成事物客观因素的多样性，以及事物之间相互依存、相互制约的特征性，从而要求我们解决问题的思维要具有目的性、多极性、非凡性、预见性、敏锐性、指向性、系统性、整体性和透彻性。运用创造思维，要善于把学习和理解的东西举一反三，善于用获得的新知识去揭示和解决更新的问题。

2. 创造个性

在学习活动中，创造个性最重要的是要有较强的独立性，要珍视自己的独到见解。尽管其中不乏虚谬，但创造亦孕育其中。清代学者袁枚说过："平居有古人，而学力方深；落笔无古人，而精神始出。"即学习时要尽可能吸收前人的知识，但还必须标新立异，超过古人。独到的见解来源于两个方面：一是对书本或前人的知识有刻意理解，见识高人一筹；二是在强烈的创新意识激励下，潜心钻研的结果。两者往往互相作用。爱因斯坦在谈到自己是如何创造时说过："我自己侥幸发现了一些东西，例如相对论的建立，这我可以解释为由于我多少保存了一些感到诧异的能力，当绝大多数物理学家从学校教育出发继续前进，完全不加怀疑地使用牛顿的空间和时间的公式时，我却尝试着对它不信任，重新来考虑全部问题。"由此可见，凡是不满足于现成结论，善于独立思考的人，他的创造力就强。

3. 创造意识

学习活动是有意识的活动，即在活动之前就意识到活动的目的、任务、所期待的结果以及社会意义。在创造性学习活动中，创造意识主要表现为注意的集中、动机的明确和对成功的追求。创造性学习要求注意的范围具有全面性。既要善于把注意力集中到探求的事物，又要顾及其他的事物；不仅要留意主要的问题，还要留意次要的问题；不仅要注意正常的反映及变化，还要注意反常现象；不仅要善于观察，还要注意类比、注意思考，因为这样才能使观察时的注意力更加集中、更加深化。科学家普遍认为"留意意外之事"是创造性学习的座右铭。此外，创造性学习要求善于注意细小的线索，因创新往往是通过最细小线索的注意而产生的，最微小的线索背后往往潜伏着巨大的突破。

创造性学习的动机是推动学生进行创造性学习的内在力量，是激励创造性学习的一种心理状态。学习的动因一是来源于对学习的认识，二是来源于对学习对象的兴趣，但认识和兴趣本身不是动机。由于学生对创造性学习有了认识，有了兴趣，从而产生一股推动学生进行创造性学习的内在力量，这力量才是动机。学习动机是推动学习的原动力，其机能有三：即启动学习活动的机能、使学习活动不断持续的机能和把学习活动引向一定目标的机能。因此，学习动机强而正确，学习劲头就足，学习决心就大，学习效果就好。有的心理学家把动机又分为"成功的动机"和"回避失败的动机"两种，前者指运用自己的才能，克服障碍，完成任务，做出比别人优异成绩的动机。而科学家的创造活动、学生的创造性学习的目的，总是避免失败，追求成功的。创造型学生在学习活动中，应注意培养和发挥自己的能力，勇于克服困难，加强主观的努力，并善于利用机遇，就一定会获得学习的成功。

### 4. 创造欲念

欲念是心理现象。对科学知识的热爱，对真理的追求，对缺乏可靠证据的怀疑，对未预料到的现象表现的惊奇，对尚不理解问题的探求，都是强烈的创造性学习欲念的表现。人们对客观世界的认识，"信"是相对的，而"疑"则是绝对的。在学习过程中，学生获取知识、认识客观世界，也是遵循这条规律进行的。学则生疑，知则生疑，追求"无疑"是办不到的。所谓"疑"，心理学上就是对客观真理的探求，并加以评价的体验。学生在考虑自己认识的正确性是否可靠时，会产生疑；对教师、书本的论证缺乏可信的、足够的论据时，也会产生疑；对某一事物突然出现矛盾和问题又不理解时，还会产生疑。"疑"在学习中无处不见。巴甫洛夫说过："怀疑是发现问题的设想，是探索的动力，是创新的前提。"疑对具有正确观点、意志坚强的人，是进一步探索真理，进行创造性学习的动力。因此，对前人的理论和学说，一要善于学习，二要敢于不信，三要能够找出怀疑的理论依据。要敢于不信老师讲的就都那么一定正确，不信教科书上写的就都那么一定可靠，不信科学家的定理、定律就都那么十全十美、完整无缺。有了这不轻信本本，不迷信权威的精神，学而不轻信，问而不迷信，就敢于议议、查查、评评古今中外的名著，就敢于纠正、推翻某些论断，就敢于补充、发展某些学说。缺乏这"三敢"恐怕还不能算是一个富于创造、出类拔萃的人才。

### 5. 创造意志

美国著名物理学家、哈佛大学教授富兰克·奥本海默博士说过："缺乏创造力的人，往往什么都懒得干，其实是剥夺了自己增长才干的许多机会。"如果一个人思想懒惰，这是非常可怕的，即不但无益于个人，也无益于社会和国家。立志从事和献身于科学事业的人必须具有坚强的意志。坚强的意志是以批判性、固定性、坚持性和果断性为特征的，培养坚强的意志，要从培养广泛的兴趣、顽强的毅力和良好习惯开始。创新与兴趣总是紧紧地联系在一起的。兴趣，它可以促进学生去攻读、去钻研、去设想、去探索。兴趣广泛会促进学生掌握多方面的知识，会促使学生形成多方面的能力。创造性学习需要决心、行动和顽强的毅力。毅力是指向一定目的坚持行动的能力，它是根据目的来组织行动，不断顽强地克服各种困难，来实现目的。克服障碍的顽强精神、不怕挫折的坚韧性和持之以恒的耐性乃是毅力的特征。任何成绩都不是信手拈来，一蹴而就的，而是耐心琢磨的产物。"非学无以广才，非志无以成学"，锲而不舍，金石可镂，具有百折不挠的坚持精神，才可望掌握深奥的科学文化理论，突进到创造性学习的腹地。创造性学习又需要良好的习惯来保证。习惯是由不断重复的意志行动而形成的熟练的、不加思考的、随意的、"自动化"了的活动。习惯了的不一定都是好的，不习惯的不一定都是坏的，随着社会的前进和科学的发展，生活、学习、工作要求人们不断地改变不良习惯，迅速地适应新情况，养成新习惯，这是创造性学习必须具备的心理品质。

### 6. 创造行为

目前，有些科技工作者提出了"知识单元"的概念，认为创造性学习的能力，就是提出新的"知识单元"和调动"知识单元"重新组合的能力。也就是通过联系和综合，从而发现新的事物和新的研究领域的能力。古老的力学和古老的地质学，数百年来无人看出它们之间的内在联系。然而，我国著名的科学家李四光却独具慧眼，通过大量研究把力学与地质学巧妙地"组合"，产生了地质力学的崭新成果。英国科学家普列斯特列说："任何进步都是由于接受了某些假说，即对自然界某些作用的环境或原因的猜测。因此，凡是能自由想象并把互不相干的各种观念结合起来的人，就是最勇敢、最有创造性的实验者。"应使学生真正懂得，学习不在于知识本身，而在于把知识作为创新的阶梯。

应该着重指出，创造性学习需要有一个良好的"气候"，即需要造成一个有益于创造性学习的教育环境，而至关重要的条件是教学空气的和谐和消除对立情绪，具有创造型人才（创造型教师与创造型学生）生根、开花、结果的肥沃土壤、充足空气和阳光。这里需要说明的是，"传统性学习"不能也不应由"创造性学习"简单地取而代之，也不排斥其他教学方式在学生学习过程中的作用，前者在继承前人知识方面仍然有其实用性、有效性和必要性。但也应该看到，今天传统性学习的有效范围和效果越来越小，我们必须致力加强创造性学习的教学实践活动，努力在新的和传统的学习方式之间寻求新的平衡。爱因斯坦说过："由没有个人独创性和个人志愿的统一规格的人所组成的社会，将是一个没有发展可能的不幸的社会。"使学生认真地学好前人留下的知识，而又不受这知识的约束，敢于另辟蹊径，又能言之成理，持之有故，这是学校教育的一项重要任务。

培养创造型学生，进行创造性学习活动，应该尽快实现"三个为主，三个转移"，即以学生为主体，以教师为主导，以课堂为主轴；由单纯传授知识转移到打好基础、培养能力、发展智力方面来，由单纯研究教师怎样教转移到重点研究学生怎样学方面来，由单纯教学生"学会"转移到学生"会学"方面来。这样，我们的教育就会焕发生机，充满生气，我们的教育才能承担起培养和造就新时期需要的新型创造人才的重任。

李庆章，曾庆恒，李松梅．传统性学习与创造性学习．高等农业教育研究．1987，（1）：13-17.

# 专业论

## 东北农业大学动物医学专业综合改革的探索与实践

东北农业大学动物医学学科是我国学科门类最全，集一级学科博士点、博士后流动站、省级重点学科和国家级重点学科于一身的学科点之一，具有密集的重点学科群、雄厚的博士生导师阵容、高层次的师资队伍等特点，在国内有着较高的声誉，在国际上也具有一定的影响。自创建以来，在本科生培养方面始终坚持动物医学专业五年制教育不动摇，已逐渐形成一套独具特色的教学体系与模式。

在 20 世纪 90 年代初期，动物医学专业招生和就业形势曾一度不够景气。全国各农业高等院校兽医专业纷纷从五年制改为四年制，因此不得不减掉许多应该开设的专业课程，尤其是大量削减了实验课程和实践教学的时间。动物医学专业同人类医学专业相类同，在学科性质、专业特点、课程体系等方面都具有实践性和技能性非常强的特点，即使五年制的毕业生，也很难满足临床工作对他们所学知识和动手能力的需要。由于减少一年的学习时间，使学生很难在有限的时间内保质保量地完成应学的课程，更难以完成该专业所要求的临床实践和动手技能培养，毕业生质量明显下降。东北农业大学动物医学学院根据动物医学专业的实际办学要求，认真借鉴国外兽医学专业人才的培养经验，在全国其他院校动物医学专业陆续改为四年制的情况下，只有东北农业大学始终坚持五年制教育不动摇。

多年的实践证明，教育必须尊重教育规律，这是不以人的意志为转移的。动物医学专业的性质和特点决定了该专业需要更长时间的学制，有更多的实践锻炼和动手机会，国外的兽医专业首先要读 2—3 年的预科也证实了这一点。随着学科的发展和社会对毕业生的认可，目前国内许多学校尤其是"211 工程"建设院校和有一级学科博士点的学校，又先后将动物医学专业重新改为五年制教育。东北农业大学动物医学专业在新的形势下获得了先机，但我们并没有因此停留在五年制教育的前提下沾沾自喜，而是针对我国市场经济高度发展对专业人才的社会需求，围绕新世纪以来社会对动物医学专业人才类型和特点的新要求，为培养适应社会发展为目标的动物医学专业人才进行了综合改革。

# 一、教育思想的变革与教学体系的创新

## （一）摒弃陈旧的教育思想

东北农业大学动物医学学院根据动物医学的专业性质、专业特点、课程体系、教育规律和多年的办学经验，积极借鉴国外兽医学专业人才的培养模式，进行了数年的教育思想大讨论。针对以往基础课教学"抱着走""学了才会，不教不会"，临床课教学"教师干，学生看""学生毕业尚不会看病"等诸多弊端，牢固树立培养"基础理论宽厚，专业技术过硬，实际临床会看病的动物医生"为目标，实施了全面教学改革。

## （二）创建崭新的教学体系

### 1. 完善教学计划

结合教育部《新世纪动物医学专业五年制培养方案的改革与探索》和《高等农林院校动物医学类本科人才培养方案及教学内容和课程体系改革与实践》研究项目，契合"721"培养模式和医教结合模式，以及综合性大实验等教学改革，利用95级学生只有一个班的有利时机，及时制定了过渡性教学计划，推进新的教学计划切实得以实施。经过三次全面修订，教学计划不断得以完善，使学生在规定学制内按照现有教学计划必须完成必修课、实验课、教学实习和毕业实习、模块选修课等全部教学过程，充分体现了教育部对本科生培养目标的要求。

### 2. 改革培养模式

在动物医学专业本科生培养的改革中，总会遇到许多棘手的问题，需要不断解决，才能使改革顺利进行，而解决矛盾的过程就是发展的过程。面对新的形势需要和培养要求，培养模式必须随之改变，以保证培养目标的实现。

（1）"721"培养模式

为很好化解应届毕业生就业择业和毕业实习的时间矛盾冲突，为提高学生的实践动手能力和保证毕业实习的连贯性，有利于学生及早进入工作状态和择业后的专门化培养，我们实施了"721"培养模式。即以七个学期学习主干课程，八、九两个学期安排连续实习，第十学期根据学生择业自愿，分别开设了兽医临床、饲养与饲料、分子生物学技术和动物药学四个专业方向选修课模块，旨在动物医学专业培养的基础上，强化有关专业方向以适应将来的实际工作需要，保证就业的方向性和实用性。

（2）医教结合模式

结合教育部《面向21世纪动物医学专业教学内容和课程体系的改革》研究项目，1998年始实行临床各教研组与临床教学医院进行"医教结合"，使临床课教师既能完成课堂授课，又参与兽医院临床诊疗，使青年教师显著增强了临床实践能力，能更有效地指导学生的临床实习。同时也为学生临床实习提供了足够的空间和时间，创造了浓厚的实习氛围，加强了学生的实践技能和动手能力，大大地提高了教学效果。

### 3. 优化课程体系

结合教育部《面向21世纪动物医学专业教学内容和课程体系的改革》、省教育厅《黑龙江省动物医学专业五年制本科生实验教学和实习基地建设的改革与实践》等教学研究项目，在完善动物医学专业五年制教学计划的前提下，对课程体系进行了为期六年的改革工作，并已完成评审和验收。针对"宽口径、厚基础、高素质"和重视实践技能和动手能力等培养要求，1—7学期组建基础兽医学、预防兽医学和临床兽医学三大课程体系，集中开设主干课。以培养学生临床工作能力、增加就业适应性等高素质为目的，同时设置60余门选修课，扩大选修课范围。专业培养方案分为公共课程、基础课程和专业基础课程、临床课程、临床实践、模块选修课程五个教学阶段进行。

### 4. 更新教学内容

科学技术发展迅速，日新月异，动物医学作为消化现代科学技术最为集中的领域之一尤显突出。随着现代科学技术的进步，我国动物医学专业原有的教学内容，不论是专业基础课还是专业课都呈现出部分陈旧甚至严重落后的面貌，及时更新教学内容已成当务之急。在教学过程中，积极发挥教师的主观能动性和改革积极性，一方面妥善更新已经滞后的专业基础理论，另一方面全面更换应该淘汰的实验教学设备，代之以已经成为硬核知识的新理论和先进适用的新技术，使理论课教学和实验课教学焕发出前所未有的生机和活力。

### 5. 改进教学方法

随着教育技术的不断更新与发展，改进教学方法，采用先进的媒体技术，大大提高了教学进度和教学效果。一是讲授内容完全实现了以 PPT 技术为基础的电子讲稿，二是实验技术普遍采用徒手演示和视频演示相结合，三是多数课程建立了网上学习平台。由于教师把电子讲稿拷贝给学生，结合网上学习平台的多种学习资源和网上答疑，实现了学生和教师之间课内课外的广泛联系和教学互动，极大地方便了学生的课外学习和复习。使一些原本比较枯燥乏味的课程因而变得生动有趣，普遍提高了教与学的热情。利用视频同步传输网络同时进行多班的实践教学，进行同步录制，建成资料库，不断积累形成系统的教学档案和教学资料，还为"本－硕"连读班实践教学提供了高质量的条件与环境。

### 6. 推动教材建设

为促进动物医学专业本科生教学质量，我院教师积极参与教材建设和教材编写，先后主编和参编十余部全国高等农业院校统编教材和"面向 21 世纪教材"。其中《兽医外科学》《兽医临床诊断学》《兽医临床诊断学实习指导》为主编单位，《动物生物化学》《小动物疾病学》《动物食品卫生检验学》等为副主编单位，《兽医药理学》《兽医外科手术学》《家畜寄生虫学》《兽医病理学》等为参编单位。同时，"九五"期间，我院教师还主编了《兽医生物制品学》《生物化学》《兽医微生物学》《动物免疫学》，参编了《兽医流行病学》等。此外，动物生物化学、兽医外科学两门课程还被教育部选为国家精品课程和国家精品资源共享课程。通过教材和课程建设，切实保证了动物医学专业五年制本科的教学质量。

## 二、实践教学的改革和保障条件的建设

### （一）建立新型的教学模式

#### 1. 实践教学的体系化

实践教学的改革打破了实验与实习截然分开的传统模式，将实验融入实习之中，以服务于生产应用为目标，建立新型的实践教学模式。通过改革解决了动物

医学五年制实践教学的薄弱状况，调整了实验教学结构，改革了实习方式和方法，探索了产学研相结合，将综合性大实验、临床实习、生产实习相衔接，使综合性大实验报告、临床病例报告及毕业论文相结合，完善了"课程实验——综合性大实验——临床实习——生产实习"实践教学体系。

2. 实践教学的连贯性

东北农业大学是国内唯一始终坚持动物医学专业五年制不动摇的学校，根据改革后动物医学专业教学大纲要求，特别注重对学生实践技能和综合素质的培养。为保证有足够的时间进行实习，我们把原来实习时间五个月增加到七个半月，而且实习过程不休暑假，充分体现了实习的渐进性、连续性和长期性。迄 2002 年，已完成该实习模式的探索和实践过程，收到了满意的效果。

**（二）建立充分的保障条件**

1. 实践基地的现代化

（1）加大实验室建设力度

根据国务院学科合并要求，将兽医学学科中基础兽医学、预防兽医学、临床兽医学三个二级学科进行必要的调整，建立三个综合实验中心。改革以单门课程独立进行实验教学方式，设计以这些学科群整和的综合性实验及学生自行设计和创新性实验内容，同时保留和完善三个综合性实验室不能包揽的实验内容，改革和调整原有课程实验，添置必要的实验设施，保证课程实验的数量和质量。为综合性大实验、实习前及实习前期实验技能培养提供条件，成为整个实践教学环节的有效依托和载体。

（2）建立多个校内外基地

一是为适应实践教学的发展需求，经学校规划和学院共同努力，新建了5 000 余平方米规模条件处于全国首位的新临床教学医院，同步分别在哈尔滨市南岗区、太平区和香坊区新建三个临床教学医院门诊部；二是与哈尔滨市、牡丹江市、大庆市、宁安市（县）等兽医院挂牌成立东北农业大学附属临床教学医院，还在有关兽医卫生防疫站、兽药厂、畜牧场等共建了五处校外学生实习基地。

2. 教师队伍的双师型

通过多年建设，组建了一支以临床、预防和部分专业基础课教师为骨干的稳定教师队伍。通过医教结合和实习带队教师与学生对实习单位的服务、咨询，参与实习单位实验室建设与现场工作，形成了长期、稳定、共建的友好关系，为实习基地建设和推进实习基地挂牌奠定了基础。"医教结合"就是从培养青年教师开始，把任课教师放到临床实践中去锻炼，给他们创造提高动手能力和诊疗水平的条件和环境。同时将兽医院的工作人员请进课堂，走上讲台，给他们增加压力，逼他们多学习，增加理论底蕴。使临床教师既有扎实的理论基础，又有丰富的临床经验，做到讲课、实验、诊治疾病全方位发展。教研室教师就是兽医院的大夫，兽医院的大夫也是教研室的教师。每位教师除了教学科研外，规定每周至少有两天时间参加兽医院诊疗，培养出一批具有熟练临床实践技能的"双师型"青年教师，从根本上解决了理论教学和实践教学脱节的问题。

### 3. 管理系统的高效性

将实践教学改革作为一个系统工程，软硬件一起抓。不但有完善的改革班子、成熟的改革方案、严密的运行机制、配套的管理制度，而且把实践教学改革与实验室建设、临床教学医院建设、校外实习基地建设、学科结构调整、"211 工程"建设等有机地结合起来，以综合优势保障改革成功。一是成立实践教学改革委员会，院长挂帅担任领导小组组长，教学副院长主抓，组成有各系主任、老教授、骨干教师和共建单位领导参加的领导小组，讨论和决策实践教学改革和运行的方案，并监督执行；二是成立由指导教师、实习单位领导和学生实习组长组成的教学实习和毕业实习领导小组；三是建立完善的管理机制，做到实习有计划、实习前有动员、实习过程有检查、实习内容有交换、实习后有总结。从临床实习与生产实习两方面着手，完成临床病例报告和毕业论文，达到"双论文"的实习效果，真正将临床实习与生产实习融为一体——综合毕业实习。通过实习，使学生不仅成为具有全科医生综合能力与素质的兽医师，而且成为科研工作的后备力量和考研升学的有力竞争者。实习完成后随即进行临床报告答辩会和毕业论文答辩会，答辩委员会按评分标准完成答辩和论文评定。

## 三、综合改革的效果和同行专家的评价

### （一）取得突出的改革效益

通过综合改革，新型培养模式的建立与推广，东北农业大学动物医学专业人才培养取得突出的改革效益。一是无论实习生还是毕业生均受到各实习单位与用人单位的好评，对学生的专业理论水平和实际动手能力都很满意；二是东北农业大学动物医学专业毕业生出现供不应求的可喜现象，尤其北京、上海、广州、天津、青岛、大连等地许多高层次研究机构和兽医相关部门，都争相招聘接收东北农业大学动物医学专业的毕业生，为学校带来良好的声誉；三是毕业分配带动了招生生源数量和入学生源质量的提高，建立起动物医学专业招生与分配的良性循环，表明动物医学专业的巨大发展潜力。

### （二）获得显著的改革成果

动物医学专业的综合改革，已在取得显著的改革成果。一是促进了动物医学学院的教育教学研究能力，主持教育部研究项目 2 项、省教育厅研究项目 1 项，获得农业部科技教育三等奖 1 项、省教学成果一等奖 1 项和二等奖 3 项，省高教学会优秀教学成果一等奖 2 项；二是在《中国高教研究》《高等农业教育》《黑龙江教育学院学报》等国家和地方级学术期刊发表教育教学研究论文 25 篇；三是动物医学学院以自己的培养实力，在 1999 年获得招收"本－硕"连读生的资格；四是 2000 年动物医学专业被评为黑龙江省重点专业，并得到省教育厅专项资金重点建设资助。

### （三）赢得高度的改革评价

通过几年的综合改革，已经圆满实现了改革目标。特别是实验与实习教学呈现了全新的面貌，使投身其中的教师和学生普遍受益，对综合改革广泛认同。新的培养模式和教学体系，对全国五年制动物医学专业举办和建设提供了重要借鉴和发挥了推动作用，产生了显著的辐射效应，东北农业大学动物医学专业综合改革受到国内同行的高度评价。一些兄弟院校动物医学专业根据东北农业大学的改革经验，先后将专业学制改为五年制，加强了实践教学和实习基地的建设。还有一些兄弟院校纷纷到我校参观和学习改革经验，共享动物医学专业综合改革成果。

东北农业大学动物医学专业综合改革的探索与实践，取得了显著的改革效益和丰硕的改革成果。东北农业大学建立的动物医学专业人才特色培养模式，保证了五年制动物医学专业人才的培养质量，对我国动物医学专业人才培养起到了示范作用。

王洪斌，李庆章★，魏萍，王燕，刘克祥．东北农业大学动物医学专业综合改革的探索与实践．高教改革研究与实践．2003，（下）：741-747．

# 浅谈我国高等院校动物医学专业的培养目标与主要课程设置

　　我国高等院校现行动物医学专业主要是五年制和四年制，少数院校开设七年制和六年制"本－硕"连读班。动物医学专业的培养目标、培养规格、课程设置等在不同院校，因受学制和院校所处地位即是否为教育部直属、国家重点、"211工程"建设院校、省重点、省属，以及地域特点、地理位置、办学历史、办学规模等诸多因素影响，均存在不同程度的差别。在我国加入 WTO 后，国际、国家和地方对本科人才在人才类型（如应用型、科研型、综合型、复合型）、知识结构、开设课程、专业培养重点与方向正在发生改变，处于多元化发展时期。目前，动物医学专业人才的专业培养目标、培养规格、主要专业课程设置重点倾向于培养兽医师、兽医技术咨询人员、兽药与生物制品销售人员和提供研究生生源方面，而在兽医行政执法（兽医官）、检疫、进出口贸易、兽医卫生管理、疫病监测、生物制品和兽药研制、生产检测、药物残留检测、毒素检测、病原检测技术人员培养等方面尚处于初始阶段。所以，本文针对这些问题，通过网上和其他环节收集了全国 25 所较具有代表性的动物医学专业资料，就专业培养目标、培养规格、课程设置等方面的现状以及发展趋势予以探讨。

## 一、学制现状

　　根据网上资料，现在我国主要有 30 余所具有动物医学专业的高等院校，五年制高等院校共计五所：分别是中国农业大学动物医学学院、南京农业大学动物医学学院、东北农业大学动物医学学院、沈阳农业大学畜牧兽医学院和华南农业大学兽医学院。这些院校较为注重与国际接轨，兽医理论与实践应用能力培养并重；五年制比四年制的优势在于主干课程教学内容充分和理论教学较为深入；专业课比重加大；选修课在数量、范围、灵活性以及实验实践环节上优越；有利于学生考研升学。五年制的不足之处是学生对培养周期的认可程度较低和教学成本偏高。其他均为四年制，则更加注重缩短培养周期，突出实用技术推广应用能力的培养。

## 二、专业培养目标

在所统计的各个高等院校中，网上介绍的动物医学专业有关培养目标不尽相同，各有所侧重，体现以下几类。

1.强调培养掌握基本理论、基本知识和基本技能，能够胜任专业业务部门、生产单位、防检疫、教学、研究工作的高级科技人才，如中国农业大学、华中农业大学、西北农林科技大学、扬州大学、内蒙古农业大学、山西农业大学等。

2.强调培养具有创新精神和实践能力，胜任诊、治、检、防工作，具备从事教学科研的素质，掌握动物生产、经营管理和科技推广技能的应用型与复合型高级专门人才。代表高等院校有山东农业大学。

3.强调培养具有现代生物学与动物医学理论基础，掌握动物诊、治、检、防、保健、生产和保护人类健康，以兽医师为主要培养方向，配合相关专业方向模块选修，并能胜任教学、科研、行政管理和高新技术开发的高级科技人才，如南京农业大学、东北农业大学、华南农业大学、甘肃农业大学等。

在培养特色方面，体现模块选修的仅有东北农业大学；体现应用与复合型人才的仅有山东农业大学；体现保护人类健康的有南京农业大学和东北农业大学；提出兽医师培养的有东北农业大学和甘肃农业大学；强调生物技术、野生动物保护、人类疾病模型的有上海交通大学和南京农业大学；强调实验动物研究与应用的有扬州大学、中国农业大学；注重药物开发、检验的有南京农业大学等。

在培养目标方面，注重实行"通专"适度结合、专业技能培养、就业口径宽的专业人才培养。一个共同的缺点是忽视培养熟悉世界贸易组织规则，了解国际惯例，符合各种语言需要，跨领域、跨行业、跨学科的复合型人才。

## 三、主要专业课程设置

以东北农业大学为例，主要专业基础和专业课程有：家畜解剖学、家畜组织胚胎学、动物生理学、动物生物化学、兽医微生物学、兽医免疫学、兽医药理学、兽医病理解剖学、兽医病理生理学、兽医临床诊断学、兽医内科学、兽医外科学、兽医外科手术学、兽医产科学、兽医流行病学原理、家畜传染病学、家畜寄生虫与寄生虫病学、中兽医学、兽医公共卫生学、动物性食品卫生学、畜牧学概论、生物统计学等，其他各院校与之比较差异如下。

1. 两课合一的课程：病理学、兽医微生物与免疫学；

2. 特殊设置的课程：小动物解剖生理、小动物营养与饲料、小动物诊疗技术、小动物疾病学、动物卫生法学、局部解剖学、中兽医针灸学；

3. 开设较少的的课程：兽医流行病学原理、药学相关课程、动物营养与饲养、生态学、遗传学等。

这些差异反映出各院校在课程设置上受到人才培养模式、师资力量、学制空间、本省市场需求等因素的影响。尽管开设了选修课，但是农业院校课程资源的不足已是不可争辩的事实，包括综合性大学中的动物医学（兽医）专业仍然受到师资和财力的困扰。因此，动物医学专业课程设置的通病无疑是具有局限性，缺乏综合性，缺乏加入 WTO 后课程设置的综合化、信息化、多元化和国际化。

## 四、实践环节的比较

以华中农业大学、西北农林科技大学、浙江大学、山东农业大学、甘肃农业大学、东北农业大学为例，主要实践教学环节集中于军事训练、公益劳动、社会实践、教学实习、兽医临床实践、毕业实习、毕业论文（毕业设计）等。

1. 华中农业大学安排实践教学共 40.5 周，32 学分，其中课程实习 7.5 周，教学实习 8 周，毕业实习和毕业论文 14 周；

2. 西北农林科技大学安排实践教学共 40 周，32 学分；

3. 浙江大学安排实践教学共 18 周，14 学分；

4. 山东农业大学安排实践教学共 41 周，25 学分，其中综合教学实习 9.5 周；

5. 甘肃农业大学安排实践教学共 30 周，24 学分；

6. 东北农业大学安排实践教学共 52 周，41.5 学分，其中临床教学实习与毕业实习 31 周 24 学分，综合性大实验 5 周 7 学分。

通过以上初步比较，表明各院校在实践教学环节的时间安排上，变动范围为 18—52 周，总体重视实践环节的教育，也体现出五年制具有实践教学安排的时间优势，包括临床教学实习与毕业实习两部分均得到加强，对学生进入社会、弥补教学单位在课堂和实验室无法完成的过程都大有裨益，明显提高了毕业生的就业竞争力。以东北农业大学动物医学学院为例，学生通过几大教学环节，包括必修课的课堂讲授、课程实验和综合性大实验、临床教学实习、毕业实习以及各项实习后四个选修模块的就业选择性课堂教育，不仅受到系统的课堂和实验室训练，而且为衔接课程与实践环节，在实习前开设了与各主干课程相关的、系统的综合性大实验，为学生实习做好了充分准备，实习质量高，为就业奠定了良好的基础，四个选修模块也体现出学生在做出就业选择后的再教育思想和多方位培养与综合训练的思路。又如山东农业大学动物医学专业根据四年制特点，采取跟踪主干课的短期实习配合毕业实习，使每门专业课程得到及时的实践强化。其他院校也不同程度地设法提高实践教学质量。

## 五、发展趋势的探讨

目前，教育部所属、各省属院校均需要根据自身特点、基础和条件，随时按照人才市场的需求和国际发展方向来调整学制、培养目标、主要课程设置和实践教学环节，逐步建立具有各校自身风格和特色的课程体系。

随着我国经济的高速发展，教育成本将不是主要问题，本科生要提高就业竞争力和奠定牢固的研究生培养基础，每所高等院校动物医学专业培养目标的多元化、学制的延长、兼顾主干课和选修课并扩大选修范围、加强理论配合多层次实践、理论基础与动手能力同步发展是必要的，动物医学专业尽管与人类医学有许多相通之处，但在现代农业国际大格局下，因涉及愈加频繁的动物及其产品国际贸易中海关检疫、兽医卫生安全、动物食品安全、人畜共患病问题等，优化课程体系势在必行。哈佛大学课程体系改革——从选修制到核心课程制、巴黎理工学校课程体系改革——从"数学领先"到科学与文化融合的多科性综合培养课程体系，以及美国理工大学课程体系与人才培养方法等改革思路都值得我们借鉴。

我国动物医学专业应在以下几个方面加以改革：①重视基础理论教育，调整改革课程结构，向多样化趋势变化，向综合化趋势发展。现代科技和生产的发展，是以综合化为基本特征的，这就要求高等教育的课程实现综合化。基础教育和专门教育、应用研究和开发研究相互渗透，目的在于培养学生适应社会发展的要求和具有解决复杂问题的能力。为此，要求在课程改革上，打破原有的课程界限，实行跨学科的综合研究，创设新型的综合课程。加强课程设置综合化和国际化。开设宽口径专业所需要的新课程，特别是开发一批综合性强的课程（含概论性课程），创建特色课程。②优化主干课程，精简、重组旧的课程，更新内容，课程小型化，突出现代教学手段，多开短学时课程；开设技术创新课程，培养人才向具有创造才能的趋势发展，强化实践教育，建构新的学科主干课程体系。③强化动物医学专业英语。④综合实验课程为主，设计性实验为辅；要突破课程实验的单课综合和设计，课程群体现相关课程实验的综合与设计。⑤重视实习课程。⑥增设选修课程，注重课程设置的灵活性和多样性。课程设置的灵活性和多样性主要体现在，无论是课程的类型、选课的方式，还是教师授课的形式，都要给学生留有较大的选择余地。同一类别课程为学生提供多种课程，不同层次、不同要求的学生都可以选择自己需要或爱好的课程。专业选修课层次必须具备有效的选修空间；选修课的管理不宜过分强调学科的系统性；增设情报科学与国际关系课程，向信息化、国际化趋势发展。增设国际关系学、国际经济学、国际政治、国际科技、国际文化、国际贸易、国际事务、国际农学等课程。⑦构建新型动物医学课程体系。⑧实习基地建设要突破科研、生产、临床等环节，增加上述领域相关实习份额，建构新的实践教学体系。

在学科重组和课程优化的基础上，通过主干课程与相关课程相结合、特色课程与一般课程相结合、必修课程与选修课程相结合、理论课程与实践课程相结合，培养学生知识能力的多面性与复合性。根据国家有关主管部门预测，加入WTO后，我国最紧缺的人才有：熟悉世界贸易组织规则、能够参与解决国际争端的专门谈判人才；了解国际惯例、符合各种需要的外语人才，跨领域、跨行业、跨学科的复合型人才等。这些人才最大的共同点，就在于他们都是复合型国际通用人才。这种类型的人才必须采用新的教育模式加以培养，加强课程设置的综合化。五年制教育可以为此目标，并为改革提供足够的空间。换言之，动物医学专业改革的目的是为实现未来的教育目标做好准备，不是为培养单一职业兽医而进行狭窄的专门训练，而是使学生能够适应不断变化的世界所进行的一种教育。所以，动物医学专业高等教育的改革尚有许多工作要做，只有不断探索和进取，才能真正实现动物医学专业学生在生物医学和生物技术、研究、产业、管理、经营、国际贸易、进出口检疫等各个领域多方位就业，获得优良的就业岗位。真正体现动物医学专业学生综合素质的培养，实现动物医学这一传统专业的可持续发展。

李庆章，魏萍，王洪斌.浅谈我国高等院校动物医学专业的培养目标与主要课程设置.东北农业大学学报（社会科学版）.2004，2（2）：74-76.

# 五年制动物医学专业实验与实践教学的改革及探索

随着教育改革的深入，新世纪对人才培养的要求越来越高，动物医学专业实验课和实践教学已远远跟不上时代发展的步伐，从而导致毕业生实践技能和动手能力下降，基层用人单位不满意，满足不了社会和畜牧业发展的需要，因此对动物医学专业实验课和实践教学的改革已势在必行。结合目前我院承担的教育部新世纪教改工程项目《动物医学专业五年制培养方案的改革与探索》，在动物医学实验课和实践教学方面进行了大胆的改革和探索。

## 一、动物医学专业实验与实践教学改革的必要性和紧迫性

### （一）从动物医学学科性质和专业特点看

动物医学同人类医学相似，在学科性质、专业特点、课程体系等方面都具有实践性和技能性非常强的特点。其培养目标是毕业后能独立进行防疫、诊断和治疗疾病，具备做现场和临床兽医师的能力。这就需要我们在重视理论教学的同时，根据动物医学专业的特点，加强学生的实践环节，重点培养他们的临床实践技能和动手能力。

### （二）从国外动物医学学科的建设发展看

目前欧美及一些发达国家，兽医学学科多自成体系或分布在综合大学内，学兽医专业需要先学两年至三年预科，然后才进入正规本科教育。在大学期间实验课和教学实习占有相当高的比例，尤其后两年学校的实验室和教学兽医院几乎长期向学生开放。为加强学生的实践环节，培养他们的临床实践技能和动手能力创造了优越的条件，这是国内同类院校所不能比拟的。要想培养出高素质的学生并同世界接轨，也要求我们必须对实验课和实践教学进行彻底的改革。

### （三）从目前实验课和实践教学的现状看

随着我国本科招生规模的不断扩大，实验室建设和实践教学的各个环节却没

有相应地改善。例如，实验室仪器设备陈旧老化；实验经费短缺，购买实验动物和试验药品数量与实习学生数量增长呈反比；临床教学医院规模小、病例少；地方实习点和校外兽医院成本核算、安排食宿有困难等因素，都直接影响着实验课和实践教学的正常进行，进而导致学生实践技能和动手能力差的不良后果。

### （四）从五年学制动物医学教育的特点看

目前我国大学本科教育只有人类医学和动物医学是五年以上的学制，要给学生提供更多的时间和空间，为学生创造优越的临床实践条件，使学生有更多的动手机会，东北农业大学之所以成为唯一坚持五年制动物医学教育不动摇的农业院校就是出于这种考虑。学院几年内对部分实验课的内容和体系进行了改革。例如，"兽医大实验""五年制兽医本科教育721培养模式的实践与创新""医教结合——兽医临床教学的一种有效模式"等先后获黑龙江省教学成果奖。然而这些改革与兽医五年制对学生实践技能的要求相比还有不小的距离，必须在此基础上进行更大力度的改革。

### （五）从社会对动物医学专业人才需求看

目前各用人单位对学生的实践技能和动手能力及综合素质看得很重，高分低能的毕业生已不受青睐。用人单位聘任新人不仅看你学过什么，更重要的是看你会做什么，社会需要我们培养更多的临床型和场站型兽医人才。

## 二、主要改革内容和措施

### （一）实验教学和实践教学的改革内容

依据兽医五年制培养目标的基本要求，注重对学生实践技能和动手能力的培养。打破传统的实验课和实践教学模式，将培养学生分析问题和解决问题的能力，提高学生的综合素质放在首位。把实验课、综合性大实验、临床实习、毕业生产实习等全部实践教学环节统筹考虑，使学生从入学到毕业五年内始终有从事实践锻炼的机会，其具体内容包括以下几方面。

1.改革以单门课程独立进行实验为主的实验教学方式和方法：按照基础兽医学、预防兽医学、临床兽医学三个二级学科进行必要的调整，建立起三个综合实验中心，设计以这些学科群整合的综合性实验及学生自行设计和创新性实验内容。

同时，保留和完善三个综合性实验中心不能包揽的实验内容。

2. 调整和保证课程实验的数量和质量：改革和调整原有课程实验，添置必要的实验设施，保证课程实验的数量和质量。

3. 建立院级开放性实验室：为学生提供创新性实验的条件和场所。

4. 为实践教学提供充足的时间：将综合性大实验、教学实习、毕业生产实习有机地融合为一体，把原来实践教学环节由两个学期共四个月变为一次性连续七个月，为实践教学提供足够的时间。

5. 为实践教学提供足够的空间：办好学校临床教学医院、畜禽疾病研究所和兽药厂，在哈尔滨市区内新建两个教学医院。

6. 校外实习基地建设：与各地、市、县畜牧局建立良好关系，选择有条件的兽医院、防疫站、兽药厂、畜牧场等共建地方挂牌的临床教学医院和实习基地。

### （二）实验教学和实践教学的改革措施

1. 调整实验教学和实践教学结构，完善动物医学专业实验教学和实践教学课程体系。从 1996 年开始，我们开展了动物医学专业五年制本科教育"721"培养模式的研究。为了达到动物医学专业教学大纲的要求，注重对学生实践技能和综合素质的培养，把动物医学专业实验课、综合性大实验、临床教学实习、毕业生产实习等全部实践教学环节有机融合，形成了课程实验——综合性大实验——临床教学实习——生产实习共同组成的实践教学课程体系。把原来完成这些实践教学环节从四个月增加到七个月，且不休暑假，为实践教学提供足够的时间，体现了实习的渐进性、连续性和长期性。

2. 改革以单门课程独立进行实验为主的实验教学方式和方法。在三个综合实验中心的基础上，安排以学科群整合的综合性实验、学生自行完成的设计性实验和创新性实验内容。同时保留和完善三个综合性实验中心不能包揽的实验内容，改革和调整原有课程实验，添置必要的实验设施，保证课程实验的数量和质量。

3. 重点投资建设具有现代标准的实验室、临床教学医院和实习基地。解决动物医学五年制教育实验教学和实践教学的薄弱环节，调整实验教学结构，改革传统的实验教学和实践教学方式和方法，加大实验室建设的力度，新建学生电子阅览室和多媒体实验室，为学生在实验室就能观摩动物医院临床诊疗和外科手术创造有利的条件，还通过局域网使学生在实验室就能够获得国内外有关的最新资料。

同时办好四个临床教学医院，建立十个校外实习基地。探索和完善产学研相结合，综合性大实验、教学实习、生产实习和毕业论文有机结合的新型实践教学模式。

4.加强实验教学和实践教学的统筹管理，切实提高教学效果。成立实验教学和实践教学改革委员会：院长挂帅担任领导小组组长，教学副院长主抓，组成有各系主任、老教授、骨干教师和共建单位领导参加的领导小组。讨论和决策实践教学改革和运行的方案，并监督执行。

5.成立由指导教师、实习单位领导和学生组成的实习领导小组。学生教学实习和毕业实习时间长达七个月，大约相当两个学期，为保证实习质量和加强实习管理，成立由指导教师、实习单位领导和学生实习组长组成的领导小组，保证实习的顺利进行并达到理想的实习效果。

## 三、改革后的成果及创新

### （一）改革取得的显著成果

1.打破实验与实习截然分开的传统模式，将实验融入实习实践之中，以服务于生产应用为目标，建立新型的实验实习教学模式，完善了课程实验——综合大性大实验——临床实习——生产实习的实践教学体系。

2.改革了以往单门课程独立进行实验为主的实验教学方式和方法，建立了以三个二级学科为基础的实验中心，为综合性大实验、实习前及实习前期实验技能培养提供了条件，成为实习的有效载体。

3.广泛发展和建立新的校内外实习基地，以挂牌实习基地为龙头，拉动整个实习基地的发展。

（1）重建和新建了四个校内外临床教学医院和门诊部。

（2）在五个具有条件的市（县）兽医院挂牌成为东北农业大学附属临床教学医院，还在有关兽医卫生防疫站、兽药厂、畜牧场等共建了五处地方学生实习基地。

（3）市（县）兽医院、省市兽医站、药检所、海关检疫单位、水产所、兽医研究所、药厂、生物制品厂、动物园、畜牧生产场等多种类型的实习场所相互衔接与联合，使学生得到多方面的培养与锻炼。

4.逐步建立起一支以临床、预防和部分专业基础教师为骨干，稳定、完整的临床实践与实习带队教师队伍。

### （二）改革奠定的模式创新

医教结合是培养师资队伍，提高教学质量的基础。从培养青年教师入手，把任课教师放到临床实践中去磨炼，去摔打，给他们创造提高动手能力和诊疗水平的条件和环境。这样，才能使临床教师既有扎实的理论基础，又有丰富的临床经验，做到讲课、实验、诊疗全方位发展，实现良性循环。从根本上解决了实践教学质量和课堂教学质量下降问题以及学生临床技能不过关的状况。在校建实习基地指导实习生的工作中，年轻教师已完全胜任临床实践与实习任务，成为实验与实践教学的骨干。

## 四、结语

通过几年来的改革，完全实现了改革目标，改革效果十分显著，实验与实践教学工作呈现了全新的面貌，已使教师和学生普遍受益，对全国五年制动物医学专业实践教学发挥了推动和借鉴作用，产生了显著的辐射效应。东北农业大学建立的五年制动物医学专业独具特色的实验教学、综合性大实验、教学实习、生产实习和毕业论文有机结合的新型实践教学模式，得到了国内同行的广泛认可和好评。许多兄弟院校动物医学专业根据东北农业大学的经验和实践教学模式，先后改为兽医五年制，增加了实践教学时间和加强了实习基地的建设。对于在我国建立起适合于现代动物医学专业人才培养的实验和实践教学新体系，保证五年制动物医学专业人才培养质量起到了示范作用，提供了可复制可推广的先进经验。

新型实验实践教学模式的完成与推广，无论是实习生还是毕业生均受到各实习单位与用人单位的好评。近年来，动物医学专业的毕业生就业形势越来越好，北京、上海、广州、天津、青岛、大连等地的许多高层次研究单位和兽医相关部门，都争相招聘东北农业大学动物医学专业的毕业生，同时带动了招生生源数量和入学生源质量的提高。这种良性循环使我们看到了动物医学专业在我国的巨大发展潜力，同时也再次印证了人才培养质量能为学校带来良好的声誉，而提高和保证人才培养质量正是高等院校的办学之本。

王洪斌，魏萍，李庆章★等．五年制动物医学专业实验与实践教学的改革及探索．东北农业大学学报（社会科学版）．2004，2（2）：65-68．

# 现代高等动物医学教育中的人文素质教育

人类医学和动物医学（乃至植物医学）共同构成了崇高而又神圣的世界医学，是世界各国社会事业发展的重要组成部分。随着人类生产水平和生活质量的不断提高，尤其是新型人畜共患病的发生和传播，使得动物医学特别是其公共卫生学地位愈加受到当代社会和广大民众的高度重视。现代职业兽医已经不再是传统的兽医，其工作范畴和工作任务也已经从单一地为动物农业生产服务走进人类家庭生活和人类社会生活，走向人畜共患病防治（制）、动物源性食品卫生、动物进出境检疫、小动物疾病防治（制）和为动物农业生产服务的全面发展阶段。因此，对高等动物医学教育和高等动物医学人才培养，不论从专业规格还是人文素质都提出了新的更高要求。

## 一、高等动物医学教育中的人文素质教育缺位

未来的医生包括职业兽医在人文精神方面的基本特征表现为：具有科学的世界观、人生观和价值观，具有健康的人格和鲜明的个性意识，具有庄严的道德感、使命感和社会责任感，具有与时俱进、开拓创新的人生态度与追求。

### （一）我国高等动物医学教育中的人文素质教育现状

诚然，改革开放以来，我国的高等动物医学教育随着高等农业教育的改革，已经有了长足的进步和发展。但也必须看到，高等动物医学教育中的人文素质教育还非常薄弱，应该引以高度注意和重视。

我国高等动物医学教育中人文素质教育存在的主要问题：一是课程比例偏低，在课程设置上除"两课"外，其他人文社会科学课程时数微乎其微；二是学科建设不足，我国的高等动物医学教育按照苏联模式寓于高等农业教育之中，动物医学学科（专业）改革开放后曾进行了大幅度整合，专业培养呈现专业通才即全科兽医培养的趋势，与此同时高等农业院校的人文社会科学学科建设更是捉襟见肘；三是课程设置随意，不同院校人文社会科学课程设置的数量多寡不一，教

学时数的安排参差不齐，开课方式的选择因人而异，医学心理学和动物行为学极少成为动物医学专业学生的必修课程；四是师资力量薄弱，高等农业院校人文社会科学学科长期建设不足，师资力量薄弱更成为高等农业院校人文素质教育的瓶颈，高等动物医学教育中人文素质教育的状况自不待言。

由于高等动物医学教育中人文素质教育的忽视和缺位，必然造成动物医学专业一些学生和职业兽医人文精神的淡化。主要表现为：责任意识不强，对职业的关注和热爱不足，缺少应有的职业神圣、崇高以及自豪感；生命意识不强，视动物如器物，缺乏对生命的起码尊重，无视动物权利和蔑视动物福利，甚至草菅动物生命；服务意识不强，见钱不见人，缺乏对生命的满腔热情和救死扶伤的人道主义精神；合作意识不强，同行相轻现象严重，不懂得保护性医疗制度规范下应该严格遵守的基本操守；进取意识不强，忽视职业技能训练，对职业知识、能力、素质要求过低，没有"名医"观念，安于现状，浅尝辄止。

### （二）国际高等动物医学教育中的人文素质教育借鉴

在发达国家，高等兽医教育有预科和前学位的要求，有此阶段的学习基础，不仅知识结构和能力结构课程实际而有效，在素质结构课程方面也是充足而适切。如写作课、历史课、地理课、演讲课、心理课、公关课、设计课等，对于学生人文素质的提高发挥了极其重要的作用，特别是在创新意识和创新能力培养方面尤其见长。加上大学阶段必不可少的国外游学（study abroad）经历，使得有预科和前学位要求的兽医专业学生胸怀宽广和视野开阔，具有良好的人文素质和执业气质。加上兽医执业证书制度的规范、每年必须的执业考试、完善的职业行为监督机制，从而保证了职业兽医的应有人文精神和职业道德。

## 二、高等动物医学教育中的人文素质教育原则

动物医学是职业技能性极强的事业，其人文素质是职业兽医的执业素质。所以在讨论人文素质教育时，切莫顾此失彼，或者以偏概全，脱离了执业要求的人文素质教育对于职业兽医必将无甚助益。

### （一）科学技术教育与人文素质教育的统一原则

科学技术教育是高等动物医学教育的基本内容，动物医学教育既属于高等农

业教育的范畴，又属于世界医学的重要组成部分，是吸收现代科学技术最集中、最有效的科学领域。因此，科学技术教育即职业素质培养是高等动物医学教育最为核心的部分，要特别重视和放在特别突出的位置。但也必须看到，职业兽医的事业心和责任心，又直接关系到职业兽医的职业兴趣和职业热情，关系到职业兽医的工作态度和工作效果，所以职业兽医的人文素质教育不可等闲视之，应该予以高度重视。科学技术教育与人文素质教育在高等动物医学教育中同样具有极其重要的地位和作用，实现两者在育人上的高度统一，是培养合格高级动物医学人才的基本出发点。

### （二）科学道德教育与生命伦理教育的契合原则

职业兽医首先是科学工作者，科学道德要求科学工作者必须坚持真理和维护科学尊严，坚持科学造福于人类的基本准则，牢固树立为科学、为捍卫真理而献身的精神。职业兽医同时又是人道主义的亲身实践者，面对的是生老病死等生命的重大问题，要求职业兽医必须"救死扶伤，实行革命的人道主义"，敬畏生命、爱护生命、拯救生命，在生命的重大危机面前，不得有半点私念和丝毫苟且，而是要挺身而出以至英勇献身，这既是职业兽医起码的职业道德，又是职业兽医应有的职业境界。因此，在高等动物医学教育中，必须坚持科学道德教育和生命伦理教育，努力实现两者的最佳契合，使职业兽医的职业品格在职业生涯中不断走向并逐渐达到高尚和崇高。

## 三、高等动物医学教育中的人文素质教育架构

### （一）高等动物医学教育中人文素质教育的指导思想

以课程论为指导，运用系统论原理，立足我国高等动物医学教育的实际，针对人文素质教育的缺位，借鉴国际的成功经验，科学构建我国高等动物医学教育的培养方案和合理安排人文素质教育课程体系，坚持成才教育与成人教育的高度统一，培养德、智、体、美等全面发展的职业技能精湛、人文素质优良的高级动物医学人才。

### （二）高等动物医学教育中人文素质教育的教学目标

通过人文素质教育，使动物医学专业学生即未来的高级兽医师树立科学的世

界观、人生观和价值观，具有健康的心理素质和高尚的道德风范，在工作中富于人文关怀、同情心以及利他主义的人道主义精神；促进动物医学专业学生的个性发展，提高以新思想、新模式指导兽医工作的能力，肩负起人畜共患病防治（制）、动物源性食品卫生、动物进出境检疫、小动物疾病防治（制）和为动物农业生产服务的工作职责；改善动物医学专业学生的知识结构和人文社会科学知识水平，开阔视野，提高人文素质。

### （三）高等动物医学教育中人文素质教育的课程体系

除认真学好"两课"外，应该建立以医学心理学、兽医法学、医学伦理学、卫生经济学、医学社会学、动物行为学等为主干课程的人文素质教育课程体系，使这些课程成为动物医学专业学生的必修课或必选课，成为良好人文素质形成的重要知识基础和理论基础，成为进行良好人文素质教育的课程基础。

### （四）高等动物医学教育中人文素质教育的教学方法

高等动物医学教育中人文素质教育课程的教学方法，应该灵活多样注重实效。要倡导启发式和交互式教学，充分发挥学生的能动作用，调动学生学习的积极性和主动性。要积极引入案例教学法，使学生如临其境和感同身受，努力提高教学效果。要加强课程实践活动，增加学生的工作体验，促进学生与畜主的交流，增进学生对生产实践的了解。

### （五）高等动物医学教育中人文素质教育的师资配备

要确实加强人文素质教育的师资配备，从学源、学科角度搞好师资的配备，注意使师资配备科学化和合理化。大力提高人文素质教育师资的教学水平，要特别强调和搞好双语教学，在努力提高教师外语水平的同时，不断拓宽教师的知识体系，扩大教师的教学视野，增强教师的教学能力。

### （六）高等动物医学教育中人文素质教育的教材建设

要大力提倡编写人文素质教育的校本教材和特色教材，可组织力量翻译一批国外质量较好的教材和影响较大的专著。提高教材的适用性，课程内容要努力服从教学目标，充分体现高等动物医学教育中人文素质教育的特点。正确处理学生知识结构和学科建设发展的关系，避免过分强调单门课程的完整性、系统性和独立性。

　　总而言之，兽医的社会作用和地位随着我国经济建设的不断进步和社会发展的不断深入，愈来愈显示出它的不可替代性。高等动物医学教育，一方面要遵守高等教育的一般规律，另一方面还要遵守自身的特有规律。其中优良整体素质规定下的职业良心和职业道德是未来职业兽医的重要基础，而精良实践技能保证下的职业知识和职业能力则是未来职业兽医的基本条件。鉴于高等动物医学教育的特殊性，加强人文素质教育对于培养职业技能精湛、人文素质优良的高级动物医学人才十分必要，必须予以足够的重视。

　　李庆章，高学军.现代高等动物医学教育中的人文素质教育.高等农业教育.2006，（8）：6-7，11.

# 生物化学与分子生物学课程建设初探

　　课程是高等学校教学建设的基础，是培养目标和培养规格的直接体现，课程建设是学校教学基本建设的重要内容之一，也是当前教改的关键。加强课程建设是有效落实教学计划、提高教学水平和人才培养质量的重要保证。在农业院校生物化学与分子生物学的教学中，重点是构建科学合理的课程模式和教学模式。如何构建及优化生物化学与分子生物学课程模式和教学模式，每个学校都有自己的不同之处，但其共同点是：结合国情与校情，从实际出发，遵循课程特点，拓宽课程内容。这是进入 21 世纪后科技革命新趋势下生物化学与分子生物学教学改革的必经之路，也是按照不同专业培养计划，保证生物化学与分子生物学教学质量的重要前提。

## 一、学科特色与我校研究成果

　　生物化学与分子生物学以有机体内的化学物质为研究对象，特别是那些大分子物质如蛋白质、核酸、糖及糖复合物、脂类物质等。以上内容的基础科学研究，已经为人类社会的生产、生活以及生命活动提供了大量宝贵的理论和技术成果，如动植物新品种的培育、基因工程疫苗、生化药物等，已经成为生命科学、生物医学高科技领域中的支柱产业，大大促进了生物农业和生物医学的发展。生物化学与分子生物学是一门发展迅速的前沿科学，其原理和技术向生物学其他领域的广泛渗透，由此产生了许多新兴科学分支、学科方向和形成许多高新技术，如分子遗传学、分子病毒学、分子药理学、分子病理学、基因工程、蛋白质工程、酶工程、生物传感器、生物芯片等，而且这种广泛的渗透仍在十分活跃地进行。我校生物化学与分子生物学学科近年来承担了多项国家级、省级相关科研项目，取得了一批高水平科研成果，获多项省级自然科学奖和科技进步奖。

## 二、课程模式基本框架的构建

对于生物化学与分子生物学来说，课程教学的服务面向为理科专业，其主要目的是培养掌握现代生物化学与分子生物学基本科学理论和基本实验技能，能在本领域内从事科学理论研究、生物技术开发的专业性人才奠定坚实的生物化学与分子生物学基础。在学习、借鉴和总结国内外生物化学与分子生物学课程内容基础上，我们提出了自己课程模式的总体思路：适应 21 世纪新形势下生物高新技术产业对人才的需求，以提高学生综合素质和可持续能力为目的，改善教学结构，加强教学实践环节，鼓励学生个性的发展和强化创新性思维的培养。

现代科学的发展是以综合化为基本特征的，在高等教育中的反映就是课程的综合化。生物化学与分子生物学课程建设，就是要将基础教育和专业教育、应用研究和开发研究相互渗透、交叉进行，目的在于培养学生对科技发展的适应能力和发现问题、分析问题、解决问题的能力。在理论上，新世纪生物化学与分子生物学发展十分迅速，基础理论研究和新技术开发日新月异。随着教学改革的进行，如何加强理论课程建设是新形势下产生的新问题。我们在学分制管理的基础上，注重纵向深入型课程的横向拓宽性转变，既重视课程内涵建设，又注重课程外延发展。在技术上，生物化学与分子生物学实验技术的基础包括数理化知识、生物学知识和实验技能。在构建生物化学与分子生物学实验课程上，我们从三个方面进行：一是使学生掌握扎实的数理化基本知识，二是使学生具备牢固的生物学知识功底，三是使学生具有牢固的生物化学与分子生物学实验技能，能够独立设计实验，进而提高学生发现问题、分析问题、解决问题的能力。

## 三、教学模式建设思路与实践

### （一）联系实际教学，培养学生的创新能力

课堂教与学的过程，是已有知识的传播过程，也是教师与学生对已有知识再创造的过程。培养学生的创新能力，首先要培养学生的创造性思维能力，即分析问题解和决问题的能力。而如何培养这种能力，必须激发他们的学习兴趣，变兴趣为动力，而后进行"生动、活泼、主动地学习"，能动地探讨和解决学习中的疑点和难点。在以往的教学过程中，发现学生对于单纯的理论很难产生兴趣，一

方面是教材存在问题，另一方面是教的方法问题。针对问题我们对教学顺序做了变动，将蛋白质化学与蛋白质代谢结合在一起，此间还穿插着"酶学"内容，使学生在头脑中能对"蛋白质及其功能"产生一个系统概念。在讲课过程中，还将生物化学知识与日常生活联系起来，从而激发学生的学习兴趣。在讲"酶学"一章时，让学生思考为什么咀嚼馒头会逐渐有甜的味道？低温保藏食品的原理是什么？然后再进一步讲述酶的基本特性，从而使学生对酶有一个明确的认识。在讲糖代谢和脂代谢的关系时，可以让学生思考为什么偏爱吃甜食的人会发胖？用"生物化学与人类生活"的常见的例子引发学生的学习兴趣，可以收到事半功倍的效果。

### （二）优化理论教学，强化学生的学习能力

从以往学生对生物化学与分子生物学课程的认识来看，大多数认为生物化学与分子生物学的知识点过于分散，缺乏相互间的紧密联系，导致学生不能全面系统地理解掌握生物化学与分子生物学的知识内容。其实，生物化学与分子生物学是一门非常严谨的科学，各部分内容紧密关联。在讲授生物化学与分子生物学的过程中，一定要引导学生抓住规律，加强联系，善于把复杂的问题简单化、明朗化。此外，提纲挈领地优化教材不但能帮助学生理解记忆，也能够提高学生的学习兴趣。如三大营养物质的氧化分解既是生物化学与分子生物学的重点内容也是难点内容，学生很难理清脉络。对代谢通路之间的联系和代谢网络交叉点常常弄不清楚，尤其是营养物质代谢的能量计算也往往令学生一头雾水。在教学过程中，首先将"三羧酸循环"讲透，把不同营养物的进出位置讲清楚，然后以"糖类、脂类、蛋白质"为主线，把静态的物质结构、性质和功能同动态的物质代谢和能量代谢联系起来，再以"丙酮酸"和"乙酰辅酶 A"为交叉点交叉讲解，就把生物机体复杂的物质结构以及生物氧化主要方式很清晰地呈现在学生面前，从而解决物质代谢部分的难点，也加深了对以前所学知识的理解。

### （三）采用媒体教学，提高学生的感受能力

生物化学与分子生物学是从微观的角度来阐述各种生命现象的一门科学，许多知识内容只从书本上大段的文字或简单的示意图无法让学生理解透彻。在传统教学中多采用挂图的方式试图形象化教学，但这种平面静态的方法很难达到演示出生物化学与分子生物学反应高度动态化的教学要求，难以让学生理解动态反应

过程。而多媒体教学的图、文、声、像相结合的优势使抽象的理论形象化、动态化、立体化，便于学生从直观上理解复杂深奥的理论知识，因此采用多媒体教学对提高教学质量有着非常重要的意义。此外，传统的教学模式经常要占用较多的时间用于板书的书写，不能够有效、充分利用教学时间，一定程度上减少了教学内容，许多新的知识点或与教学内容相关的知识不能够在课堂上讲述。由于多媒体教学的电子课件是事先准备好的，这样就省去了板书时间，为增加教学信息量提供了条件，有利于对本领域新知识和新进展的传授，扩大了学生的知识面，利于理论知识的更新。节省的时间有利于师生之间的互动和沟通，解决学生的疑惑不清之处，便于活跃课堂气氛，提高教学质量。

### （四）实施双语教学，开阔学生的借鉴能力

随着社会的进步和经济的发展，对于各种专业人才素质的要求已经不仅限于一方面的能力。现代高素质人才不仅需要高水平的专业知识，同时要具备高水平的专业外语应用能力。高等教育是培养高水平人才的摇篮，因此高等教育应当打破传统的教学模式，以培养适应时代需要的人才为目的，进行教学模式的探索。双语教学是一种有效的教学模式，可以根据学生的外语基础逐步开展由易及难的分阶段双语教学。第一阶段以中文为主，英文为辅，采用中文教材，由教师选编合适的英语教材作为同步教材。课前根据学生的基础和教学内容针对性指导学生做好预习，保证学生上课前熟悉所讲内容和掌握相关的专业词汇。课堂上教师相应采用中文为主，适当穿插英文内容的教学方法。第二个阶段中英文各半，这一阶段是过渡阶段。课堂上教师采用中英文各半的教学方法，一些简单易懂内容用英语教学，复杂难懂的用中文教学。第三个阶段也是双语教学的最高阶段，在此阶段以英文为主，中文为辅。这一阶段也是难度最大的阶段，不仅对学生的素质要求极高，对于教师的英语水平及专业知识也有着极高的要求。同时，双语教学与多媒体教学相结合，教学效果更好。

### （五）重视实验教学，改善学生的动手能力

生物化学与分子生物学实验技术是一切生命科学工作者必备的技能。传统的实验教学模式已不能解决快速增长的学科知识与教学目标不断提高之间的矛盾，也不能满足学生就业的实际需要。因此，实验教学中，应转变教学理念，以提高学生的动手能力为出发点，打破传统的"照方抓药"的教学模式。一是筛选具有

代表性、综合性的试验，鼓励学生自己设计实验方案和操作路线，提高学生动手能力，促进其创新意识的培养；二是对学生实验操作严格要求，对操作过程中出现的现象以及相应的实验结果要有科学合理的解释，不能简单得出一个结果就草草了事，鼓励学生多动脑分析，从不同的角度进行解释，增强学生分析问题、解决问题的能力。

综上所述，虽然采用不同的教学方式，但就其目的都是有利于培养高素质人才。激发学生的学习兴趣，增强学生的主观能动性，努力提高教学质量，对教师的职业素养提出了更高的要求。任课教师不能仅仅以教材为单一参照，而要从多方面多维度获取专业知识，提高自身教学能力，不断对教学方法进行改进，这无疑是课程建设的重要前提。需要注意的是，上述各方面并非孤立存在，而是相互联系、相互依存和相互促进，从而有利于提高教学质量，对新世纪人才培养发挥积极作用。

姜毓君，李庆章★，张莉，曲波，林叶，吕英. 生物化学与分子生物学课程建设初探. 黑龙江教育学院学报. 2007，（8）：83-84.

# 生物化学教学内容与教学方法的探索

随着生命科学理论与技术的迅猛发展，生物化学的理论和技术也日新月异、层出不穷，生物化学的研究内容也更加广泛和深入。这就要求生物化学课程的教学内容也要随之改革，以满足培养创新型人才的需要。随着教学内容的变化和现代教育技术的广泛应用，新的教学方法在生物化学的教学中发挥了更为重要的作用。我校动物生物化学研究室近三年来承担了高教出版社、农业出版社有关教材的编写工作，制作了生物化学教学的网络版课件和 power point 多媒体课件，并在教学过程中对教学内容与教学方法进行了一定的探索。

## 一、生物化学的教学内容

生物化学是研究生命现象的化学，是从分子水平上阐述生命现象本质的一门科学，主要研究生物大分子的结构与功能、生命体物质代谢与能量传递的规律、遗传信息和其他生物信息的传递规律。生物化学是生命科学相关专业的重要的专业基础课，而分子生物学、分子遗传学、基因工程是其后续课程。在有限的教学学时内，讲授哪些内容对本门课程和后续课程的学习效果都会产生极大的影响，这是目前生物化学教学过程中应首先解决的问题。

生物化学的教学内容作为独立的知识体系应充分展现其在生命科学领域的基础及核心地位，既要有全面深刻的基础理论，又要有广泛的实际应用例子，并反映当今生物科学领域分子水平研究的新成果与新进展。可以说，生物化学的教学内容同以往相比不仅增多了，而且加深了。综合国内外的有关教材，生物化学的教学内容大多包括绪论、生物大分子的结构（蛋白质化学、酶化学、核酸化学）、物质代谢和能量流动（生物氧化、糖代谢、脂代谢、蛋白质代谢、核苷酸代谢）、生物信息的传递（复制、转录、翻译、基因的表达和调节、细胞信号的转导）、器官组织的生物化学、生物化学与分子生物学基本技术等内容。同十年前相比，由单纯以物质代谢为核心的传统生物化学内容发展到全面阐述生命现象的化学本质，反映了现代生物化学研究的知识领域，也体现了生物化学在生命科学中的核心地位。

## 二、生物化学的教学方法

### （一）强化重点内容与知识点教学

生物化学涉及的内容繁杂，包括名词、化学结构、反应式、代谢途径、代谢过程等很多方面。学生学习时不知从何下手，也不知该掌握什么。教师在讲课时应首先告知学生需要牢固掌握哪些内容、熟悉和了解哪些内容。这样教师在讲课时才能将知识点、重点、难点和疑点讲透。学生在学习时针对性强，以点带面，事半功倍，课堂学习效果大为提高。重点内容教师可讲解多次，并辅以提问答疑、课外作业等方式，而其他一些浅显内容可以让学生浏览自学，教师还可额外介绍有关理论和技术的应用、生物化学的发展史、学科前沿的成果，以增强学生学习的兴趣，扩展学生知识的广度，调动学生的积极性。教师在课堂内可以留给学生较长的时间去理解记忆重点与知识点内容，让学生在课堂内成为教学过程的主体。学生在课堂内就掌握了大部分内容，课后压力明显减轻。

重点、知识点的选取不仅要求教师熟悉教学内容，还要求教师把握学科的前沿，而且对后续课程的内容清晰明了。例如，随着生物化学融入了较多的分子生物学内容，糖代谢在教学中所占的学时数已显著减少，在以往的教学中占据核心位置的葡萄糖分解与异生过程的能量计算已不再是重点内容，但这些过程作为物质代谢学习的典型例子，作为一个知识点仍需掌握。在以往的教学中，激素通过受体的信息转导是选学内容，而现在是一个重要的知识点，是新陈代谢调节的重要基础。

### （二）强调直观形象和多媒体教学

生物化学课程内容信息量大，而且深奥、抽象、烦琐，学生学习时普遍认为内容太多，难度较大。传统的黑板式教学法已难以适应信息大量增加的现代生物化学教学的需要。多媒体教学具有信息容量大、视觉效果好、简明生动、条理清晰、重点突出等优点。我教研室近几年来制作和收录了大量彩色图片、动画、视频、音频等素材，在此基础上制作了网络版和多媒体 power point 课件，用于教师辅助教学，显著提高了生物化学的教学质量和教学效果。如 DNA 复制和蛋白质生物合成的内容，学生始终不理解这些复杂的过程，通过大量的图片和精细的动画展现，教师很容易讲清楚这些过程，节省了教学时间，在课堂内给学生留下充分的理解、记忆时间，激发了学生的学习兴趣，提高了学生学习的主动性与积极性。再如蛋白质的三维图片，生动直观、色彩鲜明，给学生强烈的感观效果，这是教师用语言教学所无法做到的，是现代教育技术推动高等教育教学过程优化的体现。

多媒体课件需要不断更新、完善，教师有必要在教学过程中不断总结教学成果，并合理地运用计算机技术，以制作优秀的多媒体课件。应用多媒体课件教学是生物化学课堂教学的必由之路，而提高教师的多媒体课件制作水平和讲授技巧，是生物化学教学过程先进化与科学化的重要保障，多媒体课堂教学应成为教师教学艺术展现的舞台和培养创新型人才的必要手段。

高学军，李庆章★．生物化学教学内容与教学方法的探索．中外高等农业教育研究与实践．2003，（1）65-66．

# 提高分子生物学教学质量的探索

生命科学是 21 世纪自然科学的带头科学领域，生物化学与分子生物学已渗透到生命科学的所有方面。分子生物学已成为生命科学公认的理论和技术先导，随着分子生物学的发展，新知识和新技术不断涌现，并不断应用到各个相关学科，改变了这些学科的研究面貌，带来了许多重大变革。为了适应生命科学研究的要求和生物技术的发展，要充分认识生物化学与分子生物学的关系，搞好生物化学中分子生物学内容的教学工作，培养高素质创新型人才。

## 一、分子生物学的课程性质

20 世纪上叶末，生物化学家将生物化学的内容引入遗传学，促进了分子生物学的诞生。1953 年 4 月 25 日在英国的《自然》杂志上刊登了美国的 J.D. 沃森和英国的 F.H.C. 克里克在英国剑桥大学合作研究的成果——DNA 双螺旋结构的分子模型。这一成果后来被誉为 20 世纪以来生物学方面最伟大的发现，也被认为是分子生物学诞生的标志。生物化学是研究生物体的化学组成及其化学变化规律的科学，它的主要任务是从分子水平和化学变化的本质上解释各种生命现象。因为分子生物学是在生物化学的基础上发展起来的，所以生物化学和分子生物学的研究内容存在着较大的交叉。分子生物学的现代定义是一门旨在阐明生物大分子结构与功能之间的关系，并利用这些关系进一步阐明生命现象的科学。如今的分子生物学已经综合了生物化学、生物物理学、遗传学、微生物学、细胞学、信息科学等研究内容和手段。所以分子生物学的教学不但涉及基本原理、基本研究方法，而且涉及诸多分子空间结构、各种大分子相互作用的方式及次序等。

## 二、学生学习应注意的问题

分子生物学的内容大多来自精密先进仪器观察和分析的结果，内容比较抽象，需记忆的知识点较多，需要学生充分发挥想象力来理解其中的内容，因此在学习这些内容时，许多学生容易产生畏惧心理。尽管如此，因为生物化学课程中的分子生物学内容是从事生命科学领域研究和工作必备的工具和知识体系，所以学好这部分内容非常重要。

### （一）认清必要性，培养浓厚的学习兴趣

首先要从思想上认识到学习分子生物学内容的重要性，在开始学习前，要通过参与相关课题研究，关注学科发展的前沿和分子生物技术开发与利用的情况，来理解分子生物学在现代生物科学中的地位，以此建立起学习分子生物学内容的兴趣。

### （二）重视连贯性，奠定先期的知识基础

分子生物学是以数理化特别是化学为基础的。用化学理论来探索生物体生物大分子的结构、功能，结构与功能的关系，以及相关的研究方法，构成了分子生物学的基本内容。因此，学习分子生物学一定要有很好的化学基础，尤其是有机化学和分析化学基础，一个是理论基础，一个是实验基础，没有化学基础很难学好分子生物学。数学、物理学和信息科学为分子生物学提供了研究思路和手段，分子生物学的许多重大突破都是由化学家和物理学家协作完成的，这也从一个侧面说明了数理化知识对于分子生物学学习的重要性。

### （三）突出记忆性，消除慵懒的学习倦怠

在理解的基础上记忆，也要在记忆的基础上合理地发挥想象力促进更深的理解。生物化学与分子生物学内容十分丰富，需要记忆的知识点多而杂，所以学生在学习中应注意运用记忆与理解相互促进的学习方法。要多下一些博闻强记的功夫，防止怠惰慵懒。

### （四）把握整体性，注重部分的内在联系

生物化学中所涉及的分子生物学内容，往往前边是后边的基础，如果前边学不好，后边的内容学起来会非常困难。所以一直坚持好好听课的学生，学起这部分内容来往往会比较容易。而对于那些偶尔认真听课或有缺课的学生则会发现后边的知识越来越难懂，原因就是如此。举例来说，如核酸结构这一部分内容缺课的话，后边关于 DNA 的生物合成、RNA 的生物合成、蛋白质的生物合成、基因表达调节，以及基因组学等方面的内容都是很难理解的，所以努力保持学习的连

续性对于知识的整体性非常重要。

### （五）倡导多维性，拓展宽阔的求知视野

生物化学中的分子生物学有些内容特别复杂，学生读一本书或听一次课有时对问题的理解不深，或难以理解。如果能多读几本书，由于不同的书叙述问题的角度不同，提供的知识量不同，将有助于学生加强对问题的理解。

### （六）强调实践性，掌握牢固的实验技能

开始接触分子生物学内容的人都有这样一种感觉，老师讲得挺高深，甚至于听不懂，但是去做一个相关实验马上就明白，就说明这是一门实验科学，只有通过实验才能更好地明白其中的道理。所以在学习理论的同时要进行相关实验技能操作，这对于巩固所学知识和获取新知识十分重要。另外不要上完了全部课程才去动手实验，而是要学完一部分内容就要对这部分内容进行必要的实验技能训练，有助于对这部分内容的深入理解。

### （七）增强创新性，获得发现的思维方法

学习一门课程不要仅限于学习已有的理论内容，还要从中学到科学家创新知识的巧妙设计和获得新发现的思维方法，提高科学的发现能力和创新能力。一些诺贝尔医学生理学奖获得者获奖成果，其探索科学问题的深入浅出和发现过程的严谨缜密，常常令学生叹为观止。

## 三、教师讲授应注意的问题

学生要学好一门课程，教师的讲授非常重要，教师的工作在于怎样更好地提高学生的学习热情，让学生更好、更容易地理解和掌握所要学习的内容，培养学生的学习能力。

### （一）重视绪论课，介绍好本门课程

绪论课是引发学生学习兴趣的重要开端。通过绪论课，学生能够了解本门课程将要学习的内容和学习内容的具体意义和实际价值，认识到学好本门课程的重要性和必要性，增强学习的主动性。

### （二）借助多媒体，利用好辅助教学

分子生物学中涉及诸多大分子空间结构、各种大分子相互作用的方式及作用次序等内容，如转录起始过程中各种蛋白因子、RNA 聚合酶之间的相互作用、分子克隆表达、核酸分子杂交、PCR 技术等。通过传统的讲解、挂图等静态教学手段难以使学生快速掌握的内容，借助多媒体技术结合动画、图片等组合制作成课件，变原来的静态为动态，全方位、多视角、多层次地进行演示，会使教学内容更加直观形象，明白晓畅。

### （三）突出主体性，发挥好主导作用

多媒体教学打破了"以教师、教材、课堂为中心"的传统教学观念，实施"以学生为主体、以教师为主导、以媒体为手段"的教学模式。多媒体教学改变了教师的中心地位，在教学过程中把"以教师为中心"改为"以学生为主体"，教师是学生学习的指导者和教学活动的组织者。然而，多媒体技术只是一种教学工具，不能因为使用该技术而冲淡教师在教学当中的主导作用。否则，就会因教学内容的电子化而丧失其使用的初衷。所以，教师的生动讲解应与多媒体技术有机地结合在一起，这样会更有利于教学效果的提高。

### （四）改进教学法，补充好新知识

授课教师必须不断完善教学方法，提高教学的艺术性和科学性，提高教学效果。分子生物学的内容庞杂、抽象，而且发展十分迅速，内容更新很快。授课教师必须不断将新知识适时适度补充到讲授内容中，真正培养出拥有最新知识武装的高素质创新型人才。

张莉，李庆章★，高学军.提高分子生物学教学质量的探索.林区教学.2008,（7）：14-15.

# 生物化学与分子生物学实验室开放的模式选择

高等学校的教学过程主要由基本理论学习和基本技能训练两个环节组成。高等学校实验室是高校师生进行实验教学、科学研究、社会服务的重要基地，是培养具有创新能力和复合型人才的教学场所。近年来，高等教育迅猛发展，高校在校生迅速增加。由于办学经费相对短缺，教学设备的更新和补充远远满足不了教学要求，比较突出的问题就是实验室数量不足，严重影响实验教学的正常开展。此外，随着世界科技的不断发展和信息时代的到来，社会对高等人才的规格和质量都提出了更高的要求，尤其是实践能力和创新能力的培养，成为教育质量提高的重要瓶颈。如何充分利用高等学校的有效资源，培养出高素质的人才，已成为高校不断探索的重要课题。

## 一、生物化学与分子生物学实验室的现有状况

生物化学与分子生物学实验教学作为创造和运用现代生物学方法和技术的基础，在整个教学过程中具有极其重要的地位与作用。然而，由于传统的实验室管理体制存在许多弊端，影响了实验室的建设与发展，不能适应现代学科发展与人才培养的需要。

### （一）实验教学从属于理论教学

高等学校的教学内容包括基本理论和基本技能部分，但目前许多农业高校在思想上仍然是重理论、轻实验，使实验课成为理论课的附属品。传统的生物化学与分子生物学实验课教学是验证性、操作性实验多，设计性、综合性和研究性实验少。教学方法是教师事先将实验目的、原理、操作步骤、注意事项和预期结果讲清楚，然后学生按照实验提纲一步步操作，实验成功与否就看结果与预期是否一致。这种方法注重了教师的主导作用，而忽视了学生的主体作用，忽视了学生的基本实验技能训练，不利于学生对整个知识系统的动态认识和把握。尽管学生做了很多实验，但对如何设计和准备实验了解甚微，很难独立完成实验。由于缺

乏基本实验技能训练和创新能力培养，学生就业后往往难以适应现代农业生产的实际需要。

### （二）实验设备落后于时代要求

近几年来，随着招生规模的扩大，我国农业高校在校生大幅增加，但实验室建设相对滞后。在农业高校普遍存在的现象是生物化学与分子生物学实验条件严重不足，尤其是研究生教育，其学位论文实验和全日制本科生实验教学之间的矛盾日益突出。主要表现为：实验经费的严重短缺，导致实验室仪器设备落后，维护困难；大型贵重仪器设备相对较少，大多只能在低水平重复建设；学生不能人人动手，只能是部分学生操作，部分学生观看，有的实验甚至只能进行演示；实验耗材和药品试剂价格上涨幅度较大，实验条件的改善捉襟见肘。

### （三）人才政策不利于队伍建设

连续几年的扩招使农业高校师资匮乏凸显，实验师资队伍更加薄弱。一些教师因教学科研任务重，减少了参与实验室建设和实验教学工作。值得注意的是，目前很多农业高校的人才政策不利于鼓励高层次人才、高学历人才从事实践教学，而在岗实验技术人员学历和职称普遍较低，工作枯燥乏味，工作量巨大，缺少进修提高的学习机会，致使实验技术人员缺乏工作的主动性和积极性。实验技术人员队伍素质不高，实验教学质量和实验管理水平难以同日益提高的现代教学要求相适应。队伍建设的"二元结构"使两支队伍（专职教师和实验技术人员）和两个教学（理论教学和实践教学）的质量差距越来越大。

## 二、生物化学与分子生物学实验室开放的必要性

高校实验室承担着实验教学、科学研究和社会服务三大任务，是现代大学建设的基本要素之一。值得注意的是，目前我国农业高校实验室大部分是封闭式的，即学生只能在安排好的固定时间到实验室做规定的实验项目，这种"抱着走"的实验教学方法，不能充分发挥学生的积极性、主动性和创造性，不利于学生综合素质的提高。因此，传统的实验教学体系和教学方法将不可避免地受到挑战，高校教学实验室开放已经成为必然趋势。

### （一）实验室开放是高校教学改革的必然要求

实验室开放是指在完成正常教学、科研任务的前提下，利用现有师资、仪器设备、环境条件等教育资源，改变实验室传统的运行和管理方式，面对本科生、研究生开放使用实验室。实验室开放适应了高等教育深化改革的要求，是对传统实验教学模式的改革与发展，是培养学生创新精神，提高实验室整体效益的有效途径。为此，教育部高等教育司在 2004 年 8 月颁发了"普通高等学校本科教学工作水平评估方案"，正式提出要在高校中建设开放性实验室，并在本科教学工作水平评估体系中将实验室开放列为一个主要观测点，对推动高校实验室开放起到积极的促进作用。

### （二）实验室开放是培养创新人才的实际需要

生命科学与农业生产息息相关，而作为生命科学的基础科学——生物化学与分子生物学，是一门理论性和实践性很强的科学，涉及的知识领域广泛，在生命科学中发挥着非常重要的基础作用。生物化学与分子生物学实验教学不仅要巩固提高学生的理论知识，培养他们实验操作的基本技能，更重要的是锻炼他们的独立思考能力与原始创新能力。农业高校生物化学与分子生物学实验室的开放可以给学生提供更多的机会和时间，让他们走进实验室，在那里培养他们的实践、创新能力，培养他们热爱科学、追求真理的优良品德和自主学习能力与团队合作精神。

### （三）实验室开放是谋求自身发展的内生动力

实验室可以根据社会需要对社会适宜开放，还可以实行有偿服务，为实验室增加运行经费，保证实验室仪器设备的维修维护，不断提高实验室建设水平。

因此，建立高效的生物化学与分子生物学开放实验室，必然会随着教学科研活动的不断深入而逐渐展开。

## 三、生物化学与分子生物学实验室开放的模式选择

实验室的开放模式多种多样，生物化学与分子生物学实验室开放的模式主要有以下几种。

### （一）兴趣小组模式

兴趣小组模式是实验课教师和理论课教师根据实验室仪器设备情况，结合课程内容，确定教学计划以外的综合性、设计性和研究性自选实验课题，鼓励学生进行创新实验设计的实验室开放模式。教师仅给出实验目的，学生可以根据自己的兴趣爱好选择实验课题，在课外时间独立进行课题的方案设计，完成实验并撰写实验报告，最后经指导教师审核通过。这种实验室开放模式主要是为加强基础实验内容的训练和提高学生基本实验技能而设计，在人员组织和时间安排上都比较灵活。在这种模式中，一方面教师对学生的选题和时间安排提出意见和建议，另一方面教师在实验过程中对实验不做讲解，只对实验过程中需要注意的问题予以强调。这种模式的开放实验，实验目的比较明确，实验教师对实验过程的掌控也比较容易，而且有利于激发学生的积极性，增强学生的创新意识和团队合作意识，提高实践能力和创新能力。

### （二）自主实验模式

自主实验模式是学生根据所学的知识，结合实验室的方向和条件，自行确定课题、设计实验方案和技术路线，向实验室提出申请，经审核批准后，在实验室老师的指导下进入开放实验室完成实验，得出实验结果并撰写实验报告或论文，最后由指导教师对其实验进行评定的实验室开放模式。这种模式对学生的锻炼是全方位的，学生必须进行独立思考，查阅相关文献资料，综合多方面的知识和技能，在实验设备和操作环节上不受任何限制的情况下，自行设计和完成实验，并自行对实验结果进行分析和讨论。在这种模式中，学生为主，教师为辅，教师主要的作用是根据学生选择的实验课题，对实验过程中需要注意的问题给予强调，对超越学生知识范围的个别现象给予讲解。这种模式的开放实验，将研究生的培养模式引用到本科生教学中，对培养学生分析问题、解决问题的能力非常有效。我校生命科学学院开展的"大学生创新基金"就属于这种模式，已经取得了良好的效果。

### （三）科研助手模式

科研助手模式是教师在科研工作中积极吸引一些有兴趣且较优秀的学生作为科研助手参与进来，让学生在教师的科研项目和科研活动中得到锻炼和提高。教师根据科研项目情况，提出实验要求，学生在教师的指导下搜集有关实验资料，制定实验方案，开展实验研究，最后结合教师的课题做出分析和总结。一般情况下，教师的科研工作大多为比较前沿的内容，这有利于开阔学生的视野，培养学生对该学科的兴趣。在这种模式中，学生可以较早地接触到科研实际，掌握科研程序，从中体会一项科学研究工作的全部内涵，在获得知识的同时，又可掌握科学研究的普遍规律和一般方法，有助于培养学生的严谨科学作风和科研工作能力，为以后从事教学和科研活动奠定基础。

### （四）对外开放模式

对外开放模式是生物化学与分子生物学实验室面向社会开放，利用高校的科技优势，为社会提供有偿科技服务的一种模式。这种模式既可服务社会，又能增加实验室经费，而且对提高实验水平和实验室管理具有推动作用，可谓一举多得。同时，还可以同国内外相关领域的实验室及研究人员进行学术交流，有利于提高实验室的研究水平，增强实验室的创新活力和竞争实力。目前，我校的"大型仪器开放共享平台"就是这种模式之一，取得了良好的效果和显著的影响。

生命科学是一门实验性很强的科学，生物化学与分子生物学实验室开放工作是一项系统工程，不但要在观念上有所转变，确立实验教学与实验室建设在农业高校创新型人才培养体系中的主导地位，而且要逐步完善实验室开放过程中的管理机制和监督机制，同时还应加大实验室的开放程度和实验经费的投入比重，以确保实验室开放工作的健康有序进行。总之，只有通过学校管理部门、实验教师和学生的多方努力，不断实现实验室开放管理的科学化、规范化和制度化，才能达到实验室开放的预期目标和效果。

曲波,李庆章★,张莉,崔英俊.生物化学与分子生物学实验室开放的模式选择.实验室研究与探索.2010，29（7）：315-317.

# 农业院校分子生物学开放式实验教学模式初探

分子生物学，即从宏观分子的层次来研究生物学问题（有别于其他生物研究层次如微生物或细胞），是 21 世纪典型的先导科学。是一门新兴而整合、跨学科跨国界、影响深远而又方兴未艾的庞大学科。分子生物学正以突飞猛进的速度向前发展，该学科已迅速渗透到农业生物技术的各个领域，分子生物学技术也成为农业生物相关学科研究的重要方法和手段。因此，分子生物学实验课教学显得尤其重要。传统的实验教学方式已经明显不能满足越来越多的学生，对于分子生物学实验技术的好奇和渴望。为了缓解这种矛盾，生物化学与分子生物学实验室利用其现有的实际条件，从 2003 年起面向全校开展了分子生物学开放式实验项目。与传统实验教学方法相比，我们在以下方面做了尝试和改变。

## 一、合理安排教学内容

为了让来自各个专业不同层次的学生都能在分子生物学开放实验课上掌握到相应的实验技能，任课教师安排了以下分子生物学实验内容：SDS 法总 DNA 的提取、引物设计和 PCR 扩增、质粒的提取、重组质粒 DNA 的酶切与电泳鉴定、RNA 分离和纯化、琼脂糖凝胶变性电泳分离 RNA。这些实验既连贯又基础，涵盖了分子生物学实验中涉及的主要基本实验技能。

## 二、鼓励学生独立操作

在分子生物学开放式实验教学过程中，逐渐建立起一套指导学生自己准备实验试剂、材料、条件的方法。在实验课程开始之前，教师和教学辅助人员把实验中可能用到的基本试剂、材料都放置在试剂架上，由于开设开放式实验课程的实验室本身就是固定的分子生物学实验室，所以分子生物学实验常用仪器例如恒温水浴箱、PCR 仪等都是实验室中的基本仪器，就放置在学生操作台附近的边台上，学生可以直接使用。在实验操作过程中，在需要试剂的时候，让学生以组为单位自己配制，不仅使他们更好地学习实验技术，还培养了他们的独立工作能力和责任心。

## 三、充分利用现代设备

随着计算机的普及、分子生物学软件的开发和应用，分子生物学软件（如引物设计软件、限制性内切酶酶切分析软件等）已成为分子生物学实验研究必不可少的工具和手段，而传统的分子生物学实验课程里恰恰缺少对于这些软件的介绍。我们利用多媒体为手段，以教师演示的方式，结合具体实验将相应的软件应用引用到实验教学中来。例如，将引物设计软件的演示实验与 PCR 实验相结合，既让学生了解了相应分子生物学软件的用途，也让学生认识到在真正的科研过程中，具体使用到的手段和实际的科研步骤。此外，教师也借助多媒体手段，以演示的方式向学生介绍实验室现有的与分子生物学实验有关的多种先进大型仪器。例如，荧光定量 PCR 仪和激光共聚焦显微镜的原理和使用方法，以及传统分子生物学实验课程中没有的 Western Blot 的原理和操作步骤。这些知识内容都是现阶段本科生没有机会接触到的，而在研究生课题中应用较为广泛，有了解的必要性。

## 四、适度控制班级规模

虽然全校各个相关专业的许多学生对分子生物学开放式实验很有兴趣，报名人数很多，但是考虑到实验经费、实验仪器、授课教师、授课效果等多方面因素，我们将报名的学生按照每组 3 人分组，每 8 组学生编为一个班级，而每个学期我们也只安排 4 到 6 个班级的开放式实验课。这样的安排也避免了个别学生认为大帮哄、草草了之就可以得学分的心理。另外，也间接控制了每次课每台仪器的使用人次，使得在有限的上课时间里，每个学生都能亲自动手操作，保证凡是来参加实验课程的学生，都能够学有所得。

## 五、灵活安排上课时间

根据分子生物学实验的特点，以及参加开放式实验课程学生的具体情况，我们将完成一个完整班级实验课程的时间设为 1 周，每天只进行 1—2 个实验，而参加实验课的学生则可以在这一天的任何时间来实验室做实验。有 3—4 名实验教师轮流到实验室进行讲解、辅导、查勘和答疑。这样既避免了不同专业、不同年级的学生上同一课程的时间冲突，也保证了实验课的质量，还可为学生建立一个完整连续的分子生物学实验概念。

通过分子生物学开放式实验教学的尝试，在全校选课学生中收到很好的反映。既使学生学到了先进的实验技能，拓展了学术视野，也激发了学生的学习兴趣，增强了学生对于分子生物学课程的学习热情，培养了他们的研究创新能力和科学素养。

崔英俊，李庆章★，高学军，张莉．农业院校分子生物学开放式实验教学模式初探．黑龙江教育学院学报.2007，26（11）：63-64.

# 动物生物化学的课程特点与学习方略

生物化学（biochemistry）是在分子水平上研究生物体的化学本质及生命活动过程中化学变化规律的科学。依据研究对象可将生物化学分为动物生物化学（animal biochemistry）、植物生物化学和微生物生物化学。前者以各种动物为研究对象，中者以各种植物为研究对象，而后者则以各种微生物（原生生物、真菌、细菌、病毒等）为研究对象。如果研究对象并不局限于动物、植物或微生物，而是一般生物，则称之为普通生物化学（general biochemistry）。动物生物化学是农业院校动物生产、动物医学、动物药学等专业学生的重要专业基础课，也是基础兽医学、预防兽医学、临床兽医学、家畜遗传育种学、动物营养与饲料学、经济动物与饲养、草业科学等学科研究生入学的必考课程。因此，学好动物生物化学，无论是对于有关学生继续求学，还是对于指导动物生产和兽医临床实践，都具有重要的地位和作用。

## 一、动物生物化学的课程特点

### （一）知识密集，信息量大

生物化学有称"知识爆炸"性科学，是因为其知识密集、信息量大之故。老一代动物生物化学家亲历动物生物化学的几十年发展过程，对于动物生物化学知识总量的增长和动物生物化学雨后春笋般的成长，无不发出由衷的赞许和慨叹。有的生物化学家估计，仅仅核酸化学的信息量，每五年就得翻一番。所以，动物生物化学常令人感到学科成长迅速且信息应接不暇。

### （二）分子水平，内容复杂

动物生物化学是在分子水平上研究动物体化学本质及生命过程中化学变化规律的科学，每一种物质代谢均包括分解代谢和合成代谢两个方面，而且每一个方面又可能涉及多个代谢途径，每一代谢途径又常常包括几种、十几种乃至几十种反应步骤。因此，常常使人感觉内容庞杂、铺天盖地、头绪不清、眼花缭乱，常常有"斩不断，理还乱"的学习麻烦。

### （三）涉及面广，记忆性强

生物化学对今日生物科学的各个分支几乎无所不涉，由此派生出诸如分子生物学、分子免疫学、分子病理学等冠以"分子"的新兴科学。因此，既需要较坚实的化学基本知识，又需要较宽广的生物科学理论（动物学、植物学、微生物学、解剖学、组织胚胎学、生理学、细胞生物学等），同时又将为许多生物科学理论（遗传学、分子生物学、免疫学、病毒学等）的学习奠定良好的基础。此外，动物生物化学的内容虽容易理解，但难于记忆，因此非得下一番博闻强记的苦功夫而难能学深学透、学好学活。

### （四）联系密切，灵活多变

动物生物化学各种物质代谢途径相互联系紧密，同一种代谢物（或代谢中间产物）随着机体需要和调节可进入不同代谢途径而转变为不同代谢产物。动物体内各种物质的多种代谢途径相互联系、相互调节，以及物质转变、能量代谢和信息传递相互交错、相互渗透，共同构成动物体内错综复杂的代谢网络和蔚为壮观的代谢图景。在信息量大和记忆性强的基础上，又增加了必须融会贯通和举一反三的高层次、高标准学习要求。

## 二、动物生物化学的学习方略

### （一）教学结合，教学相长

韩愈在《师说》中讲到："师者，所以传道受业解惑也""弟子不必不如师，师不必贤于弟子，闻道有先后，术业有专攻，如是而已"。我们尤其要强调动物生物化学学习主体能动性学习的重要性，要真正理解和深刻体会"知识是学懂的不是教懂的"，即教引导学、学而后懂的含义，充分调动学生学习的积极性、主动性和创造性，形成"生动、活泼、主动地学习"的局面，坚决防止和杜绝把学生简单视为知识容器和知识客体。

### （二）及时复习，精练概念

要做到"日事日毕，日清日高"，多吟"今日诗"，少唱"明日歌"。对学过的内容要及时复习，不拖拉不欠债，否则养债成"虎"，难以应付。概念是理论思维发展的起点，在动物生物化学学习中要努力使概念精练，在准确把握概念的基础上，长于正确运用概念并发展理论，久而久之必然集腋成裘，获益匪浅。

### （三）进入状态，把握规律

所谓进入状态，重要的是要对动物生物化学课程的地位和作用有清醒明确的认识，要打牢分子水平的基础，术语要准确不滥和正确无误。在此基础上，认真学好动物生物化学的各章节内容，认识规律、把握规律和运用规律。切不可只见现象、不见本质，只明过程、不求规律，一知半解或者不求甚解，把动物生物化学的学习简单化、表面化。

### （四）加强联系，突出整体

基于动物生物化学的课程特点，一要加强各章节内容之间的相互联系，注重整体观念，防止只见树木不见森林，把各章节内容割裂开来，造成所学知识的支离破碎；二是处理好先行课程与并行课程之间的相互联系，摆布好相互之间的时间分配和主从关系，切不可顾此而失彼；三是加强同学之间的相互联系，加强群体外向性学习，消除闭锁心理，在与同学的广泛交流中，巩固知识、深化知识和发展知识。

李庆章，高学军.动物生物化学的课程特点与学习方略.东北农业大学学报（社会科学版）.2006，4（3）：76-77.

# 动物生物化学精品课程建设的目标与探索

高等学校精品课程建设项目是教育部教学质量和教学改革工程的重要组成部分，是贯彻落实《教育部关于加强高等学校本科教学工作提高教学质量的若干意见》精神，进一步更新教育观念、提高教学效果和人才培养质量的一项重要举措。它将引导高等学校巩固教学工作的中心地位、推动教学发展、建立优质课程，并使具有一流教师队伍、一流科研团队、一流教材和教学内容、一流教学方法、一流教学管理制度的课程在全国同类课程的建设和竞争中脱颖而出。它是集教育理念、教师队伍、教学内容、教学方法和教学制度于一身的整体建设，是精品课程先进性、整体性、成长性、开放性高水平定位的具体体现，是实现素质教育与专业教育并重、知识传授与能力培养并举、教学活动与科研创新同步教育目标的基本保障。

东北农业大学动物生物化学于 2003 年被评为省级精品课程，在深刻理解精品课程内涵、积极探索实现精品课程的科学途径，以及师资队伍、教学内容等方面对本课程进行了全面建设，使本课程向全国精品课程稳步迈进，并取得了显著效果。

## 一、组建学者型师资队伍

高水平教学师资是建设精品课程的根本保证。首先，必须有一位学术造诣深厚、教学经验丰富的学科带头人领军，在名师的带领下塑造一支有凝聚力、创造力的强势学术群体和教学群体。其次，青年教师的培养是师资队伍建设的重点，因为它直接关系到精品课程建设的可持续发展。本教研室有一套完备的青年教师培养方案，并能够从实际出发，针对每个教师的优势和个性，使每个青年教师都能够各展所长，重点培养。在教学理念、教材教案、教学方法、教学研究、进修学习各个方面全面把握，使青年教师不仅在科学研究领域，而且在教学工作上都能在同龄人中拔得头筹，使青年教师在高起点、高素质的基础上快速成长，担负起教书育人的神圣使命。

## 二、树立现代化教育理念

21世纪的高等教育对教师提出了严峻的考验，面对知识面广、信息量大、获得信息途径多的当代大学生，传统教学理念已经捉襟见肘。教师的"教"已越来越模糊，教师的引导凸显出越来越重要的地位。现代教育理念突出学生在学习中的主体地位，倡导终身教育，教师"授之以鱼不若授之以渔"。现代教育已不是"工厂式"教育，而应更加重视学生的兴趣和个性的发展，因人而异地进行教育与引导，提供给学生更多的学习体验和学习途径，减少学习中的迷惑，使学生能够明确学习的目的和方向。在当今的知识经济时代，创新能力将成为获取知识、创造知识，以及推动经济发展和社会进步的关键，是生产力中人的因素的最高体现，所以创新能力的培养将是人才培养的核心。按照这些新的教育理念，动物生物化学精品课程建设的指导思想应实现五个转变：由狭窄的专业教育向全面注重素质、可持续发展的教育转变，由单一的培养模式向因材施教、注重个性发展的教育转变，由单纯的知识传授向增强实践动手能力、创新能力培养的转变，由"教师、教材、教室三中心"的教学观向以学生为主体、教师为主导的学习观转变，由注重单纯的学科系统性向注重科学精神与人文精神相结合、进行综合培养的全面育人观转变。

## 三、加强一体化课程建设

动物生物化学精品课建设要体现总体设计，突出纸质教材、电子教材、网络教材和教学相长的一体化多维度建设理念。教材是教学思想和教学内容的重要载体，教材建设是课程建设的核心，教材编写要适应培养目标、培养模式以及培养过程的转变。在教材的体系上，应体现课群之间的相互关系及课程内知识点之间的内在联系；在教材的内容上，应体现经典与现代的辩证关系，反映最新的理论和技术。就课程建设整体而言，教材建设在纵向按课群进行系列化建设，在横向按纸质教材、电子教材、网络教材等进行立体化建设。运用多媒体教学和教学网站，形成高质量、高水平、多种呈现方式的新型教材体系。在结合课程体系和教学内容改革的基础上，经过多年努力，一套反映改革成果的教材新体系已经基本形成，《生物化学》《生物化学实验指导》《动物生物化学网络课程》《动物生物化学习题集》《简明动物生物化学》相继出版，其中《动物生物化学网络课程》曾获 2004 年黑龙江省教育教学成果一等奖，并已登陆 4A 网络教育平台。已经建立的"动物生物化学精品课网络平台"不仅可以用于教师课堂教学，而且可供学生课外自学、复习和网上答疑，受到同行专家和学生的一致好评。

## 四、引用先进性教学方法

精品课程的教学要广泛吸收先进的教学经验，积极整合优秀教改成果，在课程体系改革中加强综合素质教育。动物生物化学教学在保留传统教学优势的基础上，针对本课程教学内容多而抽象的特点，采用多种方法和多种媒体进行教学。坚持通过形象的动态仿真介绍课程研究对象及内容，激发学生的学习兴趣。通过精彩的三维动画介绍各种物质代谢、类型和特点，如蛋白质的生物合成、DNA 的复制、基因表达调节等。虽然是分子水平的学习，也能做到通俗易懂，使学生一目了然，培养了学生的形象思维能力。将启发式、参与式和研究型学习的教学理念贯穿于教学全过程，实现了知识、能力及素质的综合培养。通过课堂教学、撰写科技综述小论文、讨论课、设计性研究型实验和项目训练，培养了学生分析问题和解决问题的能力及自主获取知识的能力。通过加强理论教学与实践教学的融合，寓知识传授于实践教学之中，提高了学生的实际动手能力。

## 五、实现优质性资源共享

信息时代的到来使教育教学模式发生了根本性变化，优质的教学资源和自主学习的宽松环境为学生的终身学习提供了可行的平台。实现优质教育资源共享，是提高我国整体人才培养质量的必由之路，也是兄弟院校互相学习、互相交流和互相提高的重要手段。动物生物化学精品课进行了系统的课程资源建设，多媒体教学课件、多媒体教学系统（主讲教师全程课程录像）、网络课程、动物生物化学相关信息和趣味信息讲座、实验录像、答疑解惑平台等网上资源均已经完成并且上传，实现了全国网上课程资源共享。学生可以通过精品课网络平台和 4A 网络教学平台了解本课程的相关信息，如课程概况、师资队伍、课程简介、授课教材、参考资料、教学大纲、教学课件、网络课程、作业布置、考核方式、实验教学、开放实验室等。通过网站，学生还可以观看教师课堂教学的录像、下载电子教案和实验指导书、进行课后自测、参与讨论答疑、预约选做实验等，使本课程的学习更加丰富多彩。

## 六、建立综合性评价体系

综合性评价体系的建立也是动物生物化学精品课程建设的重要组成部分，建立健全配套的综合性评价体系不仅可以保证精品课程建设，也能充分调动教师和学生的积极性。综合性评价体系主要内容包括教学质量评价制度、学分制制度、考试考核制度以及教师考评、奖惩制度等。新的教学管理应该与新的教学理念融合起来，把严格管理与充分调动教师教和学生学的积极性紧密结合起来。建立健全课程综合性评价体系，目的在于加强评价，以评促建。

动物生物化学精品课程建设是一项复杂而艰巨的系统工程，需要长期教学实践的积累。要把课程建设成具有一流教师队伍、一流教学内容、一流教学方法、一流教材等特点的示范性课程，任重道远。有国家政策的有力支持，经过我们的不懈努力，动物生物化学精品课程在现有建设基础上，一定会迈上更新更高的台阶。

吕英，李庆章★，高学军. 动物生物化学精品课程建设的目标与探索. 东北农业大学学报（社会科学版）.2007，5（4）：45-47.

# 动物生物化学国家精品课程建设：体会与启示

　　国家精品课程建设是教育部实施"高等学校本科教学质量和教学改革工程"的重大举措。2003 年 4 月，教育部发布了《关于启动高等学校教学质量与教学改革工程精品课程建设工作的通知》，指出精品课程就是具有一流教师队伍、一流教学内容、一流教学方法、一流教材、一流教学管理等特点的示范性课程。

　　精品课程建设由教育部统一组织，在全国各类高校中实施，其目标是调动地方和高校建设精品课程的积极性，建立各门类、各专业的校、省、国家三级精品课程体系，引导高校进行课程内容的改革和建设；实现课程的教学大纲、授课教案、习题、实践（实验、实训、实习）指导、参考文献目录、现场教学录像等课程资料全部上网，为广大教师和学生提供免费共享的优质教育资源，建立一个国家精品课程资源中心，推动高等学校课程质量和教学质量的提高，最终全面提高我国高校人才培养质量。

　　动物生物化学是动物医学、动物科学等专业的重要专业基础课。东北农业大学动物生物化学课程开设于 1948 年，经过若干年的建设，于 2003 年通过黑龙江省精品课程评审，成为省级精品课程，又经过 5 年建设，在 2008 年被评为国家级精品课程。本文将略谈我们在建设国家级精品课程中的体会以及给我们的启示。

## 一、青年教师的培养是精品课建设的保证

　　师资队伍的建设是精品课程建设的保证，是各项建设的重中之重。在有名师的同时，还要注重团队整体素质的提高。东北农业大学动物生物化学课程组是一支比较年轻的队伍，所以非常注重青年教师的培养。首先，注重提高年轻教师职称和学历的提高。自 2000 年以来，课程组的 4 名助教，1 人成长为教授和博士研究生导师，1 人成长为副教授和硕士研究生导师，2 人成长为讲师；课程组的青年教师均取得了博士学位。其次，注重在青年教师中开展教学改革研究活动。

动物生物化学课程组现有国家级教学改革研究项目三项，省级教学改革研究项目两项，校级教学改革研究项目四项，青年教师参加教改课题 13 人次，参加教材编写 15 人次，人均发表第一作者教学论文两篇，达到了国家级精品课程对授课教师的要求。再次，重视对青年教师的培养。2007 年选派一名教师到香港中文大学参加双语教学培训，选派多名教师参加国际和国内重要学术会议和学术活动。实践表明，拥有一支师德高尚、治学严谨、教学能力强、学术造诣高的师资队伍，是建设精品课程的保证。

## 二、教学手段的优化是精品课程建设的载体

教学内容是精品课程建设的核心，灵活的教学方法和先进的教学手段是精品课程建设的重要载体。动物生物化学课程组近年来查阅了大量国外原版教材，及时丰富和更新教学内容；充分利用网络资源，收集并制作了大量的彩色图片、动画、视频、音频等；制作了网络版多媒体 PPT 课件、双语教学课件和名师的授课录像。2003 年以来，动物生物化学（网络版）已登陆学校精品课网络平台和 4A 网络教学平台，在全国 20 多所农业院校广泛使用，效果良好。教学手段和形式的多样化，使知识由抽象变具体，提高了学生的理解力，激发了学生的学习兴趣，促进了学生学习的主动性与积极性，提高了动物生物化学的教学质量和教学效果。

## 三、实验条件的改善是精品课程建设的基础

实验室是衡量高等学校教学水平和科研能力的重要标志，高水平的实验室建设是提高教学质量、出高水平科研成果的前提，是高等院校事业发展的基础。近五年来，东北农业大学给动物生物化学实验室累计拨款 300 多万元，充分补充、更新了实验课程所需要的配套仪器和器材，增加了本科生实验室面积，使学生能够 3 人/组使用一套实验器材；进行了原实验室和实验台的改造，营造了宽敞、明亮、通风、安静、整洁的实验室；购置了 PCR 仪等先进仪器，为高水平的实验奠定了基础。实验室的建设有利于提高实验室的综合效益、调动实验人员的积极性，是培养高素质专门人才的基础。

## 四、实验内容的更新是精品课程建设的关键

动物生物化学理论发展迅速，与之相应的实验教学内容也需要不断改进，要不断将新原理、新技术和新方法反映到实验教学中去。自2006年起，动物生物化学课程组在38个班进行了实验教学改革。将理论教学内容和实验教学内容紧密结合起来，将原有分散和陈旧的实验教学内容全部改为综合设计性实验。如"蛋白质制备与分析"综合设计性实验使学生掌握了蛋白质的制备技术（包括盐析、有机溶剂沉淀、透析、超滤、层析、离心技术等）和分析技术（包括分光光度测定、聚丙烯酰胺凝胶电泳），"核酸制备与分析"综合设计性实验使学生掌握了核酸的微量制备技术（包括有机溶剂抽提、多聚酶链式反应、琼脂糖凝胶电泳等）。实验教学改革实现了实验内容的综合化、设计化、一体化，使学生对实验技术有了更深入的了解，在确保实验效果的同时，提高了实验的复杂程度，培养了学生的创新思维和创新能力。

## 五、试题库储的规范是精品课程建设的标志

动物生物化学课程组自2007开始试题库立项申报工作，同年列入校试题库立项建设计划，于2008年建设完成并通过学校验收。建成的试题库库储容量丰富，命题规范。可形成标准化试卷，每份试卷包括名词解释、选择题、填空题、论述题、计算题5种题型；题量分别为名词解释10个、选择题20个、填空题40个空、论述题5个、计算题2个；分值分配标准为名词解释1个名词1分、选择题1道题1分、填空题1个空0.5分、论述题1道题8分、计算题1道题5分；答案为标准答案。三个学期的使用表明，该试题库能够对教学效果进行全面评价，并方便学生课后进行自我测试，在学生中得到了很好的反响。试题库将教学和考试两个过程分离，更有利于全面评价教学效果。

动物生物化学课程组通过精品课程建设打造了一支高水平的师资队伍，完善了实验室基础设施建设，激发了学生的学习兴趣，增强学生学习动物生物化学的学习热情，提高了学生的理解力和学习能力，培养了学生的创新能力和科学素养，达到了培养高质量人才的目的。

崔英俊，李庆章★，高学军.动物生物化学国家精品课程建设：体会与启示.牡丹江师范学院学报（自然科学版）.2010，（4，总72）：60-61.

# 浅谈动物生物化学科研与本科教学的融合

　　动物生物化学是农业高等院校动物医学、动物科学等专业的专业基础课，是在分子水平上研究动物体的化学本质及其生命活动过程中化学变化规律的科学。从本质上来讲，它是一门实验科学，与理论课相伴的实验教学是整个课程教学体系的重要组成部分。有效地开展实验课教学对学生深入理解动物生物化学的基础理论知识，熟练掌握基本实验方法和操作技能，全面提高动手能力和创新意识具有举足轻重的作用。目前虽然各个农业院校动物生物化学课程体系中均安排独立实验，但是却普遍存在实验内容陈旧、实验教学与理论知识发展缺乏衔接的局面。面对这种情况，我校动物生物化学教研室近年来对该实验课教学内容和课程体系不断进行深入探索，积极进行教学改革实践，深刻认识到学科内的科研活动才是真正推动该学科实验教学发展的动力。

## 一、传统动物生物化学实验课程的弊端

　　传统的生物化学实验课内容多以验证性实验为主，主要用来帮助学生理解理论知识。如"琥珀酸脱氢酶及丙二酸的抑制作用"实验，实验操作简单，只是要求学生注意观察反应体系中的颜色变化，加深对酶的催化作用以及酶的竞争性抑制剂这部分知识的理解。虽然这类实验与理论知识衔接紧密，具有示范性，但涉及的技术单一，在实验技能训练上显得单薄，同时也缺少实验过程中思考的分量，不利于学生创新思维的培养。从目前来看，我校改革后动物生物化学实验课主要分为验证性实验、综合性实验和研究性实验三大类。具体做法就是调整过于简单的验证性实验，适当增加综合性和研究性实验，而综合性和研究性实验教学内容的开发首先依赖于科研的支持。

## 二、科研活动与实验教学结合的必要性

　　动物生物化学是一门飞速发展的科学，随着生物化学实验设备、研究手段的

改进，新理论、新技术、新方法不断涌现。在理论课程教学上，教师通常能够及时触摸到学科发展动态，准确地理解和掌握动物生物化学的核心理论和最新信息，并将其传授给学生。但在相应的实验课教学中，往往由于实验条件或课程体系的限制，阻碍了对实验教学内容的更新，造成理论与实践的脱节。实际上，在整个动物生物化学的课程体系中，实验教学具有举足轻重的作用，不但可以帮助学生理解理论知识，锻炼学生的实践能力，而且学生对动物生物化学实验新技术与新方法的认知和掌握与动物生物化学理论的发展同步，对培养高素质的创新型人才具有积极的推动作用。因此只有动物生物化学实验教学内容的设置紧随理论知识发展的脚步，才能保证这一课程建设的平衡发展。而要达到这一目标，就必须将教研室的科研活动引入进来。在实验课程教学中，要努力将科研中相对成熟的项目列入实验教学内容，引进先进的实验技术，使用现代实验仪器设备，鼓励学生参与实验设计。这些不但可以激发学生的学习兴趣，而且让学生积极参与科研的教学方法也将会使动物生物化学这门课程焕发出新的活力。

## 三、科研活动有效地推动实验课程发展

### （一）引入先进仪器设备，改革验证性实验教学

科研活动要创新、要发展，离不开新型仪器设备的开发。动物生物化学本科实验教学的进步同样依靠实验室硬件条件的提高。近五年来，动物生物化学本科教学实验室加强硬件条件建设，共投资 125 万元用于购置先进的仪器设备，这些仪器设备为提升实验教学质量提供了保障。

血液生化指标的检测是动物生物化学实验教学内容中的一部分，传统的做法如在检测血清中谷氨酸 - 丙酮酸氨基转移酶（GPT）活性时采用普通分光光度计测定方法，根据反应体系中吸光度的变化来确定血清中 GPT 活性。在这个实验中，学生虽然可以按照实验步骤完成全部实验内容，撰写实验报告，但是大多数学生往往联想不到测定血液中这个生化指标与现实生活有什么联系，造成理论与实践的脱节。由于课程面向的绝大多数是动物医学专业的学生，对他们而言，血液生化指标的检测是临床医学诊断的重要内容。因此在实验室硬件条件建设中，我们购置了两台半自动生化分析仪。在实践教学中采用半自动生化分析仪测定血清中的 GPT 活性。学生可以通过亲手操作了解和掌握临床血液生化诊断的最新方法

和技术，还可以像在医院化验一样直接打印出检测结果。除了测定血清中GPT的活性，我们还为学生准备了血液中胆红素、乳酸脱氢酶、总蛋白、甘油三酯以及尿素氮的检测试剂盒，供他们选择使用，以加深学生对临床血液生化的理解，取得较好的教学效果。

### （二）提炼科学研究成果，开展综合性实验教学

综合性实验是由数个前后关联的实验项目有机组合在一起，构成的一个兼具科学性、实用性、先进性与系统性的实验体系。实验项目之间前后关联，前一个实验结果是下一个实验的材料，实验基本技术之间交叉运用。这种实验的开展改变了传统实验教学片段化、模式化与单一化的弊端，有利于培养学生掌握全面的生物化学实验技能和综合分析能力。

在实际的科研活动中，动物生物化学方向的每一个研究项目都是融多种技术的综合性大实验。最典型并且与动物生物化学本科教学内容最相关的综合性实验就是生物大分子的分离与纯化。近年来，我们教研室一直致力于动物血液中凝血酶的制备、胰酶提取以及牛初乳中IgG和IgA的分离与纯化研究，在生物大分子的分离纯化方面逐渐形成了一套行之有效的科研体系。鉴于这方面实验融合多种生物化学基本实验操作技术，体系成熟，因此在本科实验教学内容的安排上，我们结合动物生物化学的理论教学，选择了"血清γ-球蛋白分离纯化与含量测定"作为综合性实验。在这个实验体系中，血清γ-球蛋白分离过程采用的是分段盐析的方法。在教学中我们要求并指导学生在实验过程中思考分段盐析中每一步的目的是什么，计算每一步需要加多大浓度的过硫酸铵，分离出的各部分是什么物质。通过分段盐析粗提取出γ-球蛋白之后，学生首先采用透析的方法对所提取出的γ-球蛋白进行初步纯化，并在初步纯化过程中用纳氏试剂检测透析袋内外两侧的液体，观察透析除盐的效果。为了达到最佳的纯化效果，我们为学生购置了一批层析柱、分部收集器和蛋白质紫外检测仪，将科研上蛋白质分离纯化常用的柱层析技术和紫外检测技术引入本科实验教学中来。学生可以通过凝胶过滤层析进一步纯化γ-球蛋白，最后采用分光光度计对所提取的蛋白质浓度进行定量测定。根据不同专业学生的教学要求，我们还适当安排了聚丙烯酰胺凝胶电泳实验，对γ-球蛋白的分子量进行测定。这样一来，学生不但学习兴趣显著提高，都能积极参与到实验中来，而且增进了对蛋白质性质、蛋白质分离纯化技术体系

的理解和掌握，教学效果明显提高。

除了蛋白质分离纯化综合性实验，核酸的制备与分析综合性实验也被引入实验教学中。主要涉及动物组织中 DNA 的制备、PCR 扩增和琼脂糖凝胶电泳分离 DNA 三个实验项目。这部分实验内容的开展不但使学生掌握了核酸提取和鉴定的方法，也为学生进一步学习分子生物学、基因工程等课程奠定了实验基础。

### （三）追踪科研发展动态，尝试研究性实验教学

研究性实验是引导学生通过自己查阅资料、自己设计实验方案，自主开展研究、撰写研究论文，以达到培养学生创新思维、科研能力和科学素养的目的。在研究性实验教学中，学生是主体，教师是主导，主要为学生创造科学研究的情境与途径。

由于研究性实验对学生综合素质的要求较高，因此尚未在本科实验课程教学中普及。目前我们只是根据学生的兴趣和能力水平，从每个班级中选拔出几个比较优秀的同学组成"科技创新小组"，尝试利用课余时间进入研究室进行科学研究。首先我们根据教研室现行的研究内容为学生选择一个子课题，学生根据研究的目的和要求自行查阅资料，了解研究背景和国内外发展动态，制定实验方案。教师负责对实验方案设计的科学性、可行性进行严格审核。审核通过后学生才能够开展实验。目前学生在研究室进行的研究性实验主要有"保加利亚乳杆菌的分离鉴定""中药王不留行催乳成分对奶山羊乳腺上皮细胞功能的影响""奶牛乳腺上皮细胞培养体系的建立"等。通过研究性实验教学，学生可以接受全面的实验技能、科学研究思维与研究方法的锻炼，科研能力和科学素养得到了全面提高。

综上所述，实验课程的发展与科研活动是紧密相连的。科研和实验教学相辅相成，互相推动，互相促进。优秀的科研成果可以融入实验教学，推动教学向前发展，同时优良的教学又可以培养高素质的创新性人才，促进科研成果的创新发展。因此我们在本科实验教学中要继续发挥科研活动的推动作用，不断提升动物生物化学本科实验教学的水平。

林叶，李庆章★，高学军.浅谈动物生物化学科研与本科教学的融合.东北农业大学学报（社会科学版）.2008，6（4）：89-91.

# 论生物化学与分子生物学实验室的生物安全管理

实验室是高等学校开展人才培养、科学研究和社会服务的重要场所，是现代大学建设的要素和必要条件。实验室安全特别是实验室生物安全，是实验室管理工作的重要内容，是确保师生员工人身安全和公共财产免受损失，保证教学和科研活动顺利进行的前提。

## 一、实验室生物安全管理的必要性

### （一）生物安全管理是实验室发展建设的需要

实验室直接关系到教师和学生的生命安全和学校的公共财产安全，是教学和科研顺利开展的有力保障。所以，加强实验室生物安全教育和管理已经成为保证生物化学与分子生物学实验室健康发展的重要条件之一。21世纪是生物科学世纪，在一定程度上可以说，一个国家的生物科学水平代表着其科学技术水平和国际竞争实力。因此，越来越多的传统生物学实验室向着现代生物学实验室转变。作为生物科学的基础科学，生物化学与分子生物学被认为是孕育关键性突破的领域之一，其发展也是一日千里。实验技术与方法日新月异，实验室数量迅速增加，新的生物安全问题随之而来。此外，近年来随着我国高校办学规模的扩大和对外开放力度的加大，实验室的使用、人员流动和内部管理都产生了许多新情况和新问题，这些都要求我们认真分析实验室生物安全的新形势，合理预防实验室生物安全事故的发生。例如2001年12月13日台湾地区确诊的一例SARS病人，恰恰是SARS实验室的工作人员，这个事实提醒人们，生物学实验室的安全问题，已经现实地摆在我们的面前，加强实验室安全管理势在必行。

### （二）生物安全管理是实验室依法管理的需要

生物化学与分子生物学的迅速发展，使得实验室生物安全管理工作的重要性被越来越多的人所认识。为了加强我国实验室生物安全的管理，国家质量监督检验检疫总局和国家标准化管理委员会于 2004 年 5 月发布了《实验室生物安全通用要求》（GB19489‐2004），并于 2004 年 10 月 1 日正式实施。该标准在实验室生物安全管理、实验室的建设原则、生物安全分级、实验室设施设备的配置、个人防护和安全行为的要求等方面作了统一规定，确定了不同等级实验室的建设和评价标准。这一法规性文件的发布，是我国实验室生物安全管理发展史上的一件大事，标志着我国实验室生物安全管理进入了科学化、规范化发展的新阶段，必将有利于推动和促进我国实验室生物安全管理水平的提高。高等学校的各类实验室尤其是生物化学与分子生物学实验室，务必高度重视并切实加强实验室的生物安全管理，确保有法必依、执法必严，对人民的生命安全和国家的财产安全高度负责。

## 二、实验室生物安全管理的途径与方法

生物化学与分子生物学实验室的生物安全管理是一个严格的序化过程，不可有丝毫的疏忽和懈怠，要从小事抓起，从细微做起，确保警钟长鸣，万无一失。

### （一）加强实验场所的制度管理

生物化学与分子生物学实验室的工作内容广泛，具有多学科交叉的特点，在生物安全管理上既要满足一般意义上的生物安全需要，还应针对其自身特点制定和完善可操作性强的生物安全管理措施，保证生物学实验室安全工作的规范化、制度化和标准化。实践证明，营造安全文化氛围是提高全员安全意识和增强全员安全观念的有效途径。在建立生物安全管理制度和监督检查制度的基础上，还要注重对实验室人员的生物安全教育，倡导安全文化。利用多种渠道、多种形式进行安全教育，提高每个人的自我防护意识，把"不伤害自己，不伤害他人，不被他人所伤害"作为大家的自觉行动。为防止出现差错、事故，避免操作人员在实验室被感染，实验室工作人员必须是受过专业教育的技术人员，必须清楚地了解工作中存在的潜在危害，自愿从事实验室工作，接受安全教育，遵守生物安全规章制度和操作规程。在注重安全教育的同时，要使大家认清安全与效益、安全与教学的关系，利用多种宣传形式提高大家的安全防范意识。实验人员必须养成良好的工作和生活习惯，分清实验区域和生活区域。实验中注意个人防护，包括使用隔离衣帽口罩、一次性手套等。实验安全操作规程应作成宣传板悬挂在各实验室。

### （二）加强化学试剂的规范管理

生物化学与分子生物学实验室所用的试剂大多数属于化学危险品，具有易燃、易爆、剧毒、腐蚀性、放射性等特点，在储存和使用过程中存在着潜在的危险性，稍有疏忽和操作不慎，容易造成失火、爆炸、中毒、化学灼伤等事故。在实验过程中，如不遵守操作规程，随意使用、放置化学试剂将会导致危险事故的发生和造成环境污染，而且有可能危及实验室工作人员的生命健康和国家财产的安全。因此，实验室应加强对危险化学品购买、运输、储存和使用的监督管理，对不同危险化学品分别进行妥善保管，实行专人专管。对易燃、剧毒物品应有领用管理办法，做好出入登记，确保做到责任到人。

### （三）加强实验废物的安全管理

环境保护是全人类共同的事业，随着人们安全环保意识的增强，生物化学与分子生物学实验室废弃物管理工作也逐渐被重视起来，加强了对"三废"处理的力度，制订了包括对有毒材料、有害废液、危险物品、废弃化学品处理和安全管理等具体规定，做到管理规范、严格，起到了积极的环境保护作用。生物化学与分子生物学实验室常见的废弃物和处理办法一般包括下列几个方面。

1. 生物活性实验材料的处理。这类物品主要包括组织、细胞、微生物（如细菌、真菌、病毒等）、实验动物（如大鼠、小鼠、兔等）等。实验废弃的生物活性实验材料特别是细胞和微生物必须及时灭活和消毒处理，实验动物尸体或器官需及时进行妥善处置，按要求消毒，统一送有关部门集中焚烧处理。

2. 有毒物品及其他实验废弃物的处理。这类物品主要包括溴化乙啶（EB）、重金属、氰化物、丙烯酰胺、甲酰胺等。这类物品毒性高、危险性强，对环境的危害极大。酸溶液、碱溶液、有机溶剂、电泳凝胶、培养基等实验废弃物也是不可忽视的安全管理内容。对于这些废弃物，要使用专用容器和醒目标识，将重金属、氰化物、溴化乙啶（EB）及其结合物进行分级、分类收集，专人管理，定期回收，统一处理。

3. 实验器械与耗材的管理。塑料制品主要指各种吸头、吸管、Eppendorf管、注射器、手套、培养皿、各种包装物等，多为一次性用品。玻璃制品包括各种培养皿、试管、吸管、玻片、盖片、常用容器、过滤器皿等，易损易碎。金属物品最常见的是注射针头、刀片等。上述用品是生物学实验室日常必需品，直接接触各类试剂和实验材料，是有毒、有害物质和病原体的传播载体，还有可能造成人体的直接机械伤害。对于废弃的吸头、Eppendorf 管、手套、包装物等塑料制品应使用特制的耐高压超薄塑料容器收集，定期灭菌后，回收处理。废弃的玻璃制品和金属物品应使用专用容器分类收集，统一回收处理。

高等学校不但要教育师生加强环保意识，还要在实验教学和科学研究过程中体现环保意识，在实验内容设计过程中要尽量选择无公害、低毒性药品做实验，实验残液、残渣要少，要便于回收，以减少污染，保护环境。

综上所述，生物化学与分子生物学实验室的生物安全管理是一项系统工程，方方面面的问题相互联系，十分复杂，从而决定了生物化学与分子生物学实验室生物安全管理的复杂性和艰巨性。只要我们确实认识到实验室生物安全工作的重要性，齐心协力，相互配合，就一定能够把这项必须做好的工作做好，让大家享有一个真正意义上的生物安全实验室。

曲波，李庆章★，高学军，姜毓君．论生物化学与分子生物学实验室的生物安全管理．牡丹江师范学院学报（自然科学版）．2007，（4）：71-72.

# 大学科学研究的组织与促进

科学研究是大学的灵魂，是高等教育区别于其他教育的标志，是培养高层次人才的沃土，是学科发展的动力。一所大学的学术状况和水平，在很大程度上反映或决定着其精神和文化底蕴。因此，如何加强大学的科学研究、提升大学的科技创新能力，成为大学、教育部、科技部及国家和社会各层面关注的焦点。然而，面对世界科技飞速发展的现代化潮流和我国科研体制与机制的改革，大学科学研究既面临来自外界的激烈竞争，也面对大学内部如何处理好教学与科研关系的考验。只有善于研究勇于创新的学校，才能实施科学有效的科研组织与促进策略，在竞争中得心应手，在考验下应付裕如。

## 一、科学研究的组织

从科研过程来看，科学研究的组织包括科研项目的选择申报、科研任务的有效实施与成果产出的组织管理。从科研要素来看，包括科研经费筹措、科研团队建设、科研平台建设和科研组织管理。若要提高学校学术水平和创新能力，就不可忽视任何一个过程和要素的组织管理策略。

## （一）科研项目申报与科研经费筹措的组织管理

只有选择好项目，才能获得充足的科研资源。有了科研经费，才有发展的根基。这是学校整体科技工作的第一步，也是最重要的一步。从源头解决问题，探寻不同凡响的独特科研方向和组织模式，尤为迫切和必要。在这一过程的组织管理中，需处理好多种矛盾和关系。

1. 正确处理好满足国家战略需求与学校自身发展需求的关系。对于农业大学来讲，科研经费主要来自政府资助。这需要把满足国家或区域的战略需求放在首位，在实现国家或区域奋斗目标中实现学校的发展目标。这类项目审批操作有三种途径：一种是科技部自上而下的方式，即由管理部门事先选择一些资深专家确定好立项指南，大学据此申报。这种方式申报面很窄，只有平时在这方面有实力积累的大学才能中标，一些有利于促进经济发展的项目难免被拒之门外。第二种是自由申请、专家评审的各类基金项目。还有一种就是自下而上的自由申报，由管理人员筛选决定。后两类都可能由于少数决定人的有限认识或受利益驱使，使一批富有创新思想的申报项目被扼杀。所以，无论是靠实力战胜竞争对手的项目，还是思想独特的、敏感的非共识性项目，都需要学校拿出一部分研究经费予以资助，这对学术自由的强化发展和学术创新的强力推动都非常重要。

2. 正确处理好普遍探索与特色研究的关系。大学的科学研究是多元化的，但最终结果不可能什么都强。面对众多的项目，管理人员要建立起全体教师的科研方向与动态档案，在众多项目中扶持事关学校发展的主干项目，并在某一两个领域做深、做精、做透。

3. 正确处理好点与线的结合。有些科研人员没有稳定的研究方向，这是科学突破的最大忌讳。因此，如何支持一些人在切入点上深入下去，形成一条线的研究轨迹，是组织管理的重要职责。尤其是那些在短期内对经济发展的贡献度不明显，但学术影响较大的长期基础研究项目，应不惜代价，鼓励并扶持其对学术前沿问题进行深入研究和探索。这是科研组织管理必备的战略眼光，也是一种以不变应万变的策略。

## （二）科研任务实施与科研成果产出的组织管理

科学研究是一个稳扎稳打的渐进过程，加强过程管理非常重要。在这一过程中，科研人员需要自由宽松的空间，管理者应有战略眼光，既关注过程，及时协调，又主动服务，排忧解难，这才能保证有效达成目标。管理人员应通过严格的信用管理制度，营造一种执行文化的氛围，并把这种文化渗透到课题主持人的行为中，使之从意识深处习惯执行，形成目标明确的高效执行文化。

### （三）科研团队建设与科研平台建设的组织管理

临时组成的项目组有时因组织松散而难以进行深入研究，已成为限制大学科学技术创新能力提高的重要原因。另外，虽然大学科研基层组织单位的学院制教研组在以往专业性、单科性研究方面发挥了重要作用，但面对当今越来越需要交叉学科解决的复杂问题，已显得力不从心。这无疑加重了学校管理层面的负担，扰乱了宏观管理效能的发挥。因此，充分利用高校在发展交叉学科方面的优势，根据科学发展需要和社会需求，结合科研任务和项目，建立一部分跨学科的学术团队尤为必要。为了促进团队形成，维护团队稳定，需采取如下措施。

1.项目申报要以团队所在研究机构为单位，牵扯到学术、发展方向、策划项目和选题等学术范畴时，行政不要过多干涉，赋予团队充分的自主权，这样才可以开辟系统的、有规划的研究领域和方向，增强科研工作的预期性和研究项目的相关性。

2.必须把学校的预研经费赋予各团队，由团队负责人组织分配，同时报学校管理部门备案。

3.将人才引进和岗位级别聘任的决定权交给团队负责，并提供相应的各项服务。

4.将科技团队建设和平台建设结合起来。将平台建设投向团队，实现团队、平台、项目三者的结合。这不仅可以增强科研实力、提高利用效率，而且还可以借助科技平台，使研究者因科学研究需要良好的设备条件而聚到一起。因此，学校可在普查、登记科研设备的基础上，根据当前团队发展和科技创新工作的需要，优化科研资源配置，建立科技创新的发展基地，增强承担重大综合性科研任务的实力。

5.认真筛选、慎重决定团队负责人。团队负责人最好是具有战略眼光的大师，能把团队的事业当成自己的事业，这样才能形成学术权威，让具有共同学术兴奋点的研究人员聚在一起，形成学术合力。同时，还能吸引国外、国家、企业等加大对研究团体的经费投入，以逐步形成若干科技创新能力强、研究特色鲜明的研究团队。

6.大学科学研究的组织应该是大学学术活动和大学行政活动交叉的矩阵结构。实行团队人员与学院人员的互聘机制，把团队的建设和发展作为改革科技与教育紧密结合的重要方式和内容，否则学校的科技工作会因体制和机制的束缚而难有大的改观。

## 二、科学研究的促进

### （一）稳定现有优秀人才与吸引后备人才同样重要

科学研究以人为本。一流大学、一流科研运行的主体是一流的人才、一流的团队。许多高校都认识到了这一点，并纷纷制定了各种吸引人才的政策。这对于著名大学而言，依靠优惠政策就可不费力地吸引到高层次的优秀人才，而那些边远地区的大学则难以吸引到真正的一流人才。因此，各校应采取有效措施稳住内部已成熟的人才。现有人才的流失，既有社会的原因，也有学校的原因，其中不乏吸引一般人才和稳定优秀人才的不公平制度缺陷、人才自身发展没有得到真正的重视、低成本利用高价值人才等。真正意义上的人才，注重的是自己的成长性及自身发展的努力是否得到认同，这不单是待遇问题，重要的是能否看到事业发展的前景。管理者需要对这一规律加以认识，认真研究解决如何从发展的大局出发，采取正确的科研机制、用人制度、分配制度，为更好地稳定人才、吸引人才做出新的创新性探索。

另外，学术业务骨干走向行政领导岗位也是一种学术人才的流失和资源的浪费。真正的科学家关心的是能否有很好的条件和环境做科研、能否有足够的时间钻研并不断取得创新成果，而不是什么官称职名。因此，我校实施了使特殊学术人才走下行政领导岗位，赋予特殊岗位津贴，使之凝练钻研的心智，集中精力下苦功取得学术突破的政策。

### （二）按照需求在国际视野内配置高水平人力资源

现在我们已处于淡化人才所有但求所用的时代，学校可以在单位人向社会人转化的潮流下，凭借良好的科研条件在全球范围内寻求具有国际思维和世界眼界的创造性人才，实行工作所属性质不变、智力流动、来去自由的灵活政策。对不同层次的外来人才，可规定工作期间享受相应职级和岗位的工资及津贴待遇，根据贡献大小确定津贴档次，使一流人才得到一流的报酬，特殊的高层次人才享受特殊贡献津贴。这将加快吸引海内外高层次人才的步伐，为大学发展注入最新鲜的血液，带来新鲜的学术思想，从而迅速提高成果的质量和数量。另外，研究生也是大学科研的一支重要创新力量，所以调整招生名额分配方案，扩大重点方向及特色领域研究生招生名额，以增强科技创新的人力资源，也是加强团队建设的重要内容。

### （三）用好创新激励与约束管理的科学研究调节器

为了促进科研发展，不少学校在争取科研项目和成果奖励方面制定了优惠政策。这种做法，有利于促进学校弱项的完善和学术排位的提高，但也难免造成学术腐败与学术不端等行为。因此，如何不断改进和完善科研激励与评价制度，是学校科研管理部门面临的一项重要课题。

1. 正确解决科技经费配套问题。虽然各类项目都要求申报单位有配套经费，但大多单位都做不到全部配套。因此，应视具体项目情况而定，也可采取优先为优势领域创建必要的平台或减免学校支出等各种优惠方式，从条件上予以折算配套。对于承担项目的人员，因其工作量增加，可根据项目层次而享受任务津贴，以资鼓励。

2. 有关部门应制止学校对获奖成果配套奖励的做法。国家及有关政府部门设立科技奖的本身与引导、促进高水平、高产出科研工作的出发点并没有错，错在许多单位重复奖励。通常情况下，科研成果奖项由一些专家决定，由于人为因素太多，使评奖过程变成拉关系的过程，难以保证评定结论的公正性。但是，高层次奖励还是相对圣洁并颇具权威的，对这样的成果完成人应奖励其科研经费或研究平台；对发表 SCI 文章和高水平专著给予相应版面费的经费补助也是必要的，但不需要重奖炒作；给予 60% 专利维护费的激励政策，也应有约束机制，以防单纯追求数量，出现无价值的专利。

3. 以学术岗位津贴激励有成就的学者。科研团队如若排球队，不仅要有前锋还要有边锋和后卫，不仅要有主攻手还要有一传手和二传手，领军的主角人物不能少，配角也不能少。因此，设立不同等级的学术岗位津贴尤为必要，但设置方法必须科学，要有利于团队建设，尤其要有利于学校优势和特色团队的建设，有利于发挥具有独特学术视野和卓著成就的研究大师们的聪明才智。

4.制定科学的科研评价制度。压力与责任是成功的前提，好的评价体系可引导个体采用正确的行为方式，否则将误导个体的行为，对社会产生负面影响。对科研单纯量化考核，极易导致急功近利的"高产"研究者，以"面上增长"代替"质的发展"。这不仅助长为"升职称""享待遇"等而偏重数量的浮躁之气，还会阻碍科技创新的发挥和学校的良性发展。应实行定性考核为主及定量考核为辅的政策，重点评价是否做出了高水平、高效益的科研工作，且对不同性质的科研工作要用不同的评价标准，以建立一个与发展方向和特点接轨的科研评价体系。科研是一项周期很长的工作，频繁的考核也会导致科研人员的浮躁之气，大大制约科研水平的提高。最适宜的办法就是在中期和结题时各进行一次考核，对达不到考核要求的，根据具体情况做出相应的处理。每次评估没有新的进展或成效的，应淘汰出局。评估考核优秀的，则兑现优越的科研津贴、经费、实验室条件等。这种激励约束评价机制，将充分调动人才致力于干事、创业的积极性。

### （四）进一步提高管理人员的管理素质和管理水平

高校各级和各部门的管理者应是战略家，尤其是科技处处长，既要研究科研管理策略，又要研究产业和学科领域发展状况及其相互关系等战略，这样才能有效地指挥和服务于基础研究队伍、应用开发研究队伍、管理队伍三支大军。没有战略管理研究的学术背景，就很难管好学术团体。科研项目管理人员也需知晓产业和学科领域发展方向，否则就难以选择正确方向的关键性项目，从而可能埋没教师的创新思想。科研人员往往不知申报各类项目的技巧，但经管理人员点化后就会立刻明了，这就能形成管理人员与科研人员的互动，产生创新思维。"行政管理人才与学术人才并重"的理念很富远见性，因为领导的胆识、宏伟的目标和创造性的事业对各方人才颇具吸引力。学校各级领导及管理人员，应把大量的时间集中在战略行动上，制定远大的现实目标以引领发展远景，真正形成激励机制以确保员工个人目标实现与学校成功发展的结合，并为获得充足的资源去奔波。若只限于上传下达、统计汇总的表层管理，则无法承担起分析、规划、打造优势、凝练特色的重任。只有高水平的管理，才会有学校高水平的发展，所以应创造条件不断提高管理人员的管理水平。

## （五）正确处理好行政权力与学术权力的相互关系

培育良好的组织环境，对于储备科技实力极其重要。学术权力与行政权力二元管理体制有机配合，更有利于拓展科学研究的自由空间。当决定学校科技发展战略、选题、评审项目等重大群体学术事件时，可由行政管理部门配合学术管理体系。而当上级有关部门要求指令性推荐个别项目或其他个案时，则以行政管理部门为主，因为他们站在全校宏观管理的地位，比处于小范围学术管理体系的人更熟知孰强孰弱。所以，要处理好权力的民主与集中的关系，应以如何更有效地促进学校发展为前提。

## （六）营造有利于学术创新和文化积淀的软硬环境

大学科学研究必须有一个优良的科学文化积淀：一是应建立研究材料（如育种材料等）贮藏场馆及相应管理制度，这不仅可对学生进行科普教育，而且研究材料也不会因研究人员的离去而丢失；二是应建立高效的人、财、物及科技管理等后勤运转服务体系，以使研究人员除了做科研不再会有其他顾虑，更好地实现个人发展，学校也随之发展；三是应加强国内外学术交流，促进思想磨砺与思想碰撞，以形成整体范围的强烈创新欲和发展欲，产生思维共振和创新共鸣，从而发展一种以求真务实为精髓的校园科研文化。

李庆章.大学科学研究的组织与促进.国家教育行政学院学报.2005，（5）：40-43.

# 运筹帷幄，决胜千里

## ——试论科研选题的基本原则

科研选题是科学研究的战略起点，是每一项具体科学研究在开始阶段必须进行的步骤。只有通过选题才可能确定科学研究的目标和主攻方向。科研课题的选择与确定，对于整个科学研究能否顺利进行、工作有无成效以及效果大小等，有着十分密切的关系。因此，科研选题是进行科学研究具有战略意义的首要环节。

远在十七世纪，英国著名的唯物主义哲学家弗兰西斯·培根（Francis Bacon，1561—1626）曾经说过："如果目标本身没有摆对，就不可能把路跑对。"又说："一个能保持着正确道路的瘸子总会把走错了路的善跑的人赶过去。不但如此，很显然，如果一个人跑错了路的话，那么愈是活动，愈是跑得快，就会愈加迷失的厉害。"由此可见，在科学研究中，科研选题绝不可乱碰乱撞，随心所欲，而必须遵循一定的基本原则。这些原则虽非约定俗成，但也是人类长期科学研究工作经验和教训的总结。这些原则随着人类科学的进步和发展，也必将会不断得以充实和完善。

## 一、需要性原则

科研选题最基本的着眼点是什么呢？科研选题应首先和必须着眼于生产实践的需要和科学本身发展的需要，这便是科研选题的需要性原则。

生产实践是人类赖以生存的基础，是最基本的实践活动，也是自然科学产生和发展的基本源泉和根本动力。人类的生产实践每向前发展一步，便会向科技工作者提出各种各样的研究课题，要求人们去探究，并揭示它的秘密。因此，科技工作者要着眼于生产实践的需要，去发现问题和确定科研课题。

搞好科研选题还必须根据科学发展的需要来进行。所谓科学发展的需要，就是科学自身在发展中所要解决和完成的问题。许多重大的科学发现，其课题不完全是直接来自生产实践，有时则来自科学技术本身的发展要求。科学发展的需要，或是因本学科原有理论与新事实之间的矛盾，或是由于不同学科的互相渗透，或是欲从两个已知领域的边缘去探求新的生长点。因此，在选题时可能有三种突破的可能：第一，在原有科学前沿突破；第二，从两个已知领域的共性中求发展；第三，从两个已知领域的边缘或交接点（知识的空白区域，或称科学的"处女地"）去探求两者之间的必然联系，以创立新的科学。

许多著名科学家十分重视在选择课题时，注意将科学发展的需要与生产实践的需要有机地结合起来，在其科学领域中取得了惊人的业绩。我国杰出的地质学家李四光（1889—1971），在解放初期我国工农业生产和国防建设迅速发展，对能源的需要越来越大，而我国当时石油生产量很小，供不应求的情况下，急我国生产和国防建设之所急，毅然把探索中国地下是否蕴藏有大量石油的问题选为自己的研究课题。他运用力学的观点研究地壳运动，探索地壳运动与矿产分布的规律，把各种构造形迹看作是地应力活动的结果，建立了"构造体系"这一地质力学的基本概念，开创了地质科学的新生面。他运用地质力学分析我国东部的地质构造特点，认为新华夏构造体系的三个沉降带具有广阔的找油远景，驳斥了"中国贫油"的谬论。大庆、大港、胜利等油田的相继发现，证明了他的科学预见。在地震地质工作方面，他强调在研究地质活动性的基础上，观测地应力的变化，为实现地震预报指明了方向。

现代生产实践和科学技术，正以前所未有的规模和速度向自然界的深度和广度进军，提出了越来越多的亟待解决的问题。这就迫切要求我国的科技工作者，在选择和确定科研课题时，必须首先着眼于我国"四化"建设的需要，从发展生产、促进科学的进步出发，认清势头，抓住苗头，脚踏实地，刻苦钻研，为我国的"四化"大业做出应有的贡献。

## 二、科学性原则

科学研究要坚持正确的研究方向，科研选题必须有充分的事实根据和科学的理论依据，即必须坚持科学性原则。

众所周知，经过实践验证的理论是客观规律的正确反映。尊重客观事实，这是科学研究的基本出发点。强调选题要有事实根据，就是要坚持科学研究从实际出发和实事求是的态度，切忌主观臆断和先入为主。牛顿是举世公认的伟大科学家，其不论在数学、物理学，还是在天文学方面，都做出了卓越的贡献。他的前半生之所以成就赫赫，就是因为他坚持了唯物主义，以事实为根据，研究方向正确无误。但在后半生中，他把宇宙中根本不存在的"上帝"选为自己的研究课题，用了25年时间研究神学，编撰以神学为题材的著作，企图论证虚无缥缈的"上帝"的存在，在唯心主义的道路上越走越远，最后堕落为一个宗教狂。由于他背离了以事实作为科学研究的根据这一正确方向，因而科学真理的大门向他关闭了。从此，牛顿在科学上毫无贡献，白白浪费了后半生。

科研选题要以科学理论为指导，决不能随心所欲。在科学技术史上，"永动机"的设计就能很好地说明这一问题。十九世纪，热力学第一定律和第二定律的发现，就已从科学理论上证明了第一类和第二类"永动机"是不可能实现的。可是直到现代，在许多国家还不断出现"永动机"的设计方案。前些年，我国也曾有人提出要打破能量守恒和能量转化定律，并扬言要打倒热力学第二定律，搞什么"永动机"的设计和制造，前后折腾了几年，花了十几万元。因为违背了通过实践检验并证明是正确的科学结论，所以只能以失败告终。

由此不难看出，科研选题必须坚持科学性原则。如果选题不具备科学性，对个人而言，就会事倍功半或一无所获。对社会来说，不仅造成浪费，还会贻误生产。

## 三、可行性原则

科学研究还应注意根据实际具备和经过努力可达到的条件来选择和确定研究课题，这便是科研选题的可行性原则。

科研选题是为了解决问题、推动生产、发展科学。解决问题不仅要求选题准确，而且要求选题恰当。这就是说科研选题要难易适度，具有解决问题的现实可行（能）性。因此，科研工作者选择科研课题时应考虑下列三个条件：第一，问题成熟到可以解决的程度；第二，解决这个问题所需的实验设备和其他物质条件等也已具备；第三，科学研究工作者的德（科学品德及献身精神）、识（知识结构及素质）、才（研究能力）、学（学术水平）、体（强健并足以应付艰苦劳动的体魄）相称。概括地说，可行性原则包括两个方面，即主观条件和客观条件。前者指科技工作者的德、识、才、学、体，而后者指问题的成熟程度、文献资料、资金设备、协作条件、相关学科的发展程度等。二者缺一，选题就缺乏足够的现实可能性。

　　凡是有经验的科技工作者和科研管理人员，都认为科研工作者的个人才能如何，是不可忽视的主观条件之一。开普勒发现行星运动三大定律就是一个典型的例子。开普勒在 1600 年当了第谷·布拉赫的助手。第谷进行天文观测约有 30 年，积累了大量的资料，基本上具备了发现行星运动规律的客观条件。但是由于缺乏理论思维的才能，致使他不但没有从自己的观测资料中做出应有的正确判断，反而得出了错误的结论。他认为行星是绕着太阳运转的，而太阳又是绕着地球运转的。开普勒则善于理论思维，具有较高的研究能力，并具有非凡的数学才能。第谷于 1601 年去世后，开普勒继承了已有的资料和研究成果，又经过自己的努力观测，对得到的资料进行了认真的分析总结，再经反复的数学运算，终于发现了行星运动的三大定律。修正和发展了哥白尼的"日心说"，在天文学上做出了不朽的贡献。

　　对于客观条件，更不可等闲视之。辩证唯物主义者是条件论者，但又是不唯条件论者。这就是说，一切依时间、地点、条件为转移。"巧妇难为无米之炊"，没有一定条件，就很难实现或达到预期的目的，科学研究就会成为纸上谈兵或一纸空言。

## 四、经济性原则

　　现代科学研究具有集团性、综合性、长期性和分化性的特点。因而确定选题进行实验，所需经费是大量的，也是多方面的。这就要求科研选题必须坚持经济性原则。

　　经济性原则，要求科技工作者在选择和确定课题时，既要考虑使科学研究工作顺利进行，又要考虑统筹安排，综合平衡，充分发挥经费的作用并取得较好的经济效益。不仅有利于科研成果的取得，又可避免无谓的浪费。在科研设计上，应尽可能做到用最少的钱，花最短的时间，取得最理想的成果。在科研成果的应用上，不仅易于推广，而且见效快，效益高。这样，在选择和确定研究课题时，就要求在设备计划和实验设计上精确可靠，努力加强计划性和预见性，尽量减少和避免盲目性。

## 五、创造性原则

科学研究贵有特点，贵有创造（或创新），这是由科学自身发展的内在要求所规定的，是科学研究的灵魂和生命。这一要求体现了科研选题的创造性原则。

科研选题的创造性原则，要求在选择和确定研究课题时要勇于创新，要敢于异军突起。对于本领域、本学科或本研究方向的历史和现状应有基本的了解，切忌在科研选题上的雷同。具体来说，理论研究就要求做出新发现，提出新见解，得出新结论；应用研究就要求发明新技术、新产品、新设备、新材料、新工艺，或者把原有的技术应用（移植）到新的领域。一项科学研究，一篇学术论文水平的高低，质量的优劣，主要标准应该是有无创新、有无突破，即有无新的观点、新的实验论证和理论论证，并有无预见。因此，每一个科研机构，每一个科技工作者，都应有强烈的创新意识，下决心开创新局面。在具备了一定客观条件的情况下，要敢于选取、接受有重大理论价值和实际效益的课题，敢于开垦尚未开垦的科学"处女地"。敢于异军突起，是古今中外杰出科学家具有的本质特征。如我国的生物化学家和化学家树雄心，立大志，奋发图强，不畏艰险，继1965年9月在世界上首次人工合成了具有生物活性的蛋白质——结晶牛胰岛素之后，又于1981年1月成功地人工合成了世界上第一个酵母丙氨酸转移核糖核酸，使我国的分子生物科学水平跃居世界的先进行列。

综上所述，可以看出，科研选题本身就是一项十分重要的科研工作。从这个意义上说，正确、恰当地选择科研课题，既是科学研究工作的起点，又是科学研究工作的成果。如何选好科学研究课题，不仅反映出一个人的工作态度和方法，而且能反映出一个人的学术水平和科研能力。因此，每一个科技工作者必须高度重视这个问题。

"运筹帷幄之中，决胜千里之外。"常用以形容一军事战略家深韬大略、知己知彼、全局在握、用兵如神的高度军事才能。在有意识、有目的地认识和改造自然界的科学研究中，无论是科研课题的选择还是科研的设计与实施，与军事相比都极其相似乃尔。综合而灵活地运用科研选题的基本原则，准确而恰当地选择科研课题，只是科学研究战略决策的第一步，而预期、理想的科研成果的取得还有待于这一战略决策恰到好处地展开，即科研的合理设计及妥善实施。所以，一个成熟的科技工作者，绝不可沾沾自喜于一得之功，而应在科研课题选定之后，以更加充分的思想准备和更加饱满的工作热情，投入更加艰苦更加繁重的科研实际工作中去。

李庆章.运筹帷幄，决胜千里——试论科研选题的基本原则.高等农业教育研究.1989，（1）：71-74.

# 论研究生的研究能力培养

研究生教育是我国教育结构的最高层次，是我国培养高级科技人才的重要途径。在研究生教育过程中必须致力加强研究生研究能力的培养，不但使其在校期间就受到严格的训练及锻炼，初步形成研究的动力定型，而且在毕业后的工作中，能满怀信心地独立解决现代化建设和科学技术不断提出的新问题、新要求，成为具有"面向现代化、面向世界、面向未来"高度适应能力和创新精神的新型高级人才。

研究生教育应十分突出研究能力的培养。诚然，必不可少的基础理论和专业知识的扩充及准备是应该的，但研究能力的培养则更加重要。后者在除却"德"的重要保证作用之外，往往是研究生培养成败的关键，切记不可等闲视之。首先，着重于研究能力的培养是研究生教育自身的内在要求。研究生不研究，研究无能力，则空闻其声，徒有其名，形同虚设，名存实亡。其次，着重于研究能力的培养是现代知识密集和知识剧增的迫切要求。我们正处在卷帙浩繁、信息如流的时代，一个人不可能也不必要在其短暂的一生中读万卷书，至关重要的是掌握读书索理，研究知识而"破万卷"的能力。再次，着重于研究能力的培养是科学技术飞速发展的要求。科学技术日新月异，不同学科交叉渗透，新学科、新理论、新技术、新工艺浩如烟海，层出不穷，需要有不仅知识水平高、知识面宽、基础雄厚，而且富有高度适应能力和创新精神的人才去掌握、运用、研究和探索。因此，研究生研究能力的培养是研究生教育首当其冲、至关重要的任务。

对研究生的素质培养，除要求具有一定的政治素质、思想素质和知识素质外，还应具有较强的能力素质，其中研究能力尤为重要。研究生的研究能力，应该包括创造思维能力、知识研究能力、资料查阅能力、设计计算能力、实验操作能力、交流表达能力、独立工作能力和开发创新能力。

# 一、创造思维能力

人在各种活动中所形成的思维能力是发展智力的核心，而创造思维能力则是思维能力的最高层次。创造思维具有目的性、多极性、非凡性、预见性、敏锐性、指向性、系统性、整体性和透彻性的特征。创造思维是在个人已有知识和经验的基础上，遵循形式逻辑和辩证逻辑提供的思维规律、思维形式和思维方法，有所发现、有所发明、有所创造、有所前进或有所突破的思维能力。运用创造思维能力，要善于把学习和理解的东西举一反三，善于用取得的新知识去揭示和解决更新的问题。

# 二、知识研究能力

即运用创造思维进行创造性学习的能力。创造性学习，是指在思想和行动上与不断出现和不断变化的新情况协调一致的学习方式，其具有预期性及参与性的特征。进行创造性学习，就是以创造思维为基础，在学习活动中珍视自己的独到见解，善于独立思考，勇于标新立异，超越前人；注意力高度集中，善于分析及综合，注意类比和联系；学习动机明确，并具有对成功的不懈追求；学而不轻信，问而不迷信，敢于议议、查查、评评古今中外的名著，敢于纠正、推翻某些论点，敢于补充、发展某些学说；具有坚强的意志、顽强的毅力和良好的习惯；善于提出新的"知识单元"或调动"知识单元"重新组合，从而发现新的事物和新的研究领域。只有掌握了知识研究能力，才会在知识密集和知识剧增的今天应付裕如，才不至把学得的各门科学知识简单地作为知识结构中机械堆垒的构件，而成为创造新知识的阶梯。

# 三、资料查阅能力

进行科学研究，要不断掌握新知识，特别要弄清国内外在自己所从事的专业或学科前沿的动态和发展，才能做到"知己知彼，百战不殆"。在当代科学技术飞速发展的情况下，科技情报的特点是数量大、增长快、交叉广、保密性强。据报道，每年全世界发表的科技论文约为500万篇，平均每天发表含新知识的论文达1.3—1.4万篇，登记的发明创造专利每年超过30万件，平均每天要有800—900件专利问世。面对大量科技情报，如陷入找不到、看不懂、读不完的困境之中，就会极大地影响研究工作的效率。根据我国短时间内情报工作和查阅手段不能有较大发展的实际情况，为了缩小信息增量与查阅情报资料在时间上的比例构成，必须提高查阅资料的能力。一方面，可开设科技情报资料检索方法的选修课或讲座，使每一个研究生必须掌握这一开启信息殿堂大门的金钥匙。另一方面，要注意改善阅读方法，提高阅读效率。此外，还要熟练地掌握一门或几门外语，以开阔视野，便于及时掌握国际上的科技信息。

## 四、设计计算能力

设计计算能力是研究生应该掌握的重要技能。因为任何一项研究工作，必须进行科研方案及具体实验的设计，并对实验中间过程和终末的结果进行复杂的运算。如不具备这种能力，或该能力薄弱，就会局限于开展一般重复再现性的简单研究工作，甚至一事无成。马克思认为："一种科学只有在成功地运用数学时，才算达到了真正完善的地步。"而马克思本人正是在政治经济中，把历史的、逻辑的、数学的方法有机地结合起来，在揭示资本主义经济规律方面，做出了远远超越前人的贡献。所以，设计计算能力无论对于学习社会科学还是学习自然科学的研究生都是十分重要的。

培养和提高设计计算能力的关键是掌握广博的知识，并熟练地掌握多种设计理论、方法和运算技巧。要学会迅速查阅和正确利用各种工具书和工作手册，学会熟练地使用各种运算工具。在科学技术发达的现代，特别要熟练地掌握电子计算机这种现代的设计和计算工具。要认真学好数学，熟练地掌握各种数学公式、定理及运算方法。此外，还要学会绘制图形、制作图表，提高绘图制图能力。

## 五、实验操作能力

科学研究不仅需要丰富的想象力，还必须具有证实自己的想象，把创造性想象变成实际的物质成果，或用生动形象的实验过程显现出来的能力，即实验操作能力。创造性想象如果没有必要的手段去证实，就不能发展为科学理论，更不能转化为技术。许多科技成果都是科学技术人员亲自进行实验操作的产物。实验证明，现代科学的许多重大突破都得益于高超的实验技术。实验技术的每一重大进步和发展，都将会向人类揭示出一系列客观事实，提出一系列新的问题，从而导致新的假说、新的理论的出现。而新的假说和新的理论又只有通过实验的检验才能确认其真理性。有人将理论思维和科学实验看作是将科学技术推向前进的两个重要方法，足见实验操作能力的重要性。尤其是当代科学对物质微观结构的探索，主要依靠精良可靠的实验设备和高超复杂的实验技术。所以，科技人员必须有娴熟过硬的实验操作本领，方可适应科学技术发展的需要。

　　研究生实验操作能力的培养主要应通过几门精心选择的实验技术课，从中得到基本实验操作技能的训练。实验过程中要注意加强理论与实践相结合，要了解实验的要求、意欲达到的目的及操作手段，了解实验仪器和设备的性能、操作规程，熟悉和掌握基本的测量原理和操作技能。有些实验，还可要求学生亲自设计实验过程，制作设备。在实验中，要注意观察每个细微的现象和反常情况，准确获取实验数据，学会误差分析和实验教据的处理，并学习准确地把握和正确地分析实验现象。

## 六、交流表达能力

　　交流表达能力应包括语言表达能力、文字表达能力、图表表达能力、数学表达能力等。对于研究生，以上诸方面均应达到较好的水平。交流表达能力是交流科学技术、思想感情的一种本领。各种科学技术信息的交流，特别是将科学转化为技术及人才培养等，都需要较强的交流表达能力。各种交流表达能力具有互补效应。最基本的交流表达能力是语言及文字表达能力，但有时用语言、文字不易说清的问题，往往用图形、图表或数字表达常常可收一目了然、深刻清晰的效果。

　　提高交流表达能力，首先要认识交流表达能力在科学技术工作中的重要作用，努力掌握基本的语言和文学知识，特别是记叙文和论说文的写作知识，同时要加强实践锻炼，如坚持进行读书笔记和认真书写实验报告等。其次，培养提高交流表达能力最重要的途径是进行各种交流表达方式的实践。要有意识、有勇气，积极主动地参加所能跻身的各种有益于交流表达能力锻炼的活动。努力从畏首畏尾，羞于启齿，语无伦次，言难及意中解放出来，渐次达到善于应对，健于谈吐，有条有理，言简意明的程度。再次，要博览群书，不仅要致力研读专业书籍，还可适当读些古今中外的文学名著，亦有益于语言及文字表达能力的提高。

## 七、独立工作能力

独立工作能力或称之为组织管理能力，包括计划能力、决断能力、执行能力、指导能力、协调能力等。现代科学技术的研究活动，常常具有联合性和集团性特征。近代重大的发明创造和技术革新都是由大规模的科研中心或集团完成的，并且有些还需要学科间、机构间、国家间的协作。即便有个别学科或个别项目，可以个人开展科研活动，但经费的筹措，实验设备、试剂及材料等的购置、运输、管理，以及整个科学实验的计划设计、组织实施同样需要以上诸能力。所以，组织管理能力不仅是管理人员必备的能力，科技人员也是必不可少的。其中计划能力是指选择和确定目标以及制定实现目标的具体计划的能力；决断能力是指随时随地对成败得失、是非优劣等做出综合判断的能力以及非常情况下的应变能力；执行能力是指能够组织人、财、物力，按预定计划实现既定目标的能力；指导能力是对下属或同事予以解惑释疑、除惘指迷和强化引导的能力；协调能力则为处理好系统内外各种关系，及时发现并解决不断出现的各种矛盾，使系统处于持续调节之中，并保持系统相对稳定和动态平衡的能力。

独立工作能力的培养，首先要加强自身的思想修养和道德修养，其次要注意加强个性、意识、意志、毅力等心理品质的锻炼，还要有既专又博的良好知识素质，经过不断实践，就一定会做到既有能力，又有胆识。

## 八、开发创新能力

开发创新能力即运用已有知识在新的情境下分析问题和解决问题的适应能力。科学研究最忌雷同，贵在创新。每一个有志从事并献身于未来科学事业的研究生都必须努力培养和开发自己的创造思维、创造个性、创造意识和创造意志，培养敢于标新立异、勇于异军突起的创造精神。要在不同学科的边缘和交叉点，在科学的"处女地"或前人从未涉足的空白领域去揭示前人未曾揭示的规律，发现和发明前人未曾发现和发明的新理论、新定理、新技术和新工艺。开发创新能力是以上诸能力的升华和必然结果。因此，只有在良好的知识素质和能力素质的基础上，才可望获得开发和创新。

要加强研究生研究能力的培养，不但需要学生自身有强烈的自我进取意识，注意自信自强、自我完善，同时更加需要建立一个完整的研究生教育体系。要把研究生的研究能力培养贯穿于整个研究生教育过程的始终，要在招生时就注意以适当方法有利地选择那些基础较厚、能力较强的考生进入研究生学习。在学习期间，要特别突出和注意研究能力的训练及培养。在分配使用方面，也要注意把那些研究能力较强的学生派向较为重要的教育和科学研究部门，使其研究能力不断得以巩固和发展。要注意研究、探索、认识和利用研究生教育的固有规律，不断寻求合理的培养途径和方法，使我国的研究生教育为社会主义现代化建设源源不断地输送大批合格的高级科技人才做出新的贡献。

李庆章.论研究生的研究能力培养.黑龙江高教研究.1988，（1）：63-66.

# 中国农业现代化和农业产业化的理性思考

我国农业正在由传统农业向以科学技术为基础的现代农业转变。在这一转变过程中，我国农业取得了以不足世界 7% 的耕地养活了占世界 20% 的人口这一令全世界瞩目的辉煌成就。进入 21 世纪，中国农业既承受着人口增加、收入增长和工业化进程加快对农产品需求增大的压力，又面临着自然资源短缺、生产条件落后等因素的制约和国际市场竞争激烈的考验。在 21 世纪到来之际，促进中国农业健康、持续、稳定地发展，是一个必须高度重视的大问题。

## 一、农业现代化是我国现代农业发展的宏伟目标

### （一）农业现代化的基本内涵

农业现代化代表了世界农业发展的总趋势，农业现代化概念的演变也同样反映了世界农业发展的进程。由于人类已经取得的科技成果首先是化工和机械技术，发达国家已经实现的现代农业也首先是化工和机械技术在农业上的广泛应用，即农业化学化和农业机械化，所以现代农业又称工业化农业，农业现代化则称为农

业工业化。依此说来，农业现代化在经济上就是物化在工业产品中的劳动向农业投入，而且这种物资集约投入取代了传统农业的劳动集约投入，因此说现代农业在经济上又是物资集约农业。又由于运用现代工业技术成果于农业是农业现代化的基础，所以人们往往把农业现代化的内涵归结为现代工业技术的运用，通常表述为农业机械化、化学化、水利化和电气化。显然，这种仅仅强调和看重农业现代化基础以及先进社会生产力作用的认识，无疑是一种以偏概全的常规农业现代化的狭义概念。

常规农业现代化广义概念则是既反映了农业现代化的内涵，又强调了实现的条件和动态发展过程。由于农业、农村和农民的特点，农业现代化有其要解决的独特问题，包括了在实现农业机械化时要做到农业合理化，在实现体制现代化时要完成农业社会化和实现人的现代化时达到农业文明化。农业合理化就是要注意在农业生产中生物因素和环境因素的协调配合。农业社会化则包括农业生产经营管理社会化、农业生产过程和流通过程的社会化。以上有关常规农业现代化的狭义和广义概念，都是强调了农业现代化的某些侧面，虽然广义概念比狭义概念更为完整，但不能以广义概念否定狭义概念。

关于农业现代化的内涵，中国农业科学院研究员刘志澄先生提出："农业现代化实质上是以实现农民富裕、缩小工农差别和城乡差别为根本目标，以建设现代农业基础产业为基本方向，通过生产手段、生产条件、经营管理和社会服务现代化，特别是依靠现代科学技术的扩散、现代生产要素的投入、工商业部门的介入、市场机制的引入和社会化服务的渗入，把传统农业转变为科学化、工业化、集约化、市场化和社会化农业（的过程）。"这一非常规农业现代化的概念，对农业现代化的根本目标、基本方向、构成条件、保证要素和指标体系都有所规定，符合我国国情，可以说是对中国农业现代化较为全面准确的表述。

## （二）农业现代化的构成条件

根据非常规农业现代化概念的界定，农业现代化的构成条件包括农业生产手段现代化、农业生产条件现代化、农业生产管理现代化和农业生产服务现代化。

### 1. 农业生产手段现代化

就是农业生产的全过程中，充分采用现代科学技术，增加农业生产的科技含量，提高科技贡献率，实现作物、畜禽、水产良种化和种、养、加技术科学化。

### 2. 农业生产条件现代化

实现农业现代化，仍必须从劳动密集型产业转变为科技密集型产业，用先进的生产工具替代落后的生产工具。农业生产条件现代化就是要在生产过程中，尽早和尽速实现农业机械化、农业水利化、农业化学化和农业电气化，用现代工业工程技术装备农业。

### 3. 农业生产管理现代化

为保证农业现代化实现，要十分注意融贯中西，认真借鉴成熟的现代农业管理经验。按照建设现代农业基础产业的要求确定农业发展领域，利用市场机制优化农业资源的配置，把产前、产中、产后部门紧密联系起来，加快农业专业化、贸工农一体化、经营规模化、服务社会化和高新技术产业化的发展，提高土地生产率、劳动生产率、产品生产率，增加经济效益、社会效益和生态效益。

### 4. 农业生产服务现代化

农业生产服务现代化是实现农业现代化的支撑条件。要牢固树立农业基础产业的基本观念，提高为农业、农村和农民服务的水平。建立社会化的现代农业服务体系，在现有基础上健全省、市（县）"农业技术推广服务中心"，乡（镇）"农业技术推广站"和村"农业技术服务队"，形成农业服务网络，拓宽农业服务领域，确保农业生产资料的供给、农业主副产品的流通快捷有效和畅行无阻。

20世纪80年代以来，我国农村经济体制的改革、农业结构的调整和乡镇企业的兴起，为全面发展农村经济，推进农业工业化和农村城市化，带动农业现代化，探索并提供了一条具有中国特色的非常规农业现代化道路和多种农业现代化模式。而发展可持续农业，集约利用一切可利用资源，促进农业系统的技术集约、劳力集约和奖金集约，从而实现高投入、高产出、高效率并与资源环境协调发展，加速农业产业化进程，是实现我国非常规农业现代化的必由之路。

## 二、农业产业化是我国现代农业发展的根本途径

### （一）农业产业化的基本内涵

20世纪90年代初，在中国农业变革与发展进程中出现了一种新的经济现象，

人们将其称为农业产业化（经营）。农业产业化问题越来越引起国内外的广泛关注，一般说农业产业化的内涵可表述为：

第一，农业产业化是以国内外市场为导向，以提高经济效益为中心，对当地农业的支柱产业和主导产品，实现区域化布局、专业化生产、一体化经营、社会化服务、企业化管理，把产供销、贸工农、经科教紧密结合起来，形成一条龙的经营体制。

第二，农业产业化是在市场经济条件下，通过将农业生产的产前、产中、产后诸环节整合为一个完整的产业系统，实现种养加、产供销、贸工农一体化经营，形成自我积累、自我发展的良性循环发展机制。在实践中它表现为生产专业化、布局区域化、经营一体化、服务社会化、管理企业化的特征。

第三，农业产业化是以市场为导向，以效益为中心，优化组合各种生产要素，对农业和农村经济实行区域化布局、专业化生产、一体化经营、社会化服务，形成以市场为龙头，龙头带基地，基地连农户，集种养加、产供销、内外贸、农科教为一体的经济管理体制和运行机制。

以上有关农业产业化内涵的不同阐释，反映了对农业产业化基本规定性的共同认识：①以市场为导向；②实现一体化经营；③重点为培植主导产业；④关键是形成利益互补机制。

### （二）农业产业化的发展类型

我国农业具有显著的分散性小农经营特征。我国农业产业化在利益性原则、效率性原则、协调性原则和平衡性原则的规定下，表现为不同的发展类型。农业产业化的发展类型，主要表现在主导要素和组织载体的不同形态上。

#### 1. 龙头企业带动型

为公司加基地加农户的类型。是以公司或企业集团为主导，以农产品加工、运销企业为龙头，重点围绕一种或数种产品的生产、销售，与生产基地和农户实行有机联合，进行一体化经营，形成风险共担、利益共沾的经济共同体。在实际运行中，龙头企业联基地，基地联农户进行专业协作。这种形式在种植业、养殖业特别是外向型创汇农业中最为流行。

2. 专业市场带动型

为专业市场加农户的类型。是以专业市场或专业交易中心为依托，拓宽商品流通渠道，带动区域专业化生产，实行产加销一体化经营，扩大生产规模，形成产业优势，节省交易成本，提高经营效率和经济效益。

3. 合作组织带动型

为专业合作社或专业协会加农户的类型。是由农民自办或政府引导兴办的各种专业（技术）协会、专业合作协会等经济组织创办的农业产业化经营形式。该类型具有显著的群众性、专业性、互利性和自助性，实行"民办、民管、民益"，效果较好。

4. 中介组织带动型

为农产品生产加工销售联合会（农产联）加企业加农户的类型。是在某一产品再生产全过程的各个环节上，实行跨区域联合经营和生产要素大跨度优化组合，并逐步形成市场竞争能力强、经营规模大、产加销联结的一体化企业集团。

无论哪种类型，都具有农业产业化的共同特点：呈龙形组织结构，能引导和组织分散的农户进入社会化大市场，企业与农户有不同形式的利益联结方式，共同促进市场农业的发展；将现代科学技术导入农业，提高农业专业化、社会化、商品化水平；重新调整农业生产结构，重组生产要素，增加农业附加值，提高农业比较效益；引入现代农业的组织管理模式，组织制度创新和完善中发展和壮大农户经济，提高农民收入水平。

### （三）农业产业化的有效运作

1. 加强基地建设

在农业集中产区兴建农业生产基地，要做到：①统筹规划，合理布局，巩固现有生产基地，形成合理的农产品商品生产体系；②集中力量办一些规模大、科技含量高的农产品商品基地；③加快基地建设的市场化进程，鼓励多层次、多渠道建设农产品商品生产基地；④建立健全稳定的基地运作机制，尤其是基地自我积累、自我发展的机制；⑤围绕基地加强服务组织和服务设施建设，完善系列化服务，实现基地规模化和集约化。

## 2. 培育龙头企业

龙头企业是龙形发展的关键。培育龙头企业要做到：①充分利用现有企业特别是乡镇企业资源建设一批龙头企业；②要突出"大"（规模大、牵动面大）、"高"（技术水平高、附加值高）、"外"（外向型）、"新"（新产品）、"多"（多种所有制、多种形式）、"强"（竞争力强、抗灾力强）；③要按"产权明晰、权责明确、政企分开、管理科学"为内容的现代企业制度建设龙头企业；④大力推进农科教与龙头企业联姻，提高农产品加工产品的科技含量。

## 3. 发展合作组织

我国农村存在着社区合作经济组织和专业合作经济组织两种基本合作经济组织形式，广泛存在于农村农、林、牧、副、渔，工、商、建、运、服等各个行业。为使合作经济组织更加适应农业产业化需要：①加强领导，积极稳妥地促进农村合作经济组织的发展；②从法律上确定合作经济组织的法人地位，促进合作经济组织按法律要求开展活动；③因地制宜，确定合作经济组织实行农业产业化的思路；④制定有力措施，扶持合作经济组织的发展。

## 4. 完善市场体系

实施农业产业化，从本质上说就是发展市场农业。通过发育农产品市场特别是专业市场，以市场为导向，培育主导产业，带动区域化生产，把生产与销售联结起来，提高农业产业化的市场化水平。①加强专业市场的硬件建设和软件设施；②建立专业市场的分析、评价和研究体系；③加强规范化管理，提高经营水平；④建立并稳定中介组织机构。

## 5. 强化政府调控

在农业经济面临新旧体制交替时期，既要充分发挥市场调节作用，又要正确行使政府调控职能。①理顺各种关系，为农业产业化创造宽松的环境；②运用各种政策手段，强化宏观调控能力；③建立和完善政府对农业的"引导、支持、保护、调控"职能体系。

## 6. 健全运行机制

农业产业化要"形成生产、加工、销售有机结合和互相促进的机制"，其关键就是要在农业产业化经营内部建立起利益分配机制和运行约束机制。利益分配机制主要有：①企业与农民按照股份制原则兴建龙头企业，风险共担，利益共沾；②企业与农民通过建立合作经济组织（合作社）稳定产销关系，对农民实行利润返还；③企业与农户签订购销合同，提供各种服务，按优惠价格或保护价格收购农产品。运行约束机制包括：①市场约束机制；②法律约束机制；③管理约束机制。

## 三、结语

农业现代化是中国农业发展的必然，是中国现代农业发展的宏伟目标。农业现代化的最终目的在于农民实际收益的最大化，而不是国家计划产量的最高化。中国的农业现代化应该也必须走非常规农业现代化的道路，以保证可持续集约化农业战略目标的实现。中国的农业在经过一段长足发展之后，正在从数量速度型向质量效益型转变。在这种带有根本性的转变过程中，农业产业化是具有中国特色农业现代化的重要途径。

李庆章，徐建成.中国农业现代化和农业产业化的理性思考.农业现代化研究.2000，21（4）：239-24.

# 中国大陆休闲农业发展的现状、问题及对策

休闲农业最早始于二战后的欧美国家，而后在日本及中国台湾日趋成熟，并得到蓬勃发展。随着中国大陆农业产业化及旅游休闲产业的不断发展，休闲农业已越来越受到社会各界的高度重视。为了更好地促进休闲农业的发展，笔者拟就中国大陆休闲农业的发展现状、存在的问题及所应采取的对策作以初步分析。

## 一、中国大陆休闲农业发展历史与现状

### （一）休闲农业的含义

休闲本意是指"农田在一定时间内不种作物，借以休养地力的措施"，后来被人们赋予了新的含义，泛指人们在自由闲暇时间里自主选择的存在状态和活动方式，它不等同于休息与消遣，而是一种出于"本能"的、"有价值的方式"和"内心之爱"的行动。所谓休闲农业，是指以田园景观和自然资源为依托，结合农、林、牧、副、渔生产经营活动和农村文化及农家生活，经过规划与建设，形成的农业与旅游业交叉，体现生产、生活和生态"三生"一体的新型产业。休闲农业的本质是指人们用宽松的心态，通过农业领略和体验与自然和谐相处的一种休闲方式，具有与自然的交融性和文化的综合性的特点。休闲农业是现代农业发展的重要内容之一，它与一般农业既相互贯通又相互区别。休闲农业属于农业，但又不是纯粹的农业，而是一种特色农业，是农业发展的一种特殊形态，这是休闲农业与一般农业相互贯通的一面。休闲农业同时又是旅游业发展的一种具体形态，具有一般常规农业所不具有的休闲旅游功能，这是休闲农业与一般农业的相互区别之处。

### （二）中国大陆休闲农业的发展历程

中国大陆的休闲农业最早产生于改革开放初期，发展至今，已大致经历三个阶段：一是早期兴起阶段（1980—1990年），部分沿海发达城市周边农村，依托当地特有的旅游资源，自发地开展了多种形式的农业观光旅游，如举办荔枝节、

桃花节、西瓜节等农业节庆活动，吸引城市游客前来观光旅游；二是初期发展阶段（1991—2000 年），部分大、中城市及名胜风景区周边农村利用当地特有农业资源环境和特色农产品，开办了以观光为主的观光休闲农业园，吸引大批城市居民前来体验农业生产和农村生活；三是规范经营阶段（2001 年至今），休闲农业逐步向中、小城市发展，内容逐渐与绿色、环保、健康、科技等主题紧密结合，一些地方政府开始积极关注和支持，组织编制发展规划，制定评定标准和管理条例，使休闲农业开始走向规范化管理。中国大陆休闲农业的产生与发展，既拓展了农业发展的新空间，又开辟了旅游业发展的新领域，特别是当前休闲农业的发展壮大，对调整农村产业结构、发展现代农业、推进社会主义新农村建设、实现人与自然的和谐相处具有重要的推动作用。

### （三）中国大陆休闲农业的主要模式

休闲农业作为一种特色农业和休闲旅游的一种载体，因其设施、规模、功能和承载对象的不同，其发展模式大致可分为以下六种。

#### 1. 田园农业旅游模式

即以农村田园景观、农业生产活动和特色农产品为旅游吸引物，开发农业游、林果游、花卉游、渔业游、牧业游等不同特色的主题旅游活动，满足游客体验农业、回归自然的心理需求。包括田园农业游、园林观光游、农业科技游、务农体验游等形式。

#### 2. 休闲度假旅游模式

即依托自然优美的乡野风景、舒适怡人的清新气候、独特的地热温泉、环保生态的绿色空间，结合周围的田园景观和民俗文化，兴建一些休闲、娱乐设施，为游客提供休憩、度假、娱乐、餐饮、健身等服务。包括休闲度假村、休闲农庄、乡村酒店等形式。

#### 3. 科普教育旅游模式

即利用农业观光园、农业科技生态园、农业产品展览馆、农业博览园或博物馆，为游客提供了解农业历史、学习农业技术、增长农业知识的旅游活动。包括农业科技教育基地、观光休闲教育农业园、少儿教育农业基地、农业博览园等形式。

### 4. 民俗风情旅游模式

即以农村风土人情、民俗文化为旅游吸引物，充分突出农耕文化、乡土文化和民俗文化特色，开发农耕展示、民间技艺、时令民俗、节庆活动、民间歌舞等旅游活动，增加乡村旅游的文化内涵。包括农耕文化游、民俗文化游、乡土文化游、民族文化游等形式。

### 5. 农家乐旅游模式

即指农民利用自家庭院、自己生产的农产品及周围的田园风光、自然景点，以低廉的价格吸引游客前来吃、住、玩、游、娱、购等旅游活动。包括农业观光农家乐、民俗文化农家乐、民居型农家乐、休闲娱乐农家乐、食宿接待农家乐、农事参与农家乐等形式。

### 6. 回归自然旅游模式

利用农村优美的自然景观，如奇山秀水、原始森林、江河湖泊等，发展观山、赏景、登山、森林浴、滑雪、滑水等旅游活动，让游客感悟大自然，亲近大自然，回归大自然。包括森林公园、湿地公园、水上乐园、露宿营地、自然保护区等形式。

## 二、中国大陆休闲农业发展存在的问题

中国大陆休闲农业的发展，虽然已经取得长足的进步，但因发展历史较短，经验不足，目前还存在一些问题。

### （一）缺乏科学合理的发展规划

中国大陆现有的休闲农业大多是在市场需求的拉动作用下自发发展起来的，由于政府缺乏对休闲农业开发的宏观控制和指导，加上大多数投资者缺乏周密的市场论证和发展规划，造成投资决策的随意性和开发的盲目性，使得一些地方休闲农业开发一哄而上，缺少总体布局和规划。

### （二）缺少规模经营和品牌效应

按照国际惯例，休闲农业区半径大于 9.5 千米的区域面积时，才能发挥最佳经济效益，而中国大陆大多小于这个规模，由此造成市场范围狭小、客源不足、效益低下。同时，由于简单粗放经营，使得多数休闲农业区设施简陋，内容不够

丰富，生态、文化内涵和知名度不高，社会影响力不大，缺乏吸引力。

### （三）管理水平和服务质量较低

由于目前休闲农业基本上还是以乡村企业或农民自主开发为主，从业人员包括经营管理人员，大多是原来从事农业生产、加工、营销的工作人员，缺乏现代旅游业的管理和服务理念，缺少健全完善的管理机制和规章制度，加之没有统一的行业标准，致使管理比较涣散，管理水平和接待水平普遍较低，服务质量亟待提高。

### （四）可持续发展后劲明显不足

目前部分休闲农业区由于片面追求经济利益，过分依赖非自然技术手段，大兴土木，致使城市化和人工痕迹明显，破坏了自然生态系统的平衡。同时，由于外来文化和现代文明的冲击，部分地区在发展休闲农业时，往往忽视了地方特有的文化内涵和价值，追求城市化的生活方式，反而使游客感觉失去了原有的味道。自然生态系统的平衡是休闲农业发展的物质基础，区域性和特色化是休闲农业发展的动力源泉，如果失去了这两点，休闲农业就难以实现可持续发展。

## 三、中国大陆休闲农业发展的应有对策

### （一）加强政府宏观调控，确保休闲农业良性有序发展

各级政府在对休闲农业发展给予资金支持、政策扶持的同时，需加强对休闲农业的宏观管理和调控，建议各级政府尽快编制本地休闲农业发展的远景纲要和发展规划，科学、有效指导本地区休闲农业的发展。另外，要不断创新完善休闲农业发展的新机制，一方面可采取多种所有制方式，由"政府搭台、企业唱戏"，并采取切实有效措施确保企业自主经营的积极性；另一方面，要发挥行业协会的优势，引导开展休闲农业的实体建立行业协会，建立健全行业评估标准，通过行业协会规范发展的间接管理，有效避免政府直接管理的盲点。

### （二）坚持生态效益理念，促进休闲农业的可持续发展

大力发展休闲农业符合"循环经济"这一全球最新的经济发展模式。休闲农业的基础是农业体系内部的良性循环和生态合理性。因此，大力发展休闲农业，

要高度重视对乡村自然生态环境的保护，防止对生态环境和景观的破坏性开发，要坚持"开发与保护相结合，经济效益、社会效益和生态效益相兼顾"的原则，走生态效益型道路，在实现人与自然和谐相处的前提下，促进休闲农业的可持续发展。

### （三）坚持因地制宜原则，打造休闲农业区域品牌特色

各地区在发展休闲农业时，要始终坚持因地制宜的原则，要在认真调查和分析本地区位条件、资源优势、市场客源及周围环境条件基础上，明确区域功能定位，制定发展方向和发展目标，构建特色主导产业，推动休闲农业区域品牌的不断发展。例如少数民族聚集区发展休闲农业就应重点突出民族风情这一特色，黑龙江省发展休闲农业一定要结合冰雪旅游和清凉避暑优势，而上海市发展休闲农业既要体现江南水乡的"吴文化"特点，又要体现大都市超前、兼容的"海派文化"特点。

### （四）提高管理服务水平，增强休闲农业的市场竞争力

俗话说"管理出效益"。休闲农业项目建成与运作能否产生效益，关键在于科学管理。杂乱无序的运作，低劣的服务质量，必定失去客源，从而失去效益。因此，大力发展休闲农业，要在进一步完善基础设施建设的同时，坚决克服小农经济思想意识，要在企业经营过程中，始终贯穿现代旅游业的管理和服务理念，切实把提高经营管理水平和从业人员素质，当作企业发展的头等大事来抓。

中国大陆发展休闲农业潜力巨大，前景十分广阔，尽管当前还存在诸多问题，但发展思路是对的，总体发展态势是好的。相信在社会各界的关注、支持和参与下，中国大陆的休闲农业在不久的将来一定会取得更大的发展。

李庆章，徐建成．中国大陆休闲农业发展的现状、问题及对策．2008 年海峡两岸休闲农业研讨会（论文集），中国台湾台北市，2008.02.23，83–89.

# 贯彻高教强省大战略，做好社会服务大文章

社会服务是大学的基本职能之一。以服务求支持，以贡献求发展，已成为当代大学的共识。作为我省省属高校唯一一所国家"211工程"重点建设大学，东北农业大学始终坚持"立足龙江、面向'三农'、发挥优势、积极服务"的办学宗旨，为我省经济社会发展和高等教育发展做出了重要贡献。特别是高教强省建设战略决策提出后，围绕提高服务我省经济和社会发展能力，东北农业大学认真谋划，精心设计，相继启动实施了一系列重要举措，有力地促进了我校高教强省建设各项重点任务的贯彻落实。

## 一、突出重点，加强攻关，当好科技发展的"孵化机"

为提升学校的科技创新能力，当好我省科技发展特别是农业科技发展的"孵化机"，东北农业大学牢牢把握"北方现代农业"和"北方寒地农业"两大科研特色，着眼于我省农业科技发展的重点、热点及难点问题，重点围绕我省"千亿斤粮食产能工程""千万吨奶、五千万头猪"发展规划，推进实施了"三大工程"，推广普及了"一批技术"；同时，围绕我省生物产业的发展，在生物技术领域实现了"三个突破"。

### （一）实施"三大工程"

一是实施了"561"科技服务工程。该工程旨在进一步加快我省优良农作物品种繁育、优良栽培技术研发和现代农业装备研制，具体包括"五大作物科技支撑工程""六大科技创新平台建设工程"和"人才资源培训工程"。二是实施了黑龙江省冬小麦创新工程。我校佟明耀教授课题组培育的冬小麦品种"东农冬麦1号"，打破了我省不能种植冬小麦的禁锢，揭开了我省冬小麦育种的新篇章。在该项工程的推进下，"东农冬麦1号"推广种植面积已由2008年的200多亩扩大到目前的6 000多亩，远期目标可达到500万亩。三是学校围绕我省"千万吨奶、五千万头猪"发展规划，实施了畜牧业发展科技扶持工程，牵头举办了黑

龙江省现代畜牧产业发展战略高层论坛，并与省畜牧兽医局就推进畜牧业信息化战略合作签署了协议，为我省畜牧业的健康快速发展提供了有力的科技支撑和智力支持。

### （二）推广"一批技术"

即以寒地水稻"前氮后移"施肥技术为代表的一批农业实用先进技术。我校刘元英教授课题组发明的寒地水稻"前氮后移"施肥技术，打破了寒地水稻生育后期不能施用氮肥的禁区，大幅度提高了稻米的品质和产量。目前，该项技术已在10多个市（县、农场）推广应用，平均每亩增产50—100公斤，节约氮肥20%—30%，仅此一项就使农业年增收2.3—4.8亿元。与此同时，学校还大力推广了垄向区田、旱作节水、奶牛饲料、青贮饲料、食品加工等农业实用先进技术，均取得了良好的成效。

### （三）实现"三个突破"

一是我校刘忠华教授课题组相继成功培育出我国首例成体体细胞"克隆"东北民猪、世界第四例绿色荧光蛋白"转基因"猪，进一步巩固了我校在国内动物克隆领域的优势地位。目前，该课题组又成功克隆出18头美国长白和大白优质种猪。预计不久，该项技术将实现产业化推广，利用克隆技术克隆的美国优质种猪后代将走向百姓的餐桌。二是我校向文胜教授课题组选育出了三个具有自主知识产权的新菌株，并在此基础上开发出了两种适用于多种生物体内外病虫害防治的新型生物药剂。三是我校李德山教授课题组自主克隆了治疗Ⅱ型糖尿病的药物基因，研制的抗体药物对糖的吸收作用与胰岛素具有同等功效，为开发具有自主知识产权的新药奠定了基础。

## 二、发挥优势，搭建平台，当好产业发展的"推进器"

为促进学校科技成果的有效转化，当好我省产业特别是优势支柱产业发展的"推进器"，学校坚持走"产学研结合"发展之路，重点围绕我省大豆、乳业、食品加工业等优势支柱产业，牵头搭建了"三大"产学研合作平台。

### （一）国家大豆产业技术创新战略联盟

该联盟是我国首个全国性产业技术创新战略联盟，由我校牵头并联合国内

19家知名大豆企业及相关科研院所共同组建，旨在进一步整合我国大豆产业优质资源，搭建有效解决我国大豆产业共性问题的公共研发技术平台，提升我国大豆产业的自主创新能力。

### （二）国家乳业技术创新战略联盟

该联盟是我国第二个全国性产业技术创新战略联盟，由我校牵头并联合国内46家知名乳品企业及相关科研院所共同组建，成员单位囊括了国内绝大部分大型乳品企业，特别是国内乳品行业10强中占了9家，乳制品生产总量占国内市场70%以上。该联盟建立了"以企业为主体、以需求为导向、以利益为纽带"的产学研合作新模式。

### （三）黑龙江省优势农产品生产与加工研发平台

该平台是在省教育厅的组织下，由我校牵头联合省内有关科研院所共同组建，旨在为我省种植业、养殖业和农畜产品加工业的可持续发展提供科技支撑和产业保障。

另外，学校积极联合我省优势产业领域的骨干企业共建研发中心，现已在生物肥料、生物质能源、畜产品加工领域合作成立了研发中心。由我校申报的"生物农业产业科技园"建设项目，也已被列入我省"高新科技产业集中开发区"建设规划当中。同时，学校还与哈尔滨市委、市政府签署了入驻松北科技创新城协议，计划在该科技创新城建设以国家乳业工程技术研究中心和国家大豆工程技术研究中心为主体的东北农业大学科技创新大厦，力争将该创新大厦建设成为我国北方大豆产业、乳品产业、生物技术和食品行业重要的成果研发和转化基地。

## 三、创新举措，深入基层，当好经济发展的"动力源"

为充分发挥学校科教人才资源优势，当好我省特别是我省农村经济和社会发展的"动力源"，学校坚守"把文章写在黑土地上，把学问做在黑土地上，把学校建在黑土地上"的办学理念，完善了"两个模式"，开展了"两项行动"和实施了"一项帮建"。

### （一）完善"两套模式"

一是健全完善了以"农业科技专家大院"为依托、以"农业科技示范园区"和"科技入户示范项目"为载体、以"农业专家在线"等现代信息技术为手段的集"生产示范、项目推广、信息传播"为一体的新型农业科技合作共建模式，建立了科技与农民对接的"直通车"，提高了农民的科技素质，激活了农业科技推广体系，加快了成果转化推广速度。目前，学校按此模式已与我省50多个县（市、区、局、场）建立了多方位、深层次的合作共建关系。二是探索建立了"校地共建、学院承包、首席专家负责"的农业科技合作共建项目管理模式。农业科技合作共建项目经费的80%由学院及专家组支配，按项目实施计划，用于项目建设中；经费的10%直接划拨到共建的县（市、区），作为共建项目的公共组织实施费；经费的10%由学校合作共建与技术转移中心支配，用于共建工作的日常组织和管理。该模式的建立，充分调动了学院和首席专家的积极性，有效保证了农业科技合作共建项目的顺利开展。

### （二）开展"两项行动"

一是科技特派员行动。我校在积极借鉴向双城市、拜泉县等9个市（区、县）派驻科技副县长成功经验的基础上，向大庆市肇州县、杜尔伯特县、大同区选派了3名学有专长、经验丰富的科技专家担任科技副县（区）长，向大庆市所辖30个乡（镇）选派了30名学有所长、年富力强的优秀教师担任科技副乡（镇）长。该行动开展一年多来，累计推广示范17项技术成果，规划建设农业示范园区1处，编印农业技术手册6部，培训农民6 500人次。对有效解决农业科技成果由大学到农村、由实验室到田间地头"最后1公里"的难题，具有积极的借鉴作用。二是科技服务队行动。我校举行了"科技人员深入基层服务地方经济建设"活动，组织1 000名师生，带着精心筛选的科技成果深入到省内30个市（县）、5个国营农场管理局、10个农场、25个企业和新农村建设基点进行科技指导、技术推广、人才培训等活动。该项行动开展以来，已累计培训农民及涉农干部16万人次，推广先进实用技术120余项，为农业增效、农民增收起到了积极的推动作用。同时，科技服务队结合我省"万名科技人员服务千企行动"，承担了10余家科技企业的技术依托服务，积极协助企业多方争取科技立项和资金扶持，为帮助企业应对金融危机、渡过经营困境起到了积极的促进作用。

### （三）实施"一项帮建"

按照我省第二批新农村试点村帮建工作的整体部署，我校全面启动了对尚志市一面坡镇长营村的帮建工作。通过深入细致的调研沟通，我校帮助该村确定了适合当地村情的"半山地生态型"新农村发展模式，并在该村实施开展了"411帮建工程"即实施"水稻产业工程""小浆果产业工程""小麦推广示范工程""科技培训工程"4项工程和11个科技致富项目。特别是为重点扶持长营村水稻特色产业的发展，我校在该村建设了水稻良种繁育基地1 000亩，推广寒地水稻"前氮后移"施肥技术1 000亩。同时，在该村建设了"东北农业大学水稻研究中心尚志长营工作站"和农民科技信息资料室。

建设高教强省，不仅是促进我省高等教育大发展的难得机遇，更是我省高等院校义不容辞的历史责任。为此，我们要努力做好社会服务的大文章，为促进我省经济社会又好又快、更好更快发展做出更大贡献。

李庆章.贯彻高教强省大战略，做好社会服务大文章.奋斗.2010，（9）：30-31.

# 以服务求支持，以贡献求发展

## ——东北农业大学为"三农"服务的探索与实践

在东北农业大学的办学历程中，为"三农"服务一直是一条鲜明的主线。无论是办学理念，还是多元化的服务模式，"以服务求支持，以贡献求发展"，反映了东北农业大学服务区域经济并充分发展自己的一贯追求。

## 一、凝练办学理念，以服务"三农"为宗旨

早在建校伊始，东北农业大学就确定了为"东北地区农业生产服务""理论与实际一致"的办学方针。改革开放后，学校又适时提出了"立足本省，发挥优势，主动适应，积极服务"的办学指导思想，以改革招生分配制度为突破口，疏通人才通往农业生产第一线的渠道，一大批本科毕业生放弃留城机会，自愿到我省条件比较艰苦的垦区工作，建设边疆，被誉为"第三代北大荒人"。同时，组织师生进入经济建设主战场，直接为经济建设服务，平均每年为黑龙江省创经济效益10亿多元。1998年黑龙江省委提出"二次创业富民强省"战略后，学校又明确提出了"立足龙江，面向'三农'，发挥优势，服务社会"的办学方针，坚持"面向农业、面向农村、面向农民"，从组织机构、制度、政策上保证大批教师和学生采取多种形式服务于"二次创业，富民强省"，积极参与黑龙江省"创新工程""农科教结合示范区"等建设，探索为"三农"服务的新方法、新形式和新途径。党的十六大提出全面建设小康社会的奋斗目标，东北农业大学据此提出并确定全面服务黑龙江省农村小康建设是学校新时期服务区域发展的中心任务。同时，对服务区域发展进行了重新定位，即当好农村努力快发展的智囊团和人才孵化器，为农村全面小康建设提供科技支撑、智力支持和人才保证。

## 二、找准切入点，探索"三农"服务新模式

高等农业院校如何做好为"三农"服务的改革，一直是个与时俱进的课题。

20世纪80年代末东北农业大学以改革招生、分配制度为突破口，探索人才通往农村的途径，改变农业院校学生"招不进、下不去、留不住"的问题，为农业生产第一线输送了大批实用人才。90年代以来学校紧紧抓住"北方寒地农业"和"北方现代农业"两大区域特色，积极开展应用性和实用性研究开发与技术推广工作，以多元化的服务模式为区域经济发展提供科技成果和技术支持，为地方经济建设做贡献。

### （一）学历教育与在岗培训并举模式

东北农业大学除办好普通学历教育外，积极发展远程教育和成人教育，培养在职农业技术人员和管理干部。与省内有关厅、局合作举办县、乡（镇）领导和后备干部培训班，举办农村村长及科技示范户、星火带头人培训班等。通过这种模式，培养了大批既懂农业技术又懂管理的县、乡领导，以及大批具有相应学历的农村应用人才。为了落实党的十六大会议精神，加快农村全面小康建设，构建农村学习型社会，东北农业大学联合兄弟院校，充分利用继续教育中心、农村发展学院、管理干部学院、职业教育学院的优势，实施"村村大学生计划"，为农村全面小康建设培养优秀乡土人才。2004年3月，第一批424名"村村大学生"已经入校学习。

### （二）教学科研生产联合体模式

为充分发挥国营农场的资源、设备和学校人才、科技优势，促进科技与生产的紧密结合。东北农业大学与四个国营农场管理局建立了教学、科研、生产联合体，进行全方位的广泛合作。东北农业大学成为各管局的人才培养中心和科技信息中心，各管局是学校教学实习基地、科学研究与生产实验基地，既提供了人才支持又推广了科技成果。可谓"引科技之水，灌农业之田，造学生之才"。

### （三）技术承包模式

东北农业大学先后承担了20个市（县）的农业技术集团承包和创建了七个科技示范县，重点推广作物优良品种、高产栽培技术、配方施肥、旱作农业争温保水高产栽培、病虫草害的综合防治等技术。在畜牧业方面推广优化饲料配方、畜禽优良品种、畜禽病防治等技术，促进承包县农业和畜牧业的发展。

"八五"期间，通过集团承包和创建示范县，转化新技术、新成果18项，增产粮食 14.75 亿公斤，创社会经济效益 14.3 亿元。"九五"以来，大力实施农业丰收计划技术集团承包、省科技重点推广计划、农作物大面积高产攻关与示范、农业综合开发等项目，推广农业新技术新成果。其中玉米"东农 248"的选育与推广、水稻"东农 416"的选育与推广、番茄"东农 704"系列品种的选育与推广 3 项成果分别荣获 1996、1997、1998 年黑龙江省省长特别奖暨重大科技效益奖。"日光节能温室高效益综合配套技术"荣获 2002 年黑龙江省省长特别奖暨重大科技效益奖。通过集团承包和科技示范县的创建，使东北农业大学为"三农"服务有了强有力的载体和依托。

### （四）示范区（基地）模式

#### 1. 示范区

发挥多学科优势，针对区域经济发展的制约因素，以实现农业现代化为目标，利用高新技术及现代装备改造传统农业，组装配套推广先进实用技术，研究建立适于不同地区、不同类型的区域经济发展模式。例如，东北农业大学主持完成的国家"九五"重大科技攻关项目"三江平原低湿地农业综合发展研究"富锦示范区项目，展示了低湿地全程机械化作业、粮牧企综合发展、草场综合治理与开发等技术模式，以绿色食品为龙头，开创三江平原名牌产品。项目实施五年来累计示范推广农作物面积 500 万亩，增产 20 亿公斤，创经济效益 16 亿元。试区基点村已实现人均年收入 5 000 元，较"八五"增加 32.7%。再如东北农业大学与拜泉县政府建立的"拜泉两高一优生态农业试验区"，探索出四种立体开发模式，即丘陵区"坡水田林"立体开发模式，沼泽低洼区"稻鱼食菜"立体开发模式，平原地区"农林牧企"立体开发模式，漫岗丘陵区"粮畜果蛋"立体开发模式。拜泉县因此被联合国和国家科技部确定为生态示范区，农村经济年递增 9% 以上，为落后地区的可持续发展树立了典范。

#### 2. 示范基地

2003 年黑龙江省省委工作会议决定："实现粮食与畜牧业的主辅换位"。为落实省委工作会议精神，学校在富裕县富路镇、富裕镇建立"东北农业大学畜牧科技示范基地"两处，并推广建立东北农业大学"日光节能牛舍"。建立科技服务专家大院，构建"专家——技术服务站——专家——农户"服务模式。以富裕县富裕镇奶牛小区科技服务中心为依托，建立了"东北农业大学奶业服务专家大院"，在奶牛高效饲养、青贮饲料科学供给、疫病综合防控、秸秆饲料发酵等方面进行科学指导。建立"一对十，十对百的专家——大户——广大农民星火燎原"模式。东北农业大学派出技术精湛的专家，采取 1 位专家对 10 个养殖示范户，10 个示范户对 100 个养殖户，使畜牧科技的星星之火，在黑龙江省牧业大县逐步形成燎原之势。

### （五）合作共建模式

按照省领导"到地市县搞科技教育合作共建，使东北农业大学成为建设农业强省的主力军"的指示，东北农业大学深入全省各地，以解决区域经济发展、农业增效、农民增收为重点，先后与 20 多个市（县）及国营农场建立合作共建关系，确定了 30 个包扶项目，并为 7 个县、乡制定"十五"农业发展规划。依托当地资源，建起一批农业示范基地，并在此基础上对接科技项目 13 项，推广新技术 30 项，建立科技示范基地 30 个，转化成果 60 项。通过这些活动的开展，有力地推动了当地经济发展，加速了学校科技成果的推广。

### （六）网络信息模式

创办"农业专家咨询系统"，使农户、专家互动，为农民解决种植业、养殖业、农业机械、植物保护等方面的问题。平均日访问量 2 200 余次，国内 27 个省（市）的用户占 73%，美国、加拿大、英国、挪威、瑞典、以色列、日本、韩国等国的用户占 27%，成为农民真正的"110"。

### （七）社会实践服务模式

东北农业大学有计划、有组织地面向农业、面向农村、面向农民，积极开展技术咨询和技术服务工作。"科技之冬"是东北农业大学每年都组织的大型活动，自 1989 年以来，每年组织 2 000 多名师生参加这项活动。深入到黑龙江省 69 个市（县）的 300 多个乡（镇），利用多种形式为农民讲授和现场指导农作物、果树、蔬菜的栽培技术，传播植物保护、畜禽疫病防治知识和实用养殖技术，受到广大基层干部、农民的欢迎和上级领导的赞誉。《光明日报》《中国教育报》《黑龙江日报》、中央人民广播电台等 10 多家新闻单位对此进行了宣传报道，中宣部、教育部、团中央连续 13 年授予东北农业大学"社会实践先进单位"称号。

# 三、服务"三农",实现多赢

## （一）为农业农村培养与输送了大批人才

通过改革招生制度及毕业分配制度、招收农村定向生、选送毕业生到乡（镇）任助理、加强就业指导，疏通了人才通往农业生产第一线的渠道。坚持经常性、多层次、多形式举办各类培训班，经东北农业大学培训的乡（镇）干部、农技人员、农村星火带头人，遍布龙江大地，为促进农村社会经济发展提供了人才支持。

## （二）培训一批科技示范农户和科技头雁

为了使农业科技成果的推广具有连续性、示范性，我们选派本科生、硕士生、博士生和一些专业教师分别与骨干青年农民结成对子，签订五年技术合作协议，师生定期到乡村和青年农户家，面对面授课和现场指导。师生们把这里作为生产实习基地，每到生产实习季节，师生们就进驻重点扶持的专业农户进行关键技术环节的指导。克东县玉岗乡村村建起了生猪直线育肥一条街；新农乡新农村团支部委员宋凯南，在园艺系教授和大学生指导下，试验青椒地热线育苗，带起了青椒生产专业村。师生们在玉岗乡前进村，看到一场河滩撂荒低洼地，种什么都不收，学生根据实际动员农民种水稻。当年指导了 5 户农民，并都获得了大丰收。在他们的示范下，67 名青年农民开发废弃地 1 033 亩，带起了一个水稻旱育稀植专业村。中央电视台新闻联播节目曾播出了采访当地农民的场面，农民马军说："是东北农业大学的师生来这里指导我们种水稻，我们才吃上自己种的大米。"

## （三）实现了农民增收与农业增效的目标

东北农业大学通过不同的试验区模式，引导贫困地区农民，依靠科技开发当地资源加快脱贫致富步伐。海伦市东风乡保卫村是东北农业大学最早建立的开发半山区农林牧综合发展为目标的试验区。经过十年建设，人均收入从 1981 年的不足百元增加到 1991 年的 600 余元；富锦市长安乡高家村，过去吃粮靠返销，花钱靠贷款，生活靠救济，是有名的"三靠村"，1981 年至 1988 年全村欠银行贷款 35 万元。1989 年东北农业大学在长安乡建立水稻机械化综合栽培实验区，派教师传授"低温地水稻高产栽培技术"，高家村当年便打了翻身仗。水稻由原来的亩产 200 公斤增加到 438 公斤，建国以来第一次超额完成国家粮食订购任务，还清了 10 万元贷款。高家村人均收入由 1990 年的 250 元，增加到 1995 年的 3 767 元。粮食总产量由 1987 年的 150 吨增加到 1995 年的 1 786 吨，增加了约 11 倍。高家村现已成为长安乡经济效益最好的村，走上了领先科技致富奔小康的快车道。

东北农业大学为解决困扰我省玉米生产的质量效益问题，育成"东农 250"，可使玉米水分降低 5%—10%，单产提高 5%—10%，淀粉含量提高 5%—7%。育成的极早熟（70—80 天）东甜 3 号，在黑龙江省各积温带均能青食种植，1—2 积温带收获后均能复种秋菜，亩增效益 500 元左右。在利用新品种解决水玉米的同时，东北农业大学还结合化控技术研制成功高科技产品"DA 型高效玉米脱水剂"，使籽粒含水量降低 5—12 个百分点，而且还能促进玉米提早成熟 3—4 天，提高玉米品质 4 个等级以上，从而提升农业效益和增加农民收入。

### （四）学校声誉和科学研究实力显著增强

在为"三农"服务的过程中，提高了东北农业大学在农村的声誉和在广大农民心中的地位。理论与实践相结合，进一步扩大了广大教师的视野，使教师科研选题和争取立项的实力增强，研究水平有新的提高。"九五"以来，获各级各类科研项目 441 项，科研经费累计超过 3 000 万元。获 1996、1997、1998、2002 年省长特别奖和重大科技效益奖，省属高校仅东北农业大学获此殊荣。目前，学校已基本形成了以追踪国内外科技发展前沿为主的基础研究、以我国北方寒地现代农业重大课题研究为主的应用技术研究和以农业新技术及各地（市）合作共建项目为主的开发研究三方面协调发展的科研格局。建立了"寒地作物生理生态农业部重点开放实验室""乳品科学教育部重点实验室"等科研基地，并与美国、加拿大、日本、俄罗斯等国家建立了广泛的技术合作与交流关系。

### （五）教师服务于"三农"的能力普遍提高

在面向"三农"、服务地方经济建设的实践中，广大师生和科技工作者足迹遍布黑龙江省 66 个县（市）几百个乡（镇），他们为"三农"服务的宗旨更加牢固，思想政治素质不断提高，不图名利，不计报酬，表现出较强的奉献精神。通过科技服务使广大教师深入农业生产第一线，在生产实践中发现并解决科技难题，使科学研究的领域不断扩大。例如，东北农业大学师生到宁安市石岩镇进行调查，发现当地饲养的猪得了一种烂蹄病，发病率超过 30%，甚至导致死亡，回校后立即请科研处立项研究，找出了病因，并采取了有效医治办法，为当地农民减少了700多万元的经济损失。既解决了农民急需解决的问题，又增强了教师的责任感，不断进行技术创新。同时，将一些实际应用的事例带入课堂教学，提高了教学质量。

### （六）培养了学生的朴素情感和国情观念

通过组织大学生开展社会实践活动，引导大学生不断深入农业生产一线，了解农业、农村和农民，了解国情、省情和乡情，增强了吃苦耐劳和艰苦奋斗精神，培养了一大批学农、爱农、务农的优秀毕业生。20世纪90年代以来，大学生"做第三代北大荒人""投身西部大开发建设""到乡镇任职工作"等一系列事迹集中体现了社会实践教育的成果。通过社会调查、"科普之冬"等活动，提高了学生的实践能力和解决实际问题的能力，2000年在"三下乡"活动中东北农业大学博士团赴尚志小分队被评为全国优秀博士团，赴庆安小分队被评为省级标兵。

由于东北农业大学采取多元模式，面向"三农"为经济建设服务，帮助农民脱贫致富奔小康，平均每年为黑龙江省创经济效益10亿元以上，因此受到农民的爱戴及政府的表彰。农民说"农大是我们的财神"，有的还希望自己的孩子将来也能够到东北农业大学深造。1990年以来，学校荣获了全国科普工作先进集体称号，并先后10余次荣获全省"科技推广先进集体""帮扶乡镇企业先进单位""城乡一体化先进单位"等称号及获得"振兴经济奖"，1989—2002年大学生社会实践活动连续13年被中宣部、团中央、教育部授予"全国大学生科普之冬社会实践先进单位"。党的十六大提出全面实现小康社会的目标，中国实现小康关键是农村实现小康。因此，高等农业院校为"三农"服务任重道远。我们将继续发挥学校的办学特色，把学校的发展道路、服务面向牢牢锁定在为"三农"服务上，把生命之根深深扎入龙江的黑土地。

李庆章，王秀玲.以服务求支持，以贡献求发展——东北农业大学为"三农"服务的探索与实践.高等农业教育.2004，（10）：7-9，39.

# 黑龙江省绿色战略及其可持续发展

按照大农业工程策划构思，我国农业发展进程已经基本完成第一阶段，即基础农业和科技农业两个步骤。目前，已经进入第二阶段即生态农业和资源农业步骤并与第三阶段的绿色农业和品牌农业步骤互相交错与胶着，从而呈现中国农业现代化独有的本土化、跨越式特征。黑龙江省"打绿色牌，走特色路"的农业发展战略，必将牢固树立黑龙江省现代农业的先行地位，强力推动黑龙江省由农业大省向农业强省和生态大省的发展。

## 一、绿色战略与选择

地球是人类赖以生存与发展的基础，又是宇宙中已知可以唯一维持生命的地方。在可以预见的未来，没有天外绿洲可供人类迁移。人类的各种发展问题也只能在地球上得以解决，而别无其他出路。

人口激增、健康恶化、大气污染、臭氧耗竭、气候变化、土地退化、森林砍伐、物种消失、环境公害等问题正在全球蔓延，拯救地球就是拯救人类自己。《人类环境宣言》（1972.斯德哥尔摩）、《里约宣言》和《21世纪议程》（1992年，里约热内卢）向世界敲响了人类环境的警钟。遍布全球的"绿色时尚"悄然兴起，深入人心的"绿色消费"势不可挡。

走可持续发展道路，是人类的最大觉醒。实施绿色战略，是保证人类社会可持续发展的不二选择。黑龙江省依托独特的地源和资源优势，适时地提出并有效地把握"打绿色牌，走特色路"的发展战略，不仅凸显出省委、省政府高屋建瓴的宏伟气魄，而且表明了黑龙江人难能可贵的环境意识。

## 二、绿色生产与组织

20世纪80年代西方发达国家以源头保护为主的污染防止战略取代末端处理为主的污染防治战略，联合国环境规划署称此为清洁生产即绿色生产。

实施绿色生产至少有两大优越性。一是在环境方面，绿色生产可以减少甚至消除各种污染物的排放。二是在经济方面，绿色生产可以节省原材料和能源的消耗，降低废物处理和污染治理的费用。绿色生产是一种生产新观念和新模式，贯穿产品生产和消费的全过程。

农业是人类有意识地利用植物、动物和微生物的生命活动获取人类所需食物、纤维及其他工业原料的产业。其中种植业通过植物的光合作用将太阳能转化为化学能，是农业生产无可替代的最独特功能。植物光合作用积累的能量，是地球其他一切生命活动能量的直接或间接来源。农作物光合作用积累能量这一初级生产过程决定一个国家、一个民族以至全人类的生存与发展。农业生产是自然再生产和经济再生产的交织过程，它既受控于自然规律或生态规律，又受经济规律的支配。将两者统一起来，在不违背自然规律的前提下，积极利用绿色技术，努力取得最大的物质生产和最佳的经济效益，是世界各国农业科技和农业生产的热点。

2002 年 10 月 21 日，美国农业部颁布实施已经讨论 10 年之久的《有机农产品法》，对有机农产品进行了严格的定义，禁止除草剂、杀虫剂、激素、转基因技术等在农产品生产上的应用，并向合格的生产者发放许可证。有机农产品的销售额在美国以每年 15% 的速度递增。黑龙江省绿色食品的生产积极顺应国民对无污染的安全、优质、营养类食品的消费需求，2001 年底已发展到我国绿色食品标志产品地区分布的 17%，不能不说是先人之见下的先人之举。

## 三、绿色技术与推广

所谓绿色技术，是指根据环境价值并充分利用现代科技潜力的技术。未来学家罗伯特·奥尔森曾指出，现在人们认为的先进技术，若干年后或许就将成为博物馆里的东西，而绿色技术则会充满生命力。

21 世纪吃什么？这是世界食品业和食品研究机构一直探讨的主题。"98 国际食品博览会"显现出的未来食品发展方向是：保健食品势头强劲，天然食品逐渐增加，方便食品不断创新。无论是保健食品、天然食品，还是方便食品，也无论是初级食品还是加工食品，首要的问题都是安全与无污染。因此，无污染的安全、优质、营养类食品——绿色食品，必将成为新世纪人们的首选食品。

从国内形势看，积极发展绿色食品是进行农业结构调整的重要途径和有效载体。绿色食品表明了抓质量的要求，展示了"精品名牌"形象，体现了可持续发展原则，反映了广大消费者对高质量农产品及食品的市场要求，发挥了龙头企业在带动农业产业化经营上的积极作用。从国际形势看，特别是我国加入WTO后，发展绿色食品在技术上可为政府采取宏观支持政策创造一定空间，也可缓解诸多农产品遭受打击，还可通过发展绿色食品扩大出口贸易。绿色食品生产技术包括食品生产从地头到餐桌、从生产资料到生产手段的全过程性、全方位性绿色技术，一个环节出了问题也不能说是完全意义上的绿色生产。

## 四、绿色消费与保证

联合国《21世纪议程》特别关注人类消费模式，明确提出要高度关注社会建立可持续的生产和消费模式，引导每个国民建立可持续的生活方式。随着社会的进步，人们的吃、穿、住、行消费观念和模式都在发生根本的变化，以绿色消费为主体的绿色时尚和绿色文明正在迅速形成。对此我们必须高度重视，竭尽全力保证绿色消费的可持续发展。

2010年以前，是我国、我省绿色食品业走向成熟的关键发展时期。本着实事求是和科学合理的精神，绿色食品业的中长期行动目标应包括以下几个方面。

1. 在充分发挥资源优势的基础上，努力建设绿色食品生产基地，不断扩大绿色食品的生产开发规模；

2. 适应绿色食品生产、储运、销售等特殊要求，不断开拓绿色食品市场，促进绿色食品的产业化经营；

3. 完善绿色食品的环境监测和产品质量监测体系，力争使我国、我省的绿色食品监测体系达到世界先进水平；

4. 建立和完善绿色食品的科研、开发和推广体系，为绿色食品的发展提供不竭的科技推动力；

5. 形成适度规模的绿色食品生产资料保障体系，在总体规模和品种结构上满足绿色食品业发展的需要；

6. 完善绿色食品生产的人才培训和信息服务体系建设，为绿色食品业的发展提供充足的人才和快捷的信息保证；

7. 建立绿色食品相关的法律法规，用法律规范绿色食品的生产与流通，保证绿色食品业的健康发展；

8.加强绿色食品的宣传，推动绿色食品的消费和国际交流与合作，努力打造精品名牌。

李庆章．黑龙江省绿色战略及其可持续发展．决策建议（黑龙江省科技经济顾问委员会）．第 53 期（总第 915 期）．2002.12.26.

# 为农村小康建设全面构筑农村人才高地

党的十六大确立的奋斗目标是，建设一个惠及 13 亿人口的小康社会。而这 13 亿人口中的大多数，即约有 8 亿人是在农村的农民。全面建设小康社会，焦点在农业，重点在农村，难点在农民。要全面实现农村小康，关键是提高农民的科技文化素质。一般说来，农民的科技文化素质越高就业的空间就越大，向二、三产业和城市转移的速度就越快，自身的收入也就越高，科技文化素质与收入成正比。看看广大的中国农村，不难得出这样的结论：凡是经济发达地区，那里的农民无不有较高的科技文化素质；凡是经济落后地区，那里的农民科技文化素质相对偏低。因此，建设现代农业，繁荣农村经济，增加农民收入，实现农村小康，提高农民科技文化素质是不可忽视的重要条件，甚至是实现农村小康的根本所在。

## 一、我国农村人口科技文化素质的实际状况

### （一）科技文化素质低下

受历史、体制、政策等因素的影响，现阶段我国农民的素质普遍低下，尤其农业从业人员的科技文化素质则更低。据 2000 年第五次人口普查统计，我国农村人口中初中及以上文化程度者仅占总人口的 39.1%，远低于城市人口占 65.4% 的水平；小学文化程度者占 42.8%，15 岁以上文盲率 8.3%，高于城市 23.8% 和 4.0% 的水平。每百名农业劳动力的文化程度是：初中及以上占 59.6%，小学程度占 32.2%，文盲占 8.1%。据农业部对不同地区农村 2 万农户的调查，每户平均人口为 4.04 人，其中劳动力为 2.49 人。在劳动力中文盲、半文盲为 0.33 人，占劳动力的 13.3%，全国城乡平均为 5% 以下。小学程度为 0.97 人，占 38.9%；初中程度为 1.00 人，占 40.2%；高中程度为 0.19 人，占 7.6%。文盲、半文盲与小学程度合在一起占劳动力总数的 52.2%。在这些农户中具有专业技术职务者只有 0.07 人，占劳动力总数的 2.8%，受过职业教育与培训的有 0.12 人，占 4.8%，两项合计只有 7.2%。这样的科技文化素质，与农村小康和农业现代化要求极不相称。

在这些农户中，纯农业劳动力为 1.73 人，占劳动力的 51.4%；以农为主的兼营劳动力为 0.45 人，占 18.1%，两项合计 69.5%。外出打工的约 9 200 万劳动力，绝大多数是初中以上的青壮年。从上述调查分析可以看出，农村人力资源丰富而人才资源缺乏，提高农民的科技文化素质至关重要。科技文化素质越高，对农业生产的调整能力也就越强。反之，不是农民把握市场，而是市场主宰农民。农民的科技文化素质低下，影响了农业新技术的消化吸收、推广应用和劳动生产率的提高。农民缺乏接受新知识、新信息以及应用新技术、新设备的能力，缺乏市场意识和科学管理能力。多数农民仍然沿用传统生产方式从事农业生产，加上农业技术推广人员不足，致使许多先进的科学技术和方法难以推广。据统计，科技在农业增长中的贡献率只有 40%，每年适用科技成果的推广数量还不到 1/3，其根本原因是农民接受新技术的能力差，大部分农村劳动力没有掌握现代科学技术。

### （二）农村科技人员奇缺

建国以来国家培养的中高级农林技术人员累计达 247 万人，但由于城乡差别大，收入低，农村生活条件差，大部分改了行或留在城市。据统计，1999 年全国从事农林的专业技术人员仅有 80.4 万人，占全国专业技术人员的 2.6%。全国每万亩土地仅有 0.8 个农业专业技术人员，每万亩森林仅有 0.53 个林业专业技术人员。造成这种状况的主要原因：一是大批农村实用人才的流出。一方面，农村中大批优秀的初、高中毕业生通过国家统一考试得到继续深造，以"农转非"的方式离开了农村；另一方面，国家机关、企事业单位因工作需要不断地从农村抽调优秀人员，使得原本就很紧缺的农村实用人才更加贫乏。二是我国城乡"二元结构"还将长期存在，落后的农村环境和条件难以吸引和留住人才。

国内外现代农业发展的许多事例都证明，现代农业要求高科技文化素质的农民来经营，农村经济发展的基础是农民科技文化素质的提高。农业发达国家都将农业当作国计民生的重要产业，把农业科学技术教育、培训作为加强和发展农业的一项重大国策，逐步建立起完善的农民资格证书制度，无资格证书者不得从事农业生产经营。发达国家农业劳动者的科技文化素质普遍较高，如美国的农场主大多是各州立大学农学院的毕业生；西欧国家的农业劳动者除了具有较高的文化水平外，还要经过专业培训并考试及格领到"绿色证书"后，才能成为正式农民；日本农民中大学毕业生占 6%，高中生占 75%。美国著名经济学家舒尔茨指出："人类的未来并不完全取决于空间、能源和耕地,而是取决于人类智慧的开发。"如何把农村丰富的人力资源转化为人才资源,促进农村经济和农村社会的全面发展,是我国各级政府面临的一项长期而又艰巨的任务。

## 二、为农村全面建设小康社会构筑人才高地

我省广大农民的科技文化素质普遍较低,制约了农业新技术的推广、新成果的转化,农民增收缓慢。根据黑龙江省委工作会议提出的"努力快发展,全面建小康"的战略部署,积极推进农业高等教育创新,探索面向农村的高等教育新模式,实施"村村大学生计划",培养一大批来自农村、定位农村,懂农业科技、了解农产品市场,为农业和农村经济发展直接服务,带领农民致富的实用型技术人才,是实现"科教兴村"这一建设农村小康社会根本落脚点的重要奠基工程。前不久东北农业大学对黑龙江省农村青年人力资源现状进行了调查,据 2000 年黑龙江省人口普查资料表明,1 756 万乡村人口中,18—22 岁青年受教育程度是:文盲半文盲占 6%,小学程度占 38.2%,初中程度占 47.3%,高中占 4.8%,中专占 2.8%,专科占 0.6%,本科占 0.06%,研究生占 0.003%。有的行政村中高中毕业生屈指可数,大学生毕业回乡、回村者更是寥寥无几。世界三次成功的经济超越最根本的经验在于,它们通过超前和加速开发人力资源,提高劳动者素质,为经济发展积累了大量人力资本,推动了经济的快速发展。为有效保证农村人才"上得来,下得去,留得住,用得上",切实提高农民科技文化素质,为农村全面建设小康培养人才,东北农业大学将深入实施推广硕士培养计划、村村大学生计划、乡村干部培训计划、副职推广站长计划和专家在线咨询计划,同时为适应黑龙江省畜牧业发展积极储备人才。

### (一)推广硕士培养计划

主要面向具有大学本科学历的县、市(地)农业科技人员和管理干部,通过农业推广硕士研究生学习,了解市场经济条件下农业增效和农民增收的主要途径和措施,熟悉现代农业宏观问题和农村发展实际需要,掌握现代农业科学知识和农业技术推广方法,成为现代农村发展的清醒管理者和领导者。

## （二）村村大学生计划

目前黑龙江省共有 9 517 个行政村，每个行政村受过相当于高等教育的技术人员寥若晨星。我省每年有相当数量的普通高中和农职高中毕业生回乡务农，他们是农村建设的生力军。在我校的问卷调查中，有 90% 的青年具有继续深造的强烈愿望。为了实现我省农村教育的跨越式发展，实施"村村大学生计划"，从每一个村选拔一名具有一定农业生产实践经验的高中毕业生（或具有同等学力的青年），通过单独考试，到学校接受专科层次的高等教育，毕业后回到所在村担任村委会后备干部或科技示范带头人。这种"村来村去，乡（镇）来乡（镇）去"带有根本革命意义的农业科技人才培养途径，是我国新时期农村现代化建设的重要智力工程，必将加快农业产业化和农村奔小康的建设步伐。东北农业大学的网络教育学院、职业（应用）技术学院、成人教育学院、农村发展学院等，已经成功地为某些有超前发展思想的县、市（地）开展了此项具有人力资源开发战略意义的工作，一批既是农业高新技术直接入户到田的实践者，又是进行技术指导、技术服务的"二传手"，引领农业新技术潮流的"示范源"型大学生即将出现在龙江广袤的农村天地。有了这样一批高科技文化素质的农民，就能够应用先进技术手段带富一方百姓，能够为农村的基层政权建设、精神文明建设起到积极的推动作用。

"村村大学生计划"突破原有的高等教育模式，根据学生生源地的农业生产条件和农业经济现状，按照农业结构调整和实现农业产业化经营的要求，单独组织教学班，设置相应的专业课程。强化实用技术、实践能力、应用高技术手段等方面的培养，减少公共课、基础课和专业基础课的设置，保证学生回到生源地后能够学有所用。实施"村村大学生计划"的目的就是充分利用学校的学科、人才、技术、设备等优势，在办好普通高等教育的同时，探索面向农村的高等教育新模式，为广大农村培养一批懂技术、会经营、善管理、通市场，热爱"三农"、熟悉"三农"、勇于献身农业的高素质"永久牌"人才。

## （三）乡村干部培训计划

黑龙江省现有 944 个乡（镇），9 517 个村，27 471 个村干部，这是决定黑龙江省农村发展兴衰成败的巨大人力资源。随着农业科技含量的增加，农村奔小康步伐的加快，农业产业结构的调整，作为乡村干部必须掌握技术、开阔思路、具有带领全体村民发展经济、致富奔小康的开拓创新意识和过硬本领，担当致富带头人，提高"三农"的自身发展能力。

东北农业大学将采取乡村干部"请进来"和培训人员"走出去"的不同方式，大力实施"乡村干部培训计划"，为黑龙江省农村小康建设培养有知识、有技能、有思路和有实效，带领农民勤劳致富的头雁。

### （四）副职推广站长计划

我国的农业推广必须与时俱进，尽快跳出基础农业和科技农业的圈子，走上构建学习型农村或学习型农村社会（区），全面提高农村劳动者和管理者素质的快车道。为使黑龙江省农业推广充满时代气息和更具现代特征，建议农业行政管理部门同意接受东北农业大学和其他高等农业院校派出的各级兼职副职推广站长。"副职推广站长计划"既可为黑龙江省农业推广工作注入新的血液和活力，又可把青年教师锻炼得唱做功夫兼备和更具真才实学。

### （五）专家在线咨询计划

东北农业大学"农业专家在线咨询系统（农业专家在线）"自 2002 年 7 月正式开通后，在线工作专家有 30 余人，平均日访问量达 2 200 余次，用户分布为国内 73%（外省 33%，遍及 27 个省、直辖市和台湾地区；省内 40%，省内用户所在地区哈尔滨用户 77.59%），国外 27%（美国、加拿大、英国、挪威、瑞典、以色列、日本、韩国等），成为真正的农民"110"并一时传为佳话。东北农业大学将进一步完善"农业专家在线咨询系统（农业专家在线）"建设，重点解决农民获取信息难问题，实现黑龙江省特别是哈尔滨市以外地区农民与专家的网上联系和适时双向在线对话。

### （六）牧业人才准备计划

专业是高等教育与社会联系的桥梁，又是为社会培养专门人才的基础。因此，专业设置既要适应经济发展的要求，又要适应教育者的需要，更要有适度超前的意识。我校现有 45 个专业，根据社会经济发展需求，应不断调整专业结构，创办特色专业，力求将专业调整到经济结构和产业结构的"焦点"上，调整到区域经济发展、行业发展、企业发展的"热点"上，使学校与社会之间形成"提前培养，同步使用"的良好局面。这是我省社会发展的迫切需要，也是高等教育主动适应我省经济结构调整的重要措施。黑龙江省委工作会议决定："要加快畜牧业发展步伐，尽快使粮食大省变为畜牧大省，使畜牧业由副业变为主业，实现粮食与畜牧业的主辅换位。"这一主辅换位的重要目标，是对黑龙江省农业经济结构新的调整，充分体现了对农业增效、农民增收的战略思考。为了迎接黑龙江省畜牧业大发展的到来，东北农业大学及早谋划，加速行动，为实现主辅换位积极进行人才准备。

1. 在我国第一家成立乳品学院，增加乳业方向博士、硕士学位研究生招生数量，经调整 2004 年即可有第一届乳品专业大学本科毕业生，他们将和毕业研究生一道继续打造"东农学子撑起中国乳业半壁江山"的东农品牌；

2. 扩大动物科学技术学院的招生规模，继续强化动物科学专业学生的辅修制和双学位制，使动物科学专业毕业生具有更宽的专业互补性和更强的社会适应性；

3. 加强黑龙江省多所农业高等职业技术学院和各县、市（地）农业技术推广培训中心的师资培训，为主辅换位第一线需要培养合格教师。

## 三、几点建议

党的十六大提出了全面建设小康社会的宏伟目标。但是，没有 8 亿多中国农民的小康，也就没有全中国人民的小康。没有中国广大农村的小康，也不可能有全中国的小康。换言之，中国"三农"问题不解决，也就无法全面实现小康社会。中国农村的工业化、城镇化和现代化，首先要求农民的知识化。要使农民实现知识化，就必须抓好农民的科技文化教育。

### （一）扩大农民教育的资金渠道

要强化政府对农民科技文化教育的资金投入，并积极鼓励和支持社会力量，特别是企业和大专院校、科研院所、农民合作组织开展农民科技文化教育，建立与市场经济相适应的投入机制和体制，使农民科技文化教育步入良性循环和可持续发展的轨道。

### （二）实施"村级信息公路"建设

建议我省积极推进"农业信息网落地工程"，有计划地争取每一个村建立一个计算机信息终端，每一个村通过卫星电视网建立一所远程农民学校，使之具有教育培训、技术指导、信息服务等多重功能，为提高农村劳动力的整体科技文化素质建立有效活动空间。

### （三）制订农民教育的优惠政策

要通过政策引导，鼓励和资助高等院校和科研院所的教学科研人员、企事业单位和社会各方面力量深入农村一线，开展多种形式的农民科技文化教育，普及实用技术，促进"科教兴村"。特别是对于高等院校和科研院所的教学科研人员在农村一线开展农民培训并做出突出成绩者，要给予表彰和奖励，以吸引更多的专业技术人员加盟到"科教兴村"的队伍之中，为促进农民科技文化素质的提高和广大农村的经济繁荣多做贡献。

李庆章．为农村小康建设全面构筑农村人才高地．高教改革研究与实践．2003，11（上）：1-5.

# 黑龙江省社会主义新农村建设模式探讨

2005 年 10 月 11 日，中国共产党第十六届中央委员会第五次全体会议通过了《中共中央关于制定国民经济和社会发展第十一个五年规划的建议》（以下简称《建议》）。《建议》提出了建设社会主义新农村的历史任务，并作为"十一五"经济社会发展的一个主要目标。尽管新农村的概念在 20 世纪 50 年代就提出过，但这次重提建设新农村，并不是一个简单的重复，而是当前农村全面发展的一次新的重要探索。黑龙江省作为农业大省，能否抓住机遇，实现社会主义新农村建设的理论创新，有效开展社会主义新农村建设的实践探索，关系我省"努力快发展，全面建小康"目标的实现与社会的和谐发展。

## 一、社会主义新农村建设的内涵

社会主义新农村建设的目标要求是"生产发展、生活宽裕、乡风文明、村容整洁、管理民主"；社会主义新农村建设的主要任务是"培育新农民、发展新产业、规划建设新村镇、组建新经济组织、塑造农村新风貌"。

农业部农村经济研究中心主任柯炳生认为，社会主义新农村应包括"新房舍、新设施、新环境、新农民、新风尚"五个方面，即因地制宜地建设具备民族和地区风情的居住房，房屋建设要符合节约型社会要求；完善基础设施，道路、水电、广播、通信等配套设施要俱全；生态环境良好，生活环境优美，尤其在环境卫生处理能力上要体现出新的时代特征；新农民是指有理想、有文化、有道德、有纪律的"四有农民"；新风尚就是要移风易俗，提倡科学、文明、法治的生活观，加强农村的社会主义精神文明建设。

由此我们可以得出结论，社会主义新农村建设的第一要义是发展，建设新农村首先是发展农村经济，增加农民收入；新农村建设的本质和核心是以人为本，让农民有富余的财富，过上相对宽裕的生活，让农村环境改观，落实和完善村民自治、民主选举、民主监督机制等，是给农民以真正的国民待遇，得到应有的社会尊重。说到底，建设社会主义新农村就是农村物质文明、精神文明、政治文明与和谐社会建设四位一体战略布局的构建实施工程。

## 二、国内外新农村建设模式的借鉴

### （一）国内新农村建设模式

就全国而言，中国的改革实际上是从农村肇始的，从改革开放以前的公社体制、评工记分、吃大锅饭、半军事化，到改革开放以后的家庭承包、自主经营、走小康路，每一步都有一个发展模式问题。而各种发展模式最终都具体体现在村级发展上。从政治上讲，村的稳定支撑着国家的稳定；从经济和社会发展角度讲，村的经济发展和社会繁荣支撑着国家经济和整个社会的繁荣。近 20 多年来，在农村社区发展模式上，我国创造了以华西村为代表的苏南模式、以柳市镇为代表的温州模式、以深圳万丰村为代表的万丰模式、以河南南街村为代表的南街村模式、以遵义市镇隆村为代表的镇隆模式、以长沟沿村为代表的铁岭模式、以黑龙江省甘南县兴十四村为代表的兴十四模式等。

在对村级社区诸多不同发展模式进行综合比较过程中，可以大体总结出以下几个规律性认识。

第一，符合实际就是好模式。模式的好与不好，关键看它是否适合所在村的实际状况。

第二，集体经济发达，城镇化明显。但凡村集体经济为主且已达到较发达程度者，其社会就呈现出全面进步的态势。或已经城镇化，或接近城镇化。

第三，无工不富。凡工业相对发达的村，概属富村。

第四，政治文明。一个好"班长"，带一个好班子，带一村致富是一个重要规律。

第五，精神文明。凡是富村，经济与社会整体发展水平较高的村，都重视人的基本素质培育和精神文明建设。

### （二）国外新农村建设模式

韩国的"新村运动"。韩国是我国的近邻，其面积约 9.9 万平方公里，人口 4 445 万。1961 年其人均 GDP 仅为 83 美元，到 1995 年就高达 1 万多美元，农业也走上了农业现代化和农村城市化道路。他们用30年时间走完了西方国家近百年的工业化道路，原因之一就是开展了全国性的"新村运动"。纵观其发起与发展，具有以下几个特征。

第一，新村运动首先从解决农业和农村社会问题开始。

第二，新村运动以政府投入为重要保障，如政府为解决农村新设施建设问题，对各村无偿配给水泥和钢材。

第三，新村运动初期，政府把工作重点放在改善农民生活环境上。究其原因，一是农民当时最迫切的要求是改善自己的居住生活条件；二是改善农民的居住生活条件，更容易启迪农民并得到农民的积极响应。因此其工作主要有：改善农村公路、改善住房条件、农村电气化、农民用上自来水、推广高产稻种、增加农民收入、发展农协组织、新建村民会馆等。

第四，以"勤勉、自助、协同"为新村运动的基本精神。

第五，新村教育是新村运动的核心，也是最重要的内容。

## 三、黑龙江省社会主义新农村建设模式选择与构建

借鉴国内外经验，结合我省省情，照抄照搬南方发达省份发展模式和韩国"新村运动"模式，无论在理论上还是实践中都不可取。黑龙江省的城市实力、政府财力和农村自我发展能力，决定了我们必须走出一条具有黑龙江省特色的新农村发展之路。其指导思想应为：以科学发展观统领经济社会发展全局，坚持以人为本，坚持全面协调可持续发展，充分发挥地缘、资源优势，借鉴国内外发展经验，特别是我省国有农场经济社会发展模式，科学规划、分步实施、扎实推进，努力做到统筹区域发展、统筹经济与社会发展、统筹人与自然、统筹农场与农村，努力构建和谐的黑龙江省新农村。

黑龙江省社会主义新农村建设模式，不可能是单一的模式。但不论选择构建何种模式，都必须遵循科学发展观和构建和谐社会的要求。同时，应尽可能将以下几个观点体现在模式之中。

第一，走农业产业化道路，让农民口袋充实。黑龙江省农村经济与社会发展的现实状况决定了走工业化道路还只是我省新农村建设的长远目标。我省农产品精深加工能力低、乡镇企业落后、集体经济薄弱、农业生产社会化组织程度低等

省情决定了发展农业产业化是我们的重要选择。

第二，实施"教育兴村计划"，让农民脑袋充实。社会主义新农村建设最重要、最根本的任务是培养"新农民"，培养新农民主要靠教育，而非靠科技。国家实施"科教兴村计划"已十余年，我们感到科技兴村已经破题，教育兴村却严重滞后，单靠科技不可能完成培养新农民的任务。应改变思路，调整教育与经济的主次关系，实施"教科兴村"，突出教育的主导作用，才能后来居上。民主与科学如果不建立在依靠教育培养"新农民"的基础上，只能是一句口号。韩国 1972—1976 年实施第三个五年计划时，政府投资 20 亿美元，以推动农业地区的综合发展，但由于新农民问题没有解决，加上体制机制的原因，致使资金的投入效益不大，而把新村教育摆到重要位置，才取得了成功。它提示我们要进一步突出教育在新农村建设中的作用发挥。

第三，大力发展个体、私营经济，逐步发展和壮大集体经济，是社会主义新农村建设的重要内容。黑龙江省农村村级负债沉重，三分之二的村是"空壳村"。不大力发展个体、私营经济，农民内在活力就难以激发，农村就难以走出困境，集体经济也难以发展，兴办社会各项事业的基础条件将难以形成。

第四，新设施是制约新农村的基础"瓶颈"，加强农村基础设施建设，尤其是通路、通网、通水是新农村建设的当务之急。如果农民出行艰难，无法上网，常年不能洗澡，没有标准的厕所，室内冰箱、彩电，室外污水横流，他们永远也找不到新生活的感觉。

第五，我省国有农场经济社会发展的经验，对新农村建设有很重要的借鉴意义。黑龙江省除存在城乡二元结构外，还存在农垦与农村的小二元结构，几十年的农垦经济与社会发展为新农村建设积累了大量可借鉴的经验。"生产发展、生活宽裕、乡风文明、村容整洁、管理民主"的新农村建设目标和要求，在农垦地区已基本实现，我省新农村建设要着重借鉴并改造农垦模式。

## 四、黑龙江省社会主义新农村建设的措施保证

### （一）科学制定"三个规划"

1.科学制定宏观层面的黑龙江省新农村建设总体规划。确定战略思想，搞好区化布局。遵循资源原则、地缘原则、生态原则、政府可能的原则，搞好省内区

域统筹。

2. 科学制定中观层面的区域发展规划。区域规划应充分考虑与振兴老工业基地相应的"六大产业"、哈大齐工业走廊建设紧密结合，应服从全省整体规划，突出区域特色，发挥区域优势，打造区域强势。

3. 科学制定微观层面的村级发展规划。村级规划应因地制宜，做细做实，应以农民增收为主线，以发展农村教育为基础，以改善村风村貌、生活环境为突破口，在解决"空壳村"、发展集体经济、实行村民自治、加强党的领导方面都要有科学的思考和规划。

### （二）全面发挥"三种力量"

1. 发挥企业的力量，推进农业产业化。这反映了城乡统筹的基本要求，对农业实现标准化要求、规范化管理、市场化经营、一体化服务起关键作用。以大企业集团为龙头、落实大项目是工业反哺农业的突破口，是发展非农产业、乡镇企业，加速工业化、推进城镇化、转移农村剩余劳动力的必然选择。

2. 发挥教育的力量，实施"教育兴村计划"。科技兴农在我省农村已经破题，并取得显著成果，但制约科技在农业和农村经济发展中进一步发挥作用的"瓶颈"是农民的科学文化素质问题，科技是扶贫，教育是扶壮。发展新农村教育，可以从三个层面进行：一是请出来，加快实施"村村大学生计划"，培养农村骨干人才，使这一计划成为培养"新农村建设带头人工程"；同时，迅速落实"乡村教师计划""乡村医生计划"等，培养大批"上得来，下得去，用得上，留得住"的落地型人才。二是发挥城市各级各类教育的作用，深入农村，对口支援农村教育，把农村基础教育、农民培训和农村职业教育切实开展好。三是发展现代远程教育，依靠现代信息技术，开展远程教育，以"专家在线"传递科教信息，依靠发展信息技术，率先缩小城乡差别，使我省新农村建设后来居上。

3. 发挥农民的力量，实现"要我建设新农村"向"我要建设新农村"转变。社会主义新农村建设涉及面广，内容多、任务重，能否持续健康发展，关键在于调动农民自身的积极性和自觉性。通过深入宣传发动，使新农村建设的目的意义、主要内容、目标要求以及具体措施家喻户晓，深入人心，引导和动员广大民众自觉地投身到社会主义新农村建设中。

### （三）努力建立"三个保障"

1. 加大政府投入。我省农村集体经济十分薄弱，农村社会公共事业发展靠农民自身力量无法解决，政府投入应由过去以农业生产投入为主，转向以农村公共事业为主，由点到面，让农民的生活环境、生活条件、教育条件有明显改变。在保障农民基本权益的前提下，营造一个逐渐打破二元结构的社会环境，使农民有更多、更平等的机会参与社会进步和分享改革成果。政府还应切实转变职能、转变执政方式，从指挥型转变为服务型。特别是在农业产业化过程中，加强行政指导和协调，针对农民的政治地位和社会地位不高、教育水平及文化素质较低、信息不灵、观念陈旧，在市场竞争条件下和在社会交往与生产流通过程中，往往处于弱势和不利地位，要努力保护农民利益，使他们应享受的利益不流失，不打折扣。

2. 深化农村改革。我省社会主义新农村建设，无论选择何种模式，"双层经营体制"均应继续坚持且大力完善，在稳定并完善家庭承包经营基础上，有条件的村在积极发展集体经济项目的同时，力求把为农户家庭的社会化服务搞得好些，这是决定我省农村改革与发展前景制度性保障的重要前提条件之一。流转土地承包经营权，发展多种形式的适度规模经营，应与农业产业化进程、农村城乡化进程协调一致，防止产生大量富余劳动力带来社会稳定问题。通过全面深化以农村税费改革为重点的综合改革，加快推进乡镇机构、农村义务教育、县乡财政体制、农村金融、土地征用制度等方面的改革，为新农村建设提供有力支撑。

3. 加强村政建设。在新起点上建设社会主义新农村，应在村务决策和管理上实行民主化。建设新农村，民主化只能加强，不能削弱。倘若生活富裕了，民主却消失了，那绝对不是建设新农村，而是历史的倒退。建立健全村党支部领导的充满活力的村民自治机制和制度规范，不断提高村民依法自治的能力和法制化管理水平，促进农村社会政治稳定和经济发展，是建设民主法制、管理有序、文明祥和的社会主义新农村的重要保证。加强村党支部建设，可以通过在"村村大学生计划""乡村教师计划""乡村医生计划"实施中，在发展农民教育、农村职业教育过程中，大力发展新党员，让他们及时充实到党支部中，从而提高村级党组织的整体素质，使村党支部的保证能力得到全面增强。这是一项加强农村基层党组织建设、提高党的执政能力的战略措施。

能否抓住建设社会主义新农村这次历史性机遇，事关我省"努力快发展、全面建小康"发展目标能否顺利实现。但新农村建设是一个历史过程，不能以运动的形式来推动。新农村建设模式应从实际出发，不能搞一刀切。实现"新房舍、新设施、新环境、新农民、新风尚"的建设任务，政府投入只是助力，农村提高自我发展能力才是动力。建立科学发展模式并科学实施，对推动我省农村经济社会科学发展，完成社会主义新农村建设的重任至关重要。

李庆章.黑龙江省社会主义新农村建设模式探讨.东北农业大学学报（社会科学版）.2006，4（1）：1-4.

# 构建具有中国特色的农民生活方式

一个时期以来，席卷全球的金融危机令人谈虎色变，许多国家纷纷出重资救市。一时间人们对发达国家消费主义时尚文化引导的现代化产生怀疑，对超前消费和过度消费嗤之以鼻。在我国现代化进程中，农民生活方式的构建是社会主义新农村建设的应有之义。我国农民生活方式的构建不能走发达国家消费主义时尚文化引导的老路，而应走一条切合我国农村发展实际的途径，构建具有中国特色的农民生活方式。具有中国特色的农民生活方式必须具有显著的时代性特征、鲜明的民族性特征、突出的地域性特征和明确的主体性特征。

## 一、我国农民生活方式的构建必须具有显著的时代性特征

具有中国特色的农民生活方式，时代性是其关键特征。生活方式总是要受到一定时代生产力和生产关系的制约，从而使生活方式打上时代的烙印。21 世纪我国农民生活方式建构的基本目标模式是社会主义和谐社会生活方式，也就是要构建一种不以金钱作为生活价值主要衡量标准，却可以提高农民幸福感与满意度的生活方式。其中"和谐"是建设目标，"文明、健康、科学"是建设内涵，"勤劳节俭、注重生活质量"是建设主导。具有显著时代性特征的我国农民生活方式主要表现为：生产方式逐步从传统农业生产方式脱胎并主动接受现代农业生产方式，重视土地生产力和劳动生产率，不断增加收入水平和提高消费能力，劳动不再只是获取生活的义务，同时成为愉快的享受；消费方式以求得生存为主向日益提高的物质享受转变，在物质享受增加的同时精神生活极大丰富，有很强的精神满足感和生活幸福感；家庭方式由家族型转变为核心型，妇女的家庭地位和自主权益受到维护，家庭职能不再只是消费和生育，广泛的社会交往成为家庭生活不可或缺的内容，家庭生活和社会生活日趋和谐；闲暇方式从低级趣味、无聊消遣转变为情趣高尚、主动参与，农民喜闻乐见的文化生活和文化活动丰富多彩，不同年龄、不同性别、不同需要的人群各有所得和各有所乐，形成文明健康的村庄

社区组织。从农民主体地位出发的我国农民生活方式构建，一定要与时俱进不断发展，从而使农民生活方式构建既具有很强的多样性，又有显著的时代性。

## 二、我国农民生活方式的构建必须具有鲜明的民族性特征

具有中国特色的农民生活方式，民族性是其核心特征。民族是由共同祖先、共同文化、共同习惯构成的特殊社会群体，我国农民生活方式的构建必须建立在民族基石之上，植根于民族土壤之中。我国不但是一个多民族和睦共存的国家，而且不同民族主要以分散状态星罗棋布于我国广袤的农（山、牧、副、渔）村，是一个有着自己相对独立政治、经济和文化的综合共同体，所以也必然有自己的生活方式，从而构成我国多姿多彩的民族风情。具有鲜明民族性特征的我国农民生活方式主要体现在：精神生活从娱乐型变为享受型，特别是不同民族的文化生活如文艺、体育、节日、礼仪等，不仅应成为本民族的精神享受，还应通过文化交流为兄弟民族提供精神享受；物质生活从单调型转向丰富型，不论是饮食、穿着、居所，还是交通、通信、用品，都随着收入的改善和提高发生越来越深刻的变化；劳动生活从传统型转向现代型，许多民族已经从刀耕火种、游牧渔猎的传统劳动生活中逐步解放出来，集群定居并采取现代生产方式以获取更高的劳动生产率；闲暇生活从单一型转向多样型，逐渐富裕起来的不同民族群体闲暇生活的社会性更加广泛，使得原本相对活跃的闲暇生活变得更加丰富多彩。此外，具有中国特色农民生活方式的民族性特征在宗教、道德、交往等方面，都要在摒弃糟粕的基础上受到应有的尊重和保护，尊重民族生活习惯，发展民族特色文化，使我国农民生活方式的构建具有鲜明的民族性特征。

## 三、我国农民生活方式的构建必须具有突出的地域性特征

具有中国特色的农民生活方式，地域性是其必要特征。我国农民所在地的自然地理环境不同、经济社会条件不同、历史文化背景不同，对精神生活、物质生活、劳动生活、闲暇生活、家庭生活等生活方式的影响也是不同的。共同的地域、共同的语言、共同的文化、共同的经济，不仅是构成民族的基本要素，而且是我国农民集群而居的基础。我国农民居所的地域性差异，决定了生活方式的地域性特征。从静态方面看，不同地域的自然资源在农民生活方式构建中所起的作用不

同，自然资源的地域性特征形成特征性地域生活方式；从动态方面看，探讨地域环境对农民生活方式的影响，主要是探讨地域环境对农民生活方式的形成、改变、传播和发展所起的作用；从哲学角度看，辩证唯物主义和历史唯物主义认为生活方式与地域环境的辩证关系，至少应包括人们生活方式与地域环境的关系是一种辩证的因果关系、人们生活方式与地域环境的关系是一种间接关系、人们生活方式与地域环境的关系是一种动态关系和人们生活方式与地域环境的关系是一种相互作用的关系。可以说，生产力是地域环境影响农民生活方式的根本要素，而生产关系则是决定农民生活方式的直接原因。此外，地域还对人的气质、性格产生影响，如风光秀美的江南水乡，人的气质性格多倾向温柔细腻，而山河壮阔的北方大地，人的气质性格多表现豪放粗犷。由此可知，地域性特征是我国农民生活方式多样性的重要基础，深入研究农民生活方式的地域性特征对于区域经济社会发展具有重要的理论意义和实际意义。

## 四、我国农民生活方式的构建必须具有明确的主体性特征

具有中国特色的农民生活方式，主体性是其根本特征。社会主义新农村建设和构建具有中国特色的农民生活方式，农民既是创造主体，也是价值主体，是创造主体和价值主体的统一。从古至今，农民一直是中国最大的社会群体，是历史重大变革的推动者与承担者，是一股巨大的政治力量。可以说，农民创造了中国的历史，农民的成长与进步发展了中华民族。从中国现代化的实际出发，中国的现代化首先应该是占中国绝大多数人口农民的现代化，离开这一点，中国的现代化称不上是真正意义上的现代化。农民作为中国现代化的创造主体，无论是在现代化的前提准备、现代化的起始发动，还是现代化的实际进程中，都做出了十分突出的贡献，理应分享现代化建设的成果和利好，使农民的价值主体地位得到应有的尊重。农民的进取精神和追求文明的价值取向，已经成为中国农村社会进步的重要动力因素。把农民作为价值主体，最重要的是落实在对农民积极性和创造性的尊重和调动上，也就是落实在把农民当作真正的创造主体上。真正把"广大农民拥护不拥护、广大农民赞成不赞成、广大农民高兴不高兴、广大农民答应不答应"作为我国农村各项方针政策的出发点和落脚点。因此，我国农民生活方式的构建必须具有明确的主体性特征，即在具有中国特色的农民生活方式构建中，

要特别尊重农民的创造主体和价值主体地位，尊重农民的首创精神与能动作用，在村庄社区组织的积极引导下，努力构建"文明、健康、科学"的生活方式。

综上所述，我国当前的农民问题，已经不是纯粹的经济问题，而更是文化问题，不是纯粹的生产方式问题，而更是生活方式问题。在我国农民事实上不可能快速转移进入城市，农民收入不可能得到迅速提高的情况下，站在农民主体立场的社会主义新农村建设，应该从社会建设和文化建设方面为农民提供新的更多的生活福利，努力构建一种"低消费、高福利"的不同于消费主义时尚文化引导的社会主义和谐社会生活方式，使农村的改革发展真正成为我国现代化建设的"稳定器"和"蓄水池"。

李庆章，许静波，杨雪，孙玉娟，焦光纯，孙占峰．构建具有中国特色的农民生活方式．东北农业大学学报（社会科学版）．2009，7（1）：1-3.

# 加强国际交流与合作，建设国际知名高等农业学府

作为黑龙江省争进"211工程"的院校，东北农业大学确定的奋斗目标是："通过十五年左右的努力，把我校建设成国际知名、国内同类院校一流的综合性农业大学。"实现这一奋斗目标，除在教学、科研和管理水平上下功夫外，加强国际交流与合作也是一条必由之路。改革开放以来，随着与国外高等院校间交流与合作的频繁进行，东北农业大学通过与国外同类院校间的接触与比较，发现了自身存在问题和与国际水平之间的差距。尽管东北农业大学尚有一批学术实力和水平较高的学者，他们在国际同行中有一定影响，但这与东北农业大学"国际知名"的奋斗目标不能相提并论。因此，必须在原有国际交流与合作的基础上，充分利用校内外与国内外的一切有利条件，不断扩大交流范围，加大合作力度，取长补短，缩小差距，才能真正跟上世界高等教育发展的步伐，与国际水平接轨，不断提高学校的国际知名度，实现"国际知名"的奋斗目标。

## 一、东北农业大学开展国际交流与合作的基础

自1948年建校以来，东北农业大学的国际交流与合作工作可以概括为以下

两个阶段。

### （一）20世纪50年代全面学习苏联教学经验，深入进行教学交流与合作

1952年，根据第一次全国教育工作会议的精神，东北农业大学的前身东北农学院开始学习苏联经验，对教学内容、方法、组织形式等进行了一系列改革。

为了使教师能直接阅读俄文教材和科技资料，学校先后举办了三期"教师俄文专业阅读速成学习班"，全校自然科学方面的教师全部参加，为学习和翻译俄文教材、改革教学内容创造了良好条件。至1954年底，学校专职翻译人员翻译苏联农业院校教科书、参考书36种，85分册，2016万字，编辑出版《俄华农业辞典》1部。各系教师还翻译俄文教材51种，797万字。这些翻译教材的出版，对学校和全国高、中等农业院校学习苏联经验起到了积极促进作用，学校也因之成为中国农业高等院校学习苏联的先进典型。

在学习苏联进行教学改革期间，从1953年至1960年，学校先后聘请了11位苏联专家担任教学工作并指导教学改革的进行。这些专家除完成本职工作外，还协助学校制订发展规划和教学制度，帮助建立了土地管理、家畜卫生等新兴学科。也正是苏联专家到校后，学校才开始进行研究生的培养。1953至1956年连续招收研究生班学员124名，他们大多是在苏联专家的直接指导下完成学业的。在请进专家的同时，学校还派出10余名教师赴苏联进修或攻读学位，培养了一批骨干师资。

1957年，根据《中苏文化合作协议》，学校与苏联梅里托坡里农业机械化电气化学院、新西伯利亚农学院、沃罗涅什农业机械化学院建立了校际联系，与莫洛托夫农业机械化电气化学院开展了学术资料交流活动，使学校与苏联的国际交流与合作上升到了一个新的层次与高度。

### （二）80年代以来，实现全方位、多渠道、多层次、多形式对外交流合作

我国改革开放政策的确立与实施，开创了高等院校开展国际交流与合作的新局面。1980年，美国密西根州立大学农业与自然资源学院代表团来校访问，并与学校签订了开展农业教育与学术交流备忘录。学校的对外交流与合作也从此进入了一个新的发展阶段。10余年来，学校先后与美国、英国、法国、德国、日本、加拿大、澳大利亚、波兰、独联体等国的10余所高校、科研单位建立了校际联系和学术交流与合作关系。先后请进国外专家学者1200余人次，派出攻读学位、

合作研究、访问学者、参加国际会议等 500 多人次，对我校的学科建设、师资培养以及教学、科研、管理水平和国际知名度的提高发挥了重要作用。

近年来，我校充分利用地缘优势和 20 世纪 50 年代与苏联的合作基础，大力开展了与独联体国家高校的交流与合作，先后与乌克兰哈尔科夫国立农业大学、俄罗斯布拉戈维申斯克远东农业大学、莫斯科兽医学院、圣彼得堡国立农业大学、克拉斯诺亚尔斯克国立大学、鄂木斯克兽医学院、鄂木斯克国立技术大学、俄罗斯农科院远东分院建立了合作关系，开展了学术交流与科技合作，如互派进修教师、互派留学生、在马铃薯抗病毒育种领域进行合作研究等。

1995 年，我校与俄罗斯哈巴罗夫斯克国立技术大学签署了《共办国际系协议书》，今年两校将互派经济贸易和计算机专业留学生 45—60 名。1996 年，我校又与加拿大奥兹（OLDS）学院联合申报了"中加高等教育项目"，目前正在进行中。

由于我校在国际交流与合作方面所做的努力，学校的国际知名度不断提高，英国大学联合会已将东北农业大学收入《世界大学目录手册》（第 14 版）中。

## 二、东北农业大学开展国际交流与合作的条件

高等院校之间的国际交往，建立在平等和互惠互利的基础上。如果交往双方的差距悬殊或者一方毫无可借鉴之处，相互之间的国际交流与合作也就失去了实际意义。因此，创造条件谋求自身发展，提高学术水平与地位，是高校开展国际交流与合作的前提条件。

东北农业大学创建 48 年来，经过几代学人的不懈努力，逐渐形成了自己的学术实力和学科优势，使学校的综合实力在全国高等农业院校居于前列。到目前为止，学校在农学、畜牧、兽医、农业工程、生物技术、食品科学和经济管理 7 个学科形成了自己独具特色的优势，拥有国家级重点学科 2 个，省级重点学科 12 个，博士后流动站 1 个，博士点 11 个，硕士点 34 个。在动植物遗传育种、动物营养、收获与干燥机械、乳品加工工艺、生物技术等研究领域，我校取得了一批国内领先并具有国际水平的研究成果。1995 年荣获国家发明二等奖的"水稻割前脱粒收获机器系统"，解决了世界农机界的一大难题。这些是我校与国外高校进行交流与合作的首要条件。

地缘优势是我校进行国际交流与合作的又一优越条件。东北农业大学所在的黑龙江省所处纬度全国最高，拥有世界四大黑土区之一的松嫩平原，国有大农场群耕地面积占全省的 24%，人均耕地面积居全国之首。在地理位置上，黑龙江省与东北亚经济圈国家的许多地区处于相同纬度带，又与俄罗斯大部分地区疆域相邻。在自然资源方面，黑龙江省适于发展集约型规模化农业。这些自然条件，为东北农业大学发展与东北亚经济圈国家高校农业科技方面的合作，扩大与独联体国家高校间的交流以及加强与农业发达国家在世界农业发展模式领域的研究都提供了有利条件。

此外，一批早期留学归国的老教师在几十年的学术研究中，与国外院校和学者建立了良好的学术交流关系和信誉。他们在学校今后的对外交往中仍将发挥重要作用。再有，20 世纪 80 年代以来学校派出的留学人员中，定居国外和正在攻读学位的学者共有近百名，学校与他们中的大部分保持着长期、稳定的联系，除及时向学校反馈学术上的信息与动态外，在学校的国际学术交流与合作中，他们也发挥着桥梁和纽带作用。

## 三、东北农业大学开展国际交流与合作的前瞻

正如高等院校间的国际交流与合作本身具有一定的前瞻性一样，展望东北农业大学的国际交流与合作，前景令人十分乐观。

首先，东北农业大学作为黑龙江省争进国家"211 工程"重点建设的大学，通过即将进行的预审后，学校将获得国家、地方和社会在资金方面的大力支持。办学经费有了可靠保障，再通过学校自身的努力，学校的教学、科研和管理水平必将得到大幅度提高，学术实力进一步加强，国际知名度进一步扩大，这样既增强了学校对外交流的实力，也增强了学校对外国学者的吸引力，无疑将对发展国际交流与合作起到促进作用。

其次，在 20 世纪 50 年代与苏联合作关系的基础上，我校与独联体国家高校间的交流与合作已开始进入实质性阶段。俄罗斯在航空航天等尖端技术上处于世界领先地位，在农业机械化和电气化研究领域水平较高，其高等教育事业发展历史悠久，拥有以莫斯科大学为代表的世界一流学府。随着政治的稳定和经济形势的好转，中俄之间在经济、教育、科技领域的交流与合作也将不断发展和扩大。

这种良好发展趋势，为我校与独联体国家高校间国际交流与合作的发展注入了新的活力。我校将抓住这一机遇，重点开展与对方的校际联系，积极进行全方位、深层次的交流与合作。

再次，在今后的国际交流与合作中，我校还将利用一切有利条件，积极开展与欧美和亚洲发达国家高校间的联系，巩固已有校际关系，广交新朋友，以解决实际问题为目的，有针对性、有侧重点地发展深层次的交流。在学习国外先进技术的同时，还要注意先进管理经验的学习和外资的引进工作，使国际交流与合作工作发挥应有作用，为学校发展做出积极贡献。

21 世纪即将来临，共同合作、谋求发展将是 21 世纪的主题。高等院校集中了一个国家各学科领域的优秀人才，代表着学术与科技发展的最高水平。展望未来，各国高等院校之间的国际交流与合作领域广阔，前景光明。让我们携起手来，为促进世界各国高等院校间的教育、科技交流与合作而共同努力。

李庆章. 加强国际交流与合作，建设国际知名高等农业学府. 北方论丛.1998（增刊）:13-17.

# 美国的高等教育及其发展

迄 2000 年，美国现有大学 4 096 所，其中四年制公立大学 615 所，两年制公立大学 1 092 所，非营利四年制私立大学 1 536 所，营利四年制私立大学 169 所，非营利两年制私立大学 184 所，营利两年制私立大学 500 所。所有大学按其性质和任务（卡内基教学促进基金会，1994）分为研究型大学（Research University）、可授博士大学（Doctoral University）、可授硕士院校（Master's Colleges &University）、文理学院（Baccalaureate Colleges）、准文理学院（Associate of Arts Colleges）和专业院校（Specialized Institutions）六类，或可按照所授最高学位进行划分，并鼓励每一类院校办出自己的特色，在各自的领域创新争优。

## 一、办学体制："多样、多元、多层"共存是美国高等教育发展的历史必然

### （一）多样化的高等教育形态

美国的高等教育历经二次世界大战后的黄金发展时期和教育改革，继 1940 年在世界率先完成高等教育的精英阶段（高等教育入学率即入学人数占 18—22 岁人口的百分比 <15%）和进入高等教育的大众阶段（15%< 高等教育入学率 <50%，美国 1940 年 15.68%）之后，1980 年顺利实现高等教育的普及阶段（高等教育入学率 >50%，美国 1980 年 55.60%）。美国高等教育的迅速发展，极大地满足了二战后经济建设对实用型技术人才的迫切要求和人口激增后广大人民群众对高等教育的实际需要。但是，美国的高等教育发展是以其多样性增加适应社会多样性需要而发展起来的，不但适当增加了研究型大学以满足少数精英高等教育提高的意愿，而且大量发展了初级型学院——社区学院以适应多数民众普及高等教育的呼声，这种提高型高等教育和普及型高等教育共同构成的高等教育混合体，就是美国高等教育对经济发展和民众需要全面适应性发展的必然结果。

## （二）多元化的高等教育管理

美国的大学是法律约束下自我发展的经济法人实体。私立大学的主要经济来源为教会资助、学生学费和社会捐赠，公立大学则主要是政府拨款（联邦、州政府）和学生学费。国会两院通过立法和国家预算影响高等教育；联邦教育部也并不直接管理高等教育，而是依据有关法律保证教育机会的平等，制定资助学生的政策与提供研究经费，对各州的教育实施监督和通过专门立项调控高等教育；各种综合性教育协会如美国教育协会、赠地学院和州立大学联合会等主要是游说国会并争取有利于教育的立法，而专业性教育协会如农业高等教育协会对高等教育的管理则通过制订专业设置标准、定期实施专业评估和决定奖贷学金得以实现；各州的教育立法和政策差异很大，州议会和政府主要通过教育拨款、确定学校董事会成员、决定校长人选等重大事项影响高等教育；大学内部的行政管理是董事会下的校长负责制，董事会决定学校发展规划、财政年度预算、重大人事任免、全局政策废立等，而大学内部的学术管理则权属校、院、系三级教授委员会，其职能主要为学术发展规划、各级学位授予、教学质量督导、教师职务晋升等。

## （三）多层次的高等教育过程

美国的大学不计性别、不究年龄、不论婚否和不问残障，即向一切有接受高等教育要求和能力的公民公平开放高等教育机会。大学根据其所在的高等教育层次及其获得的学位授权资格可分别进行博士、硕士、学士、准（亚）学士（社区学院等初级学院在美国可以是一种终结教育，毕业可授予准学士学位），以及职业学位（如医师、兽医师、律师）等学分教育，也可以根据学生的实际需要或职业的特殊性质实行非学分教育（继续教育、休闲教育等），或可以按照公司或企业以及个人的要求完成专项技能培训。总之，在美国现行高等教育制度下，每一个公民均有接受高等教育的权利和机会，都可以按照自己的主观愿望和志趣爱好选择自己的教育发展途径。但是，由于美国高等教育过程的严格管理（宽进严出）和全社会极端泛滥的"新自由主义"，致使4年毕业率>50%的大学寥寥无几，因而有美国公民受教育水平（占全国总人口比率）拥有研究生学位7.2%、学士学位13.1%、准（亚）学士学位6.2%、读过大学但无学位18.7%，以及高中毕业30.0%、高中肄业14.4%和初中及以下10.4%的公民教育结果。

## 二、运作机制："教学、科研、推广"结合是美国高等教育发展的规律反映

### （一）法律保证下的高等教育发展

美国的大学，严格地讲几乎都是以大学为中心发展起来的核心社区（大学村或大学城，College Park/University Town, 如 MSU 所在地 East Lansing 有 70 000 多人，其中大学师生员工为 55 994 人），实际上是美国长期自然形成的社会、经济、政治、文化、科技和教育的基本社会单元，美国的"高等教育社会核心理论"即由此而来。美国公立大学特别是州立大学和社区学院的发展历程是美国高等教育法律化、实用化和地方化的缩影。考虑到已有大学难以与联邦政府合作，为了行之有效地迅速发展地方产业和经济，1862 年第 37 届国会通过了莫利法案（Morrill Act），决定将公有土地赠予每个州和领地，以建立有利用农业和机械工业发展的"农学院"（赠地学院，Land Grant College）；为帮助美国人民传播获取有关农业相关的实用知识，促进农业科学原理的深入研究与运用，1887 年第 49 届国会又通过了在每个州和领地建立的农学院里设立"农业实验站"的汉奇法案（Hatch Act）；1914 年第 63 届国会还通过了由每个州（和领地建立的农学院）与联邦农业部共同设立"农业合作推广站"（Agricultural Extension Services）的史密斯和里沃法案（Smith-Lever Act），要求农业合作推广工作通过田间示范、出版物及其他形式向每个社区没有机会进入农学院学习的公民讲授农业与家政知识。以上三个著名的法案，不仅从法律上强力保证了工农子弟接受高等教育的权利与机会，明确了农业和机械将作为科学进入美国社会和人民生活，而且申明了赠地学院、农业实验站和农业合作推广站必须为联邦和州的社会进步与经济发展服务的根本方向，促进和推动最初以农为主的农学院逐步建设发展成为学科、专业综合的州立大学。这三个法案，不但成为美国农业高等教育发展的航标，也是全美高等教育改革发展的基本遵循，包括 20 世纪 50—60 年代以社区学院为代表的大量初级学院的兴起，都与这三个法案密切相关。

### （二）经济保证下的高等教育运行

从美国纯农业人口 1.8%、美国现代农业创造了 16% 的 GDP 和提供了近 20% 就业岗位的实际来看，农业的内涵已从保守的传统概念转变为开放的现代观念。农业已不再是原始、落后和传统的象征，而是农村社会进步、农业经济发展和农

民素质提高"三位一体"协调发展的现代农业，是一、二、三产业界限模糊，广泛运用生物技术、信息技术等高新技术直接为提高城乡人民生活质量服务的农业。因此，农业科学和农业产品，在政府工作和人民生活中具有无可替代的重要战略地位。美国大学与中国大学比较有着庞大的经费开支，20 000以上学生的大学一般年预算约有10亿美元之多。美国联邦和各州政府除每年拿出大量资金对农产品进行保护性补贴外，农业部和教育部还要出资作为奖贷学金支持农业高等教育，联邦政府、州政府（和县政府）还要根据三个法案要求向赠地学院或/和大学提供必备资金（密西根州立大学农业实验站每年资金约7 000万美元，联邦7.7%，州政府45.8%，余为各种捐赠；农业合作推广站每年资金约4 000万美元，联邦15%，州政府38%，县政府25%，余为多种捐赠）以保证农业科学研究和农业推广服务。美国今日的农业推广服务，早已走出单纯传授农业生产技术的狭窄天地，推广范围和内容已扩展为：农村社会的农业生产技术（动物农业、植物农业）、农村家政管理（家庭财政、饮食营养、家庭教育）、农村经济发展（自然资源、公共策略）和农村青年发展（脑、手、心、身四健）；推广工作并向城市延伸，帮助城市居民进行园林规划和建设，指导污水处理以保护环境等，深得民心和民意。大学参加推广的人员也不仅限于涉农教师，而是遍及社会学、人类学、生物学、兽医学、工程学、传播学等多学科教师和人员。这种法律和经济双重保证下以大学为主体的"教学、科研、推广"三结合运行机制，有效促进了科学技术成果向实际生产力的迅速转化（美国农业科技成果转化率高达80%，我国仅39%左右）。但这种机制在世界农业推广体系中只占5.2%（此外尚有南非为同样机制），而以政府为依托的推广机制则为91.7%，向世界科学技术特别是农业科学技术转化提供了极为新鲜的宝贵经验。

## 三、发展动向："国际、信息、商品"三化是美国高等教育发展的时代特征

### （一）高等教育国际化

美国十分重视高等教育国际化（Internationalization），或称之为全球化（Globalization），因此有的教育家或教育理论家将此视为现代大学的第四项社会职能（人才培养、科学研究、社会服务和国际交流）。高等教育的国际化包括用教师和学生的国际化程度评价大学的办学水平，把发展远程教育建立跨国大学作

为学校的发展战略，将加强教学和科研的国际合作与交流视为大学的重要任务，把世界历史、世界地理、国际金融、国际贸易等在全球经济竞争中所必须的知识技能作为重要教学内容，将大学作为引进人才、引进技术和吸收世界文化精华的重要渠道等。

为此，许多大学都积极鼓励教师和学生参与国际合作与交流项目，接受广泛的国际事务锻炼并积累必要的国际经历。如密西根州立大学目前是全美派出本科生海外游学最多的大学，加利福尼亚大学（UC）每年也向 43 个国家的 120 多个大学派出游学生约 2 000 名。高等教育国际化，已成为美国高等教育发展的必然趋势。

### （二）教育技术信息化

教育技术信息化（Informationalization）就是将现代信息技术行之有效地用于教育教学的过程。信息是美国社会机体无处不在的神经，信息技术则是信息社会的功能调节器。而信息技术的运用，可以说是美国最为普遍、最为广泛的事物。在美国的大学里，信息技术已渗透到教育、教学运行的每一个方面和行政、学术管理的每一个角落。学生可以网上注册、网上选课、网上上课和网上考试，学分积累达到学校要求，可以申请授予学位。这样，学生注册后不仅可以在家中（或公寓等寄居寓所）进行学习，而且可以在国内读取国外大学，实现真正的远程教育（Distance Education）。

美国大学的大教室一般都同时备有各种现代教学设备与设施（幻灯、投影、多媒体投影等），每个听课席位还设有电脑，可供学生课上随时使用。至于图书馆这样的信息机构，其管理信息化程度就更加完备。学生在网上，如果不是途径不对或操作有误，几乎没有搜索不到而实际存在的图书和资料。再有研究图像、数据资料等的处理，都可无一例外地由数码设备来完成。此外，美国城乡居民也可与大学的合作推广站联网，定期或随时索取需要的信息与资料。美国的大学特别是资金丰厚的研究型大学，都非常重视信息设施的建设和信息技术的应用。

### （三）科技成果商品化

在美国这个商品经济十分成熟和发达的社会里，几乎所有的产品都要经历商品化的过程，知识产品也毫不例外。科技成果商品化（Commercialization）就是根据知识产品（专利成果、非专利成果等）所蕴含的一般社会劳动及其在进一步的生产过程中所创造的新的价值作价出售或使潜在生产力转变为现实生产力的过程。在美国，知识产品的商品化，应该说是知识经济社会的重要特征。电脑大王比尔·盖茨（Bill Gates）一举成为世界首富，就是知识产品商品化的最典型实例。有人说，未来的富有者应该首推"知识资本家"，谁占有可实际应用的知识或知识成果越多，谁就会创造出比他人越多的物质财富。

在美国评价一个大学的优劣，于若干重要投入产出指标中一个最为引人注目的产出指标就是专利成果年产出量和专利成果年出售量，以此作为衡量一所大学科技成果转化为现实生产力即创造社会实际经济价值的贡献度。与之吻合，评价一个大学教授（和研究员）的实际水平，除必须完成的具有数量和质量规定的教学工作外，就是要看他（她）的学术能力和学术水平，其中一个重要标志也是专利成果的占有量和转化量。毋庸置疑，一个教授或一所大学，其创造和转让的专利成果越多，对社会经济发展的贡献就一定越大，其受到的社会尊重、认同和回报就应该越高。

综上所述，美国的高等教育在全面适应美国的社会进步和经济发展以及最大限度满足人们日益增长的高等教育需求中占有无可替代的核心地位和作用，并为世界高等教育发展提供了宝贵经验和重要借鉴。美国的高等教育发展以其鲜明的多样性特征，形成了提高型高等教育与普及型高等教育的高等教育混合体。美国的大学特别是州立大学（赠地学院）以"教学、科研、推广"一体化的重要方式，极大地推动了美国实用型人才的培养和科技成果的转化，创造了现代高等教育发展率先实现高等教育普及阶段的奇迹，成为美国高等教育发展的靓丽风景。美国高等教育的国际化、教育技术的信息化和科技成果的商品化，同样为全球高等教育发展提供了前瞻性样板。此外，美国名牌大学中那浓郁的文化氛围、沁人的书香气息、自由的学术探究和崇高的社会地位同样令人叹为观止。

李庆章. 美国的高等教育及其发展. 高等农业教育. 2002，（9）：93-95.

# 中美研究生教育比较研究

研究生学位教育作为高等教育的高级阶段，对各国的科技进步、经济建设和社会发展都起着举足轻重的作用。我国的研究生学位教育由于起步晚，还存在着许多不完善的地方，而美国的研究生学位教育是当今世界各国高等教育中最为完善，在许多方面值得我们学习和借鉴。

## 一、中国的研究生学位教育

具有现代意义的中国研究生学位教育，是近现代西方高等教育与中国传统教育相互影响、相互融合的产物，从无到有，从小到大，不断完善，稳步发展，经历了百年的历史，取得了突出的成绩，已成为我国高级专门人才的重要来源。

### （一）中国研究生学位教育的历史

回顾我国研究生学位教育发展的历史，笔者认为大致可分为早期萌芽、正式开始、初步成长和蓬勃发展四个阶段。

1. 中国研究生学位教育的早期萌芽

1902 年，当时的清朝政府颁布了中国历史上第一个学制，即《壬寅学制》，这个学制中包括六个章程，其中设立的大学院就是我们现在讲的研究院，规定大学院不设课程，只做研究和学问；1904 年清政府又颁布了《癸卯学制》，将大学院改为通儒院，修业年限为五年，目标是要以能发明新理，即在学理上有所创新才能毕业。清政府颁布的这两个学制带有明显的西学色彩，它与西方通行的研究生教育是一致的，其研究生教育的目标非常清楚。尽管这两个学制在当时还没来得及实行清政府就垮台了，但亦足以说明中国的研究生学位教育肇始于 20 世纪初两个清定学制。

2. 中国研究生学位教育的正式开始

1918 年中国的研究生教育在北京大学正式开始。北大研究所招生 148 人。

351

1935 年 4 月，民国政府仿效英美体制正式颁布了"学位授予法"，这是一个比较完整的学位制度，是中国现代学位制度的开端。但由于旧中国教育落后，这项制度最终没有得到认真施行。当时的研究生学位教育发展很缓慢，从 1935 年到 1949 年中华人民共和国成立前，仅有 232 人获得硕士学位，1 个博士学位也没有授予。

### 3. 中国研究生学位教育的初步成长

中华人民共和国成立后，对研究生学位教育十分重视，研究生学位教育有了一定的发展。1963 年召开了新中国第一次全国性的研究生教育工作会议，颁布了《高等学校培养研究生工作暂行条例（草案）》，标志着新中国的研究生教育制度，特别是研究生培养制度已经初步建立起来。从 1950—1965 年，全国共招收研究生近 2.27 万人，但这一期间由于政治运动的影响，研究生学位教育并没有真正发展起来；之后由于受"文化大革命"的影响，从 1966 年开始，我国的研究生学位教育中断了 12 年之久。

### 4. 中国研究生学位教育的蓬勃发展

我国的研究生学位教育真正开始有较大的发展，是在 1978 年恢复研究生招生制度以后。1980 年 2 月 12 日，五届全国人大常委会第十三次会议审议通过了《中华人民共和国学位条例》，并于 1981 年 1 月 1 日起施行。1981 年 5 月 20 日，国务院批准了《中华人民共和国学位条例暂行实施办法》，制定了学士、硕士、博士三级学位的学术标准，中国学位制度从此建立，中国研究生学位教育自此进入了规范有序、蓬勃发展的新时期。

### （二）中国研究生学位教育的体系

通过改革开放后 20 多年的稳步发展，我国的研究生学位教育已经初步形成了较为完整的体系，一个具有相当规模、学科门类大体齐全、学位质量能够得到保证、以高等学校为主体的研究生学位教育体系和运行机制已经形成。截至 2004 年，全国共有研究生培养单位 769 个，其中高等学校 454 个，科研机构 315 个；共有在学研究生 81.99 万人，其中博士研究生 16.56 万人，硕士研究生 65.43 万人；累计培养出 95.73 万名硕士、13.35 万名博士。

我国研究生学位教育体系由博士研究生教育与硕士研究生教育两个相对独立

的层次构成。博士研究生教育一般学制为 3 年，主要培养从事教学和科学研究工作的学术型人才，培养的核心在于知识创新和通过科学研究取得创造性研究成果。硕士研究生教育一般学制为 2.5—3 年，与国外一些国家把硕士学位作为过渡学位的做法相比，我国的硕士研究生攻读的主要是学术型、复合型学位，学位学制较长、学术水平要求较高。另外，为拓展人才培养的类型和规格，加快培养社会急需的复合型、应用型高层次专门人才，我国从 1990 年开始了专业学位教育，先后批准设置了工商管理硕士（MBA）、法律硕士、教育硕士、公共管理硕士（MPA）等 16 个专业学位；同时，为促进各行业高层次专门人才的成长，促进经济、教育、科技和社会发展，我国从 1985 年开始，为未能接受研究生教育、但具有较高学术水平和专业技术水平的人员开辟了在职人员以同等学力申请硕士、博士学位的渠道，专业学位教育及同等学力申请硕士、博士学位教育同样是我国研究生学位教育体系的重要组成部分，正在成为高层次专业人才成长的重要途径，发挥着越来越重要的作用。

### （三）中国研究生学位教育的展望

21 世纪是知识经济时代，随着我国加入世界贸易组织，面对激烈的国际竞争，培养一大批具有创新意识、创新精神、创新能力与创业能力的人才，已成为高等教育特别是研究生学位教育的根本战略任务，在深化改革、大力发展的基础上，实现教育的国际化、多元化、现代化和个性化也成为新世纪我国研究生学位教育发展的必然趋势。

#### 1. 国际化

内容包括教师的国际化、学生的国际化、教学内容的国际化、教育观念的国际化等。通过研究生学位教育的国际化，促使大学办学更加开放，大学间的联系交流更加紧密，使研究生教育与人才培养能够充分利用国际环境和条件，在国际交流的学术氛围中得到发展。

#### 2. 多元化

内容包括培养目标的多元化、培养模式的多元化、学科结构的多元化、经费来源的多元化等。通过研究生学位教育的多元化，加强学校与社会的密切联系，缩小人才培养与社会需求之间的距离，适应社会对各种规格人才的需要，调动社会参与人才培养的主动性，增强学校的办学活力。

### 3. 现代化

内容包括教学方式的现代化、科研手段的现代化、学术交流的现代化、教学管理的现代化等。通过充分利用网络技术实现研究生学位教育的现代化，加速知识的快速传递和交流，改变科学研究的方式和教育手段，为学科与人才培养的可持续发展提供条件。

### 4. 个性化

内容包括学校教育的个性化、导师指导的个性化、学生设计的个性化、人才需求市场的个性化等。通过研究生学位教育的个性化，促使学校在激烈竞争环境和自主办学条件下更加体现办学特点，促使导师更多地体现自身优势和特长以及特殊的指导方式，促使学生更重视把握时代脉搏，根据社会需要和自身志向设计自己，以适应人才市场的不同需求。

## 二、美国的研究生学位教育

高水平的研究生学位教育，是美国高等教育的重要标志之一。虽然美国研究生学位教育的产生和发展受德国的影响较大，但它并没有照搬德国的做法，而是将德国的经验植于美国的土壤中，在自身的实践和发展过程中注重并致力于制度的创新，从而使其独具特色。

### （一）美国研究生学位教育的历史

美国的研究生学位教育从孕育出生、迅速发展到逐步成熟走过了近200年的历程，按照其教育理念的变化发展，可将其历史划分为四个阶段。

19世纪初至19世纪60年代是美国研究生学位教育的萌芽阶段，强调通过向研究生提供人文主义的博雅教育，培养具有理性精神的高级学者，研究生学位教育体现出理性主义特征。1861年耶鲁大学第一次颁发的3个哲学博士学位，成为美国研究生学位教育发展历程中具有里程碑意义的事件。

19世纪70年代至90年代是美国研究生学位教育发展的第二个阶段，理性教育理念占主导地位的同时，开始受到实用主义的影响，开始强调研究生学位教育的社会服务功能，1876年建立的约翰·霍普金斯大学是这一思想的首倡者和实践者。

20 世纪初至 20 世纪 60 年代是美国研究生学位教育的蓬勃发展和迅速繁荣阶段，教育理念中实用主义和理性主义并存，国家主义萌芽并逐步占据主导地位，这一思想促使美国国会在 1958 年通过了《国防教育法》。

20 世纪 70 年代至今，是美国研究生教育的第四个阶段。由于美国对如何能够永久地充当"国际领导"的危机意识的不断膨胀，美国研究生教育理念由国家主义转向国际主义，开始注重培养能够参与国际合作与竞争的国际型人才和领导者。

### （二）美国研究生学位教育的体系

美国的研究生教育模式是对德国研究生教育模式的发展和扬弃。美国把其早期的学院制与德国大学的研究所建制相结合，形成了建立在学院制基础之上的研究生院制——美国专业式研究生教育模式。正如唐纳德·奈特指出的那样："美国大学不仅学习了德国洪堡的办学思想，而且把这种办学思想制度化了。美国的大学把教学与科研相结合的思想理念体现于大学研究生院的制度建设中，实现了从思想到制度的超越。"

美国研究生学位教育的主要类型有两种，一种是学术教育，相应的学院叫"Academic School（Graduate School）"，即传统上所说的"研究生院"，毕业生拿到的学位都是学术学位，拿到这些学位的硕士、博士通常都留在大学或研究机构搞教学研究；另一种是职业教育，相应的学院叫作"Professional School"，培养各种应用型职业人才，所授学位不同于学术硕士、博士学位，而是本行业认可的职业学位，也就是说，在这些学院中，学习的目标就是为了以后在该行业工作。

当前，美国最常见的研究生学位有硕士和博士两种规格。硕士又可以分为学术文理硕士和专业硕士两类：学术硕上主要是为了毕业后担任中小学教师和攻读博士学位做准备；而专业硕士学位教育侧重培养某种职业人才，是获得某一专业执照的先决条件，专业硕士学位前常冠以学科名称，如教育硕士、工商硕士、新闻硕士等。有报道称，近期在美国所有的硕士学位中，专业学位的授予率高达84%。这显示了一个不争的事实，那就是专业硕士学位教育的发展已超过传统的学术硕士学位教育。美国的博士学位分为哲学博士（PhD，学术博士）、工程博士和教育博士三类。哲学博士强调培养研究人员，工程博士培养专业人才，而教育博士则是为了满足培养中小学教师的需求。

美国的研究生学制与欧洲目前通行的"358"新学制（即学士3年、硕士5年、博士8年）不同之处在于，其具有明显的多元化特点，实质上是一种弹性学制。美国研究生学位教育采取完全学分制，一般来说无论是硕士生还是博士生，只要修满学分就能毕业，这与中国大学"同进同出"的情况很不一样。从理论上说，美国的全日制研究生如果每学期选修3—4门课程，通常可在2—3年内获得硕士学位，而在职生的学习年限要长些；博士生的修业年限平均达6—8年，而且还有进一步延长的趋势。

### （三）美国研究生学位教育的展望

目前，美国研究生学位教育仍有许多新生事物还处于试验阶段，但总的趋势是大学将由知识传播转向信息交流，由作为获得专门知识的终结转向作为新的、更高层次的学习和理解过程的开始，由使用电子邮件和电子商务作为教育手段和工具转向完全的"数字化教育"。具体说来，有以下四个方面的发展变化趋势值得我们注意。

一是在校博士研究生的数量有可能再次回升，其主要原因依然是市场需求发生变化。二战后生育高峰出生的高校教师将陆续退休，美国高校对教师的需求将大大增强，仅加利福尼亚州到2010年前就需要4万名新教师。

二是互联网，特别是远程教育作为一项重要的教育资源将在研究生教育中发挥更大的作用。越来越多的学校要求研究生以电子文本形式递交论文，并在互联网上刊载。

三是更加注重课程学习和科研工作的结合，在保持教学和科研的同时，增加对学生职业方面的训练，以回应学生、企业和公共领域对于教育和职业相互联系更为密切的要求。

四是研究生教育的传统驱动将进一步与学生的教育经历和职业生涯发展紧密结合。传统高校作为研究生教育最重要的提供者以及研究生教育水平和标准捍卫者的角色，正在受到挑战，学士后证书教育将在一定程度上取代硕士研究生教育，或成为硕士研究生教育的一个重要组成部分。

# 三、中美研究生学位教育比较

## （一）中美研究生招生的比较

我国在研究生招生规模和招生方向上是以国家计划控制为主，国家和学校都未能有目的地引导，也未能充分体现出社会经济发展和学生个人发展的实际需要。同时，我国的研究生招生基本延续了高考模式，学生在入学前必须参加全国（或学校）统一考试。研究生录取过于侧重分数，忽视了对学生学术背景与科研能力的考查。

美国大学博士生招生对象为硕士学位获得者或优秀的本科生。人文和社会科学学科往往要求学术申请人拥有相关学科硕士学位，获得硕士学位的学科与所攻读博士学位的学科亦可以不同，但学生入学后，必须补修一定数量该学科的硕士课程。相比之下，自然科学和技术科学可直接招收本科毕业生攻读博士学位。同时，美国在研究生招生规模和招生方向上，能够充分运用市场调节和政府（教育部、州政府）计划指导相结合的策略，切实保证了研究生学位教育发展适应社会经济和学生个人实际发展的需要。另外，美国研究生入学没有统一的全国考试，决定一个学生能否被录取有多种因素，学业成绩仅是其中一面，全面发展才是学校对申请人的根本要求。

有鉴于此，我国在研究生招生规模和招生方向上应进一步发挥市场调节作用，使其与国家需求计划相结合。同时，研究生招生应着重改变高考似的招生模式，更加关注学生综合能力的考察，努力提高研究生生源的质量，以切实保证我国研究生学位教育的可持续健康发展。

## （二）中美研究生培养的比较

### 1. 在人才培养目标上

我国硕士研究生教育和博士研究生教育的培养目标大致相同，主要是培养科研和教学需要的学术人才。美国硕士研究生教育和博士研究生教育的培养目标有着显著的差异，硕士研究生教育的目标主要是为了满足学生个人和社会的特定需要，职业性、专业性是其考虑的首要方面；而博士研究生教育的目标是培养有志于终身探求知识，具有从事创造性学术活动和科学研究能力的人才。随着我国经济和社会的快速发展，应用型高层次人才紧缺已经成为制约我国人才战略实施、制约经济发展的关键因素之一。为切实解决这一问题，我国应借鉴美国的经验，主动调整学制，缩短相关专业硕士研究生学习年限，逐步建立起高层次应用型人才培养的硕士研究生教育体系。

### 2. 在人才培养方式上

我国的研究生学位教育强调教学与科研并重，在人才培养方式上具有如下特点：一是在课程设置上，基础课程与专业课程并重，但课程范围较为狭窄，交叉学科和跨学科课程较少，研究生知识结构单一；二是学习计划一般是按照学校和导师的安排进行的，学生的自主性发挥不够；三是学生在完成课业的同时也要进行必要的科学研究，但大多数是为完成学位论文进行的；四是在教学方式和方法上主要以讲授为主，而且讲授方式多为灌输式。美国的研究生学位教育在人才培养方式上有如下特点：一是重视基础课程和跨学科学习；二是注重自学能力、思维能力和动手能力的培养；三是提倡学生广泛开展科研活动。当前我国研究生培养的最大问题就是过于重视理论知识的学习，忽视能力培养。在把握现有理论知识培养方式的基础上，重视研究生能力的提高，是今后我国研究生培养方式变革的努力方向。具体来说，可以借鉴美国的做法：导师的讲授方式由灌输式向启发式转变；提供给学生更多的时间去阅读资料、探索问题和独立思考；在科研活动中要求学生自己动手，导师仅仅给予指导；鼓励学生在不同的地方读学士、硕士和博士，获得不同环境的熏陶，接受不同导师的思想、风格和人格教育，避免"近亲繁殖"；建立高校与企业的联系与合作，为研究生的科研活动提供良好的设备和条件，在理论结合实际的过程中消化理论和锻炼能力；创造机会让学生参与学术会议和各种论坛以及科研项目，激发学生的学术思想和创新思维。

### 3. 在学生淘汰制度上

我国的研究生淘汰率很低，比较轻视对学习过程的考查及论文答辩，只要能在指定的时间内完成必修课程，通过考试，在最后一年完成论文并通过答辩即可授予研究生学位。美国实行严格的研究生淘汰制度，研究生入学率高，淘汰率也十分高，一般研究生院淘汰率在10%—15%，著名大学可达30%—40%。同时，美国十分注重对研究生学习过程中的考查及论文答辩，每年总有相当一部分学生因为论文不合格而得不到学位。有鉴于此，我国的研究生教育应建立严格的淘汰制度，应加强对学生学习过程的考查，应对研究生论文实行双盲评审和导师回避制度，以进一步激发学生的学习欲望，提高研究生的培养质量。

### （三）中美研究生就业的比较

随着我国研究生学位教育的不断扩大，研究生就业日益成为全社会关注的话题。当前，我国研究生就业有如下特点：一是从就业率来看，就业形势良好，2004年全国研究生就业率为93%，充分说明研究生的社会需求量依然很大；二是从供需比来看，全国研究生平均供需比逐年下降，就业优势在逐渐丧失；三是从就业流向来看，就业地区主要集中在沿海发达地区和中心城市，就业地域不均衡问题十分严重；四是从就业领域来看，就业面相对较窄，主要集中在机关、事业单位、高校和科研院所、外企或国有企业等。

作为世界上第一个进入高等教育大众化和普及化阶段的国家，美国的研究生学位教育规模很大，近年来由于社会需求的变化，研究生就业已成为一个严峻的社会问题。为缓解研究生失业与滞后就业这一问题，美国大学以及政府、社会等各方面纷纷采取对策：一是调整现有的学科和专业结构，更加注重研究生教育的宽广性、多功能性及技能的可发展性；二是政府更加重视对研究生教育培训资助，重点扶持交叉学位计划、见习计划、就业计划等项目，努力提高学生的就业竞争能力；三是提供更好的就业指导和信息，建立关于就业选择与就业趋势的国家信息数据库，以确保学生及时获得就业信息。尽管与美国的情况相比，目前我国研究生就业的情况要相对好一些，但美国许多曾经历或正面临的问题在我国已经存在或已出现了苗头。为了更好地应对研究生就业出现的各类问题，鉴于美国的做法，我国的研究生学位教育：一是应慎重改革现有研究生的培养模式和学科结构以适应社会需求的发展变化；二是应进一步健全研究生就业市场，切实加强就业指导和创业能力教育；三是应进一步转变研究生就业观念，降低研究生就业的期望值。

李庆章.中美研究生教育比较研究.高等农业教育.2007，（3）：8-11，42.

# 欧、亚、美洲五国高等兽医教育比较

高等兽医教育是世界高等医学教育的重要组成部分,与人类医学一道共同承担着人类和动物生产力的保护、发展及其生活质量、福利水平的提高,在国民经济建设和社会发展中具有举足轻重的地位和作用。

发达国家的兽医由于其在人类生活中不可或缺的位置,是社会生活中收入甚丰和倍受尊重的群体。所以,高等兽医教育成为高等教育的一道靓丽风景,久盛不衰。随着改革开放的不断深入,我国兽医的责任和任务日益繁重,兽医的职责不仅限于农业动物的保健(动物重大疫病防治),而且与人畜共患病的防制(治)、动物性食品卫生检验、动物进出境(口)检疫、比较医学等密切相关,兽医科技人才供不应求。所以,我国高等兽医教育面临一个较大的发展机遇。及时地借鉴发达国家高等兽医教育的有益经验,对于促进我国高等兽医教育的发展无疑具有重要的现实意义。

## 一、兽医社会地位的比较

在发达国家,兽医具有很高的社会地位。以美国为例,其收入常远远高于普通医生的收入。原因有二:一是兽医的主要工作对象是猫、狗等小动物或称宠物(pets)和伴侣动物(companions),约占年工作量的80%。这些小动物在家庭中属于家庭成员,不但生活上享有几乎与人一样的福利和待遇,一旦有难(如火灾、地震等)有关人员必须像对待人一样进行抢救与搭救;二是美国的兽医供不应求,全美4 096所不同类别的高等院校中,仅有27所大学设有兽医学院,每个学院每年录取约100人,报考与录取比例大于10∶1,其气氛十分红火,且有愈加看好的走势。我国高校管理体制改革调整后的近60所农业大学中,几乎都设有兽医专业,每年招生人数与美国大致相当。但由于我国的兽医主要服务于动物农业,工作对象80%为大动物,工作强度较大,岗位性质较苦,大学毕业的兽医常常转业改行,兽医人才的数量和质量与改革开放后快速发展的国民经济需要极不相称。

## 二、高等兽医教育的比较

通常说来，美国和日本沿用的高等教育体制为德国体制，虽学分制在美国率先实行以及在日本等国传播，但与德国现行高等兽医教育体制亦无显著不同。中国高等兽医教育沿用的则是苏联体制，与现行改革后的俄罗斯体制有极大的相近之处。因此，本文拟以美国为代表的美、德、日体制和以中国为代表的中、俄体制为分野加以比较。

### （一）培养目标的比较

美国、德国和日本的高等兽医教育是建立在预科（2—3 年）或前学位（学士、硕士以至博士，如美国）基础上的高等职业教育并获得职业学位（professional degree）教育的兽医师学位（doctor of veterinary medicine degree），而后经州（县）和联邦（国家）考试得到开业许可（license），便可独立行医。而我国与无预科或前学位的俄罗斯基本相同，本科兽医教育之后，我国获得的是农学士学位，进入社会无自主独立开业行医的资格和权利。因此，高等兽医教育之后的不同社会地位，决定了人们对该专业选择的积极程度和毕业后对该专业热爱的专注程度。

### （二）培养计划的比较

由于培养体制的不同，有预科或前学位要求的高等兽医教育学制一般为 4—5 年（如美、日为 4 年，德为 5 年）。反之，无预科或前学位要求的则多为 5 年（如中、俄为 5 年，但中国高等兽医教育由于不切实际地过度追逐"市场经济"要求，曾一度出现改 5 年为 4 年的热潮并持续至今）。从培养要求看，有预科或前学位要求的高等兽医教育无疑可保证宽厚坚实的理论基础和可靠过硬的实践技能，为与人类具有同等福利和待遇地位的大、小动物提供生命和生活保障。而无预科或前学位要求的高等兽医教育，则无论在理论基础还是在实践技能训练方面都相对薄弱，其社会适应能力和后期发展潜力都会明显不足，难以满足人们对兽医工作的高水准需求（如相当于人类医学领域的高标准手术、高技能诊疗等），与人类医学相形见绌。

**（三）课程体系的比较**

**1. 知识结构课程**

有预科或前学位要求的高等兽医教育，知识结构全面而系统。进入专业学习后，专业基础课程设置宽广，从微观的分子到宏观的生态，反映了生物科学的最新知识和理论及其在兽医学领域的应用；专业课依系统或器官疾病设课，完全可与人类医学等量齐观。而无预科或前学位要求的高等兽医教育，知识结构则显简单而粗放。专业基础课设置困难，一方面宽度不足，一方面深度不够；专业课以传统的内、外、产、传、寄和中兽医设课，壁垒森严，门户自守，难以体现和发挥学科交叉和相互渗透的优势。

**2. 能力结构课程**

有预科或前学位要求的高等兽医教育其学制较长，有充足的时间安排强有力的兽医技能训练，加之发达国家令人叹为观止的精良设备条件，人们几乎无从对其诊疗技术进行置疑。尤其是人医和兽医之间的密切交流（如心血管系统疾病、眼科疾病、齿科疾病、骨科疾病和人畜共患病的会诊以及远程诊疗），更提高了职业兽医及高等兽医教育的社会地位，也更加重了人们对兽医实践技能的认识和要求。兽医专业学生的能力意识，使得她（他，美国进入兽医专业学习的学生80%—90% 为女性）们除课堂之外，几乎就长在学校的大、小动物医院或诊所中。反之，限于无预科或前学位要求的高等兽医教育学制及其国家的经济状况，尽管高等兽医教育机构和职业兽医工作机构都做出了极大的努力，兽医专业学生和兽医工作人员的实践技能训练仍难免捉襟见肘。

**3. 素质结构课程**

有预科或前学位要求的高等兽医教育由于有预科或前学位阶段的学习基础，素质结构课程充足而有效。如写作课、历史课、地理课、演讲课、心理课、公关课、设计课等，对于学生人文素质的提高发挥了极其重要的作用，特别在创新意识和创新能力方面尤为见长。加上大学阶段必不可少的国外游学（study abroad）经历，使得有预科或前学位要求的高等兽医教育学生胸怀宽广和视野开阔。反之，无预科或前学位要求的高等兽医教育则在素质教育方面明显缺乏，仅大学语文或写作课在相当数量大学的艰难开设就可略窥一斑，至于兽医专业要否设置大学物理课的"实用主义"争论则更属荒诞。

### （四）教学内容的比较

由于出版业的高度发达和基于对教学内容是实现培养目标重要保证的深刻认识，有预科或前学位要求的高等兽医教育各学科的教学内容，经常处于一种保持优秀硬核知识并使之常新的青春之态。我国计算机中文照排系统的发明，无疑对于中文出版业做出了不可磨灭的贡献。但是，尽管我们也不乏教学内容对培养优秀兽医人才的重要见地，高等兽医教材（其他教材也不容乐观）的更新周期还是到了几乎令人发指的地步。即便这样，一些打着"面向21世纪教材"和"普通高等教育国家级优秀教材"的劣质作品还是照样堂而皇之地粉墨登场，实在令人堪忧、堪虑。

### （五）教学方法的比较

教育的信息化把全球高等教育变成了"地球村"的高等教育，有预科或前学位要求的高等兽医教育基于其国家的发达，令人目不暇接的各种现代教学手段和方法可以说是应有尽有，极大地丰富和满足了广大人民群众对高等教育的多样需求。但也必须注意，无预科或前学位要求的高等兽医教育在向发达国家学习和借鉴之时，切不可不假思索地照抄照搬，须知并非所有的现代教学手段都适用于所有的课程，在学习先进和追求现代之时，要特别强调实际有效和可靠实用。

## 三、高等兽医教育的发展与繁荣

兽医的社会作用和地位随着经济建设的不断进步和社会发展的不断深入，愈来愈显示出它的不可替代性。不断增长的兽医人才需求，是高等兽医教育发展的不竭动力。高等兽医教育，一方面要遵循高等教育的一般规律，另一方面要遵守自身的特有规律。其中，优良整体素质规定下的职业良心和职业道德是未来职业兽医的重要基础，而精良实践技能保证下的职业知识和职业能力则是未来职业兽医的基本条件。由于兽医工作者和高等兽医教育在动物生产力保护与发展及其生活质量和福利水平保证方面的共同作用，未来的全球高等兽医教育似应谋求一个共同的模式和标准，并应像人类医学那样创造并享有崇高的社会地位，与人类医学一道共同发展和繁荣。

附：中、日、德、美、俄五国高等兽医教育教学计划比较简表

中、日、德、美、俄五国高等兽医教育教学计划比较简表

| 学校 | 学期 | 开课数 | 总学时 | 讲课 | 实验 | 讨论 | 周学时 | 课程 |
|---|---|---|---|---|---|---|---|---|
| 东北农业大学动物医学学院动物医学专业教学计划（五年制） | 1 | 9 | 480 | 446 | 34 | | | 外语12、体育4、马克思主义哲学原理3、家畜解剖学3.5、思想道德修养2.5、高等数学5、普通化学3.5、化学实验（1）1、动物学2.5 |
| | 2 | 11 | 488 | 438 | 50 | | | 外语、体育、马克思主义政治经济学、国防教育、大学语文、分析化学、有机化学、法律基础、线性代数、化学实验（2）、家畜组织胚胎学 |
| | 3 | 9 | 520 | 368 | 152 | | | 外语、体育、毛泽东思想概论2、计算机应用基础7.5、生物统计学3、动物生理学4、动物生物化学4、邓小平理论概论3.5、大学物理Ⅰ3 |
| | 4 | 9 | 590 | 411 | 179 | | | 外语、体育、兽医药理学4、兽医微生物学2.5、计算机应用基础、病理生理学3、兽医免疫学2.5、病毒学1.5、微生物实验技术1 |
| | 5 | 6+ | 270+ | 174 | 96 | | | 兽医临床诊断学3、计算机应用基础、兽医病理解剖学3、兽医外科手术学3、畜牧学3 选修课：制剂学1.5、生物制品学1.5、分子生物学技术1.5、细胞生物学2、畜禽生产技术2.5 |
| | 6 | 4+ | 252+ | 144 | 108 | | | 兽医内科学3、兽医外科学3、中兽医学3.5、流行病学2 选修课：文献检索与利用1、药物化学1.5、同位素1、仪器分析1.5、动物繁殖学2、动物育种学2、生化制药1、中药加工1、专业外语2、药物分析1.5 |
| | 7 | 6 | 369 | 186 | 183 | | | 兽医产科学3、家畜寄生虫学3、家畜传染病学4、动物食品卫生学3、兽医综合大实验（微传寄）3 选修课：医用拉丁文1 |
| | 8 | 2 | 132 | 9 | 123 | | | 兽医综合大实验（内科病理）2、尸体剖检1、教学实习15周（含暑假） |

| 学校 | 学期 | 开课数 | 总学时 | 讲课 | 实验 | 讨论 | 周学时 | 课　程 |
|---|---|---|---|---|---|---|---|---|
| 东北农业大学动物医学学院动物医学专业教学计划（五年制） | 9 | 4 | 136 | 80 | 56 | | | 毕业实习16周（含暑假）选修课：放射学1、临床病理学1.5、人畜共患病2、理疗学1.5 |
| | 10 | × | × | × | 0 | | | 选修课：实验动物（病）学2、宠物与生活2、毒理学1.5、中毒学1.5、公共卫生学2、医学遗传学2、农业环境保护概论2、家畜环境卫生学1.5、畜产品加工1.5、动物营养与饲料加工2、动物行为学2 |

总学时：3 684（含综合大实验240）
总学分：136（讲课与实验）
1. 毕业最低学分：195
2. 理论总学分：153.5
3. 实践总学分：41.5

校公共课：39.5学分，986学时，其中讲课716、实验270
校基础课：27学分，556学时，其中讲课376、实验180
院基础课：40学分，1 120学时，其中讲课499、实验637
专业限选课与相邻专业课29.5学分，657学时，其中讲课447、实验210
模块选修课：共4个模块，每个模块应修学分19.5（含人文选修课5学分90学时），平均365学时/模块

| 学校 | 学期 | 开课门数 | 学期学分 | 课程名称列表 |
|---|---|---|---|---|
| 日本东京大学农学院兽医专业教学计划 | 1-4 | | | 基础课部分 |
| | 5（三年夏学期） | 14（实习3门） | 20（14）实习6 | 胚胎学 / 组织学 / 生理学总论 / 食品卫生学 / 兽医细菌学总论 / 细菌学各论 / 寄生虫学总论 / 原虫学 / 家畜育种学 / 放射线生物学总论 / 放射线生物学各论 / 海外安全管理理论 / 形态学实习 / 动物体机能学实习 / 应用动物科学实习 |
| | 6（三年冬学期） | 20（实习3门） | 24（19）实习5 | 环境经济学 / 比较解剖学 / 局部解剖学 / 生物化学总论 / 药理学总论 / 细胞生物化学 / 中枢神经学 / 末梢神经学 / 免疫学 / 家畜品种学 / 兽医病毒学总论 / 病毒学各论 / 兽医蠕虫学 / 兽医卫生动物学 / 兽医动物行为学总论 / 动物行为学各论 / 家畜品种学总论 / 家畜品种学各论 / 形态学实习 / 动物体防御·寄生物实习 / 应用动物科学实习 |
| | 7 | | | 病理学总论 / 内分泌学 / 营养学呼吸·循环学 / 体液学 / 毒性毒理学 / 传染病学 / 卫生学总论 / 环境理论学 / 内科学总论 / 环境生理学总论 / 临床病理学总论 / 哺乳类生殖生物学总论 / 各论形态学实习 / 动物体防御·寄生物实习 / 应用动物科学实习 |
| | 8 | | | 人畜共患传染病 / 外科学总论 / 手术学总论 / 寄生虫病学总论 / 感染症学 / 放射线学总论 / 血液疾病学 / 循环器官疾病学 / 病理学各论 / 临床繁殖学总论 / 中毒·毒理的疾病学 / 代谢性疾病学 / 呼吸器官疾病学 / 内分泌疾病学 / 消化器官疾病学 / 无关疾病学 / 形态学实习 / 兽医临床学实习 |
| | 9 | | | 实验动物学 / 公共卫生学 / 皮肤疾病学 / 泌尿器官疾病学 / 免疫介在性疾病学 / 运动器官疾病学 / 感觉器官·神经疾病学 / 鱼病学 / 形态学实习 / 兽医临床学实习 |
| | 10 | | | 动物医学科特别讲座 / 兽医临床学实习 / 动物医学练习 |
| | 11 | | | 动物医学科特别讲座 / 兽医临床学实习 / 动物医学练习 |
| | 12 | | | 毕业实习 |
| | 总学分 | 实习学分 | 毕业论文学分 | 课程学分 |
| | 137 | 30 | 8 | 99 |

| 学校 | 学期 | 开课门数 | 总学时 | 讲课 | 实验 | 讨论 | 周学时 | 课 程 |
|---|---|---|---|---|---|---|---|---|
| 德国汉诺威兽医学院 | 1 | 15 | 413 | 350 | 50 | 13 | 28.3 | 解剖训练／化学／动植物学／放射学／物理／人种学／农业经济／动物行为／数学／选修／BEF／解剖学 |
| | 2 | 14 | 399 | 292 | 35 | 72 | 20.2 | 动物学训练／化学导论／专业动植物学／放射学／物理实验／人种学／农业经济／动物行为／数学／选修／BEF／组织学／解剖学 |
| | 3 | 13 | 404 | 264 | | 140 | 27.1 | 解剖标本制作／内脏定位摘除／生理营养生理／生理化学实验／解剖学／生理化学／动物行为／动物保护／动物驯化和遗传学／临床选修课／校定选修课 |
| | 4 | 14 | 506 | 312 | 64 | 130 | 31.7 | 饲料概念／临床训练／生理营养生理／生理化学实验／解剖学／组培生理学／生理化学／动物行为／动物饲养／临床选修课／校定选修课 |
| | 5 | 14 | 470 | 368 | 32 | 70 | 30.5 | 微生物与流行疾病／实验室诊断／兽医实验／兽医职业教育／药理毒理学／传染教学／爬行、两栖、鱼和蜂／动物传染病／病理学／内科／产科，繁殖医学／食品／临床选修课／校定选修课 |
| | 6 | 10 | 560 | 336 | 224 | / | 35 | 产科学／药理毒理学／动物饲养保护遗传实验／营养饲料及添加剂／临床直观教学／牛病／病理解剖／微生物和疫病／病毒学／鱼病 |
| | 7 | 17 | 648 | 376 | 272 | / | 40.5 | 微生物和疫病／寄生虫学／动物卫生与环境卫生／临床直观教学和剖检／病理组织学实验／人工授精和公畜病／乳房病／牛病／动物屠宰及其现场教学和肉品检验／眼病及实验／大体解剖／放射与X光／马病／动物行为学／蜂病／普通与现场药物治疗 |
| | 8 | 21 | 788 | 412 | 376 | / | 48.5 | 微生物和疫病／动物食品／临床直观教学剖检及家禽概论／病理解剖实验／授精和公畜病实验／乳房病／牛产科病与实验／动物屠宰和肉品检验／眼病及实验／病毒学／乳品、卫生与加工／小动物病／蹄爪病／禽病／马病／临床门诊／野生动物诊治／观赏动物与野生动物手术／放射与X光／野生动物研究与疾病 |
| | 9 | 15 | 560 | 216 | 344 | / | 35 | 传染病防制／病理解剖／临床直观教学剖检及家禽概论／犊牛病及实验／马牛猪犬手术／小动物蹄爪病／禽病／乳品、卫生与加工／兽医卫生法规、职业和道德标准／动物食品与法规／屠宰和肉品检验／实验动物及疾病／动物保护、动物行为临床门诊／临床巡诊 |
| | | 133 | 4748 | 2926 | 1397 | 425 | 296.8 | |

| 学校 | 学位 | 学期 | 课数 | 学分 | 讲课 | 实验 | 实习 | 课程名称列表<br>兽医学院——Lonnie.J.King.Dean,以下数字为学分数 |
|---|---|---|---|---|---|---|---|---|
| 美国密西根州兽医学院技术学士、预科和DVM教学计划 | 兽医技术学士课 | | 22+5 | / | 65+ | / | 12+ | 专业必修课：普通化学4、普通健康微生物学4、学位兽医生物学与内科I,II,III,IV,V,35、兽医技术员麻醉学2、兽医技术员放射学2、实验动物技术2、兽医技师临床病理与病理解剖2、兽医技师兽医院实践管理2、麻醉学兽医技术实习3、放射学3、兽医技术实习3、伴侣动物治疗3、兽医学技术实习3、伴侣动物治疗外科学3、兽医学技术实习3、马的治疗与外科学3<br>选修课（5学分）二选一：大学代数和限定的数学课/大学代数和三角函数<br>选修课二选一（2学分）：伴侣动物营养与行为/马和食用动物营养与饲养<br>由学生指导教师选择下列课程中的5门：急诊实习3、心脏病实习3、神经学实习3、眼科学3、病危护理实习3、马匹麻醉实习3、赛马场服务实习3、高级马匹治疗与外科3、食用动物（家畜）内科学（治疗）实习3、产科学实习3、家畜麻醉3、临床病理学3、兽医微生物学3、尸体剖检3、生物医学研究3–12、动物园等野生动物医学3–12、特殊问题3 |
| | 预科课 | | 14 | 40 | 29 | 7 | 4 | 预科必修课40：基础生物化学4、生物与分布4、细胞和分子3、细胞与分子生物学实习4、普通化学1、化学实验3、组织化学6、组织化学实验2、大学代数和三角5、物理学绪论I和II6、物理学绪论实验I和II2 |
| | 兽医师学位课 | 1秋 | 7 | 18 | 18 | | | （DVM）的要求（163学分课程，4年专业课）、兽医动物科学2、兽医动物营养2、大体比较解剖学6、兽医历史和细胞生物学4、兽医放射学1、兽医概论I1、兽医综合处理I1 |
| | | 2春 | 8 | 20 | 20 | | | 兽医神经解剖学1、兽医免疫学2、兽医微生物学、细菌学和寄生虫学4、兽医生理学5、兽医病理学3、兽医概论II2、兽医综合处理II3 |
| | | 3秋 | 5 | 22 | | | | 细菌，微生物，寄生虫和病毒病6、兽医药理学5、临床与系统病理学5、兽医综合处理3、兽医流行病学3 |

| 学校 | 学位 | 学期 | 课数 | 学分 | 讲课 | 实验 | 实习 | 课程名称列表<br>兽医学院——Lonnie.J.King.Dean，以下数字为学分数 |
|---|---|---|---|---|---|---|---|---|
| | | 4春 | 8 | 20 | | | | 兽医毒理学2、兽医概论III2、兽医综合处理IV3、心血管病2、兽医公共卫生2、麻醉和外科手术的原则2、肌肉骨骼疾病5、呼吸系统疾病2 |
| | | 5秋 | 6 | 21 | | | | 兽医综合处理V3、动物繁殖学和泌尿系统疾病5、血液，肿瘤与皮肤病3、神经与眼科疾病3、消化，新陈代谢，内分泌病5、外科手术学2 |
| | | | 8 | 30 | | | 30 | 必修住院实习课部分：诊断设想实习3、麻醉学实习3、诊断病理学实习3、马科动物实习3、食用动物实习3、小动物医学实习3、小动物外科手术学实习3、选择住院实习9分 |
| | | 45门选修课选32学分 | | | | | | 选修住院实习课部分：兽医总体解剖3、大动物诊断科学方面问题3、大动物诊断科学方面问题研究3、繁殖医学（产科）方面问题、马治疗和外科手术住院实习、马服务领域住院实习3、高级马医疗和外科手术住院实习3、马肌肉骨骼病住院实习3、马繁殖住院实习3、马群住院实习3、食用动物医学和外科手术住院实习3、食用动物介绍3、高级食用动物医学和外科手术住院实习3、奶牛产科住院实习3、猪产科住院实习3、大动物麻醉住院实习3、兽医法规3、兽医微生物学住院实习3、药理和毒理学方面研究3、尸体剖检实习3、兽医病理学问题3、输血学3、诊断设想住院实习问题3、小动物普通医学3、小动物软组织外科手术、软组织外科手术问题住院实习3、心脏病学住院实习3、眼科学3、动物园和野生动物住院实习3、神经病学住院实习3、皮肤病学住院实习3、精心护理专业住院实习3、小动物整形住院实习3、小动物内脏医学3、心脏病学进展3、眼科问题住院实习3、神经病学问题住院实习3、外科整形问题住院实习3、内脏医学问题住院实习3、麻醉学问题住院实习3、兽医分子生物学住院实习3、小动物临床住院实习3、兽医非住院实习3、兽医特殊问题3 |

| 学校 | 学期 | 开课数 | 总学时 | 讲课 | 实验 | 讨论 | 周学时 | 课程 168 周 |
|---|---|---|---|---|---|---|---|---|
| 俄罗斯国家教育部兽医专业教学计划（五年制） | 1 | 7 | | | | | | 外语 / 体育 / 信息学 / 物理与生物物理 / 无机与分析化学 / 生物生态学基础 / 家畜解剖学 |
| | 2 | 13 | | | | | | 外语 / 体育 / 数学 / 物理与生物物理 / 无机与分析化学 / 有机、生物与生理化学 / 生物生态学基础 / 家畜解剖学 / 兽医遗传学 / 选修课 / 教学实习 14 周 |
| | 3 | 11 | | | | | | 外语 / 体育 / 有机、生物与生理化学 / 家畜解剖学 / 细胞学 / 胚胎学 / 动物生理与个体生态学 / 畜牧繁殖各论基础 / 选修课 |
| | 4 | 12 | | | | | | 外语 / 体育 / 细胞学 / 组织学 / 胚胎学 / 动物生理与个体生态学 / 畜牧繁殖各论基础 / 农业畜牧饲料 / 病理生理学 / 动物微生物与免疫学 / 选修课 / 教学实习 14 周 |
| | 5 | 10 | | | | | | 体育 / 畜牧繁殖各论基础 / 农业畜牧饲料 / 病理生理学 / 动物微生物与免疫学 / 兽医病毒学 / 畜牧场工程设计与卫生学 / 劳动保护 / 动医病理与毒素学 / 兽医 X 光诊断学 |
| | 6 | 11 | | | | | | 体育 / 兽医病毒学 / 畜牧场工程设计与卫生学 / 农业生产经济组织与管理 / 动医病理与毒素学 / 兽医 X 光诊断学 / 病理解剖学 / 疗程与兽医法鉴定 / 外科学 / 选修课 / 教学实习 14 周 |
| | 7 | 14 | | | | | | 体育 / 农业生产经济组织与管理 / 兽医放射线 / 生理学 / 病理解剖学 / 疗程与兽医法鉴定 / 动物外科学 / 产科与繁殖技术学 / 动物疾病 / 寄生与传染学 / 动物内脏非传染疾病学 / 兽医工作的组织与经济学 / 选修课 |
| | 8 | 11 | | | | | | 体育 / 动医病理与毒素学 / 动物外科学 / 产科繁殖技术学 / 畜牧产品加工与卫生鉴定学 / 寄生与传染学 / 动物内脏非传染疾病学 / 兽医工作组织与经济学 / 专业选修课 / 教学实习 14 周 |
| | 9 | 9 | | | | | | 病理解剖学 / 疗程与兽医法鉴定 / 动物外科学与动物产科技术学 / 畜牧产品加工与卫生鉴定学 / 动物疾病寄生与传染学 / 动物内脏非传染疾病学 / 兽医工作的组织与经济学 |
| | 10 | 7 | | | | | | 动物外科学 / 动物产科、妇科与繁殖生物技术学 / 畜牧产品加工工艺与卫生鉴定学 / 兽医工作的组织与经济学 / 专业课 / 生产实习 14 周 |

| 学校 | 学期 | 开课数 | 总学时 | 讲课 | 实验 | 讨论 | 周学时 | 课程 168 周 |
|---|---|---|---|---|---|---|---|---|
| | 总学时 国际：8 650 学时；俄联邦组织：7 810 学时；民族与区域组成：6 370 学时 | | | | | | | |
| | 人文与经济学课：国际 1 800；俄联邦组织 1 260；俄联邦组成 1 100；民族与区域组成 260；自选课 280 | | | | | | | |
| | 公共数学与自然科学：国际 1 240；俄联邦组织 1 100；民族与区域组成 70 | | | | | | | |
| | 公共专业课：国际 2 870；俄联邦组织 2 710；民族与区域组成 2 710 | | | | | | | |
| | 专业与专业化课：国际、俄联邦组织、民族与区域组成各 2 710 | | | | | | | |

李庆章，魏萍，王洪斌等 . 欧、亚、美洲五国高等兽医教育比较 . 东北农业大学学报（社会科学版）.2003，1（1）：4-8.

# 中俄合作办学存在的问题及对策

在高等教育国际化过程中，国外高等教育发展的有益经验已经被不断介绍到我国，学生与教师方面的交流日趋频繁，教学与科研领域的合作也逐步深入。可以说，国际化已经不仅是中国高等教育发展的口号，而且已经成为一项具体的实践。在各种各样的高等教育国际化活动方式中，中外合作办学是我国高等教育对外交流与合作的重要形式，是对我国高等教育事业的补充。国内大部分高等学校包括农业院校在发展上都存在着教育经费和教育国际化的问题，开展中外合作办学，能在一定程度上缓解学校经费紧张的局面，更重要的是通过中外合作办学，能够提高国际竞争力，提升合作办学双方院校的国际化水平

## 一、中俄合作办学的优势

在东北亚区域经济双边合作中，中国和俄罗斯互为最大邻国，政治上具有稳定的战略伙伴关系，经济合作开展时间较长，经济互补性也较强。由于两国对加速推进双方高等教育合作都非常重视，这为两国高等学校的合作交流提供了难得的发展机遇。在中俄高等教育合作中，黑龙江省与俄罗斯有着优越的地缘优势。黑龙江省位于我国东北部，与俄罗斯有 3 000 多公里的边境线，省内共有 25 个对俄开放口岸，俄罗斯滨海边疆区、哈巴边疆区、阿穆尔州、赤塔州均与黑龙江省接壤。多年的边境贸易一方面促进了两国经济的发展，另一方面也促进了文化教育的交流，特别是中俄两国相互承认学历协议的签署，为中俄高等学校合作办学的开展奠定了坚实的基础。

## 二、东北农业大学对俄合作办学的现状

### （一）对俄合作办学的发展历程

东北农业大学与俄罗斯的高等教育合作有着渊源和历史。20 世纪 50 年代，东北农业大学在学习苏联高等教育经验方面曾处于全国农业高等学校前列。1950

年，学校招收大学本科毕业生开办俄文研究班。该班学员毕业后绝大部分留校从事教材及教学文件翻译工作，先后翻译出大量苏联高等农业院校各专业教学大纲及教材，并由高教部出版，供全国农业高等学校选用，成为当时我国各农业高等学校学习的典范。

1995年，为推进中俄在高等教育领域更深层次的合作，东北农业大学与俄罗斯太平洋国立大学的前身哈巴罗夫斯克国立技术大学开始联合培养本科生，成为中国国内最早与俄罗斯开展联合办学的高等学校之一。双方商定在经济贸易和计算机科学两个专业合作培养大学本科生。中方学制五年，先在俄罗斯学习两年半，再回国学习两年半；俄方学制六年，先在中国学习三年，再回国学习三年。此项工作得到了黑龙江省教育厅的大力支持，并被列入黑龙江省普通高等学校本科招生计划。1999年，东北农业大学又与俄罗斯符拉迪沃斯托克远东国立技术水产大学建立了合作办学关系，商定从经济贸易、食品科学专业互派留学生，中俄双方学制均为五年。

### （二）对俄合作办学的成效

截至目前，东北农业大学共派出赴俄留学生343人，接收俄罗斯留学生201人。中国学生通过在俄罗斯的两年半学习，既过了俄语语言关，又因生活在异国他乡，培养了自立、自律等综合能力，学生的综合素质较国内学生有明显提高；俄罗斯学生通过在中国的三年学习，由于与中国学生一起学习生活，既基本掌握了汉语，又了解了中国文化及社会经济发展状况，为今后参与中俄合作与交流奠定了基础。合作办学至今，东北农业大学已培养中国毕业生214人，俄罗斯毕业生94人，毕业生培养质量得到了中俄双方的高度认可。一半以上的毕业生目前都在中俄经贸合作领域工作，相信这些毕业生在未来中俄经济贸易、文化交流乃至政治交往中一定会发挥重要作用。通过对俄合作办学的有效开展，东北农业大学在俄罗斯乃至前独联体国家的国际知名度和美誉度显著提高。近年来，上述国家的许多学校纷纷来校商谈合作办学事宜。由于在对俄合作办学过程中积累了大量经验，取得了良好成效，东北农业大学正逐渐成为国内许多兄弟院校对俄合作办学的榜样。

# 三、中俄合作办学存在的问题及对策

## （一）合作办学的法律法规问题

2003 年 3 月 1 日，国务院颁布了《中华人民共和国中外合作办学条例》，并于当年 9 月 1 日起施行；2004 年 6 月，教育部发布了《中华人民共和国中外合作办学条例实施办法》，并于当年 7 月 1 日起施行；2006 年 2 月 7 日，教育部下发了《关于当前中外合作办学若干问题的意见》。上述法规的出台，为我国中外合作办学的规范化发展创造了适宜的法律环境。但由于中外合作办学涉及国与国之间的关系和利益，对方国家也有相关的法律法规，一旦发生冲突，仅用一方的法律法规无法解决问题。对于中俄合作办学来说，历史相对较短，双方的法律法规都还不十分健全和完善，合作办学中矛盾不断，随着双方合作办学规模和范围的不断扩大，这种冲突和矛盾将会日益显现。

对策：双方要在高等教育国际化的视角下健全、完善合作办学的法律法规，建立起向对方通报的备忘录制度及沟通、协商机制。

## （二）合作办学项目的定位问题

从目前对俄合作办学反馈的情况来看，存在着合作定位层次偏低、合作对象不对等、低水平重复等现象。

对策：合作办学项目要准确定位，只有项目定位准确，才能具有广阔的发展前景和较强的吸引力，才能保证生源，保持合作项目的竞争力和生命力。首先，合作办学项目可定位于起点较高的本科生和研究生教育，要选择有特色、前景好且社会适应性强的学科专业；其次，合作伙伴的选择是项目成功的重要条件，要考虑合作对象的对等性，要选择有资质、层次较高且信誉较好的合作方；第三，要按照项目流程，做好每一步工作，包括合作项目的可行性研究、项目谈判、项目审批、招生及招生宣传、教学及设施建设等方面的内容；第四，由于社会差异、文化差异和利益关系，在合作中仍难免会出现矛盾和分歧，双方都要本着识大体、顾大局的精神，积极进行协调，取得谅解，以保证项目的顺利进行。

## （三）互派生源的语言基础问题

按照中俄合作办学培养计划的要求，一般赴俄留学生应该是俄语考生，但由于大环境的影响，造成俄语基础教育萎缩，赴俄留学生中俄语生的比率逐年下降。以东北农业大学为例，1996 年开展对俄合作办学之初，学校赴俄留学生俄语生为 80%，而近些年每年派出的赴俄留学生中俄语生仅 2—3 人，不足赴俄留学生的 10%，其他均为英语生。由于没有语言基础，俄语需从零学起，增加了学校完成培养任务的难度，大部分俄罗斯学生的汉语程度也是如此，致使语言能力培养占据了教学计划的过大比例，降低了人才培养的整体水平。

对策：在积极倡导和大力推进我国（我省）基础教育阶段俄语教学，以及对俄单独或合作举办"孔子学院"，加强俄罗斯学生汉语水平的基础上，要下决心逐步提高学生的入学语言标准，招收具有一定俄（汉）语语言能力的学生，确保人才培养的整体水平。

### （四）合作办学的培养模式问题

目前中俄高等学校合作办学培养模式主要为"N+N"的交替式。仍以东北农业大学为例，中国学生 5 年制：2.5（国外）+2.5（国内）；俄罗斯学生为 5 年或 6 年制：2.5（国外）+2.5 或 3.5（国内）。办学中由于生源语言基础问题，过分突出了外语（俄、汉语）的学习，使学生对国外有特色专业知识的学习欠缺。

对策：中外合作办学可采取多种模式，有学者根据合作的特点归纳出三种模式：即融合式、嫁接式和松散式。在对俄合作办学实践中，我们可以根据实际情况吸纳借鉴。

1.融合式：融合式就是在人才培养过程中把中外两所学校的教学模式完全融合在一起，通过引进国外合作学校的有关专业及其教学计划、课程设置、原版教材、教学方法和教学手段，聘请国外教师授课，派遣中方教师去国外进修等措施，全面引进国外先进的教学模式，达到在国内培养出适应国际市场需要的合格人才的目的。这种模式的优点是既可满足人们渴望接受国外高水平教育的需求，又可避免到国外学习需承受的巨大经济压力，而且在学习过程中有一个缓冲期，能使学生尽快适应国外的教学方法，进而达到国外认可的教学质量。

2.嫁接式：嫁接式就是充分保留双方各自的教学模式，通过互修对方学校开设的课程，彼此承认对方学校的学分，学生修满双方学校规定的学分，即可获得双方学校颁发的毕业证书和学位证书。嫁接式的优点是结合了双方的教育优势，能让学生直接出国接受国外的教育。

3.松散式：松散式就是通过聘请国外教师来中方讲学，中方教师去国外进修、借鉴国外的教学经验，学生到国外短期学习或实习等手段，促进教学方法的国际化。这是一种渐进性模式，也为我国大部分高等学校所推行。这种模式对我国高等教育的教学改革更具有普遍意义和可操作性。

各校可以根据实际情况采取相应模式，通过不同渠道吸取国外办学的先进经验，利用国际教育资源，提高办学水平和办学质量，培养出"外语精，专业通"的复合型人才。

### （五）留俄学生归国后政策问题

据了解，我国不少在俄学习的本科生或研究生，他们十分关心回国攻读研究生或到高等院校工作的可能性，常向有关部门咨询回国深造或工作能享受到怎样的优惠政策。这是一个值得注意的动向。这些人当中，有人已具有俄罗斯国籍，有的人可能是国内急需的专业人才，他们愿意回国学习深造或工作是件很好的事情，国内应该创造条件吸引他们回国发展。

对策：这方面的政策研究已非常急迫，建议有关方面着手这方面的工作。国际合作教育培养出的人才，我们没有理由不更好地安排他们回国发展、为国效力。

对外合作办学已成为我国高等教育国际化的重要途径。通过对俄合作办学，我们已经和正在为国家培养一大批"外语精、专业通"的复合型人才，他们是中俄友好交往的使者，必将在中俄科技合作、文化交流、经济贸易等诸多领域做出更大的贡献。尽管当前还存在诸多问题，但发展思路是对的，总体发展态势是好的。相信在中俄双方的共同努力下，中俄合作办学一定会取得更大的发展。

李庆章.中俄合作办学存在的问题及对策.东北农业大学学报(社会科学版).2007，5（3）：1-3.

## 发扬办学传统，传承学校特色，
## 遵循教育规律，培养适用人才

### 一、历史与现状

东北农业大学创建于 1948 年，始称东北农学院，是中国共产党在解放区创办的第一所普通高等农业学府，现为国家"211 工程"重点建设大学。知名教育家、哈尔滨市第一任市长刘达为第一任院长。

建校之初，刘达等第一代东农的领导者和建设者坚持现代大学理念，遵循教育规律，高瞻远瞩，把东农的建设目标定位在一流大学上。

人才是最重要的教育资源，教师是学校必须依靠和信任的最重要力量。为了建立一支实力雄厚的师资队伍，学校多次赴沈、京、沪、宁、杭等地招聘教师，短短数年就形成了以许振英、王金陵、余友泰等为代表的高水平教师队伍，保证了从建校开始就能以足够的力量开展教学科研工作，为以后的师资队伍建设奠定了坚实基础。

建设高水平大学的另一个体现是较早地实行对外开放和开展研究生教育。1950 年学校从关内招来大学本科毕业生 58 人，成立了俄文研究班，还聘请 11

位苏联专家先后到校任教，于 1953 年开始研究生培养工作，仅 1953—1956 年就招收研究生 124 名，研究生教育初具规模。

在党和政府的关怀支持下，学校坚持高起点、高目标，团结拼搏，开拓进取，为新中国培养了一批批思想政治素质好、基础理论扎实、动手能力强的优秀人才；取得了东农大豆新品种、哈白猪、养猪生产线、遥控拖拉机、微生物菌肥等一批闻名全国的科研成果，其中干饲料养猪生产线被毛泽东同志称为"我国第一条养猪生产线"。

"文革"期间学校被迫下迁佳木斯香兰农场，1974 年迁至阿城，停招本科生、研究生长达 9 年。

1978 年 12 月中旬，东北农学院迁回哈尔滨，在香坊区马家花园重新建校。20 年间欠下的旧账，给学校的发展背上了沉重包袱。但东农人"艰苦奋斗，自强不息"的精神没有垮，"勤奋、求实、奉献、创新"的作风没有偏，高水平师资队伍没有散，建设一流农业大学的理想没有变。在省委、省政府和教育厅的支持下，学校仅用 25 年时间在现址将学校建成今天的模样，东农人比其他学校付出了几倍的心血和汗水。

今天的东北农业大学设有 17 个学院、3 个教学部（中心），学校占地面积 280 万平方米，总建筑面积 71 万平方米，教学科研仪器设备总值 1.66 亿元。学校学科基础较好，整体实力较强。现有 3 个国家重点学科，2 个农业部重点学科，18 个省级重点学科；6 个博士后流动站，4 个一级学科博士点，26 个博士学位授权点，1 个专业博士点，44 个硕士学位授权点，4 个专业硕士点，44 个本科专业；1 个国家工程技术研究中心，8 个省（部）级研究中心，9 个省（部）级重点实验室；学校设有科技部国家大豆工程技术研究中心人才培训部和教育部国家理科基础科学研究和教学人才培养基地。

学校现有专任教师 929 人，其中中国工程院院士 1 人，教授 175 人，副教授 259 人，博士生导师 101 人。现有各类在校学生 16 956 人，其中博士研究生 322 人，硕士研究生 1 057 人，本科生 13 828 人，留学生 67 人，成人教育学生 1 682 人。

学校始终坚持"面向经济建设主战场"，突出"北方现代农业"和"北方寒地农业"特色的科研方向，以服务"三农"为宗旨，为推动区域经济发展做出了重要贡献。学校承担的各类课题先后获得省部级以上奖励 200 余项，其中国家自然科学奖、发明奖、科技进步奖 25 项，国家级教学成果奖 3 项，5 次获得黑龙江省省长特别奖暨重大科技效益奖,连续14年被中宣部、教育部、团中央授予"社会实践先进集体"荣誉称号,3次获得黑龙江省"振兴经济奖",曾被授予全国"五一劳动奖状"和"全国科普工作先进集体"称号。

学校现已成为以农科为优势,农、工、理、经、管等多学科协调发展的多科性大学。

## 二、传统与特色

### (一)政治优势在育人方面作用的形成与传承

东北农业大学认真继承老解放区的优良传统,重视党建和思想政治教育工作,形成了育人上的政治优势,毕业生以"思想素质好"而受到用人单位的欢迎。

建校初期,学校突破"左"的思想束缚,培养优秀知识分子入党。学校开学后,先用3个月时间进行启蒙式政治思想教育,组织老干部兼任马列主义课教师,为师生讲政治课。这些工作,对于学校坚持党的领导,坚持社会主义办学方向,培养政治上成熟、思想上过硬的高级专门人才,发挥了重要作用

改革开放以后,学校继承和发扬这一传统,教育学生"学农、爱农、务农",号召毕业生到祖国最需要的地方去,做"第三代北大荒人"。一大批学生放弃城市的工作生活,到农垦地区、边远地区和艰苦的农村工作,一批优秀毕业生远赴新疆生产建设兵团、甘肃、西藏工作,得到了李岚清同志的高度赞扬。学校每年选派一批优秀毕业生到乡镇担任乡(镇)长助理,其中多数学生已走上了乡(镇)领导岗位。学校的"两课"在省里组织的教学评估中,获得了优秀的好成绩。学校的学生工作坚持"政工队伍不散、教育方向不变、工作创新不断",在培养学生的优良思想政治素质方面发挥了重要作用,育人方面的政治优势得到了很好的传承。

### (二)学科(专业)建设主动适应适用人才的培养

东北农业大学在学科(专业)发展、人才培养方面始终保持思想的前瞻性和工作的适度超前性,使人才培养与经济建设、社会发展和科技进步协调一致。改革开放初期,随着农业的快速发展,粮食转化逐步成为国家关注的问题。针对畜牧业将面临快速发展的大趋势,学校以许振英先生长期从事动物营养研究为基础,

于 1981 年建立了全国首家动物营养学科博士点，成立了动物营养研究室，加速人才培养。学生毕业后遍布全国，创立饲料企业，对畜牧业发展起到了推动作用。1986 年 6 月，国家开始实施"863"计划，东北农业大学敏锐地意识到生物技术领域科研工作将急需大量专业人才，学校于 1987 年建立了国内农业院校第一个生物工程专业。短短十几年时间，就培养出了以 2003 年"全国十大科技人物"之一周琪博上为代表的一批站在世界生命科学前沿的年轻学者。1988 年学校在农（畜）产品贮藏与加工专业基础上，建立食品科学系。依据我校全国第一个动物食品科学博士点的优势，培养了大批专业人才。上海光明、北京三元、杭州娃哈哈、内蒙古伊利、四川新希望等乳业集团的技术骨干均为我校毕业生。在 2004 年 8 月召开的第二届中国乳业科技大会上评选出的首届中国乳品加工业"十大杰出科技人物"中，我校毕业生张和平、陈历俊、郭本恒、霍贵成 4 人名列其中。东农学子撑起了中国乳业的半壁江山。为了解决广大农村对人才的渴求，我校在全国农业高校中率先开展现代远程教育；由我校倡议发起，省教育厅组织 10 所农业院校统一实施的"村村大学生计划"被列为省委、省政府"十项利民行动，三十三件实事"之一，2004 年首批 2 168 名农民大学生（其中我校学生 360 名）已入校学习。学科发展人才培养适度超前，满足科技进步、经济建设和社会发展的实际需要已成为东农办学的特色之一。

### （三）校园文化育人方面的"泡菜坛子"作用

我校目前所在地，曾经是著名爱国人士、园艺专家、旧中国哈尔滨市第一任市长马忠骏先生的私家园林——马家花园。马忠骏先生"宁居乡里、不事日本"、支持马占山等东北军抗日的思想和行动，以及他仿照岳飞墓为自己建造"生圹"留下的精神文化遗产，已成为学校进行爱国主义教育的典型教材，对培养学生的爱国热情、民族精神，具有重要作用。

大学的文化氛围受多种因素的影响，办大学要有大师，每位名师都会产生一个"场"，散发出巨大能量，影响学生的成长。许振英先生 1979 年带团去西班牙参加国际会议，因会场悬挂青天白日旗而拒绝参会，直至撤掉而改悬五星红旗，表现出崇高的爱国主义情怀。许振英先生提出以"厚基础"为主要特征的"而"字形人才培养模式，影响了一代又一代东农学子。著名大豆专家王金陵先生在一次迎新大会上曾做了一个比喻："我是老泥鳅，你们是小泥鳅，只要我在你们中间一转，你们的身上就有腥味了。"形象地说明，大师是"泡菜坛子"中的重要一味。蒋亦元院士针对稻麦收获问题，一改传统的先收割后脱粒思维方式，逆向思维，从先脱粒上研究思考，经过20多年的探索，终于发明了稻麦割前摘脱收获机，荣获国家发明二等奖，从而带来收获史上的一场革命。东农拥有刘达、刘德本、邹宝骧、许振英、王金陵、余友泰、李景华、骆承库、秦鹏春、蒋亦元、于增新等一大批名师，他们之中有的已去世，但其思想和精神已被学生一代代传承，健在的先生们都发挥着"老泥鳅"作用，影响着学生和年轻教师。

### （四）开放式办学传统新时期得到进一步发展

东北农业大学创办之初，便清楚地认识到，在新中国建立初期被帝国主义封锁的形势下，要办好大学，仅靠老解放区的办学经验是不够的，照旧中国的办法也不行。必须借鉴苏联的教育经验，进行教学改革。学校办了俄文班，系统翻译了苏联农业高校的全部教学大纲和教材，聘请了一批苏联专家来校从事教学科研工作，选派青年教师和学生留学苏联。因为学习苏联、进行教学改革的工作走在全国高等农业院校前列，所以第一次全国高等农业院校教学经验交流会在我校召开。

改革开放后，东北农业大学继承开放传统，迅速发展国际交流与合作。1996年在全省高校和全国农林高校中率先开展中俄联合办学，互派学生；农业部俄语培训中心也设在了我校。1997年以来，我校与加拿大奥兹学院成功开展了两国政府间的高等教育合作项目。在此基础上，学校先后开展了中澳联合办学、中英联合办学、中加联合办学、中美联合办学、中爱联合办学等，现已与世界35所大学和科研机构建立了教学与科研合作关系，对培养学生的开放意识和开阔视野，起到了重要作用。

## 三、改革与发展

东北农业大学在长期的办学实践中，始终坚持教学工作中心地位不动摇，始终坚持特色是核心竞争力不动摇，始终坚持服务经济建设发展不动摇。特别是迎接国家本科教学工作评估以来，全校上下认真贯彻"以评促改、以评促建、以评促管、评建结合、重在建设"的20字方针，不断深化教育教学改革，加大教学投入，各项建设成效显著，教学工作的中心地位和本科教学工作的基础地位得到了全面巩固和加强。

### （一）教育思想进一步更新

我校自 1998 年以来，多次开展教育思想观念大讨论，每年召开一次本科教学工作会议，围绕"办什么样的大学、怎样办好大学，培养什么样的人才、怎样培养人才，如何提高人才培养质量"等问题，形成了"六个坚持"的教育思想观念，即以发展为主题，坚持"规模、质量、结构、效益"协调统一的科学发展观；以改革为动力，坚持教学工作的中心地位和本科教学工作的基础地位，改革课程体系、教学内容、教学方法和教学手段，不断提高教学质量，树立"成人与成才"相统一的教育质量标准和科学、全面的质量观；以创新为宗旨，坚持推进素质教育，实施多样化的人才培养模式，完善适应个性化教育需要的教学管理体制和运行机制；以学科（专业）为基础，坚持建立与区域经济和社会发展相适应的学科（专业）体系和知识创新体系；以教师为主导，坚持突出教师在教职工中的主体地位、在教学中的主导地位和在分配中的优先地位；以学生为主体，坚持一切为了学生的教育理念，培养基础扎实、知识面宽、综合素质高、适应能力强，具有创新精神、创业精神和实践能力的研究应用型人才。

### （二）教学管理进一步规范

近年来，我校通过加强教学管理队伍建设，完善教学管理规章制度，构建教学质量监控与保障体系，使教学管理水平不断提高。通过人事制度改革，选拔了一批高职称、高学历、懂教育、善管理的优秀中青年教师到各级教学管理岗位上工作，使教学管理队伍的结构和素质得到了整体优化和提高。

2000 年以来，学校从人才培养方案制订到执行，从教师的教学规范到教学质量监控，从教学大纲编制到教材编写，从理论教学到实践教学，从批改作业到考试管理，均制定了相应的管理规章制度和主要教学环节的质量标准。特别是为加大教学质量管理和监控力度，构建了由教学指挥系统、教学评估系统和教学信息系统组成的教学质量监控与保障体系，通过"四查"保证教学秩序监控，通过"四种制度"保证教学过程监控，通过"四评"实现质量效果监控，通过"四条途径"进行教学信息的收集和反馈监控。规范的教学管理，调动了各方面教学工作的积极性，对提高教学质量发挥了重要作用。

### （三）教学改革进一步深化

改革人才培养模式，优化人才培养方案，坚持"五个强化"。即强化基础，构建公共课、基础课统一大平台；强化文理渗透，扩大选修课比例，提高综合素质，突出个性化培养；强化实践能力培养；强化创新精神培养；强化拓宽专业口径。按照"基础扎实、知识面宽、能力强、素质高"的总体要求，修订教学计划，试行完全学分制，建立了适应人才成长需要的人才培养模式，如生物技术专业的"3+1"培养模式、动物医学专业的"721"培养模式等已在人才培养中发挥了重要作用。

在教学方法和手段改革方面，全校必修课应用多媒体授课达总课时的22.8%。各专业教师结合课程特点，探索实施了"案例教学法""课题研究教学法""实验课程论文答辩法""课前演讲法""三步式教学法""悬念教学法""一二三教学法""大、小三段实验教学法"等多种行之有效的教学法，形成了以教师为主导，以学生为主体，教与学互动的多种教学模式。

为了加强学生创新精神、创业精神和实践能力的培养，我校不断强化实践教学改革，形成了以课堂讨论、实验教学为基础，以实习、课程设计（论文）、科研训练、毕业设计（论文）为重点，以社会调查和社会服务为补充的完整的实践教学体系。校内外实习基地建设得到了全面加强。

### （四）教学建设进一步加强

为建设高水平的师资队伍，我校加大人事分配制度改革力度，重点向教师队伍倾斜，通过一系列教师培养、引进、使用政策措施，使教师队伍的结构日趋合理，水平明显提高。目前，具有硕士以上学位的教师554人，占专任教师的59.6%，具有外校学历的教师占专任教师的57.4%。学校的44个本科专业覆盖农、工、理、经、管等多个学科（专业）门类，其中涉及农类专业16个，新增专业均从学校自身条件和经济建设实际需要出发，形成了以农科为优势，以生命科学和食品科学为特色，布局合理、结构优化、协调发展的学科（专业）体系。

学校坚持"立项资助、重点建设、分批进行、以点带面，注重课程体系整体优化、实现课程资源共享，着力建设一批校级、省级、国家级精品课程"的课程建设总体思路，在1999年校优秀课程建设基础上，2003年投入专项资金，启动了"百门重点建设课程工程"，重点建设基础和专业基础平台课程及具有优势的系列课程群，建成了一批特色鲜明的省级、校级精品课程。同时建立教材基金，专项拨款190万元资助教材建设和奖励校级优秀教材。2001年以来，经学校教材建设委员会审定资助自编立项教材413部，承担国家立项教材163部，其中主编42部，副主编49部。

## 四、思想与理念

办学指导思想：坚持社会主义办学方向，全面贯彻党和国家的教育方针，遵循高等教育发展规律，以培养高素质人才为根本任务，坚持以本科教育为立校之本，以研究生教育为强校之路，以质量为生命线，以特色求发展，多层次、多规格育人；"立足龙江，面向'三农'，发挥优势，积极服务"，为经济建设、社会发展和科技进步提供人才、科技成果和智力支持。

学校定位：立足龙江，面向"三农"，以农科为优势，以生命科学和食品科学为特色，农、工、理、经、管等多学科协调发展；以人才培养为中心，以本科教育为主，积极发展研究生教育，多层次办学，培养具有创新精神、创业精神和实践能力的研究应用型人才，逐步将学校建设成为国际知名、国内同类院校一流，具有我国北方现代农业特色的多科性、研究教学型和开放式大学。

办学思路：在创建"一流农业大学"的过程中，始终坚持"立足龙江，面向'三农'，发挥优势，积极服务"，主动适应国家、区域经济和社会发展需要，以人才培养为中心，发挥比较优势，突出人才培养、科学研究、社会服务、国际交流特色，努力把东北农业大学建设成特色鲜明的社会主义大学。

在人才培养上，坚持以人为本、全面发展的方针，以本科教育为主，积极发展研究生教育，适度发展国际合作教育，按需发展继续教育，努力培养基础扎实、知识面宽、能力强、素质高，具有创新精神、创业精神和实践能力的研究应用型人才；保证"规模、质量、结构、效益"的协调发展，把东北农业大学建成黑龙江省乃至国家高级农业专门人才的培养基地。

在科学研究上，坚持科学研究与人才培养紧密结合，面向国家和黑龙江省的农业发展战略需要，瞄准科技前沿，努力建设具有我国"北方现代农业"和"北方寒地农业"特色的现代农业科技创新体系；科学安排应用基础研究，大力加强农业技术开发，推动科技成果转化，把东北农业大学建成黑龙江省乃至国家解决经济建设、社会发展和科技进步特别是老工业基地振兴、商品粮基地建设及"三农"重大关键问题的研究基地。

在社会服务上，坚守"东北农业大学的发展离不开黑龙江省"和"让黑龙江省的发展离不开东北农业大学"的信念，以贡献求支持，以支持促发展；坚持"立足龙江，面向'三农'，发挥优势，积极服务"的办学宗旨，为黑龙江省实现全面建设小康社会、实施"科教兴省"和"人才强省"战略及有效解决"三农"问题提供人才、成果和智力支持，把东北农业大学建成黑龙江省乃至国家农业科技成果和农业科技信息的传播基地。

在国际交流上，以建立开放式大学为目标，以留学生教育为依托，以国际合作项目为载体，积极开展国际合作与学术交流；充分利用我校的地缘优势，巩固已有的合作成果，把东北农业大学建成我国与东北亚地区和国际寒地国家科技、教育和文化的交流基地。

我校将始终坚持以质量求生存，以特色求发展，不断强化人才培养、科学研究、社会服务和国际交流特色，以建设"一流农业大学"为目标，通过全校上下的不懈努力，把东北农业大学建设成"国际知名、国内同类院校一流，具有我国北方现代农业特色的多科性、研究教学型和开放式大学"。

李庆章. 发扬办学传统，传承学校特色，遵循教育规律，培养适用人才. 黑龙江教育.2005，（3）：19-22.

# 传承东农精神，谱写时代华章

## ——在建校 60 周年庆祝大会上的致辞

在这金秋九月收获的季节里，东北农业大学迎来了建校 60 周年华诞。今天，我们在这里隆重集会，共襄盛典，同庆华诞。我谨代表东北农业大学全体师生员工向长期以来关心和支持我校建设发展的各位领导、社会各界人士、国内外兄弟院校、海外友人及全体校友表示最衷心的感谢并致以最崇高的敬意！

1948 年，在解放战争的硝烟尚未散尽，中华人民共和国成立的号角即将吹响之时，我党在解放区创办的第一所高等农业学府——东北农学院在哈尔滨孕育诞生。从此，一代又一代与国家和人民同呼吸、共命运的"东农人"在"龙江"这片充满希望的黑土地上，播洒汗水，辛勤耕耘，走过了不平凡的 60 年。回顾这 60 年，东北农业大学经历了三个至关重要的历史时期：一是"大志宏图、蓬勃发展"时期。建校之初，第一代东农领导者和建设者坚持现代大学理念，遵循教育规律，高瞻远瞩，大志宏图，把东农的建设目标定位在一流大学上。学校"建大楼、聚大师、购设备""三管"齐下，短短数年就在师资队伍、人才培养、科学研究等方面取得了突出的成绩，成为当时全国农林高校学习的典范。二是"颠沛流离、择址重建"时期。"文革"中断了东农蓬勃发展的良好势头，学校从 1968 年 10 月开始被迫下迁，辗转迁移，学校基础损失殆尽。尽管如此，逆境不馁的东农人仍以顽强的意志坚持科学研究，许振英先生正是趴在草棚里的水缸盖上制定了我国第一份"畜禽饲料标准"和"饲料成分表"。1978 年 12 月，在党和政府的亲切关怀下，东农得以迁回哈尔滨，学校再次克服借地办学、择址重建、白手起家的重重困难，奋战 8 年完成了马家花园新校区的建设。三是"与时俱进、争创一流"时期。完成重建的东农，紧紧抓住高等教育改革的有利时机，以只争朝夕的精神积极投身于各项事业改革与发展之中。1988 年，学校在黑龙江省高校中率先启动高等教育综合改革，取得了一系列成果，得到了李岚清同志的高度赞誉；1994 年，学校与黑龙江省农业管理干部学院合并组建东北农业大学；1996 年，学校成为首批国家"211 工程"重点建设大学，开始了建设"一流农业大学"的新征程。正是经历了这三个历史时期的磨炼和洗礼，全体东农人才变得更加坚强、更加执着，才会倍加企盼学校的发展与壮大，倍加珍惜当前难得的发展机遇。

在 60 年的建设发展过程中，东北农业大学始终坚持社会主义办学方向，全面贯彻党和国家的教育方针，认真遵循高等教育发展规律，切实履行高等教育职能，主动适应区域经济社会发展需要，在人才培养、科学研究、社会服务、国际交流等方面取得了丰硕成果，为国家特别是黑龙江省经济社会发展做出了突出贡献。

60 年来，学校始终坚持"以本科教育为立校之本，以研究生教育为强校之路"的办学方针，全方位、多层次塑造新型"北大荒人"，已为国家特别是黑龙江省培养各类建设人才 8 万多人，其中既有一批站在世界科技前沿、能够大力推动农业科技进步和农村生产力发展的"创新型"人才，也有一批遍布全国、能够显著带动农业产业和农村经济发展的"创业型"人才，更有一大批活跃在黑龙江省和全国农业生产"第一线"、能够直接投身农业生产和农村建设的"落地型"人才。经过 60 年的建设发展，学校已成为我国特别是黑龙江省高级农业专门人才的培养基地。

60 年来，学校始终坚持"北方现代农业"和"北方寒地农业"两大特色，紧紧围绕国家特别是黑龙江省农业科技发展的重点、热点及难点问题开展科技攻关，在品种选育、技术研发、成果转化与推广等方面取得了突出成绩，承担的各类课题先后获得省部级以上奖励 300 余项，其中国家自然科学奖、发明奖和科技进步奖 26 项。特别是自 1995 年我省设立"黑龙江省省长特别奖暨重大科技效益奖"以来，学校已先后六次获得此项奖励，获奖次数位居黑龙江省省属高校之首。经过 60 年的建设发展，学校正逐步成为国家科技创新体系的方面军、区域农业创新体系的主力军，已成为我国特别是黑龙江省解决经济建设、科技进步和社会发展尤其是"三农"重大关键问题的研究基地。

60 年来，学校始终坚持"立足龙江，服务'三农'，发挥优势，积极服务"的办学宗旨，牢牢恪守"把文章写在黑土地上，把学问做在黑土地上，把学校建在黑土地上"的办学理念，先后与黑龙江省省内 50 多个市（区、县、场）建立了密切的合作共建关系；逐步建立起以"农业科技专家大院"为依托、以"农业科技示范园区"和"科技入户示范项目"为载体、以"农业专家在线"等现代信息技术为手段的集"生产示范、项目推广、信息传播"为一体的新型农业推广模式;与国内上百家骨干企业建立了密切的"产学研"合作关系。特别是近10年来,学校共培训农民65.8万人、乡村干部4.96万人,推广农作物品种47个,累计示范面积13 600万亩;学校70%左右的获奖科研成果得以推广转化,共推广转化科技成果297项,累计创社会经济效益267亿元,每年创社会经济效益25—30亿元。经过60年的建设发展,学校已成为我国特别是黑龙江省农业科技成果和农业科技信息的传播基地。

60年来,学校始终坚持开放办学,已先后与俄罗斯、日本、韩国、美国、加拿大、澳大利亚、爱尔兰等国家的52所高校及科研机构建立了联系,广泛开展国际交流与合作,是国内最早与俄罗斯开展联合办学的高校之一,已初步形成了"以东北亚为主、博采众长"的国际交流特色。经过60年的建设发展,学校已成为我国与东北亚地区和国际寒地国家科技、教育和文化的交流基地。

60年的实践充分证明,东北农业大学已走出了一条地方大学成功办学的特色之路,我们将坚定不移、信心满怀地沿着这条道路继续前进。

60年砥砺前行,60载春华秋实。回顾东北农业大学60年的发展历程和建设成就,我们更加深切怀念以刘达院长为代表的为东农创建与发展呕心沥血、做出不可磨灭贡献的开拓者们;更加深切怀念以许振英先生为代表的为东农人才培养和科学研究贡献毕生精力的老一辈教育家、科学家。这不仅因为他们是东农的缔造者,更因为他们为东农后辈留下了取之不尽、用之不竭的宝贵精神财富,即"艰苦奋斗、自强不息"的"东农精神"。60年来,东北农业大学虽几经变迁、遭遇磨难,却仍然薪火相传、弦歌不辍。它始终激励着一代又一代东农人在黑龙江这块黑土地以上,以"勇开先河、与时俱进的创新意识,逆境不馁、守之弥坚的顽强意志,求真务实、坚忍不拔的科学态度,勤耕不辍、甘于奉献的无私品格",谱写着一曲曲艰苦奋斗的奉献之歌,支撑着东农的持续快速发展,铸造着不朽的东农校魂,陶冶着数以万计的东农学子,也必将引领着东农开启更加辉煌灿烂的未来。

60年是一座里程碑,60年更是一个新起点。已届六秩之年的东北农业大学,在经历了"大志宏图、蓬勃发展""颠沛流离、择址重建""与时俱进、争创一流"三个历史时期的磨炼和洗礼后，即将奏响"文明和谐、持续发展"的新乐章。"事成于无悔，志坚于精诚。"站在历史新起点上，"艰苦奋斗，自强不息"的东农人，将紧紧抓住国家"教育优先发展"和黑龙江省建设"高教强省"的有利时机，以更加饱满的热情、更加务实的精神，满怀信心地向着"建设国际知名、国内同类院校一流、具有我国北方现代农业特色的多科性、研究教学型和开放式大学"的目标奋进！

李庆章.传承东农精神，谱写时代华章.东北农业大学学报（社会科学版）.2008，6（5）：1-2.